U0906303

尼山文库

从天人合一到致良知

张新民 著

齊魯書社
·济南·

图书在版编目（CIP）数据

从天人合一到致良知 / 张新民著. -- 济南：齐鲁书社, 2024. 10. -- (尼山文库). -- ISBN 978-7-5333-5034-5

Ⅰ. B222.05

中国国家版本馆CIP数据核字第2024XS9813号

项目统筹　许允龙
责任编辑　王江源
装帧设计　刘羽珂

从天人合一到致良知
CONG TIANRENHEYI DAO ZHILIANGZHI
张新民　著

主管单位	山东出版传媒股份有限公司
出版发行	齊魯書社
社　　址	济南市市中区舜耕路517号
邮　　编	250003
网　　址	www.qlss.com.cn
电子邮箱	qilupress@126.com
营销中心	（0531）82098521　82098519　82098517
印　　刷	山东新华印务有限公司
开　　本	710mm×1000mm　1/16
印　　张	30
插　　页	2
字　　数	380千
版　　次	2024年10月第1版
印　　次	2024年10月第1次印刷
标准书号	ISBN 978-7-5333-5034-5
定　　价	148.00元

《尼山文库》编委会

总序

为深入贯彻党的二十大精神，贯彻落实习近平总书记关于传承发展中华优秀传统文化系列重要讲话精神，落实《尼山世界儒学中心儒学传承发展“十四五”规划》有关部署要求，尼山世界儒学中心依托中心学术委员会，以学术顾问和学术委员为主体，组织编写出版了《尼山文库》。

一个民族的复兴，总是以文化的兴盛为强大支撑；一个时代的进步，总是以文化的繁荣为鲜明标志。以习近平同志为核心的党中央高度重视中华优秀传统文化的传承发展，始终从中华民族最深沉的精神追求看待优秀传统文化，从国家战略资源和文化软实力的高度继承优秀传统文化，从推动中华民族现代化进程的角度创新发展优秀传统文化，使中华优秀传统文化成为新时代新征程党和国家事业发展、实现第二个百年奋斗目标的重要力量。党的二十大报告提出“推进文化自信自强，铸就社会主义文化新辉煌”，就建设社会主义文化强国做出战略部署。深入学习贯彻党的二十大精神，坚持中国特色社会主义文化发展道路，增强文化自信，承担起举旗帜、聚民心、育新人、兴文化、展形象的使命任务，踔厉奋发，笃行不怠，推出更多增强人民精神力量的优秀作品，是《尼山文库》的使命担当。

文库汇编的作品展现了学术界近年来在中华优秀传统文化研究方面的新理念、新观点、新贡献，着重阐释儒学在弘扬践行社会主义核心价值观中的重要价值，概括儒学在国际交流、传播以及对话中的积极作用，解读儒学在公益慈善文化中的智慧启示。选编内容包括专家们在学术会议上的发言、出版论著的序言、近期发表的学术论文，以及论文论著精华摘要、核心观点摘编等，各自组成体系完备、结构完整的学术著作。我们力争在“十四五”期间，陆续推出40部学术著作。

文库的出版是建设世界儒学研究高地，打造文化“两创”新标杆的需要。2013年11月，习近平总书记在山东考察工作时提出，要加强对中华优秀传统文化的挖掘和阐发，努力实现中华优秀传统文化的创造性转化、创新性发展。十年来，山东立足于丰厚的文化资源，以高度的文化自觉扛牢中华优秀传统文化“两创”担当，不断激发文化创新创造活力。设立尼山世界儒学中心（中国孔子基金会秘书处）就是为了深入贯彻落实习近平总书记重要指示要求，努力打造世界儒学研究高地、儒学人才集聚和培养高地、儒学普及推广高地、儒学国际交流传播高地。山东省第十二次党代会明确提出“打造文化‘两创’新标杆”“深入推进尼山世界儒学中心建设”。在全国上下深入学习贯彻党的二十大精神、全面建设具有强大凝聚力和引领力的社会主义意识形态的时代背景下，编写出版这套丛书，有助于我们全面深入学习贯彻习近平总书记关于大力弘扬中华优秀传统文化的重要论述，坚守中华文化立场，做好为国家立心、为民族立魂的工作，传承和弘扬好以儒家思想为代表的中华优秀传统文化。

文库的出版是以文化人、守正创新，推动中华优秀传统文化与社会主义社会相适应的需要。习近平总书记强调，中华优秀传统文化是中华文明的智慧结晶和精华所在，是中华民族的根和魂，是我们在世界文化激荡中站稳脚跟的根基。出版这套丛书的宗旨在于立根铸魂，研究阐释中华文明讲仁爱、重民本、守诚信、崇正义、尚和合、求大同的精神特质和发展形态，阐明中国道路的深厚文化底蕴，展现中国人的宇宙观、天下观、社会观、道德观，展现中华文明的悠久历史和人文底蕴，承继中华优秀传统文化“观乎人文，以化成天下”的教化之道，更好构筑中国精神、中国价值、中国力量，坚定文化自信，增强中华文明的传播力、影响力，促进文化“两创”成果落在社会上、落在群众中、落在生活里。

文库的出版是推动世界不同文明交流互鉴、构建人类命运共同体的需要。海纳百川，有容乃大，编写出版《尼山文库》，继承中华优秀传统文化，弘扬时代精神，构建中国价值，绝不是拒斥外来文明，而是坚持不忘本来、吸收外来、面向未来，坚持“二为”方向、“双百”方针，坚持创造性转化、创新性发展。丛书倡导求实、严谨、活泼的文风，突出学术性、思想性、可读性，弘扬平等、互鉴、对话、包容的文明观，弘扬中华文明蕴含的全人类共同价值。

为天地立心，为生民立命，为往圣继绝学，为万世开太平，这是中国古代儒家知识分子的抱负，也是《尼山文库》的理想和期待。推进“两创”和“两个结合”需要久久为功、持续用力，希望更多的专家学者参与文库的编写，为建成社会主义文化强国共同努力奋斗！

是为序。

《尼山文库》编委会

2022 年 11 月 16 日

目　录

绪论：从天道观到心性论思想传统发展的历史渊源与学理脉络

自2022年初冬霜降以来，受学界朋友和部分学生的一再鼓励，笔者开始着手整理自己多年积累的旧稿，拟分别汇编为《儒学的返本与开新》《存在与体悟》《本体与方法》《中国文化的意义世界》《从天人合一到致良知》《困知集》六部专书，虽不能囊括已刊或未刊的全部文稿，但也大体可以窥见笔者数十年来思想发展变化的轨迹。《儒学的返本与开新》《存在与体悟》《本体与方法》三书，已分别交出版社正式出版。《困知集》为我的文选，已开始着手编目。《从天人合一到致良知》今已整理完毕。六书虽互有关联，但内容则大有区别，分之自可完全独立，合之亦能相互发明。与其他五书所收的历年作品不同，本书所收则大致为笔者近几年的新作，恰好构成“传统天人合一与知行合一思想探赜”“儒佛互动与理学思想世界的产生”“心学思想的产生与致良知实践”三编，虽主要关注古典思想世界与价值世界，但也暗含面对现代性不能不做出的回顾与反思，颇能反映笔者近年来关注的重心和致思的方向。无论对古人思想的了解或对今日现实的观察，都足以帮助今人建立起一种上下千年的审视眼光，从而更好地反思人类社会整体发展的长程路径，遂有必要梳理其前后渊源脉络并略述重要题旨内容如下，或有助于研读本书，并祈请贤达君子赐教批评。

一、传统中国早期的“天人合一”与“知行合一”思想

众所周知，“天人合一”与“知行合一”思想，乃是中国传统文

化中两个极为重要的哲学思想命题，不仅展示了一个民族生存发展必备的形上超越智慧，而且也反映了天命下贯于人生不可或缺的本体实践精神，浓缩了大量关涉天地人生及行事原则的复杂信息，有着前后相续的内在脉络及变化延伸关系。尽管笔者的讨论尚只是开始，有待开拓的空间依然很大，但如果能引发学界同仁讨论的兴趣，则仍可从中看到传统中国思想文化发展的部分特质。

先秦“轴心时代”，各家各派无不托“天”以言事，“天”既是最高的形上本体，也是一切价值的终极源头，不仅可与“元”互训，显示其为纯正本源的“理”的本然性存在，而且也可与“一”互诠，体现其为至高至要的本体论统摄。因此，人作为世俗的存在者如果要获得超越的可能，或者所作所为要符合天道自然法则，从而在行为上有更多的道义正当性和成功可能性，就不能不通过各种方法尽“人”以合“天”。而对与“人”的关系极为密契的“天”的解读，显然就有了两大值得注意的向度。一是形上本体论意义上的以“人”合“天”，如孟子所谓：“尽其心者知其性也，知其性则知天矣。”（《孟子·尽心上》）说明“心”“性”“天”完全可以融通合一，人的精神生命乃是一即存在即超越的立体的广阔世界，离不开内在的心性体认工夫，可称为本体论的形上生态哲学思想。二是形下现象学意义上的以“人”合“天”，如孔子所说：“天何言哉？四时行焉，百物生焉，天何言哉？”（《论语·阳货》）形上超越的“天”总是以“默会不言”的方式，展现出生生不已的创化活力。所以，必有“四时”的循环变化，“百物”的活泼生长，即使是自然的“天”也充满了神圣的生命创造活力，乃是不必人格化的“自然的神”①。人则能以合“天”而一的方法来谋求自己与天地万物一体的创造发展，可称为伦理化的“天人合

---

① 参阅金岳霖：《中国哲学》，《金岳霖集》，中国社会科学出版社，2000年，第41页。

一”形下生态哲学思想。①

无论本体的超越的“天”或自然的现象的“天”，站在儒家思想文化的立场上看，都不能不说有“理”的存在，而有“理”即意味着秩序，因而“心”“性”“天”之理可以互贯相通，也就意味着“心”“性”“天”之秩序也可以密契一致。因此，如同深入体认本然或本体的“心”之理便可以更好地了解“性”之理与“天”之理一样，深入体证心灵固有之秩序，也能更好地帮助我们了解社会秩序和宇宙秩序。孟子“始条理”“终条理”之说（《孟子·万章下》），推阐其内含之精义妙旨，亦可贯通天、地、人三者而并言之，要皆秩序井然而众理皆备。具见人既能依据内在心灵秩序和深层生命活力进行融会和合的创造活动，当然就能依据天地宇宙森严井然的秩序来为自己的存在及活动合理定位。人固然可以依据“人道”来了解或把握“天道”，但也能凭借“天道”来判断或决定“人道”。无论以“人”观“天”或以“天”观“人”，都说明“人道”与“天道”可以构成一个相互参照定位的本体论诠释圆环。

“形上”本体的天“无声无臭”（《礼记·中庸》），其命于人即谓之性，具有无尽的创造活力，也是一切价值的宇宙论本体根源，因而儒家传统意义上的“天人合一”，当然首先是人对形上本体的如实证

---

① 冯友兰曾指出：“在中国文字中，所谓天有五义：曰物质之天，即与地相对之天；曰主宰之天，即所谓皇天上帝，有人格的天、帝；曰运命之天，乃指人生中吾人所无奈何者，如孟子所谓‘若夫成功则天也’之天是也；曰自然之天，乃指自然之运行，如《荀子·天论篇》所说之天是也；曰义理之天，乃谓宇宙之最高原理，如《中庸》所说‘天命之为性’之天是也。”本书所言之“天”具有本体义、形上义、超越义、普遍义、义理义、自然义（如其本然、诚而不欺）、创化义，能显象为形下现象界林林总总各种分殊事物，又指与之不一不二的天道、天德、天理、天命、天性、天神（取其神圣义而去其人格义）。形上本体的“天”非“名相”可比拟，更遑论定义，故论述随文取义，与冯氏所言同少而异多。冯说见氏著：《中国哲学史》，江苏凤凰文艺出版社，2021 年，第 43 页。

人，能够会“万”而归于“一”，也能依“一”而涵摄“万”。孔子岂不早就说过：“不怨天，不尤人，下学而上达，知我者其天乎！”（《论语·宪问》）宋儒也特别强调：“凡下学人事，便是上达天理。”① 而下学亦“只是合礼处，便是天理。所以圣人教人致知、格物，亦只要人理会得此道理”②。所以，“君子为善，只有上达；小人为不善，只有下达”③。君子之所以能够下学而上达，显然乃是出于闻道证道的终极目的诉求，亦即孔子所谓“朝闻道，夕死可矣”（《论语·里仁》），而“道本无声无臭，惟天地浑然一太极，斯为道之全体。人则有此血肉之躯，不能不衣食而生，宫室而居，亦不能久而不敝，惟恃此天理浑全，浩气能保，则生可以赞造化之功能，没可以司风雷之号令。而其尽人合天之道，则下学上达，有许多次第功夫，然后形著变化，与天地合德”④。

由此可见，严格意义上的“天人合一”，乃是要彻底打通形上与形下两重世界，最终在形上学与本体论上做到“人”与“天”的一体不二。这正是自孔孟之后，儒家一贯强调的尽心知性而知天的本体实践学工夫，必须讲究次第方法，有一套工夫系统来加以配合，即所谓“功夫不离本体，本体不离工夫”⑤。“心”乃是形上超验的“性”的开显处，“性”是“理”的凝聚存在处，“性”的终极来源又不能离开本体论意义上的“天”，则尽心知性而知天的最终结果必然就是“天人合

---

① 程颢、程颐：《河南程氏外书》卷二《朱公掞问学拾遗》，《二程集》，中华书局，2004 年，第 360 页。

② 黎靖德编：《朱子语类》卷十五，中华书局，1986 年，第 309 页。

③ 程颢、程颐：《河南程氏外书》卷二《朱公掞问学拾遗》，《二程集》，第 362 页。

④ 刘沅著，谭继和等笺解：《十三经恒解》附录一，巴蜀书社，2016 年，第 119 页。

⑤ 周汝登：《周海门先生文录》卷二《越中会语》，浙江古籍出版社，2015 年，第 55 页。

一”境界的彻底开显，而心性显然也就有了一个能够沟通本体界与实践界的“人”“天”一体的形上学基础。孔子既感慨“大哉尧之为君也！巍巍乎！唯天为大，唯尧则之”（《论语·泰伯》），又称“天生德于予，桓魋其如予何”（《论语·述而》），即可见至高至大、无限广袤的“天”，不仅是现实的人应该效法的对象，更重要的是其本身就内在于人的生命之中，成为人的德性存在不可剥离的形上超越的源头。“夫子以仁发明斯道，其言浑无罅缝。孟子十字打开，更无隐遁。”① 后者一方面强调“圣人，人伦之至也”（《孟子·离娄上》），说明现实世界的最高人格理想，乃是成为人伦社会转移风气的德化表率②；另一方面又认为“尧舜，性之也”（《孟子·尽心上》），反映本体世界的终极价值诉求，乃是成全自己与天浑然一体的超越天性。“人道”之所以要合乎而非背离形上超越的“天道”，则是要竭尽力量维护弥漫于宇宙之中的人天共有的生息不已的活泼创造力量。

从“天人合一”观发展到“知行合一”说，中间当然经历了漫长的思想变迁历程。其中宋儒的贡献最大，王阳明随后崛起，发明颇多，但仍不能不以宋儒为前驱，而可上溯至先秦原始儒家。因为从儒家本体实践学的角度看，形上本体无论怎样高远超越，都必须通过人的社会实践活动才能落实，道德认知如果不转化为道德实践行为，成为社会秩序建构的正面力量资源，就有可能朝着非道德的发展方向转化，即意味着远离了代表生命存在真实的知行统一之境，成为无益于人生和社会的空洞说教。因此，“从总体上看，‘知行合一’思想实贯穿于中国传统哲学之始终”③。知行统一作为一种有体有用的价值理想，始

---

① 陆九渊：《陆九渊集》卷三十四《语录》，中华书局，1980 年，第 398 页。

② 清人刘沅认为“智乃神明变化之用，圣乃纯粹无私之名”，此说甚允洽，当一并参考。

③ 汤一介：《新轴心时代与中国文化的建构》，江西人民出版社，2007 年，第 24 页。

终都是儒学学者修己治人必须达致的人生目标，而由“天人合一”说发展为“知行合一”系统理论，也是儒学实践品格不断展开和落实的必然。因为立足于儒家本体论一贯之道的根本立场，可说：“仁是天理，亦是人性。人之性即天之理，故曰：‘天人一也。’”① 所以，无论“天人合一”或“知行合一”的“一”，严格说都只能是形上超越的本体。

与“多”相对应而更为抽象的“一”，或可与“元亨利贞”之“元”相互诠释②，乃至于可说就是“太极”，其具有本体论的含义，可举之例证颇多。譬如孔子强调“吾道一以贯之”（《论语·里仁》），孟子明言“道一而已”（《孟子·滕文公上》），宋人杨简更发挥说：“夫道一而已矣，三才一，万物一，万事一，万理一。”③ 与现象界形形色色分殊的事物对应，“一”显然乃是指有着巨大统一性的大全式“本体”；“本体”与“现象”不即不离的关系，实际也是“一”与“多”互摄互涵的关系，可用“一本万殊”或“理一分殊”来加以概括，二者都是贯穿先秦儒、宋明儒乃至于当代新儒家的重要观念。④“君子务本，本立而道生”（《论语·学而》），由“本”而“体”而“道”的过程，也可说是由伦理而道德而本体的过程；反过来也可由

---

① 马一浮：《尔雅台答问续编》，《马一浮集》第1册，浙江古籍出版社，1996年，第613页。

② “元亨利贞”出自《易经·乾卦》，朱子释之云：“元，大也；亨，通也；利，宜也；贞，正而固也。文王以为乾道大通而至正，故于筮得此卦，而六爻皆不变者，言其占当得大通，而必利在正固，然后可以保其终也。此圣人所以作易教人卜筮，而可以开物成务之精意。”见朱熹：《周易本义》卷一，中华书局，2009年，第30页。

③ 杨简：《杨氏易传》卷一，文渊阁《四库全书》本。又郭嵩焘《周易异同商》卷一《总论》（岳麓书社，2012年，第28页）亦引及杨氏此语，唯标点错讹太甚，当一并指出。

④ 刘述先：《全球伦理与宗教对话》，河北人民出版社，2006年，第155页。按，稍感遗憾的是，刘氏仅提“理一分殊”，未涉及“一本万殊”。

“道”而“体”而“本”，亦可说是由本体而道德而伦理的过程。从体用关系看，即“自一本而万殊，而体用一原也。合万殊而一统，而显微无间也”①。其中则无一事不赅，无一理不融。因此，我们既可从“万殊”回归“一本”，从“分殊”了解“理一”，也应凭借“一本”来了解“万殊”，依据“理一”来把握“分殊”。“天下之道，常变而已矣。惟知常而后能应变，语变乃所以显常”，从“变”与“常”的关系看，也可说“事殊曰变，理一曰常”，“常者，本也。变者，迹也。举本则范围天地而不过，未足以自多也；语迹则行乎患难而无辞，亦未足以自沮也”②。物虽万殊，事虽万变，林林总总，理则为一。因而知“常”即知“一”，以“常”御“变”，即以“一”御“多”。无论执“一”而不知“多”，抑或执“多”而不知“一”，均是将“理一”与“分殊”割裂成了无关涉的两截，那就失之片面而害道不浅。

孟子曾称赞“子莫执中，执中为近之。执中无权，犹执一也。所恶执一者，为其贼道也，举一而废百也”（《孟子·尽心上》）。可见必“一”与“多”同时兼举，方为不遗不漏之整全大道。故无论“天人合一”之言“天”与“人”，抑或“知行合一”之论“知”与“行”，均名虽有“二”，而实不违“一”。至于前云可以与“一”互训之“元”，也可称为“乾元”，实亦“太极”或“中和”，横渠名为“太和”，即《礼记·中庸》所谓“中也者，天下之大本也；和也者，天下之达道也。致中和，天地位焉，万物育焉”。盖“乾元”资始，“坤元”资生，一如“太极”之流行展开，无非“中和”或“致中和”，万物遂因此而得以活泼畅性自由生长。故王夫之认为“太极一浑天之全体”，含藏无尽的创造力量，固然只是形上本体世界纯然浑然的

① 陈淳：《严陵讲义》，《北溪字义》，中华书局，1983 年，第 75 页。

② 马一浮：《复性书院讲录》，《马一浮集》第 1 册，第 103~104 页。

"一"，但更要者即"乾坤并建，则以显六画卦之理"①，乃是创造力量生物成物无尽的展开，显现为形下现象世界复杂分殊事物的"多"。人作为世界及万物秩序化存在的参与者，尤其是万物生息化育不已创化进程的参赞者，则不但能自觉此天地生物成物化育的生命本源存在精神，积极主动地参与此"乾坤并建"的大化流行创造活动，而且亦能自觉存心养气化去生命内部一切"阴滓"，积极主动地回归与展现自己本来即有的乾元之性，从而久久涵养，必有光辉，乃至于万事万理一以贯之，举手投足从不逾矩，亦无不是道。因此，也可说"天地万物由性命而生，犹之人子由父母而生，不得不谓之一体也。惟一体，故称一贯，惟一贯，故无去来。后儒误认错解，以为'人生时全带一副当性命来，人死时全带一副当性命去，如此而后为之备道全美，略无亏欠'。此言近理而易信，不知其割裂支离，其悖一贯之旨远矣"②。借用隋人李播赞叹文中子的话，"大哉乎一也！天下皆归焉，而不觉也"③，庶几能见"一贯"旨义之精微、"合一"理趣之重要。

由伦理而道德而本体，生命层层向上翻转突破，最终契入形上超越之天道，达致"天人合一"之胜境，但反过来也可由本体而道德而伦理，形上超越的天道也可层层向下发用流行，落实于每一独立个体的主体德性生命，成就人间日常不可或缺的伦理实践生活。形上本体是"一"，伦理条目是"多"，世俗的日常伦理生活自有其超越的形上源头，超越的形上源头也不离世俗的日常伦理生活，"一""多"不二即意味着"天""人"不二，"天""人"不二则意味着"体""用"

---

① 王夫之：《周易内传》，岳麓书社，2011年，第657页。

② 陈嘉谟：《蒙山论学书》，《明儒学案》卷二十一，中华书局，2008年，第495页。按，陈氏所言，乃本横渠之说而来，并多有创造性发挥，详见下文。

③ 王通：《文中子中说》卷五《问〈易〉篇》，凤凰出版社，2017年，第44页；另可参阅郑春颖：《文中子〈中说〉译注》，黑龙江人民出版社，2003年，第87页。

不二。《中庸》所谓“天命之谓性，率性之谓道，修道之谓教”，乃是经典性的重要总结或概括。例如，孔子“至五十而后知天命，天命即天道之流行而赋于物者，盖专以理言，而事物所以当然之故也”①。“天命”两字也可解释为：“自然而不容强者，类名之曰天；有所赋予而不可违者，类名之曰命。”因此，“学不达于天命，不可以言尽心”。“知命”即“言于天命之性，学之而不疑者也”②，而“志学所以造道也，而立所以成德也，自不惑、知命而耳顺，则义精之至也；从心所欲不逾矩，则仁熟之极也”③。均可见无论“天命之谓性”或“五十知天命”，在真正的儒家学者看来，所谓“知性”即“知命”“知天”，即听从超越而内在的“天道”的召唤，既是人与社会伦理生活相关的当然之则，也是人与人类社会群体相关的应然之理，总是与人的本然存在相连，表现为绝对的道德律令。④ 作为安身立命的终极源头，“穷理”必“知性”“知命”“知天”，乃至于入于天道流行之境。因而“穷理”作为一种终极性的生命自我诉求，也是人生实践理性当遵循的发展方向。所以人既有必要循理，更有必要成德，如此才有天理精神的朗现、天道意义的开显、人性价值的展开、道德实践的落实，最终则可做到“义精”“仁熟”，“人道”与“天道”浃然合为一体。这当然就是尽“人”合“天”的究竟圆融义，也是“从心所欲不逾矩”自由境界的当下豁然现前。

---

① 陈淳：《北溪大全集》卷十八《论语讲义》，文渊阁《四库全书》本；又见曾枣庄、刘琳主编：《全宋文》第295册，上海辞书出版社、安徽教育出版社，2006年，第316页。

② 罗洪先：《天命说》，《罗洪先集》卷二，凤凰出版社，2007年，第45、46页。

③ 陈淳：《北溪大全集》卷十八《论语讲义》，文渊阁《四库全书》本；又见曾枣庄、刘琳主编：《全宋文》第295册，第317页。

④ 参阅张新民：《生命成长与境界自由——〈论语〉释读之一》，《孔子研究》1998年第4期。

“天命”不离“天理”，“天理”不离“天道”，“天命”既是“天理”之朗视，也是“天道”之流行，因而无一物不自有其存在之理，即所谓“道流行天地之间，无所不在，无物不有”①。“天道流行”本质上即“天命流行”，也可说“物与无妄，在天为不已之命，而在人为不息之体”②，自然无处不呈现其造化运作不息之妙趣，无处不展示其一派生机活泼成人成物之真机。所以，“人道”必然不离“天道”，“天道”也应落实为“人道”。因为“道也者，不可须臾离也，可离非道也”（《礼记·中庸》）。即使人间“事务千条万绪，莫不各有当然一定不易之则，皆天理自然流行著见，而非人之所强为者”。具见“道原于天命之奥，而实行乎日用之间”③，“人道”与“天道”可以打成一片，天命与人生也能互贯互通。“下学上达”既是“调适上遂”知“天命”的工夫，也是笃实奋进尽“人事”的实践。因此，儒家一贯重视的道德实践学说，本质上也是一种道德形上学；以此为前提展开多种多样的伦理实践活动，本质上也是一种内含着形上精神的本体实践之学，不仅具有突出的实践取向，而且充满了超越的宗教性情怀。

二、程朱理学系统的天人关系与心性

与由宋而明陆王一系讲“天人合一”更多强调心性论不同，宋儒程朱一系则更多重视天道观，关注宇宙生成论，并极大地凸显了“天理”在其思想系统中的地位及意义。例如，二程就强调“天理”的外

① 黄宗羲原著，全祖望补修：《宋元学案》卷六十八《北溪语录》，中华书局，1986年，第2221页。

② 王宗沐：《刻传习录序》，《明儒学案》卷十五，第321页。

③ 陈淳：《严陵讲义》，《北溪字义》，第75页。

在性与客观性，以为“莫之为而为，莫之致而致，便是天理”①，而“《书》言天叙，天秩。天有是理，圣人循而行之，所谓道也”。儒与释之所以不同，即在于“圣人本天，释氏本心”②。然而换个角度，程子也明确表示“吾学虽有所受，天理二字却是自家体贴出来”③，认为“理也，性也，命也，三者未尝有异。穷理则尽性，尽性则知天命矣。天命犹天道也，以其用而言之则谓之命，命者造化之谓也”④。具见表面、外在、客观的“天理”也是彻上彻下、与人的内在身心性命密契一体的，可以为主体的人“感应”“体贴”或“认知”，并以其为形上本体而展开转化为道德实践生活。

考察程朱一系的思想源头，则《大易》早就有言：“君子敬以直内，义以方外。”说明形上界（外）与形下界（内）是不可分的，本体界与实践界也是密契一体的。这当然也是宋明诸大儒长期一贯的共识。例如，横渠就认为“天地之塞，吾其体；天地之帅，吾其性。民吾同胞，物吾与也”⑤。“天命之性”乃先天所有，人人所具，可称为“理一”；“气质之性”乃后天所成，人各不同，可名为“分殊”。共同的超越的形上先天的无形之性，就内在于不同的现实的形下后天的物色之体中，形上与形下两个世界依然不可分亦不能分。天、地、人三

① 程颢、程颐：《河南程氏遗书》卷十八《伊川先生语四》，《二程集》，第215页。按，明人罗钦顺称“程子此言最尽，最好寻思。若读书不精，此等切至之言，都当面蹉过矣”。或可一并参阅。见氏著：《困知记》续卷上，中华书局，2013年，第95页。

② 程颢、程颐：《河南程氏遗书》卷二十一下《伊川先生语七下·附师说后》，《二程集》，第274页。

③ 程颢、程颐：《河南程氏外书》卷十二《传闻杂记·上蔡语录》，《二程集》，第424页。

④ 程颢、程颐：《河南程氏遗书》卷二十一下《伊川先生语七下·附师说后》，《二程集》，第274页。

⑤ 张载：《正蒙》，《张载集》，中华书局，1978年，第62页。

才，本来就贯通为一，只是作为一种本体工夫学实践，无论任何时候都要防范天然本性的斫伤，无论存心养性或变化气质，都不能不是日常社会生活必需的行为。着眼于普遍、共同、超越的“天命之性”，亦可说天下百姓都是自己的同胞，世间万物都是自己的同类。人的依体而起用的灵明觉知，自然能感通天地万物而为一。后人解读横渠是说，更认为“其高极乎乾父坤母之大，而实不离乎吾体吾性之常；其诣必造于穷神知化之妙，而实不外乎存心养性以为功；其旨归在乎有无合一以为常，而动静虚实之机灼然不爽；其致用务为化裁推行以尽利，而隐微幽独之际防亦不懈”①。儒家一贯重视的是“大中至正之道”，无论巨细精粗都必贯通而无遗，形上与形下两个世界亦必打成一片，否则便难以称其为“大”为“正”。横渠固然如此，程朱又何尝不如此？

正是有鉴于此，二程固然极为重视天道论，但未必就忽视心性论。宋儒之心性论虽可溯至周濂溪，但二程所发挥者亦不可谓不多。尤其“明道之学，以识仁为主，浑然太和元气之流行，其披拂于人也，亦无所不入，庶乎‘所过者化’矣”②。“识仁”本体实践的体认工夫显然不可能脱离心性，因而二程亦屡引《大易》“敬以直内，义以方外”为说，认为“须是直内，乃是主一之义”，而“所谓敬者，主一之谓敬。所谓一者，无适之谓一。且欲涵泳主一之义，一则无二三矣”③。可见“主一”的工夫即本体实践学的工夫，当然离不开与内在心性有关的本体诚敬工夫的锻炼，“‘敬义立而德不孤’，是以仁者无对”，必然与形上超越的天道不二，又始终不脱离现实的人事。

---

① 张伯行:《康熙四十七年本张横渠集序》，《张载集》附录，第394页。

② 黄宗羲原著，全祖望补修:《宋元学案》卷十三《明道学案上》“宗羲案”，第542页。

③ 程颢、程颐:《河南程氏遗书》卷十五《伊川先生语一·入关语录》，《二程集》，第169页。

因此，“主一”也可说就是“主于敬”，必有“直内”的本体世界的开显。[①]“主敬”与“直内”作为本体实践学的工夫，一旦转化落实为社会化的生命实践行为，则必然“不敢欺、不敢慢、尚不愧于屋漏，皆是敬之事也。但存此涵养，久之自然天理明”[②]。反映二程本体实践之学仍是内外兼顾，形上与形下一体不二，亦即认为无论在天之理或心性之理，都是可以相通相融而不分人我万物的，因而“须要反己。敬义夹持，直上达天德自此”[③]。但就二程整个思想系统的价值取向而言，仍不得不承认其不仅在如何确立独立个体的主体性内在境界修持工夫问题上，已明显有了内向性和心性化的社会实践学特点，而且在如何上达外在形上超越的“天”或“天理”“天德”本体问题上，也已明显表现出心性实践学话语言说的历史发展新趋势。

继二程之后，朱子发挥孔门“吾道一以贯之”大义，认为“夫子之一理浑然而泛应曲当，譬则天地之至诚无息，而万物各得其所也”，而“至诚无息者，道之体也，万殊之所以一本也；万物各得其所者，道之用也，一本之所以万殊也。以此观之，一以贯之之实可见矣”[④]。天道即“一理浑然”之“一”，亦是“至诚无息”之“诚”，同时也是能“化育万物”之“体”；万物各本其体，无不尽其性之所宜，而又生生不已，并育而不相害，即本体下贯后“用”的流行或开显。因此，无论“一以贯之”“一本万殊”或“理一分殊”，归于体则“一”，散于物则“殊”，“一”可统摄“殊”，“殊”亦不离“一”，其均可互诠

① 程颢、程颐：《河南程氏遗书》卷十一《明道先生语一 · 师训》，《二程集》，第 120 页。按，“敬义立而德不孤”句亦出自《大易》。

② 程颢、程颐：《河南程氏遗书》卷十五《伊川先生语一 · 入关语录》，《二程集》，第 169 页。

③ 程颢、程颐：《河南程氏遗书》卷五《二先生语五》，《二程集》，第 78 页。

④ 朱熹：《论语集注》卷二《里仁第四》，《四书章句集注》，中华书局，1983 年，第 72 页。

互释，置于不同的语境而彼此发明。关键是作为立于天地间具有主体自觉精神的人，如何通过下学上达的修行实践工夫，直契形上本体的天之“理”，而形上本体的天之“理”又当贯通于下学，彻底敞亮开显于人之昭灵真心。① 诚如船山所说：“凡理皆天之理，凡心皆天之心，天以此理为人之心，人即以此心体天之理。”故朱子与二程一样，亦强调“敬”与“诚”的重要，认为二者都是本体实践学不可或缺的入手工夫：“敬，则本体之守也。直内方外，程《传》备矣。”而“君子主敬以直其内，守义以方其外，敬立而内直，义形而外方。义形于外，非在外也，敬义既立，其德盛矣”②。

在朱子思想系统中，与“敬”相应的则为“诚”。“诚者，理之在我者皆实而无伪，天道之本然也；思诚者，欲此理之在我者皆实而无伪，人道之当然也。”③ 与“应然”和“实然”可以明确区分不同，“当然”和“本然”则必须契合无间。具见无论“敬”或“诚”，都既是本体又是工夫，否则便“无以贯通于天”，亦“不能贯通于下学；而何以云‘一以贯之’哉”。作为本体的“一”固然统摄万有，即所谓“理一分殊”，能够“一理浑然”而不分内外，“曲成万物”；作为主体的人亦当兼顾内外，尽人以合天，成就与天一体不二的盛德大业，但毕竟工夫必须在“心”上做，“内直”的心性工夫无论任何时候都不可或缺，否则便谈不上内外一体，不断循环互动，从而开展各种“义”的社会化道德实践活动，仍明显地表现出与向外求理密契配合的向内

---

① 宋人虞集《新建陆文安公祠堂记》称：“宋之盛时，天实生我周子、程子之徒，以接乎颜、曾、思、孟之传。其诲人者，大抵皆吾夫子‘下学上达’之事。及其南迁，为其学者，相与奉持遗绪于危亡困厄之极，几乎殆哉！”所言极是，颇可参考。详见李修生主编：《全元文》卷八五七，江苏古籍出版社，1998 年，第 18 页。

② 朱熹：《周易本义》卷一，第 48 页。

③ 朱熹：《孟子集注》卷七《离娄章句上》，《四书章句集注》，第 282 页。

“反己”的特点。后人总结朱子为学，以为“大抵穷理以致其知，反躬以践其实，而以居敬为主”①，显然大体是符合其一生学问取向的实际的。

朱子讲“理一分殊”，固然强调“理一”，认为“理，只是一个理。理举着，全无欠阙”②，“理只是一个浑然底，人与天地混合无间”，不仅是恒常真实和完满自足的，而且也决非外在于人或天地万物，因而“有是心，斯具是形以生”③，均无不有相互贯通的“理”内在于其中，亦可以从中抽绎出普遍性的共同特征。

但是，如果进一步深入分析，朱子更重视者其实是“分殊”而非“理一”，最终则归于二者的综合辩证统一。例如，尽管他在不同的地方多次强调“理一”的重要，然而也明确指出：“圣人未尝言理一，多只言分殊。盖能于分殊中事事物物，头头项项，理会得其当然，然后方知理本一贯。”④ 因此，也可说“其分之殊，莫非自然之理；其理之一，常在分殊之中”⑤，形上本体界普遍抽象的“理”（天理）固然是“一”，但现象界林林总总具形有相的“分殊”则为“多”。“一”不离“多”，“多”也不离“一”，世界乃是一个“一”“多”共在的整全的世界，形上超越的本体与多样复杂的现象不可二分，人的体用一源的各种内外道德生命实践活动也不可二分。所以，在“天”为天理，在“性”为性理，在“事”为事理。天理、性理、事理只是一个“理”。“要得事事物物，头头件件，各知其所当然，而得其所当然，只此便是理一矣”⑥，最重要的仍是每一独立的主体的个体，都应在其各自“分

① 脱脱等：《宋史》卷四二九《朱熹传》，中华书局，1985年，第12769页。
② 黎靖德编：《朱子语类》卷六《性理三》，第100页。
③ 黎靖德编：《朱子语类》卷九十五《程子之书一》，第2440页。
④ 黎靖德编：《朱子语类》卷二十七《论语九》，第677~678页。
⑤ 罗钦顺：《困知记》卷上，第9页。
⑥ 黎靖德编：《朱子语类》卷二十七《论语九》，第678页。

殊”的生活领域自觉主动地从事道德实践活动，从而更好地领悟和实现人与天地万物共有的生生不息、永恒创进之“理”，如同“千蹊万壑，所流不同，各是一川，须是知得，然其理则一”①，只是一派生机，只是一派活泼，人不但应健动不已，刚而不屈，同时也应自强不息，柔而不亢。

朱子发挥濂溪《太极图说》以“太极”为中心范畴为现象界“万物生生，而变化无穷”奠定一宏广深远的宇宙生成论基础的思想②，认为由于“太极之妙不属有无，不落方体”③，因而“太极只是个极好至善底道理。人人有一太极，物物有一太极。周子所谓太极，是天地人物万善至好底表德”④。不仅一切生命存在都各有其存在之理，因而可说一切生命存在都是“太极”式的宇宙大全，而且一切生命存在之理亦都可会归一源，从而所有生命存在亦都有了终极形上和本体统一性的宇宙生成论来源。⑤“太极”作为涵盖一切的形上超越的本体界存在，固然为现象界一切分殊的具体性存在提供了“理”的共同普遍性依据，但更重要的是其生息变化无穷，从而构成了天地万物生息并育不已的分殊化秩序。⑥ 在这一意义脉络下，的确可说“乾坤并建，为《周易》之纲宗”，故“圣之所以希天，而《易》乾坤并建，则下学上

---

① 黎靖德编：《朱子语类》卷六十四《中庸三》，第1588页。

② 周敦颐：《太极图说》，《周敦颐集》，中华书局，1990年，第5页。

③ 朱熹：《答陆子静》，《朱子全书》第21册，上海古籍出版社、安徽教育出版社，2002年，第1568页。

④ 黎靖德编：《朱子语类》卷九十四《周子之书》，第2371页。

⑤ 《真西山答问》：“万物各具一理，是物物一太极也。万理同出一原，是万物统体一太极也。”此说最精当。见周敦颐：《周敦颐集》卷三，第56~57页。

⑥ 王夫之曾明确指出：“无所变而无太极也。”说明“太极”作为宇宙生成论的至高形上本体，不仅为万物的本然存在提供了普遍性的原则，而且也为万物的生息变化提供了秩序化的动力。似可一并参阅。见氏著：《周易外传》卷五，中华书局，1977年，第199页。

达之义备著于斯矣”①。所谓“理不患其不一，所难者分殊耳”②，只讲“理一”不讲“分殊”，重视普遍性、抽象性而忽略具体性、特殊性，固然难免造成好同恶异、笼统空疏的认知弊端，但只讲“分殊”不讲“理一”，重视具体性、特殊性而忽略普遍性、抽象性，亦有可能产生好异恶同、支离破碎的各种理解病象。

因此，“理一”与“分殊”当同时并举，切不可取一弃一而失正成偏。“下学上达”的本体实践学工夫，根据不同“根器”的人的需要，固然可以先从“理一”之大端要害入手，先立其大者，入“一”而回归“多”，并以“一”来统摄“多”，避免任何具体性错置可能产生的流弊；同时也可由“分殊”层层提升体悟，先在细微处立定脚跟，积“多”而会归于“一”，并以“多”来丰富“一”，避免只见树木不见森林的视域盲点。无论“一”或“多”，立足于儒家“天人合一”与“生生”自强哲学的立场，都可说“性即天理，统天人万变而皆一以贯之；故尽性，即尽人物之性，而可参赞”③。故朱子遂以形象之言特别指出：“太极如一本生，上分而为枝干，又分而生花，生叶，生生不穷。到得成果子，里面又有生生不穷之理。生将出去，又是无限个太极，更无停息。只是到成果实时，又却略少歇也。不是止到这里自合少止，正所谓终始万物，莫盛乎《艮》。艮止是生息之意。”④可见“太极”无论放置在本体界即“理一”或“一”上讲，还是落在现象界即“分殊”或“多”上言，都必须凸显其生生不已的微隐精妙大义，示明其创进不止的活泼形上本体源头。诚如朱子所言：“冲漠无

---

① 王夫之：《周易内传》，第657、534页。

② 赵师夏：《跋延平答问》，《朱子年谱》卷一“绍兴二十八年戊寅”条，中华书局，1998年，第15页；又见《朱子全书》第13册，第354页。

③ 刘沅著，谭继和等笺解：《十三经恒解》附录一，第141页。

④ 周敦颐：《周敦颐集》卷二，第19页。

朕，万象森然已具。”① 既显示天道创生的威肃，也表明道德实践的庄重。

朱子所言之“冲漠无朕”，虽浑然一片，却具足了成就万物的众理，乃是世间万有成物成象的形上超越的“隐序”大法，当然就无比庄严神圣，令人兴叹“万象森然已具”，一切或远或近纷纭复杂又互有联系的“显序”现象，都无不俨然内含其中，说明人及与之配合的道德实践活动，同样何等崇高峻伟。故宋明诸大儒无人不重视“生生”哲学，总是告诫世之学者，不仅天、地、人、神一气相通②，更重要的是一理互贯，因而不能不尽人以合天，顺应人之所以为人之堂堂正理，涵养与天地一体的浩然正气，上下俯仰而不愧。足证“生生”哲学本质上也具足了形上超越的天道天理的正当性与合理性，表现出一种充满了活泼创造生机的宗教性形上学特征。③

稍有必要指出的是，历代儒家人物固然重视“生生”形上学，关怀“天道”与“人道”合为一体的社会实践化创造发展盛大宏业，但其实讨论更多的是道德形上学，始终关心“天理”与“性理”一体不二的安身立命德业实践生活，不断探寻社会伦理生活的可能及其终极归宿，因而不仅强调生命的存在及其创造发展是神圣的，而且强调道德的展开及其充实完善也是庄严的，二者都来自超越的先验的天道，

---

① 黎靖德编：《朱子语类》卷九十五《程子之书一》，第2436页。

② “神”乃形而上之精神存在，即《易传·说卦传》所谓“神也者，妙万物而为言者也”，而非西方基督教意义上的全能神（上帝）。

③ 后来的罗钦顺也认为“太极则众理之总名也。云‘《易》有太极’，明万殊之原于一本也，因而推其生生之序，明一本之散为万殊也。斯固自然之机，不宰之宰，夫岂可以形迹求哉?”即说明“生生之序”既不能脱离“万殊之原于一本”的形上超越的本体界，也不能脱离“一本之散为万殊”的形下经验的现象界。或可视为对朱子说的进一步补充、发展、丰富、完善，乃是后出转精的再一次重要理论建构。唯其所言甚多，不遑一一引证。详见氏著：《困知记》卷上，第6页。

并有宇宙生成的本体论依据。例如，濂溪之《太极图》“明天理之根源，究万物之终始”①，便一方面从宇宙生成论讲“太极”，极力凸显“太极”作为人天共有的体用不二的自然大法的重要；另一方面又将“太极”的起用展开做了道德化的处理，认为“天以阳生万物，以阴成万物。生，仁也；成，义也。故圣人在上，以仁育万物，以义正万民”②。后人据此认为“此圣人奉若天道以治万民也”③，反映在国家政治治理问题上也必须具有形上学与道德论的双重正当性与合法性。朱子顺此思想理路，也强调“仁者，天地生物之心，而人物之所得以为心。人未得之，此理亦未尝不在天地之间。只是人有是心，便自具是理以生。又不可道有心了，却讨一物来安顿放里面”④。无论“太极”或“天道”，其作为形上超越的本体，未必就具备道德性，却是形下存在世界道德性的来源。宇宙生化秩序与道德实践秩序相互之间有着同构共理的关系。宇宙生命的生化不息即人的生命的生化不息，人的生命的生化不息即宇宙生命的生化不息，二者全然为一而非二。天地万物的存在是有尊严的，人的存在也是有尊严的，否则便是“太极”发用的破裂、“天道”流行的阻隔、人性自我的扭曲、心灵感应的窒息。因此，完全可以说“天心”即“人心”，“人心”不能自外于“天心”，然“灵犀感通”又能体现“天心”，必须彻上彻下“立心以直”⑤，人才能堂堂立于天地之间。而“天心”即天的创化不已的生物成物大义，离开了“人心”的豁醒与道德的直观亦无从显现。即使人天一体的形上抽象的根本性“天理”，也必须转化为世间人伦日用的道德行为。所

① 熊赐履：《学统》卷六《正统·周濂溪先生》，凤凰出版社，2011年，第90页。

② 周敦颐：《通书》，《周敦颐集》，第71页。

③ 黄宗羲原著，全祖望补修：《宋元学案》卷十一《濂溪学案上》，第487页。

④ 黎靖德编：《朱子语类》卷九十五《程子之书一》，第2440页。

⑤ 朱熹：《论语集注》卷三《公冶长第五》，《四书章句集注》，第82页。

以，“理一”之“理”虽是形上抽象的，然一旦进入具体分殊的社会伦理环境，则“如言着仁，则都在仁上；言着诚，则都在诚上；言着忠恕，则都在忠恕上；言着忠信，则都在忠信上。只为只是这个道理，自然血脉贯通”①。人的道德实践的对象不同，肩负的伦理责任有异，表现在行为方式上则必有所区别，然又无不有“理”贯穿其间，乃是“理”社会实践分殊化后的德性行为表现，亦可说是康德所说的纯粹实践理性展开和落实后的德目模式示范。

无论“天理”或“性理”，本质上都是一个“理”，亦都以先验的形式内化或凝聚于人性之中，从而为人的经验性道德生活和道德实践提供了本体论的依据。但人的道德实践活动仍必须有最能代表其主体性的“心”的豁醒，离开了“心”的自觉便谈不上道德的自觉，更遑论严格意义上的主体人格精神的自我挺立。因此，朱子的道德形上学尽管以“理”为本体，但“理”虽存有却不活动，非即存有即活动②，必须借助于“心”的活动才能开显或敞亮。所以，朱子也强调“心”的重要，认为“心者，人之神明，所以具众理而应万事者也。性则心之所具之理，而天又理之所从以出者也。人有是心，莫非全体，然不穷理，则有所蔽而无以尽乎此心之量。故能极其心之全体而无不尽者，必其能穷夫理而无不知者也。既知其理，则其所从出，亦不外是矣”③。“性”之理源于“天”之理，都是形上超越的本体，必须依赖“心”的活泼起用“穷理”活动，才能以实存主体的方式切身性地自觉、自证或自知。这显然是心性工夫论最重要的逆向体认方法，说明道德实践的本体论依据在内不在外，即孟子所谓“君子所性，仁义礼智根于心”（《孟子·尽心上》），而“德之为言得也，得于心而不失

---

① 黎靖德编：《朱子语类》卷六《性理三》，第100页。

② 参阅牟宗三：《心体与性体》，上海古籍出版社，1999年，第58页。

③ 朱熹：《孟子集注》卷十二《尽心章句上》，《四书章句集注》，第349页。

也”①。所以，朱子以为“若能先明诸心，看事物如何来，只应副将去。如尺度，如权衡，设在这里，看甚么物事来，长底短底，小底大底，只称量将去，可使不差毫厘。世上许多要说道理，各家理会得是非分明，少间事迹虽不一一相合，于道理却无差错”②。他所谓的“心”尽管更多具有理性判断能力的预设性向度，但也明确表达了道德实践的根本性价值目的诉求。

作为理学集大成者的朱子，其学问系统固然有向内的一面，“尊德性”不能不占有突出的地位，但更重要的则是其尚有向外的另一面，“道问学”的特征始终都很突出。③ 因此，他一方面十分强调“外面事要推阐，故齐家而后治国、平天下”，亦即独立个体的人的成德固然重要，但仍必须依靠社会各个环节的“中介”，离开了“治国、平天下”便谈不上是严格意义上的儒家学者，因而不能不建构一套复杂的知识系统；另一方面他也明言“里面事要切己，故修身、正心，必先诚意。致知愈细密”④，不是出于自由意志主动做出行为选择的道德，便很难称得上是严格意义上的道德，因而“诚意”的工夫必居于人生首要的位置。所谓“里面事”与“外面事”，显然也可以“内圣外王”来加以概括⑤，都是一个工夫必需的两件事，但毕竟在方法论上有“切己”（向内体证）和“推阐”（向外认知）的差别，表现出“尊德性”与“道问学”两种不同的价值向

① 朱熹：《论语集注》卷一《为政第二》，《四书章句集注》，第53页。

② 黎靖德编：《朱子语类》卷三十《论语十二》，第770页。

③ 清人孙奇逢称：“著述之多，莫过文公；而接引后学之功，亦莫过文公。”其学问系统之丰富庞大，历来罕有能比肩者。孙说见氏著：《理学宗传》卷六《朱子文公·答项平父》，凤凰出版社，2015年，第114页。

④ 黎靖德编：《朱子语类》卷十五《大学二》，第309页。

⑤ “内圣外王”一词虽出自《庄子·天下》，但早已转化为儒家价值理想的自我表述。

度。故朱子一生学问之主要精神，完全可用“即物穷理”“致知格物”八字来加以概括。①

当然，事虽可分为“里面”与“外面”，但朱子仍主张必须两面同时打通，即兼顾用力、久久为功后，二者最后无间无隔合为一体。诚如他所说：“人心之灵莫不有知，而天下之物莫不有理，惟于理有未穷，故其知有不尽也。是以《大学》始教，必使学者即凡天下之物，莫不因其已知之理而益穷之，以求至乎其极。至于用力之久，而一旦豁然贯通焉，则众物之表里精粗无不到，而吾心之全体大用无不明矣。此谓物格，此谓知之至也。”②

朱子以上所言，后人比较其与象山、阳明之说，以为实已相当接近。如黄宗羲便明白指出，朱子之学“以道问学为主，谓‘格物穷理，乃吾人入圣之阶梯。夫苟信心自是，而惟从事于覃思，是师心之用也’”③。其说较诸象山，实同多于异。孙奇逢也认为：“文公资学兼到，故晚年有误人之悔，痛自惩艾，此真夫子之所谓闻道也！然此一闻也，正从深造之后，方有此豁然贯通，众物之表里精粗无不到，吾心之全体大用无不明，盖其实录耳。必欲以未闻道之先，强合于既闻道之后，是徒知尊崇文公，却失文公之心，亦未见其为闻道也。”④ 后来的樊锥亦以为与阳明“非同于枯寂之一流，外事实而以为明，指虚空而以为心者之所为”类似，朱子亦曾下过“收视返听，凿险缒幽，若源悟彻”的工夫，而“一旦豁然，则众物之表里精粗无不到，而吾心之全体大用无不明。此其所以为良知之究竟，自

---

① 参阅吴其昌：《史学论丛》，《吴其昌文集》，三晋出版社，2009 年，第 30 页。

② 朱熹：《大学章句》，《四书章句集注》，第 6~7 页。

③ 黄宗羲原著，全祖望补修：《宋元学案》卷五十八《象山学案》“宗羲案”，第 1885 页。

④ 孙奇逢：《理学宗传》卷六《朱子文公·答项平父》，第 114 页。

心之本体，求则得之，舍则失之，得其养而无不长，失其养而无不消者也”①。何况朱子讲心之“虚灵不昧”，阳明亦讲心之“虚灵不昧”。朱子讲心之“虚灵不昧”，称“明德者，人之所得乎天，而虚灵不昧，以具众理而应万事者也。但为气禀所拘，人欲所蔽，则有时而昏；然其本体之明，则有未尝息者”②。所谓“明德”实即本然或本体之心，亦即孟子所说的“良心”，阳明所说的“良知”。读朱子之书，可知“良心”与“良知”亦屡见其文字论说，未必不能与阳明相互发明而取长补短。

阳明一生都在与朱子隔代对话，比照上述朱子之说，其讲心之“虚灵不昧”，亦强调“心体明即是道明，更无二：此是为学头脑处”，故“虚灵不昧，众理具而万事出。心外无理，心外无事”③。所谓“心体”亦即“明德”，“明明德”则是恢复至善心体之工夫，即朱子所谓“学者当因其所发而遂明之，以复其初也”④。盖“至善是心之本体，只是‘明明德’到‘至精至一’处便是。然亦未尝离却事物”⑤。如此亦可说“心之虚灵明觉，即所谓本然之良知也”⑥。读阳明之书，亦可知其明言“良知是天理之昭明灵觉处，故良知即是天理”⑦，而“明明德”即“致良知”。具见其受朱子启发既多，转又补充后者未备者不少。二人都重视心的“虚灵”涵养工夫，也多强调“明觉”的修心法门。“虚灵”作为一种智的“直觉”或道德理性的“直观”之所以显

---

① 樊锥：《黄山高等师范学校学约》，《樊锥集》，中华书局，2015 年，第 275 页。

② 朱熹：《大学章句》，《四书章句集注》，第 3 页。

③ 王阳明：《传习录上》，《王文成公全书》卷一，中华书局，2015 年，第 19 页。

④ 朱熹：《大学章句》，《四书章句集注》，第 3 页。

⑤ 王阳明：《传习录上》，《王文成公全书》卷一，第 2 页。

⑥ 王阳明：《答顾东桥书》，《王文成公全书》卷二，第 58 页。

⑦ 王阳明：《答欧阳崇一》，《王文成公全书》卷二，第 89 页。

得重要，即在于“学者不先磨方寸之镜，俾之莹然于本体，无或翳荫，而昧昧乎持以照天下之物，无或乎其同归渊黯，措之无当，而词之未了也”。至于“所谓虚灵者，是乃明之究竟也，惟虚故能受天下之善而无害于侨，惟灵故能登天下之理而毋蠢于智”①。朱、陆、王三人，其所异者固多，然所同者亦不少，尤其“朱、陆当日，虽有不同，亦不至相辟如明儒之甚”②，因而正当一本开放包容心态，多方折中比较，反复博采综合，最后合理归诸一是。

三、象山心学系统中的宇宙生成论与道德践行工夫

与宋儒程朱一系讲“天人合一”，虽也重视心性论，但更强调天道观与关注宇宙生成论略有不同，由宋而明陆王一系虽也讲“天人合一”，重视天道观，关注宇宙生成论，却更强调心性论，从而极大地强化了每一主体性的独立个体成德实践工夫的重要，大跨度地提升了人的主体性精神和主体性地位。适可见天道观与心性论虽可各自门户独立，分别成为人们探赜讨论的思想题域，最终仍沿着融通汇合的历史性变化轨辙，不断朝着辩证综合的方向补充完善和赓续发展。

与程朱一系的理学家类似，陆王虽别开出心学一系，但同样一方面尊重无人不具的本然天性，维护人的存在尊严；另一方面也敬畏天道，领悟天的形上意义，并将二者打成一体，避免本体与现象两重世界的分裂。立足于儒家整体思想变化发展的历史脉络，无论蔽于“天”而不知“人”，抑或蔽于“人”而不知“天”，可说都不为一流的思想

① 樊锥：《黄山高等师范学校学约》，《樊锥集》，第 275 页。

② 钱大昕：《钱处士行状》，《潜研堂文集》卷五十，凤凰出版社，2016 年，第 766 页。

大家及其圆融理论允许。[①]

陆象山是与朱子同时并起的思想大家，立论因与朱子“理学”有异而别称为“心学”。一方面，他在本体论上反复强调“人心至灵，此理至明，人皆有是心，心皆具是理”[②]，尤其仁、义、礼、智无不根植于人心，至善之本心乃是道德实践行为的根本来源。因此，完全可说“此心之良，人所固有”[③]，不能仅仅因为私欲的遮蔽或阻隔，便在本体论上武断地将“心”与“理”析分为二，必须立足于形上本体直下肯定“心即理”[④]。另一方面，他又在工夫论上明确指出“学问之要，得其本心而已。心之本真，未尝不善，有不善者，非其初然也”[⑤]，因而必须“发明本心”[⑥]。前贤所谓“存心”“养心”“求放心”等都可看成是“发明本心”证入形上本体的入手方法。[⑦] 更要者则为“切己

---

① 《荀子集解·解蔽篇》批评“庄子蔽于天而不知人”。宋人祝天辅《占天万年历序》贬斥时人“蔽于人而不知天”。今人郑昕《康德学述》质疑康德“蔽于人而不知天”（商务印书馆，2011 年，第 63 页）。或以为“蔽于天而不知人，蔽于人而不知天者，皆不可谓之真儒”（释守一《杭州龙井山方圆庵记》）。均可一并参阅。

② 陆九渊：《陆九渊集》卷二十二《杂著》，第 273 页。

③ 陆九渊：《陆九渊集》卷五《书》，第 64 页。

④ 陆九渊《陆九渊集》卷十一《书》，第 149 页。

⑤ 袁燮：《象山先生文集序》引象山语，《陆九渊集》附录一，第 536 页；又见祝尚书编：《宋集序跋汇编》卷三十五，中华书局，2010 年，第 1658 页。

⑥ 全祖望《淳熙四先生祠堂碑文》称象山“教人以发明本心为始事，此心有主，然后可以应天地万物之变”。此说甚允洽，颇可参阅。见黄宗羲原著，全祖望补修：《宋元学案》卷五十八《象山学案》，第 1888 页。

⑦ 全祖望《城南书院记》：“槐堂论学之宗旨，以发明本心为入门，而非其全力。正献之言有曰：‘学贵自得，心明则本立，是其入门也。’又曰：‘精思以得之，兢业以守之，是其全力也。’”具见将“发明本心”作为证道入手之工夫，乃是后来不少学者的共识。见黄宗羲原著，全祖望补修：《宋元学案》卷七十五《絜斋学案》，第 2528 页。

自反，改过迁善”①，必须“积思勉之功，旧习自除。择善固执，人旧习多少，如何不固执得？知非则本心即复”②。与朱子强调要去其私欲之所蔽，以复其至善本心之说类似，象山一再阐发的“发明本心”，显然也是以扫荡私欲对心体的遮蔽为前提的，可说都是本心或人性的去蔽化必需的工夫实践，故象山之“讲学也，先欲复本心以为主宰，既得其本心，从此涵养，使日充月明”③。可见就不同的具体的人的生命境界而言，其本体之“心”总是存在着“敞亮”与“遮蔽”“半遮蔽”等不同的状况，区别主要在于“心体”受到“遮蔽”的严重程度究竟如何，因此，与本体论相互配合的工夫论也极为重要，离开了工夫就谈不上本体的去蔽化证入。与朱子的理学系统相较，象山本体实践学的特征更为突出，入手也显得更为便捷简易，颇有扫荡枝叶直入根本的方法论特点。

象山重视“发明本心”的证道入手工夫，乃是因为“悼世俗之弊，启人心之固有，俾自知自信其可教”④。盖“此心有主，然后可以应天地万物之变”。“有主”便是凭借内在的道德理性和自由意志，主动自觉地做出自己的选择，甚至小到“读书穷理，必其中有主宰而后不惑，固非可徒以泛滥为事”⑤。他一生学问除了受益于时代变化，针砭俗世病态弊端也“有得乎孟氏‘先立其大者’之一语，而恢弘之，其所以振起，而作新乎斯人者，前乎此盖未之有也！”⑥ 同时又以

① 陆九渊：《陆九渊集》卷三十六《年谱》，第 502 页。

② 陆九渊：《陆九渊集》卷三十五《语录》，第 454 页。

③ 陆九渊：《陆九渊集》卷三十六《年谱》，第 502 页。

④ 王梓材、冯云濠编撰：《宋元学案补遗》卷五十八，中华书局，2012 年，第 3297 页。

⑤ 黄宗羲原著，全祖望补修：《宋元学案》卷五十八《絜斋学案》，第 1888 页。

⑥ 虞集：《新建陆文安公祠堂记》，《全元文》卷八五七，第 18 页。

“义利”二字，判别君子与小人，区分儒与释，议论发人深省。① 无论“义利之分，王霸之别”，“天理人欲，凡介于毫芒疑似之间者，辨之弗措，叩之弗竭”②。象山曾与朱子同至白鹿洞讲学，其“为讲君子小人喻义利一章，听者至有泣下。熹以为切中学者隐微深痼之病”③。具见其说皆发自肺腑，遂当下即能震撼人心。

较之朱子偏重“道问学”而不废“尊德性”，象山则主“尊德性”而兼顾“道问学”。④ 二先生立教不同，入手工夫亦有差异，然皆“同植纲常，同扶名教，同宗孔、孟”，同重工夫实践。即使看法时或分歧，意见终有不合，亦不过仁者见仁，智者见智，所谓“‘学焉而得其性之所近’。原无有背于圣人”⑤，都属儒家内部一流人物。后人王阳明总结象山一生学问，认为其“辨义利之分，立大本，求放心，以示后学笃实为己之道，其功亦宁可得而尽诬之!”⑥ 黄式三也称象山“以为仁义者人之本心，愚不肖则蔽于物欲而失本心；贤智者则蔽于意见而失本心。人必先立其志，躬行实践，日充其本心之大，此一生论学之旨也”⑦。梁启超一本阳明之说，强调象山之学“最主要的，就是立

① 陆九渊《与王顺伯》自谓：“某尝以义利二字判儒释，又曰公私，其实即义利也。”见陆九渊：《陆九渊集》卷二《书》，第17页。

② 孔炜：《文安谥议》，《陆九渊集》卷三十三《谥议》，第386页。

③ 脱脱等：《宋史》卷四三一四《陆九渊传》，第12882页。

④ 黄宗羲谓其尝“考二先生之生平自洽，先生（象山——引者注）之尊德性，何尝不加功于学古笃行，紫阳之道问学，何尝不致力于反身修德，特以示学者之入门各有先后，曰‘此其所以异耳’”。此说甚允洽，极当参阅。见黄宗羲原著，全祖望补修：《宋元学案》卷五十八《絜斋学案》，第1886页。

⑤ 黄宗羲原著，全祖望补修：《宋元学案》卷五十八《絜斋学案》，第1887页。

⑥ 王阳明：《答徐成之》，《王文成公全书》卷二十一，第960页。

⑦ 黄式三：《读陆氏〈象山集〉》，《紫阳学术发微》卷八《朱子辨金溪学发微》，华东师范大学出版社，2014年，第227页。

大、义利之辩和发明本心"①。他们评骘总结的出发点或观察的角度虽不尽相同，结论则不失公允、精当、可靠、准确。

试以象山最具哲理义涵的"发明本心"说为例，从本体论与工夫论均不可偏废的角度看，诚如其所说："人受天地之中以生，其本心无有不善，吾未尝不以其本心望之，乃孟子'人皆可以为尧舜'，'齐王可以保民'之义，即非以为其人所为已往者皆君子也。"② 而"此心之良，人所固有，人惟不知保养而反戕贼放失之耳。苟知其如此，而防闲其戕贼放失之端，日夕保养灌溉，使之畅茂条达，如手足之捍头面，则岂有艰难支离之事？"③ 具见所谓"发明本心"，即保养此无人不具之本然心体及其原初本质之"善"，亦即人人皆有的天赋本心本来固有的先验性之"良"，也可说是必须不断扩充孟子所说的"四端之心"，践行阳明后来所反复倡导的"良知"与"致良知"，从而防范或斩断任何外部物欲牵引所造成的异化危害，避免任何至善本心放失所滋生的沉沦自戕之病。而"道在天下，加之不可，损之不可，取之不可，舍之不可，要人自理会"④，当然不能不"闲邪存诚，志在大业"。必须通过道德主体长期不间断的自觉实践行为，多方面地确保"心明则本立，而涵养省察之功于是有施行之地"⑤，否则"本体不明，而徒致功于外索，是无源之水也"⑥。

儒家自先秦孔孟以来，长期一贯坚持强调或凸显的仁义之心，当

① 梁启超：《儒家哲学》，天津古籍出版社，2003 年，第 151 页。

② 陆九渊：《与王顺伯》，《陆九渊集》卷十一，第 154 页。

③ 陆九渊：《与舒西美》，《陆九渊集》卷五，第 64 页。

④ 陆九渊：《陆九渊集》卷三十五《语录》，第 434 页。

⑤ 黄宗羲原著，全祖望补修：《宋元学案》卷五十八《絜斋学案》，第 1889 页。

⑥ 黄宗羲原著，全祖望补修：《宋元学案》卷五十八《絜斋学案》，第 1885 页。

然也可用来诠释象山所说的“本心”，即所谓“仁义者，人之本心也”①，如孟子所说“非由外铄我也，我固有之也”（《孟子·告子上》），乃“天之所以与我者”②，而“能知天之所以予我者至贵至厚，自然远非僻，惟正是守。且要知我之所固有者”③。具见在象山看来，无论道德实践或自我超越，都决非来自任何外在对象化的事物或客观权威的权力要求，而只能来自人的本真至善心体真实切己的自我召唤，乃是心体感应于对象化事物或灵性生命存在的自然发动，是天赋本真人性不假任何外部条件的真实流露或自觉开显。由于天所与我之本然心体，未受任何物欲所遮蔽，不遭任何习气熏染，不为任何私利“戕贼”，不因任何外逐而放失，即朱子所谓“人欲尽处，天理流行，随处充满，无少欠阙”④，因而所表现出来或充盈于心体者，不唯本来即至中至正至善，同时更与本体界合一而具足一切超越性与无限性，足可浩浩然上下与天地万物同流，当然就可称其为不受任何现实经验条件约束或羁绊的超越的无限心。

十分明显，本然之心体及其所表现出来的超越性与无限性，非但不会与现象界的现实经验生活“绝缘”，反而必须开显或作用于现象界的现实经验生活之中，成为日用伦常生活与道德实践行为正当性的形上本体来源。因此，道德实践的过程本质上即形上本体通过“心”之感应灵妙能力，不断开显和落实在社会化具体实践行为的过程，当然就不能不与现实生活中的经验事实结合，表现为世俗日常世界中的各种伦理行为现象。然而心体的展开发用一旦与社会经验事实结合，亦随时可能在作用层上受到物欲或私意的遮蔽，从而丧失了自身本有的

---

① 陆九渊：《与赵监》，《陆九渊集》卷一，第 9 页。

② 陆九渊：《与李宰》，《陆九渊集》卷十一，第 149 页。

③ 陆九渊：《陆九渊集》卷三十五《语录》，第 440 页。

④ 朱熹：《论语集注》卷六《先进第十一》，《四书章句集注》，第 130 页。

与世界打交道的虚明感应灵妙能力，难以转化为人伦日用生活中的道德实践行为，超越宏阔的无限心也就随之变成了自私狭隘的有限心。正是在这一意义脉络下，象山才不满现实世界种种非人性、不道德的丑恶现象，痛感“愚不肖者不及焉，则蔽于物欲而失其本心；贤者智者过之，则蔽于意见而失其本心”，而“徇物欲者，既驰而不知止，徇意见者，又驰而不知止。故道在迩而求之远，事在易而求之难。道岂远而事岂难？意见不实，自作艰难耳。深知其非，则蔽解惑去而得所止矣。道本自若，岂如以手取物，必有得于外然后为得哉？”① 他之所以一再强调“发明本心”在本体实践学上即本体即工夫的重要，正是针对现实日常世界大量“放失本心”的现象而言的。“放失本心”严格讲即丧失了本心至中至正的理性判断能力，因而无论“过”或“不及”，“蔽于物欲”或“蔽于意见”，都必须依据下学上达“发明本心”的本体实践学方法，予以去蔽性的心性启蒙与时机化的纠偏批判。

由此可见，象山所说的“心”，粗略地划分当有两种存在状态：一是未“蔽于物欲”与未“蔽于意见”的本体澄明状态，乃是“发明本心”的本体实践工夫久久用力“熟透”后必然产生的生命豁醒现象；二是“蔽于物欲”和“蔽于意见”的本体昏昧状态，亦即长期受到私利或偏见的牵引所导致的本心放失或生命沉沦下坠现象。心性本体的澄明与超越需要长期一贯的实践工夫，如同“曾子真积力久，则曰：‘一以贯之。’子贡多学而识，则曰：‘一以贯之。’非真积力久，与多学而识，则固无所据为一之贯也”②。“一贯”的工夫则意味着永不止息，乃是本体实践学不可忽视的基本前提。朱子讲“一理浑然而泛应

---

① 陆九渊：《与赵监》，《陆九渊集》卷一，第9页。

② 章学诚著，叶瑛校注：《文史通义校注》卷二《原道下》，中华书局，1985年，第140页。

曲当”①，“一理浑然，非有先后”②。象山也说：“心，一心也，理，一理也，至当归一，精义无二，此心此理，实不容有二。”③ 据此完全可说“其学之必求诸心，则一而已”④。“一”之义既指本体也指工夫，他们都是真能上承并发明孔孟之学的后世大儒。

象山所说“心”的两种存在状态，借用《伪古文尚书·大禹谟》“人心惟危，道心惟微，惟精惟一，允执厥中”之说，本体之心即“道心”，源于形而上之“性”与“天道”，乃纯理之存在，极静而难知，故可名之曰“微”。然本心一旦发动，难免受外物“浸淫习染”，“浸淫习染”后即“人心”，易受物欲牵引而妄动，故当警而称“危”。然二者本质上仍是“一”而非“二”，是一心所开出来的两种不同存在状态。诚如朱子所说：“心之虚灵知觉，一而已矣，而以为有人心、道心之异者，则以其或生于形气之私，或原于性命之正，而所以为知觉者不同，是以或危殆而不安，或微妙而难见耳。”⑤ 象山也认为：“人心之危，罔念克念，为狂为圣，由是而分。道心之微，无声无臭，其得其失，莫不自我。曰危，曰微，此亦难乎其能执厥中矣，是所谓可畏者也。苟知夫危，微之可畏也如此，则亦安得而不致力于中乎？”因而在工夫论上，就不能不“知所可畏而后能致力于中，知所可必而后能收效于中”，否则“毫厘之差，非所以为中也，知之苟精，斯不差矣。须臾之离，非所以为中也，守之苟一，斯不离矣”⑥。也可说“精则察夫二者之间而不杂也，一则守其

① 朱熹：《论语集注》卷二《里仁第四》，《四书章句集注》，第 72 页。

② 黎靖德编：《朱子语类》卷六十八《易四》，第 1689 页。

③ 陆九渊：《与曾宅之》，《陆九渊集》卷一，第 4~5 页。

④ 王阳明：《象山文集序》，《王文成公全书》卷七，第 297 页。

⑤ 朱熹：《中庸章句序》，《四书章句集注》，第 14 页。

⑥ 陆九渊：《人心惟危道心惟微惟精惟一允执厥中》，《陆九渊集》卷三十二《拾遗》，第 378 页。

本心之正而不离也”①，而“精以晰，其几一，以守其至正，常守至中，德乃无瑕”②。“惟精惟一”作为一种体用一源的证道入手工夫，可说“惟精”是方法，“惟一”是本体，故由“惟精”而契入“惟一”，则自可“信乎其能执厥中矣，是所谓可必者也。苟知夫精一之可必也如此，则亦安得而不收效于中乎？知所可畏而致力于中，知所可必而收效于中”③，最终仍以最能表现心性本体至大至正至中的“允执厥中”为终极归宿。

因此，“道心”“人心”非一亦非二，“心”虽是一，然未杂于习染能至大至公至正至中，又昭明灵觉能展示其全体大用者即“道心”，而杂于习染不能至大至公至正至中，又昏昧迷茫不能展示其全体大用者即“人心”。“非一”指其存在差异程度或大或小的不同展开面相，“非二”则指其仍是一个心而决非两个心。象山早年“读古书至宇宙二字”，便以“四方上下曰宇，往古来今曰宙”释之，又大悟“元来无穷。人与天地万物，皆在无穷之中”④。严格讲，宇宙乃是能包容林林总总万千复杂事物的大全式整体存在，宇宙是“一”，万物是“多”；心也是能涵摄各种复杂事物的大全式整体存在，心同样是“一”，万物同样是“多”。只是万物有形，而心无形，后者诚如孔子所说：“操则存，舍则亡；出入无时，莫知其乡。”（《孟子·告子上》引孔子言）象山也认为：“其他体尽有形，惟心无形，然何故能摄制人如此之甚？”⑤ 无形而又能神感妙应一切存在的心，较诸分殊而又有形质障碍

---

① 朱熹：《中庸章句序》，《四书章句集注》，第14页。

② 刘沅著，谭继和等笺解：《书经恒解》卷二《大禹谟》，《十三经恒解》，第42页。

③ 陆九渊：《人心惟危道心惟微惟精惟一允执厥中》，《陆九渊集》卷三十二《拾遗》，第379页。

④ 陆九渊：《陆九渊集》卷三十六《年谱》，第482~483页。

⑤ 陆九渊：《陆九渊集》卷三十五《语录》，第448页；另可参阅周汝登：《圣学宗传》卷十《陆九渊传》引，凤凰出版社，2015年，第715页。

的物，反而最能体现人之所以为人的主体性，展示生命之所以为生命的高贵性，不能不说是最能代表人的自由意志及能动精神活力的灵妙至高主脑。

有形的万物无不存在于宇宙的庞大网络结构之中，尽管就其整体存在而言，无不相互依存，彼此连通，都是宇宙隐性大秩序分化出来的显性小秩序的存在物，乃是能够代表全体的微细个别局部，但相对于具有主体自觉精神的人而言，仍缺少内在活泼生命无形心体的感通妙应灵性，不能不在价值排序上说“天地之性人为贵”，而在德智阶位则称“天地万物父母，惟人万物之灵”。本然性心体之空灵广袤，严格讲是不能为其设定任何界限的，乃是可以无限制地向着绝对普遍性伸展的，诚如《中庸》所说“肫肫其仁，渊渊其渊，浩浩其天”，完全可与宇宙同一宏阔浩瀚，同一神奇无尽，不仅能够涵盖、遍及一切存在，而且能将一切存在收摄心中，在如实体悟认知的同时，也赋予其必要的价值和意义。因此，显然亦可以有限或无限地具体解读“人心”与“道心”之不同存在状态，从而警醒每一独特的主体性个体，时刻注意反省或内观自身必有的至灵心体，了解主体性个体对境而起的不同反应态度，以默识省察、践仁知之的方法契接绝对超越普遍的天道，尤其关注第一念初萌起用发动的重要，不仅防范主体性个体偏离至大至公至正之中道，同时也警惕各种物欲杂念乘隙引发的生命异化与歧出。

以有限心说“人心”，乃是指本来无限的本体心（道心）由于“有所蒙蔽，有所移夺，有所陷溺，则此心为之不灵，此理为之不明，是谓不得其正，其见乃邪见，其说乃邪说”①，无限心即坎陷成为有限心（人心）。诚如象山所说：“此心本灵，此理本明，至其气禀所蒙，

① 陆九渊：《与李宰》，《陆九渊集》卷十一，第149页。

习尚所梏，俗论邪说所蔽，则非加剖剥磨切，则灵且明者曾无验矣。”① 而一旦化净私欲，解构封闭，扫除昏昧，警醒愚顽，恢复心体本来即有的虚明灵觉，封闭狭隘之有限心亦可转化为广袤开放之无限心（道心），从而上达天道，遍摄一切，周游六合，出入有无，则可说“宇宙便是吾心，吾心即是宇宙”②。“道心”与宇宙存在同一深远广大、同一浩瀚无垠，乃是德性生命智慧无尽展开后即存在的与一切万有感应相通必有的表现，当然便只能以无限心来加以隐喻或譬况。

以无限心来隐喻或譬况本体之心，即可见心体之广袤可与宇宙之广袤同一无边，心体之浩瀚可与宇宙之浩瀚同一无垠。能兼顾内外、涵盖一切之心性本体，与不分内外、包容一切之宇宙本体，乃是同一能融摄万有之整体而大全式的存在，是创造活力不断沛然涌出的终极价值源头。后来的王门心学学者据此发挥，更进一步断言：“此心之体弥六合，塞两间，廓之无疆，穷之无际，循之无涯，达之无垠，其广大若斯矣；而且潜天而天，潜地而地，推之无前，引之无后，探之无朕，究之无端，其神妙又若此矣。”因此，不能不特别强调，岂能将“如此广大神妙物”，仅仅因为一己狭隘自私之功利私欲，便“拘拘然幽囚于此腔中方寸地耶？”所以，必须再次阐明“学，觉也”，以及“‘学以聚之’，惟学则聚”大义，从而在工夫论自觉“此心之放，以昏昧而放也。一觉焉，则触目而是，何在非心？此心之失，以放逸而失也，一觉焉，则随在皆心，何有于放？”③ 当然就能做到“宇宙便是吾心，吾心即是宇宙”，心灵秩序不仅与宇宙秩序全息相通，而且两者本身就有着微妙至极的同一性存在结构关系。

---

① 陆九渊：《与刘志甫》，《陆九渊集》卷十，第137页。

② 陆九渊：《陆九渊集》卷二十二《杂著》，第273页。

③ 耿定向：《耿定向集》卷七《求放心论》，华东师范大学出版社，2015年，第269~270页。

上文提到的“学以聚之”，典出《周易・乾卦》：“君子学以聚之，问以辩之，宽以居之，仁以行之。”宋明诸大儒讨论颇多，或以为“学以聚之而德益进，问以辩之而理益明”①；或以为“事事去学存此天理，则此心更无放失时，故曰‘学以聚之’，然常常学存此天理，更无私欲间断，此即是此心不息处，故曰‘仁以行之’”②。全面加以概括，也可说“理本天而散著于事，为学以聚其理于心，犹恐纯杂不一，又问以辨之，辨之而是矣，乃宽以居之。量至宏而无所不容，功有序而无所不就。至于见诸施行，则一以天理为归，纯而不杂”③。其中“宽居”以致量无所不容，象山所谓“宇宙便是吾心，吾心即是宇宙”，便是一种最好的表述或形容。其说虽上承《易传》“显诸仁，藏诸用，鼓万物而不与圣人同忧，盛德大业至矣哉”，即践仁进德、下学上达乃可与天同一深远广大，但更是孟子“居天下之广居，立天下之正位，行天下之大道”（《孟子・滕文公下》）说的进一步发扬。象山之器宇胸量，足可与孟子媲美矣。

孟子“居天下之广居”之说，与象山同时之张栻也多有创造性的诠释和发挥。他认为：“居可以移气，养可以移体，外物之奉，犹足以移其气体如此，则所谓居者不亦大乎？”而“居天下之广居，宅乎天理者也。宅之之久，则其气质变化，有不期然而然者矣……故居天下之广居，则天下之物举不足以移之”，乃至“德盛仁熟，无往而非精义之所在也”④。象山也直言坦陈：“廓然、昭然、坦然、广居、正位、大

---

① 王应麟著，翁元圻辑注：《困学纪闻注》卷五《礼记》，中华书局，2016年，第657页。

② 王阳明：《传习录下》，《王文成公全书》卷三，第149页。

③ 刘沅著，谭继和等笺解：《周易恒解》卷一《上经・乾》，《十三经恒解》，第31页。

④ 张栻：《南轩先生孟子说》卷七《尽心上》，中华书局，2015年，第613页。

道、安宅、正路，是甚次第？却反旷而弗居，舍而弗由，哀哉。”① 具见他所讲的与宇宙同一浩瀚广袤的无限心，乃需一步一步有次第的工夫达致。易言之，不仅有志于孟子所说的“居天下之广居”者，必须工夫步步踏实，而且真正已入于“居天下之广居”之境者，亦必继续工夫精进不已才能不退转。对人间社会合理秩序的建构，一方面要通过人与道合一的大中至正的无限心来自觉加以判识，另一方面也要根据宇宙创进生化不息的自然演进秩序来主动加以定位，任何违背人性心灵与宇宙天道秩序的做法都不能允许。正是在这一思想理路脉络下，则正如象山所说：“宇宙内事是己分内事，己分内事是宇宙内事。”如此更可说人的自觉主动的社会道德实践与人间秩序建构事业，不但不与天地万物疏隔，反而具有了更深刻的宇宙生成论意义。同时，宇宙创化演进生息不已的过程，也因为人的积极性参与或配合有了人文价值与道德创造的内容意义。而“此理至明，人皆有是心，心皆具是理”②，惜“人心不能无蒙蔽，蒙蔽之未彻，则日以陷溺”。所以，即使在与象山立论时常有别的朱子，也认为“天地万物本吾一体，吾之心正，则天地之心亦正矣，吾之气顺，则天地之气亦顺矣”③。象山则强调有如“道不远人，人自远之”一样④，亦可说“宇宙不曾限隔人，人自限隔宇宙”⑤。因而面对一般读书士子功利狭隘的人生处世态度，象山不能不感慨其“大世界不享，却要占个小蹊小径子；大人不做，却要为小儿态，可惜”⑥。故除“发明本心”，反身自求外，象山之

---

① 陆九渊：《陆九渊集》卷三十五《语录》，第 449 页。
② 陆九渊：《陆九渊集》卷二十二《杂著》，第 273 页。
③ 朱熹：《中庸章句》，《四书章句集注》，第 18 页。
④ 陆九渊：《与胡季随》，《陆九渊集》卷一，第 8 页。
⑤ 陆九渊：《陆九渊集》卷三十四《语录》，第 401 页。
⑥ 陆九渊：《陆九渊集》卷三十五《语录》，第 449 页。

“启悟学者，多及宇宙二字”①，目的在于扩充胸量，恢宏器识，从而多方面地为人的世俗道德实践生活赋予必要的宇宙形上学意义。加上象山施教时，无不本于“渊源之学，沈粹之才”，而能“心悟理融，出于自得”②，因而凡有所言，皆“悼时俗之通病，启人心之固有，咸惕然以惩，跃然以兴”③。一时影响范围之广，完全可与朱子并世而立。

与朱子最为重视者乃“理”，但也未尝忽视“心”不同，象山最为重视者乃“心”，但也从不忽视“理”。二人治学入手工夫各异，终极归趋则颇一致。象山所言之“心”，既是“性”不可或缺的开显处或敞亮处，又必然具有“性”的隐秘潜在的规定性或规范性，乃是可以随时活泼起用的本体之心，亦即前面一再提到的与“人心”相对的“道心”。因此，较诸朱子的“性即理”说④，象山则继续向前推进一步，提出自己的“心即理”说，即所谓“天之所以与我者，即此心也。人皆有是心，心皆具是理，心即理也”，而“所贵乎学者，为其欲穷此理，尽此心也”⑤。他所说的“理”实际就是“性理”与“性情”合为一体，经由“心”活泼起用开显或展示出来，能够转化为人伦日用世界各种德目的伦理实践之“理”。因此，他又特别强调“正理在人心，乃所谓固有”⑥，而“仁即此心也，此理也。求则得之，得此理也；先知者，知此理也；先觉者，觉此理也”⑦。“理”虽是“一”，但“知”或“觉”，都必须先有内在生命主体精神的豁醒，亲证亲契无人

---

① 陆九渊：《陆九渊集》卷三十六《年谱》，第483页。

② 史浩：《史浩集》卷九《陛辞荐薛叔似等札子》，浙江古籍出版社，2016年，第182页。

③ 杨简：《象山先生行状》，《陆九渊集》卷三十三《谥议》，第390页。

④ 朱熹：《中庸章句》，《四书章句集注》，第17页。

⑤ 陆九渊：《与李宰》，《陆九渊集》卷十一，第149页。

⑥ 陆九渊：《与李宰》，《陆九渊集》卷十一，第150页。

⑦ 陆九渊：《与曾宅之》，《陆九渊集》卷一，第5页。

不具的仁道本体，自觉与天道“生生”之德一体的创造活力，然后再通过心的活泼灵动作用，面对各种不同的伦理处境和伦理对象，转化为种种实践性的伦理行为，表现为伦理生活行为的“多”。正是循此理路脉络，象山才特别强调“内此理也，外亦此理也”①，认为“圣人之洗心，其诸以涤去憧憧往来之私，而全其本然之正也欤？此所以退藏于密，而能同乎民、交乎物，而不堕于溺焉，胶焉之一偏者也”，乃至“吉凶之患与民同之，而己之心无不尽”②。因而不仅要“开启”人的真实价值理想，同时也要建构人间社会的合理秩序；在涵养智性的同时，更要不断助长仁根，事虽有内外，理则无内外，必兼顾内外而无遗，方得学问之正与全。

心能“静”能“动”，有“未发”“已发”，即所谓“寂然不动，感而遂通”。一方面“非心”即无从见性知天，心的一端完全能够联结形上超越的本体界，另一方面“非心”亦难显主体性和自由意志，心的一端尚连着形下经验的实践界。③ 如同《大易》讲生生之德，体与用不二，本体与现象亦不可分，世界只是一个世界一样，当然也可讲“心一也，有指体而言者，寂然不动是也。有指用而言者，感而遂通天下之故是也”④。“体”是有用之体，必然开显于现象界或经验界，始终不离人的道德生活与道德实践，而“用”亦是有体之用，必然根源于形上界与超越界，理当受制于心体性体的主导或规范。因此，象山所说之“理”非特可以贯通内外，同时亦能联结（形）上（形）下，

---

① 陆九渊：《与曾宅之》，《陆九渊集》卷一，第5页。

② 陆九渊：《圣人以此洗心退藏于密吉凶与民同患神以知来知以藏往》，《陆九渊集》卷二十九《程文》，第342、340页。

③ 清人刘沅认为“性本无为，以心为用，非心亦何以见性？然必寂然不动，感而遂通，始为心之正而性之著”。或可参阅。见刘沅著，谭继和等笺解：《十三经恒解》附录一，第26页。

④ 程颢、程颐：《河南程氏文集》卷九《伊川先生文五》，《二程集》，第609页。

所以必须下学上达证入形上超越的道体，如此则不仅扩大了无所不在的“理”的时空涵盖范围，而且也为人的道德实践活动赋予了形而上的重大意义。① 如同内在的心体必然要与外在的经验发生关系，形上的本体世界也不能与形下的现象世界全然分离。诚如象山所说：“此理在宇宙间，何尝有所碍？是你自沉埋，自蒙蔽，阴阴地在个陷阱中，更不知所谓高远底。要决裂破陷阱，窥测破个罗网。”② “理”在宇宙无滞无碍，遍及一切存在，并不以人的存在与否为转移，但“理”能否通过人的灵妙觉性开显敞亮于心体，却完全取决于主体的人的灵性生命的高度自觉。

正是有鉴于此，象山才一方面针对人的主体性人格气节精神，强调“人所安者义理，义理所在，虽刀锯鼎镬，有所不避，岂与患得患失之人同其欣戚于一升黜之间哉？”③ 真志道者，更当“激厉奋迅，决破罗网，焚烧荆棘，荡夷污泽”④。前提是“须是打叠田地净洁，然后令他奋发植立。若田地不净洁，则奋发植立不得”⑤。另一方面他又特别告诫“以学自命者”，不可“封于私见，蔽于私说，却针拒砭，厚自党与”，认为“天以是理畀人，而举世莫任其责，则人极殆不立矣”。因此，必须“收得精神在内时，当恻隐即恻隐，当羞恶即羞恶”⑥，

---

① 象山称“东海有圣人出焉，此心同也，此理同也。西海有圣人出焉，此心同也，此理同也。南海北海有圣人出焉，此心同也，此理同也。千百世之上……千百世之下有圣人出焉，此心同也，此理同也”。说明“理”的存在乃是超越时间与空间、涵盖一切的，并不受任何现实条件限制。见杨简：《象山先生行状》，《陆九渊集》卷三十三《谥议》，第388页。

② 陆九渊：《陆九渊集》卷三十五《语录》，第452页。

③ 陆九渊：《与勾熙载》，《陆九渊集》卷七，第90页。

④ 陆九渊：《陆九渊集》卷三十五《语录》，第452页。

⑤ 陆九渊：《陆九渊集》卷三十五《语录》，第463页。

⑥ 陆九渊：《陆九渊集》卷九《书》、卷三十五《语录》，第127、454页。

“著大公以灭私，昭至信以熄伪”①。

就工夫实践的人生路径而言，由于象山学问根底以“尊德性为宗”②，因而他又特别强调涵养本源工夫的重要，认为“有根则自有枝叶，上达下达，即是喻义喻利”，并非脱离“人情物理上做工夫”③。否则“本体不明，而徒致功于外索，是无源之水也”④。尤其“惟精惟一”将本体、工夫打成一片，长期反身实践，必能“允执厥中”。后来明代之《传习录》一书，载王门弟子陆澄“尝问象山在人情事变上做工夫之说”，阳明的回答是：“除了人情事变，则无事矣。喜怒哀乐非人情乎？自视听言动，以至富贵贫贱、患难死生，皆事变也。事变亦只在人情里。其要只在致中和，致中和只在谨独。”⑤ 其说可谓得象山工夫内涵深旨，又颇有创造性的发展或发挥。

因此，象山既强调“在人情事变上做工夫”，当然就有必要进一步指出：“惟精惟一，须要如此涵养。”⑥ 既要在工夫论上求“精”，又要在本体论上证“一”，才算是严格意义上的“学之正而得所养，如木日茂，如泉日流，谁得而御之”⑦，而“为学有本末先后，其进有序，不容躐等”⑧。无论何等高明的涵养工夫，都不能脱离世间日用常行，必须落实为人的道德实践与伦理生活。均可见象山决非“惟务超悟，而不加涵养，不求精进”者，亦不是“惟尚捷径，而若无次第，

---

① 陆九渊：《与陈君举》，《陆九渊集》卷九，第127页。

② 黄宗羲原著，全祖望补修：《宋元学案》卷五十八《絜斋学案》，第1885页。

③ 陆九渊：《陆九渊集》卷三十五《语录》，第435页。

④ 黄宗羲原著，全祖望补修：《宋元学案》卷五十八《絜斋学案》，第1885页。

⑤ 王阳明：《传习录上》，《王文成公全书》卷一，第19页。

⑥ 陆九渊：《陆九渊集》卷三十五《语录》，第455页。

⑦ 陆九渊：《与吕子约》，《陆九渊集》卷五，第62页。

⑧ 陆九渊：《与詹子南》，《陆九渊集》卷七，第96页。

若太高”者①，而是认为人要持恒长久地自我反省，不断地自我超越，工夫步步踏实，才能臻至人天合一、至善圆融殊胜佳境。

由此可见，象山既重视本体，但也决不忽视工夫，工夫论在他那里甚至远比本体论更为重要。门下弟子袁燮深得其传，遂据此批评后世学者立志不坚，行道不果，乃至“谓道为隐而不知其著，谓道为邈而不知其近，求之愈过而愈湮郁。至先生（象山——引者注）始大发之，如指迷涂，如药久病，迷者晤，病者愈，不越于日用之间，而本心在是矣”②。明代王学学者耿定向也认为“象山教人，谆谆以切己自反、改过迁善为入路”③。今人蒙文通更取朱（熹）、陆（象山）、王（阳明）三人互为比较，明确称“朱子之‘即物穷理’、阳明之‘满街尧舜’要即源于说理、气之不彻而各专一端；唯象山教人不过存心、养心、求放心，为最能合于思、孟思诚择善之旨”④。上引虽出于不同时代学者之口，立论的角度亦略有差异，明显有见仁见智的区别，然皆足证象山在吾国思想史上地位的重要，无论衡以其人其说，揆诸其前其后，均断断然可入于一流大家之列。

四、阳明早期悟道的心路历程与工夫论特点

象山之后，复有阳明子之崛起。后者评骘前者之学，以为“简易直截，孟子之后一人”⑤，并“欲表章象山，以救词章帖括之习，使人

---

① 陆九渊：《陆九渊集》卷三十六《年谱》，第531页。

② 袁燮：《嘉定仓司本象山先生文集序》，《宋集序跋汇编》卷三十五，第1658页。

③ 耿定向：《耿定向集》卷十三《陆杨二先生学案》，第509页。

④ 蒙默编：《蒙文通先生学行简谱》，《蒙文通全集》第6册，巴蜀书社，2015年，第260页。

⑤ 王阳明：《与席元山》，《王文成公全书》卷五，第219页。

知立本、求自得"[1]。尽管"陆氏与王氏有同有异，与朱子有异亦复有同"，后人或谓"象山之学，王阳明宗之，借以树敌于朱子"[2]，景仰表彰者虽多，攻讦诋毁者亦不少。议者或言"阳明氏出，程朱相传之统绪，几为所夺"[3]；或言"阳明先生舍朱从陆，其《传习录》议论较陆尤晓畅"[4]。所言虽未必全然公允，亦可见阳明实近陆而远朱。心学之发展，经阳明一生奋斗努力，遂得以壮大声势气象，再次大兴于有明一代，从而不仅使自己足可与朱子异代共驾并驱，成为传统思想史上的又一座伟峰，同时也在程朱理学思想天地之外，别成一大历史性的陆王心学学派。二者立论时或对立，实又可相互补充。

王阳明一生心路跋涉历程，以龙场大彻大悟为历史性关键转折点。其门下弟子钱德洪总结老师思想变化发展轨迹，将其分为"前三变"与"后三变"两大不同的历史时期。前者为学之"三变"，即"少之时，驰骋于辞章；已而出入二氏；继乃居夷处困，豁然有得于圣贤之旨：是三变而至道也"。后者为教之"三变"，即"居贵阳时，首与学者为'知行合一'之说；自滁阳后，多教学者静坐；江右以来，始单提'致良知'三字，直指本体，令学者言下有悟：是教亦三变也"[5]。如果说"前三变"是凭借工夫证入形上超越之本体，那么"后三变"便是通过形上超越之本体开出工夫，二者均涉及"学"与"教"如何训释的问题，不能不稍加考述与辨析。

---

① 邵廷采：《思复堂文集》卷一《明儒王子阳明先生传》，浙江古籍出版社，2012年，第12页。

② 黄式三：《读陆氏〈象山集〉》，《紫阳学术发微》卷八《朱子辨金溪学发微》，第227页。

③ 方孝标：《钝斋文选》卷一《朱子文钞序》，《方孝标文集》，黄山书社，2007年，第160页。

④ 皮锡瑞：《皮锡瑞日记》，中华书局，2015年，第785页。

⑤ 钱德洪：《刻文录叙说》，《王文成公全书·旧序》，第10页。

钱氏所谓“学凡三变”之“学”字，固然可以释为知识论（道问学）意义演绎上的“学习”，但更当训为心性论（尊德性）义理脉络上的“觉悟”。例如，《论语》开篇即云“学而时习之”，皇侃《疏》便引《白虎通》“学，觉也，悟也”，并云：“言用先王之道，导人情性，使自觉悟也。去非取是，积成君子之德也。”① 又《荀子·劝学》：“学，恶乎始？恶乎终？曰：其数则始乎诵经，终乎读礼；其义则始乎为士，终乎为圣人。”王先谦注：“数，术也”；“义，谓学之意，言在乎修身也”②。今人钱基博认为：“唯‘觉’斯征‘学’，唯‘学’乃臻‘觉’。是故言学者不可不知‘义’‘数’之辨；知之者觉；昧之者愚也！”尤其“古人言学以圣为归。圣者，大觉至通之称”。足证“此‘觉’与‘不觉’之别，君子、小人之分也！不可不深察，不可不熟虑！”③

阳明从心学的立场出发，则在上述诸说之外，另辟一创造性诠释的新路径，认为“学是学去人欲，存天理；从事于去人欲，存天理，则自正诸先觉，考诸古训，自下许多问辨思索、存省克治工夫；然不过欲去此心之人欲，存吾心之天理耳”④。目的则如象山之“发明本心”、朱子之“全体大用”，均以成就人的德性生命为价值诉求，激励世间学者勇于踏上终极圣域之路。只是立足于阳明的心学立场，以“致良知”三字作为本体实践学的方法路径，则既可直下晓谕本体，又能当下示明工夫，最能概括心学体用一源的特点，从而极大地凸显了

---

① 皇侃：《论语义疏》卷一《学而》，中华书局，2013 年，第 2 页。

② 王先谦：《荀子集解》卷一《劝学篇》，中华书局，1988 年，第 11 页。

③ 钱基博：《大家国学·钱基博卷》，天津人民出版社，2008 年，第 20、21、22 页。按，今人张棡概括上引荀子及钱氏之说，以为读此“必能觉‘数’与‘义’之辨，而其学乃可以久；必自觉国性之不可蔑，而其学乃可以尊”。似可参阅。见温州市图书馆编：《张棡日记》“民国二十年十二月十二日”条，中华书局，2019 年，第 3660 页。

④ 王阳明：《传习录上》，《王文成公全书》卷一，第 40 页。

"学圣"的本体论依据，以及凭借工夫论实现终极理想的人生目的。①

《论语》开篇另一重要词语，即后人经常讨论的"时习"两字，实乃孔门最为重视的"一贯"，即"一以贯之"工夫。阳明亦时或发挥其说，强调必须"立个无间断功夫"②，即所谓"时习者，动静语默，无往非习"，以至于"求一可容不善之时不可得"③。盖"时习"二字，后人多以"无事无时而不习"解之④，然亦可看成是时机化与实践化"学圣"的本体觉悟工夫⑤，即阳明所谓"圣人亦只是至诚无息而已，其工夫只是时习。时习之要，只是谨独。谨独即是致良知"⑥。"谨独"在《中庸》中即"慎独"，在《孟子》中即"集义"，在《尚书》中即"精一"，名目虽有不同，工夫则完全一致。无论"慎独"或"谨独"，如邵雍所说："凡人之善恶形于言，发于行，人始得而知之。但萌诸心，发于虑，鬼神已得而知之矣。此君子所以慎独也。"⑦ 则其作为一种生命学问的原则所要强调的，正是人的存在世

---

① 有趣的是，"学"不仅在儒学传统中占有核心的地位，而且在犹太教传统中亦占有重要的位置，只是儒学的"学"强调的是对"道"的觉悟的精神训练，犹太教重视的是对上帝的信仰的精神训练（Spiritual practice）。两大传统的"学"都具有"宗教的优先性"（Religious supremacy），能够成为沟通现实与理想的津梁，表现为自我对道德责任和终极意义的承诺，可以展开精神的交流与对话。参阅刘述先：《儒家思想的转型与展望》，河北人民出版社，2010 年，第 308 ~ 310 页。

② 王阳明：《与黄勉之》，《王文成公全书》卷五，第 234 页。

③ 王阳明原著，施邦曜辑评：《阳明先生集要》理学编卷一，中华书局，2008 年，第 83 页。

④ 许谦：《读四书丛说》，《宋元学案补遗》卷八十二，第 4838 页。

⑤ 朱子以"鸟数飞"释"习"字，并云："学之不已，如鸟数飞。"则"习"字本义即实践，当无任何疑义。见朱熹：《论语集注》卷一《学而第一》，《四书章句集注》，第 47 页。

⑥ 王阳明：《与黄勉之》，《王文成公全书》卷五，第 235 页。

⑦ 邵雍：《邵雍集》，中华书局，2010 年，第 153 页。

界的内外圆融一致。故在阳明思想语境中，“慎独”或“谨独”有时又写作“独知”，即“所谓‘人虽不知，而己所独知’者，此正是吾心良知处。然知得善，却不依这个良知便做去，知得不善，却不依这个良知便不去做，则这个良知便遮蔽了，是不能致知也。吾心良知既不能扩充到底，则善虽知好，不能着实好了；恶虽知恶，不能着实恶了，如何得意诚？故致知者，意诚之本也。然亦不是悬空的致知，致知在实事上格。如意在于为善，便就这件事上去为；意在于去恶，便就这件事上去不为。去恶固是格不正以归于正，为善则不善正了，亦是格不正以归于正也。如此，则吾心良知无私欲蔽了，得以致其极，而意之所发，好善去恶，无有不诚矣！诚意工夫，实下手处在格物也。若如此格物，人人便做得，‘人皆可以为尧、舜’，正在此也”①。

具见与朱子一样，阳明亦极为重视“为善去恶”的工夫，不同在于后者将《大学》的“致知”与孟子的“良知”创造性地整合为一体，提出了更能体现人的生命智慧和道德直觉能力的“良知”与“致良知”说，并将“致知”“诚意”“格物”及必须与之打交道的对象化的“事”，统统纳入一个有体有用的工夫实践系统之中，明确强调扩充良知以化去私欲遮蔽的重要。无论前面提到的“谨独”或“独知”，本质上即“致良知”或“扩充良知”的本体践行工夫。工夫不仅要在与他人共在的社会化伦理行为活动中做，同时也要在无人知晓或尚未社会化的动机伦理世界中做，从前者立论即为“格物”，就后者而言便是“诚意”，严格讲亦都是“知行合一”的工夫，是本体实践化展开必有的一体两面行为现象，当然也可说是“良知”本体为实现自身价值必然产生的社会化行为事实，亦即以“学圣”为终极目的诉求不能不有的“时习”觉悟行为过程，在阳明看来即以“致良知”为核心的体用工夫的“立言宗旨”。尤其与外显的行为伦理现象相较，内隐的动

① 王阳明：《传习录下》，《王文成公全书》卷三，第148页。

机伦理现象因为不为人知，往往“一念发动，虽是不善，然却未曾行，便不去禁止”，从而造成大量人生与社会知行分裂的异化病象。因此，无论“知行合一”或“致良知”，作为一种工夫实践之所以重要，即在于“要人晓得一念发动处，便即是行了。发动处有不善，就将这不善的念克倒了。须要彻根彻底，不使那一念不善潜伏在胸中”①。这当然就是“圣功无息”的“时习”方法路径，乃是痛下“诚意”或“慎独”工夫，透悟明了“性”与“天道”相通之理后，“念念明，念念去尽工夫，安有息时”必然产生的生命现量境界。②

根据以上大量分析，客观观察阳明一生行为事实，则可见他之所以与朱子、象山一样，极为重视“为善去恶”的本体实践学工夫，当与其所处的时代政治文化生态环境有关。严格地讲，传统中国至迟宋代以来，便如魏了翁所说：“父诏子承，师传友习，以工文艺为儒者之巨擘，以取科第为稽古之极功，以善权利为用世之要道，间有不肯自混于俗，则入佛入老，凿空架虚，疑周公、仲尼未睹此秘。”③ 社会文化生态风气的日趋功利化，自宋讫明越到后期便越显得突出，以致不能不令人感叹“功利之毒沦浃于人之心髓，而习以成性也，几千年矣”④，从而质疑“世之人有不求富贵利达者乎？”即使“号为好学者”，也不过以“取科第为第一义”罢了⑤。而阳明早在十一岁时便立下“读书学圣贤”的宏大志愿，并视其为人生决不可轻易化约的“第一等事”⑥，而做

---

① 王阳明：《传习录下》，《王文成公全书》卷三，第120页。

② 王阳明原著，施邦曜辑评：《阳明先生集要》理学编卷二，第108页。

③ 魏了翁：《渠阳集》卷六《长宁军六先生祠堂记》，岳麓书社，2012年，第82页。

④ 王阳明：《答顾东桥书》，《王文成公全书》卷二，第69页。

⑤ 谢肇淛：《五杂组》卷十三《事部一》，上海书店出版社，2009年，第256、258页。

⑥ 《王阳明年谱》“成化十八年壬寅”条，《王文成公全书》卷三十二，第1388页。

“第一等事”即意味着要成为世间“第一等人”，也预示着要不断扩大和丰富自己的精神世界，自此便开始踏上了以成圣成贤为终极目的的漫长生命“不归之路”，诚乃不与世间凡俗庸劣合流的难得少年人才。以后则如钱德洪所说，时“天下士方驰骛于辞章”①，目的无非迎合世俗以邀名，或通过科考以显官。尽管“立言以传后者百无一焉”②，然“先生（阳明——引者注）少年亦尝没溺于是矣，卒乃自悔，惕然有志于身心之学”③。唯阳明由辞章转入身心之学后，中间又“遍读考亭之书，循序格物，顾物理吾心终判为二，无所得入。于是出入于佛、老者久之”④。质言之，即在谪官龙场驿丞，“居夷三载，见得圣人之学若是其简易广大”之前，有相当长的一段时间，阳明都曾“溺于神仙之习”与“佛氏之习”⑤，乃至于以为“大抵二氏之学，其妙与圣人只有毫厘之间”，并“自叹悔错用了三十年气力”⑥。故钱德洪说阳明尽管谪官到达龙场前，学术已开始有了明显的转向发展趋势，但依然“学未归一，出入于二氏者又几年矣，卒乃自悔”⑦。最终则由于“抗疏廷杖，龙场烟瘴，居夷何陋，诸蛮归向”⑧，始“省然独得于圣贤之旨；反覆世故，更历险阻，百炼千磨，斑瑕尽去，而辉光焕发”⑨，彻底返归儒家正学，史称“龙场悟道”。

认真分析阳明一生学问取向，如果以“龙场悟道”为历史性标

---

① 钱德洪：《刻文录叙说》，《王文成公全书·旧序》，第 15 页。

② 谢肇淛：《五杂组》卷十三《事部一》，第 258 页。

③ 钱德洪：《刻文录叙说》，《王文成公全书·旧序》，第 15 页。

④ 黄宗羲：《明儒学案》卷十，第 180 页。

⑤ 湛若水：《湛甘泉先生文集》卷三十一，广西师范大学出版社，2014 年，第 1832 页。

⑥ 王阳明：《传习录上》，《王文成公全书》卷一，第 46 页。

⑦ 钱德洪：《刻文录叙说》，《王文成公全书·旧序》，第 15 页。

⑧ 湛若水：《湛甘泉先生文集》卷三十一，第 1841 页。

⑨ 钱德洪：《刻文录叙说》，《王文成公全书·旧序》，第 15~16 页。

识，即可见其不仅中岁龙场大悟“格物致知”之旨，从此开始踏入儒门圣学境域，而且更在晚年超然抉出“良知”与“致良知”之说，从而思想愈加高明成熟、浃融圆熟。具见以龙场为人生一大转折点，阳明之前的一切所作所为，实乃随时随地都在艰苦不懈地自我反省和奋力觉悟，始终都在实践性寻找各种方法行走在“学圣”的终极路途之上。① 后人以为其“平生之学，得力于龙场时居多”②，揆以阳明为学前后之实际，诚乃信实可靠之言。所谓“学凡三变”亦明显乃是阳明尝试性地通过“下学上达”的实践工夫，层层向上翻转而不断自觉自悟，最终则契入形上超越的道境，从而身心气质翻天覆地变化，生命亦脱胎换骨般焕然一新，不能不说是一路艰苦跋涉取得的大跨度飞跃式生命体悟实证成果。③

阳明在龙场的大彻大悟，钱德洪《年谱》说他“自计得失荣辱皆能超脱，惟生死一念尚觉未化，乃为石墩自誓曰：‘吾惟俟命而已！’日夜端居澄默，以求静一；久之，胸中洒洒”。所谓“俟命”，类似“孔子进以礼，退以义，得之不得曰有命。无入而不自得，所以为居易俟命也”④，体现的是一种从容坦荡的人生态度。无论孔子或阳明心中的“天”，都不能不是价值与意义的承载者，因而人之遵“礼”从

---

① 王阳明《朱子晚年定论》称自己早年“每痛反深抑，务自搜剔斑瑕”，至龙场大悟后始“愈益精明的确，洞然无复可疑”。这是阳明对早年不断自我反省和转变生命本体认知，至龙场始由多次人生小悟积累为大悟的经验性总结。详见《王文成公全书》卷三，第 158 页。

② 王士禛：《蚕尾文集》卷八《跋王文成公龙冈漫兴诗卷》，齐鲁书社，2007 年，第 1954 页。

③ 宋僧百丈怀海称一旦真正证入形上大道，便“不异旧时人，只异旧时行履处”，似亦可移来形容阳明“龙场悟道”后生命焕然一新的情形。见赜藏主编集：《古尊宿语录》卷一《百丈怀海大智禅师·广录》，中华书局，1994 年，第 15 页。

④ 刘沅著，谭继和等笺解：《孟子恒解》卷七《尽心上》，《十三经恒解》，第 376 页。

“义”，即主体自由精神的开显，即服从了“人”“天”一体的“天命”。具见阳明在龙场虽一时处境艰难困苦，然其进退出处，或作或息，念念皆在天命之理，事事皆在养浩然之气，反身而诚，不怨不尤，天命在我，何患得失，故其所俟所从者，实乃“天命”，又可称为“义命”，一切均以“义命”自安，决非任何“憧憧往来，无可奈何而委之命”者可比①。读是时阳明在龙场所撰诗文，则“居易俟命之意，犹可想见”②。阳明后来勉励学者亦强调：“一心为善，不可以穷通夭寿之故，便把为善的心变动了，只去修身以俟命；见得穷通寿夭有个命在，我亦不必以此动心。事天虽与天为二，已自见得个天在面前；俟命便是未曾见面，在此等候相似：此便是初学立心之始，有个困勉的意在。”③ 所言皆与龙场悟道的经历密契相关，可说是阳明对龙场身心体悟经验的再反思和再总结。

前引《年谱》说到的“静一”，即荀子所谓“虚一而静”的工夫入手方法（《荀子·解蔽》）。朱子也说：“读书须是心虚一而静，方看得道理出。”④ 然而与朱子讲“静一”只是为了更好地读书识道理不同，阳明的“静一”本质上即下学上达的本体实践工夫，目的则是要证入非名相可言的形上大道。因为从根本究竟义说，“虚无者，性之本体，所谓上天之载也。养性以静，静极而中致焉，其象虚无，其理则至诚也。清净者，纯一之意，以为蔑弃伦常，岂知其为静存之要乎？”⑤ 阳明本人也明确有言云：“天地之化，本无一息之停，然其化生万物，各得其所，却亦自静。”而“人”“天”本来浃然一体，一旦通过工夫论做到以“人”合“天”，则“此心虽是流行不息，然其

① 谢肇淛：《五杂组》卷十三《事部一》，第256页。
② 王士禛：《蚕尾文集》卷八《跋王文成公龙冈漫兴诗卷》，第1954页。
③ 王阳明：《传习录上》，《王文成公全书》卷一，第7页。
④ 黎靖德编：《朱子语类》卷第一二〇《朱子十七》，第2884页。
⑤ 刘沅著，谭继和等笺解：《十三经恒解》附录一，第27页。

一循天理，却亦自静也”①。阳明在龙场“日夜端居澄默”的行为示现②，便足以说明“静一”乃是证入形上本体不可或缺的重要入手方法。

但是，面对龙场艰难困厄的人生处境，阳明所俟所从者既为“天命”或“义命”，其所要究明者乃心之理而非物之理，同时又极力通过生命实存工夫强调“一心为善”的重要意义，因而“静一”的证道体认入手方法固然不可不讲，但孔子“求仁”与孟子“养气”的本体实践方法亦决不可忽视。易言之，儒门的“静一”本质上即孟子所谓的“不动心”，“不动心”的工夫不能不涵养浩然正气，养浩然正气而不动心实际亦是“求仁”的本体论入手方法。孔子说“求仁得仁”③，“仁远乎哉？我欲仁，斯仁至矣”（《论语·述而》），孟子亦云“我善养吾浩然之气”，气“至大至刚”“塞于天地之间”（《孟子·公孙丑上》）。故养心必养气，“仁者，心之德”④，气“配义与道”（《孟子·公孙丑上》），一性所涵，纯乎仁体，浑然天理，不为利诱，不为欲动，此即求仁之方、收放心之法。诚如阳明所说：“心一而已，以其全体恻怛而言谓之仁，以其得宜而言谓之义，以其条理而言谓之理。不可外心以求仁，不可外心以求义，独可外心以求理乎？”⑤ 而要真“识得仁体”，亦必先痛下消除扫荡心体“斑垢驳杂”的本体实践工夫，否则“私意气习缠蔽”⑥，又何能识仁而真悟道，一切自我欺瞒都只会让人

① 陈荣捷：《王阳明传习录详注集评》，台湾学生书局，1983年，第402页。

② 《王阳明年谱》“正德三年戊辰”条，《王文成公全书》卷三十二，第1396页。

③ 司马迁：《史记》卷六十一《伯夷列传》，中华书局，1982年，第2122页。

④ 朱熹：《论语集注》卷三《雍也第六》，《四书章句集注》，第86页。

⑤ 王阳明：《答顾东桥书》，《王文成公全书》卷二，第52~53页。

⑥ 王阳明：《答黄宗贤应原忠》，《王文成公全书》卷四，第178页。

去道愈远而非愈近。

“求仁”作为一种本体实践学的入手方法，阳明与其门下弟子亦多有交流讨论。例如，江右王门大弟子聂豹闻受师教后，便极力强调“孔门之传，求仁而已矣。孟子曰：‘仁，人心也。’孟子之求心，即孔门之求仁也”①。足证“孟子得孔子之心传者，以其知言、养气、性善、尽心之学，为能发明圣人之蕴也”②。具见“静一”“求仁”“养气”，三者作为心学本体实践学的共同入手工夫，完全可以一体融通、共同运用，不能不断然明确肯定“存有觉之心，养虚明之性。孔子曰求仁，孟子曰养气，皆是道也”③。

因此，立足于本体实践学“体用一源”的工夫实践立场，阳明之龙场悟道所成全者乃仁之全体而非仁之一端，同时也做到了善养浩然正气而不动心，所谓“静一”也可看成是前面一再提到的“精一”证道实践工夫，亦即阳明一再强调的“此心纯乎天理之极”的为圣修行方法④，不能不有道德理性的当下实践性开显，表现为人的主体人格精神的直下自我挺立。徐爱说阳明“居夷三载，处困养静，精一之功固已超入圣域，粹然大中至正之归矣”⑤，便可见阳明的“悟道”实多得力于体用不二的“精一”实证入手方法，是化去各种人欲杂染而回归人天一体本真“道心”的必然结果。

后人讨论阳明证入形上超越道境的另一重要原因，多着眼于其在龙场的生死体验，认为“非从万死一生中不能到”⑥。阳明自己后来也

---

① 聂豹：《重刻传习录序》，《聂豹集》卷三，凤凰出版社，2007年，第45页。

② 邵廷采：《思复堂文集》卷一《明儒王子阳明先生传》，第16页。

③ 刘沅著，谭继和等笺解：《十三经恒解》附录一，第26页。

④ 王阳明：《传习录上》，《王文成公全书》卷一，第4页。

⑤ 徐爱：《横山遗集》补遗《〈传习录〉题辞》，《徐爱 钱德洪 董沄集》，凤凰出版社，2007年，第89页。

⑥ 钱启忠：《重刻传习录后叙》，《王阳明全集》卷四十一，上海古籍出版社，1992年，第1617页。

说："凡有道之士，其于慕富贵，忧贫贱，欣戚得丧而取舍爱憎也，若洗目中之尘而拔耳中之楔。其于富贵、贫贱、得丧、爱憎之相值，若飘风浮霭之往来变化于太虚，而太虚之体，固常廓然其无碍也。"① 又认为："学问功夫，于一切声利嗜好俱能脱落殆尽，尚有一种生死念头毫发挂带，便于全体有未融释处。人于生死念头，本从生身命根上带来，故不易去。若于此处见得破，透得过，此心全体方是流行无碍，方是尽性至命之学。"② 具见他是一层层超越了世俗的"得丧欣戚"、爱憎取舍，真在生命体悟上有所自得，最后乃在生（存在）与死（不存在）的极度边际体验中，既面对生死又超越生死，从而凭借弥天盖地的存在勇气，对人生社会及其价值意义做出终极性的探究和追问："圣人处此，更有何道"③，"不惟得失荣辱胥已解脱，即死生一念亦为拼置"④。其不悟道则宁愿死不愿生，才"忽中夜大悟格物致知之旨，寤寐中若有人语之者，不觉呼跃，从者皆惊。始知圣人之道，吾性自足，向之求理于事物者误也"⑤。这表面只是颇具戏剧效果的飞跃式"顿悟"的惊人一幕，却是阳明半生心路历程艰难跋涉换来的必然结果。

如果上溯孟子所讲的"万物皆备于我矣，反身而诚，乐莫大焉"（《孟子·尽心上》），则可说这是生命的证量工夫和直观境界的当下现前。阳明的"圣人之道，吾性自足"，也同样是从生命的证量直观工夫中自然涌出的真理性豪迈宣言。立足于孟子与阳明的本体证量实证工夫，则断然可说人虽渺然一身，却得天地正气以生，既不可能自外于

---

① 王阳明：《答南元善》，《王文成公全书》卷六，第255~256页。

② 王阳明：《传习录下》，《王文成公全书》卷三，第134页。

③ 《王阳明年谱》"正德三年戊辰"条，《王文成公全书》卷三十二，第1396页；另可参阅张新民：《阳明精粹·哲思探微》，孔学堂书局、贵州人民出版社，2014年，第235页。

④ 耿定向：《耿定向集》卷十三《新建侯文成王先生世家》，第523页。

⑤ 《王阳明年谱》"正德三年戊辰"条，《王文成公全书》卷三十二，第1396页。

天道，也不可能自外于天理。所谓“道者，天之理”①，人生当然之路也。其理本来就“浑然粹然”内聚于性分之中，本自圆满，无所亏阙，一即一切，一切即一，不能不说是“万物皆备于我”，亦不能不说是“圣人之道，吾性自足”，既不可外心以求理，亦不能外心以求道。②否则天不由理而行则不能称其为天，人不从理而动亦不能称其为人，而能“觉”能“悟”之主体，在人唯其昭明灵觉本然之真心，故逆向反诸心体微妙本源深处，如实体认内在生命本来存在之真谛，工夫久久积累“熟透”，一旦触着机缘豁然开悟，则必能尽心知性乃至于知天，不唯凡事皆有即本体即主体之良知自作“主脑”，同时也可应天地万物之变而如如不惑。

因此，历来凡真悟道者，必久久积累实证工夫，即使生死亦必如阳明龙场悟道，不妨说是孔门“朝闻道，夕死可矣”宗教人文精神的当下再现，当然就会从心性本体沛然涌出与真理合为一体的巨大本体喜悦！阳明中夜颇有戏剧性的“呼跃”，显然即千磨万炼突然证得生命存在的真谛后，全身情不自禁拔地跃起的内在心智欢呼，乃是超出凡俗知“性”知“天”的真理性切身欢悦，从此“涵养省察”，处处不离体用不二的本体实践学工夫，完全可以告诸天地鬼神而无一丝一毫之愧怍。

儒家学者谈及工夫实践，与佛教明显有一不同，即多不讲“顿”“渐”，然未必不重视先后次第。例如，“孔子志学而至从心，孟子有诸

① 真德秀：《西山读书记》甲集六《专言仁》，大象出版社，2019年，第183页。

② 《六祖坛经》载慧能悟道后偈语：“何期自性本自清净，何期自性本不生灭，何期自性本自具足，何期自性本无动摇，何期自性能生万法。”所言亦为大悟后证量工夫的当下显现，虽其后来所开辟者乃中国化之禅宗新天地，与儒家思想人物之发展路径迥然有异，然未必不可参互比观以证悟道之重要。

已至化神，功非一朝一夕”①，离不开长期持久的积累工夫。《大学》之知止而定、静、安、虑、得，也是一套工夫系统，并与孟子养气之说相通，久久贯彻必能“身造其境”。阳明自己也说：“区区‘格致诚正’之说，是就学者本心日用事为间，体究践履，实地用功，是多少次第、多少积累在，正与空虚顿悟之说相反。”② 针对门下弟子欧阳德所谓“先生（阳明——引者注）致知之旨，发尽精蕴，看来这里再去不得”之说，阳明更强调“何言之易也？再用功半年，看如何？又用功一年，看如何？功夫愈久，愈觉不同，此难口说”③。可见他是何等重视步步踏实、不可躐等的渐修方法。下学上达工夫久久积累“熟透”后，未必就没有“神机迅发”、豁然醒觉大悟的时候。例如，前引朱子之“一旦豁然贯通”，即颇有“顿悟”之意。④“明道先生言：‘自再见周茂叔后，吟风弄月以归，有吾与点也之意。’”⑤ 这亦不能不说是悟境的当下现量。唯无论“顿悟”所入之境是深是浅，揆以阳明龙场悟道“倏若神启，大解从前伎俩见趣无一可倚，惟此灵昭不昧者相为始终。不离伦物应感，而是是非非天则自见。证之六经四子，无不吻合，益信圣人之道坦若大路如此”⑥，则完全可说“行到水穷山尽，同归一路，自有不言而契之妙”⑦。各人的悟入处虽不尽相同，不能不“各就性之所近以求得力”⑧，皆无一不是积渐为功、觉悟本真心性的结果，

① 刘沅著，谭继和等笺解：《十三经恒解》附录一，第 142 页。

② 王阳明：《答顾东桥书》，《王文成公全书》卷二，第 50 页。

③ 王阳明：《传习录下》，《王文成公全书》卷三，第 116 页。

④ 参阅刘沅著，谭继和等笺解：《十三经恒解》附录一，第 142 页。

⑤ 周敦颐：《周敦颐集》卷六，第 138 页。

⑥ 耿定向：《耿定向集》卷十三《新建侯文成王先生世家》，第 523 页。

⑦ 刘宗周：《圣学宗要》，《刘宗周全集》，浙江古籍出版社，2012 年，第 230 页。

⑧ 豫师：《汉学商兑・汉学商兑赘言》，北京联合出版公司，2017 年，第 250 页。

诚乃“非积学不可为，而又非积学所能到”①。关键是“须从本原上用力，渐渐盈科而进”，故“与其为数顷无源之塘水，不若为数尺有源之井水，生意不穷”②，最终则浩浩沛沛汇入无限广袤之大海，如破闸决堤般惊天动地，从此本体莹洁敞露，一切偏狭成见随之消歇。较诸仅“以把捉意见为工夫，而不觌性天之体。因使求中者以揣摩气象为极则，而反堕虚空之病”者③，高下悬殊不啻千里。

阳明通过“困衡动忍”生死厄境大彻大悟后④，虽身处“华”“夷”混杂的边徼黔地，为了启蒙他人也能回归无人不具的全然至善心体，遂开始了他的规模或大或小的心学讲学活动，并一生都视讲学施教为最重要的人心救赎事业。所谓“俟命”也自此一转而为尽性“立命”，从而阳明始终坚信生命存在的意义就在于通过本体实践学的各种具体工夫，最大化地彰显扩大人性的光辉或良知的发用流行，亦即“不知命则大无信，故命立而后心诚”⑤，遂一本至诚无息之本然真实心性，开辟出无限宏伟壮阔的人生事业，并以活生生的人格例证事实为后人示明了人生发展应有的成德方向。他既大悟“圣人之道，吾性自足”，实际即意味着成圣成贤的本体论依据不分“华”“夷”，无论贵贱，无人不具，无人不有，当然就不受任何地域限制，超越一切族群区隔，遍及世俗一切人类。诚如他自己后来所说，“良知良能，愚夫愚妇与圣人同”⑥，“圣贤之道，坦若大路，夫妇之愚，可以与知”⑦，而“与愚夫

---

① 楼钥：《楼钥集》卷四十九《雪巢诗集序》，浙江古籍出版社，2010年，第926页。

② 王阳明：《传习录上》，《王文成公全书》卷一，第18、27页。

③ 刘宗周：《圣学宗要》，《刘宗周全集》，第230页。

④ 耿定向：《耿定向集》卷十三《新建侯文成王先生世家》，第523页。

⑤ 张载：《张子语录》，《张载集》，第324页。

⑥ 王阳明：《答顾东桥书》，《王文成公全书》卷二，第61页。

⑦ 王阳明：《复唐虞佐》，《王文成公全书》卷四，第215页。

愚妇同的，是谓同德。与愚夫愚妇异的，是谓异端”①，“于是益有以信人性之善，天下无不可化之人也”②。在具体的施教方法上，阳明又发挥孔门一贯的教化思想，强调“‘不愤不启’者，君子施教之方；‘有教无类’，则其本心焉耳”③。后来的学者如明清之际大儒李二曲，亦同样强调“理者，人心固有之天理，即愚夫愚妇一念之良也，圣之所以圣，贤之所以贤，亦不过率其与愚夫愚妇同然之良而已，此中庸平常之道也。乃世之究心理学者，多舍日用平常而穷玄极赜，索之无何有之乡。谓之‘反经’，而实异于经；谓之‘兴行’，而实不同于日用平常之行。其发端起念，固卓出流俗词章之上；而流荡失中，究异于《四书》平实之旨：是亦理学中之异端也”④。儒家的成人或成德之教，不分地位高低贵贱，不计身份血缘区别，完全以本真至善之性无人不具为根本前提，从来都可以落实于每一独立的主体的个体，同时也必须转化为日用常行社会生活的伦理实践。李氏之言上承阳明率先揭出之说，又历史性地予以了新的再诠释和再发挥。

五、阳明悟道后施教方法的实践化展开与灵活性调整

前文提到的钱德洪“教亦三变”之说，如果立足于阳明心学“尊德性”的立场，则所谓“教”亦与“学”通，当以“觉”训之。考《说文解字》：“学，觉悟也。”《释名·释言语》：“教，效也，下所法效也。”按，“学”字古亦作“斅”，即所谓“斅，觉也”，“斅，教也”⑤，其与

① 王阳明：《传习录下》，《王文成公全书》卷三，第132页。

② 王阳明：《象祠记》，《王文成公全书》卷二十三，第1024页。

③ 王阳明：《复唐虞佐》，《王文成公全书》卷四，第215页。

④ 李颙：《二曲集》卷三十一《四书反身录》，中华书局，1996年，第436页。

⑤ 贾昌朝：《群经音辨》卷二《辨字同音异》，中华书局，2020年，第21页。

“教”音形义俱相通。唐释慧苑认为“诸字书觉字从学，学字从教，教字从孝，孝字从爻，因声义转相生也”①。“古代‘学’‘教’‘觉’三字是一个声音”②，显然也可相互训释。因此，阳明“教亦三变”所展开的各种教法，就其施教的具体对象而言，既可是诱导其躬行道德实践方面的学习，也可是启发其心性体证方面的觉悟。所以，尽管阳明从不以先觉者自许，但其所“教”仍一本孟子“先知觉后知”“先觉觉后觉”之大义③，不断根据每一受教对象的“根器”或气质差异，晓其所当然，示其所应然，不断灵活采用各种有针对性的教学方法，启发其反身逆向自悟自证本来即有的本真心性。故即使是朱子之训“学”字为“效”，以为“觉有先后，后觉者必效先觉之所为”④，阳明也大为不满，认为“学是学去人欲，存天理”⑤，朱子“只说得学中一件事，亦似专求诸外了”。可见他的教法是必须先在“体”上立根，然后再“随事精察力行”，因而总是启发学者痛下反求诸己的工夫，希冀其真能契入心源而自我醒豁觉悟。朱子之所言，虽不能说有错，但显然未得其全，仍稍嫌偏颇。⑥

与朱子、象山相较，龙场悟道后的阳明，无论其所倡导的“知行合

---

① 释慧苑：《新译大方广佛华严经音义校注》卷上《世主妙严品之一》，中华书局，2020年，第11页。

② 吴其昌：《史学论丛·先秦入声的收声的问题》，《吴其昌文集》，第341页。

③ 按，朱子《孟子集注》释“知”“觉”两字云：“知，谓识其事之所当然。觉，谓悟其理之所以然。觉后知后觉，如呼寐者而使之寤也。”揆以儒家自孔孟以来一贯的觉民行道传统，完全可看成是本体实践学的一种启蒙教化自觉行为。详见朱熹：《四书章句集注》，第310页。

④ 朱熹：《论语集注》卷一《学而第一》，《四书章句集注》，第47页。

⑤ 王阳明：《传习录上》，《王文成公全书》卷一，第40页。

⑥ 清人陈确后来亦云：“夫学，非第以读书作文为也。阳明解时习之学，谓‘惟存天理，去人欲’。虽朱注谓‘效先觉之所为’，阳明犹以为偏，况读书作文乎！子弟之患，不在无文而在无行，行立则文从之矣。”当一并参阅。见陈确：《文集》卷二《寄刘伯绳书》，《陈确集》，中华书局，1979年，第113页。

一”或“致良知”说，都愈加突出了本体实践学的取向特征，目的则是不断启发每一独立的个体实践性地觉悟生命的德性本质，从而堂堂正正更有尊严地挺立于天地之间。阳明针对人的生命存在本质所展开的各种施教方法，也可用《中庸》所谓“天命之谓性，率性之谓道，修道之谓教”来加以概括。诚如阳明自己所说：“率性而行，则性谓之道；修道而学，则道谓之教。谓修道之为教，可也；谓修道之为学，亦可也。自其道之示人无隐者而言，则道谓之教；自其功夫之修习无违者而言，则道谓之学。教也，学也，皆道也，非人之所能为也。”① 质言之，“人能循其天理之正而无私则为道”，“使人变化其偏私则为教”。“性”“道”“教”三位一体，亦可说“天之理、人之性、万物之道，一以贯之”②，都有赖于作为主体的人的“心”的体认和醒悟，才能如实敞亮开显并转化为人的自觉生命实践行为。因此，阳明特别强调“天地万物与人原是一体，其发窍之最精处，是人心一点灵明”③，认为“人者，天地万物之心也；心者，天地万物之主也。心即天，言心则天地万物皆举之矣”④。因此，不能不说“性体原是万物一源”⑤，尽心则能知性知天，亦即“率性”与“修道”之社会化实践。所以，“人之为学，求尽乎心而已”⑥。

由此可见，“心”在阳明的工夫实践系统中，乃是人的“主意”大头脑，是为学为教的核心要害。⑦ 盖人性即天之性，“率性”离不开

---

① 王阳明：《答季明德》，《王文成公全书》卷六，第259页。

② 刘沅著，谭继和等笺解：《中庸恒解》卷上，《十三经恒解》，第89页。

③ 王阳明：《传习录下》，《王文成公全书》卷三，第133页。

④ 王阳明：《答季明德》，《王文成公全书》卷六，第259页。

⑤ 刘宗周：《阳明传信录》批语，《刘宗周全集》补遗，第72页。

⑥ 王阳明：《答季明德》，《王文成公全书》卷六，第259页。

⑦ 施邦曜尝发挥阳明之说，认为其“‘为学求尽乎心’一语，已握大头脑。握定头脑，即日涉于闻见之途，触处皆见天理之流行，横说直说皆是。譬涉风涛者，只把舵得定，出没上下皆稳”。见王阳明原著，施邦曜辑评：《阳明先生集要》卷四《答季明德书》，第284页。

“尽心”，“修道”亦不能外心而为。所以，“尽心”不仅能知“性”证“道”，从而最大化地提高人的主体性地位，同时也是“人心”觉悟并转化为“道心”的唯一路径，无论“学”或“教”都以人的自我觉悟为根本目的。如同朱子讲“人性皆善”，因而人人都有必要“明善而复其初”①，“复其初”即回归天赋人性本有之善，阳明的工夫论本质上也是一种以“人”合“天”之学，尽管并不排斥知识论方面的“道问学”，但始终都以实践性的“尊德性”或“明明德”为人生或学问的第一义。

因此，从尽心知性而知天，即人天一体的心性证道觉悟立场出发，无论荀子所谓“以善先人者谓之教”，“先，谓首唱也”②，抑或《白虎通》所言“教者，何谓也？教者，效也。上为之，下效之”③，乃至于朱子以“效”训“教”或“学”，认为“后觉者必效先觉之所为”等，严格讲都自有其学术传统或学理分析上的依据，但依然不为阳明思想系统的内在发展理路与施教实践方法允许。他认为无论“教”或“学”，都离不开“心”的自我觉悟活动，“心”的觉悟本质上就是与“性”“天”密契一体的“修道”，甚至本身就是“道”的实践化展开，否则就违背了《中庸》“天命之谓性，率性之谓道，修道之谓教”的本义。因此，他又反复强调“心之体，性也；性之原，天也。能尽其心，是能尽其性矣”④。无论“学”与“教”，都要人觉此“心”而知此“性”，能够“尽心”“尽性”而上达于“天”。故“学之一字，乃圣人补造化生成之憾，而使人各得其

---

① 朱熹：《论语集注》卷一《学而第一》，《四书章句集注》，第47页。

② 王先谦：《荀子集解》卷一《修身篇》，第23页。

③ 班固撰集，陈立疏证：《白虎通疏证》卷八《三教·总论教》，中华书局，1994年，第371页。

④ 王阳明：《答顾东桥书》，《王文成公全书》卷二，第53页。

性，无愧于人者也”①。足见“‘学’字之义，本自明白，不必训释。今遂以‘效’训‘学’，以‘学’训‘效’，皆无不可，不必有所拘执，但‘效’字终不若‘学’字之混成耳”②。

“尽心”与“修道”既相通又略有区别，前者乃从主观方面讲，后者则从客观方面言，二者作为人的生命自觉实践行为，在阳明那里只是一事而决非两事。“尽心”与“修道”不二，在心即为理之本然，应事则为理之当然，亦可说“道无天人之别，在天则为天道，在人则为人道，其分虽殊，其理则一也”③。“人道”与“天道”不二，“内”（形上）与“外”（形下）兼顾，断然不可取一弃一。只是“尽心”则必向内超越，以致最终能“尽性”而契接“天”，不仅世俗的生命存在有了神圣的形上意义，而且社会化的寻常日用也有了超越性的价值来源，最终仍必须转化为外在的人间秩序建构事业。所以，无论“教”或“学”，都以“觉”为第一义，启发人自悟心性，扩充良知，即阳明所谓“个个人心有仲尼，自将闻见苦遮迷。而今指与真头面，只是良知更莫疑”④。

在阳明体用一源的心学思想系统中，本体论意义上的良知，既是“天则”，能够是其当是而非其当非，也是“明师”，乃是可以示明人生发展方向的定盘针⑤，即所谓“乾坤由我在，安用他求为？千圣皆过影，良知乃吾师”⑥。后来的刘宗周也明确指出：“人皆有是心也，天之所以与我者本如是。”因而“吾之心即圣人之心、吾心之知即圣人

---

① 刘沅著，谭继和等笺解：《论语恒解·学而第一》，《十三经恒解》，第185页。

② 王阳明：《答季明德》，《王文成公全书》卷六，第259页。

③ 王阳明：《先天而天弗违后天而奉天时》，《王文成公全书》卷三十一下，第1353页。

④ 王阳明：《咏良知四首示诸生》，《王文成公全书》卷二十，第938页。

⑤ 王阳明有诗云：“人人自有定盘针，万化根源总在心。却笑从前颠倒见，枝枝叶叶外头寻。”见《王文成公全书》卷二十，第938页。

⑥ 王阳明：《长生》，《王文成公全书》卷二十，第944页。

之无不知，而作圣之功，初非有加于此心、此知之毫末”①。具见“不得于心而惟外信于人以为学，乌在其为学也已！”② 正是在这一理路脉络下，阳明才强调“所谓学者，正惟致其良知，以精察此心之天理，而与后世之学不同耳。吾子未暇良知之致，而汲汲焉顾是之忧，此正求其难于明白者以为学之弊也”③。有感于道丧已久、正学隐晦难彰，阳明不计任何环境条件，虽在戎马倥偬之际，亦“以良知之说觉天下，天下靡然从之”④。因此，如同其在龙场的大彻大悟一样，相对于第一义的“自觉”“自悟”，即便朱子“效先觉之所为”之说能够成立，在阳明看来也只是第二义的事，否则便容易造成务外遗内的弊病，乃是任何一流心学人物都不能允许的。至于阳明一生汲汲于讲学，有如良医能对症下药，启发来学者无数，乃至于形成大量地域性学派，则可说“恢复本心之功，岂在孟子道性善后与？”⑤

正是有鉴于“心”具众理，然又有可能为私欲遮蔽，龙场大彻大悟后的阳明，最初的教法更多的是要人以“存天理，去人欲”为入手工夫，而在方法论上虽主要源自自己的工夫实践体证，但未必就毫不受程、朱二氏之影响。⑥ 一方面，他认为无论当下道德的实践诉求或终极的成圣成贤目的，其本体论依据都断然在内而决不在外，因而工夫必须在心上做，如此才能彻底彰显无人不具的道德实践理性，即所谓

① 刘宗周：《重刻王阳明先生传习录序》，《刘宗周全集》，第 520~521 页。

② 王阳明：《答徐成之》，《王文成公全书》卷二十一，第 960 页。

③ 王阳明：《传习录中》，《王文成公全书》卷二，第 61 页。

④ 王畿：《重刻阳明先生文录后序》，《王畿集》卷十三，凤凰出版社，2007 年，第 341 页。

⑤ 刘宗周：《重刻王阳明先生传习录序》，《刘宗周全集》，第 521 页。

⑥ 朱子《答吴德夫》：“以孔子、程子所示求仁之方，择其一二切于吾身者，笃志而力行之，于动静语默间勿令间断，则久久自当知味矣。去人欲，存天理，且据所见去之存之。工夫既深，则所谓似天理而实人欲者次第可见。”阳明《朱子晚年定论》具录之，则必熟读而受启发。见《王文成公全书》卷三，第 172 页。

"心即理也，无私心即是当理，未当理便是私心"①；另一方面，他认为人们往往专骛外求而不知内省，乃至于"心"与"理"亦破碎裂变为二，不能不令人担心"求道愈难而去道愈远，圣学遂为绝德"②。正因为如此，阳明才反复强调"圣人之学，心学也。学以求尽其心而已"③，感慨"圣人之学难明而易惑，习俗之降愈下而益不可回"④。所以，"阳明先生教人，其初只是去人欲、存天理。或问：'何者为天理?'曰：'去得人欲，便是天理。大抵使人自悟而已。'"⑤ 如果进一步扩大观察范围，就阳明"悟道"后之整个后半生而言，亦可说"教人吃紧在去人欲而存天理，进之以知行合一之说，其要归于致良知，虽累千百言，不出此三言为转注，凡以使学者截去绕寻向上去而已，世未有善教如先生者也，是谓教法"⑥。只是阳明作为过来人，无论在方法论上如何善教，所能发挥者仍不过只是旁助而已。作为一种"下学上达"的证道工夫，诚如阳明所说："学问也要点化，但不如自家解化者，自一了百当。不然，亦点化许多不得。"⑦

因此，以龙场悟道为一个历史性转折点，阳明后来所谓的"教亦三变"，无论最初的倡导"知行合一"之说，抑或后来的要求学者"静坐"，乃至于晚年的专提"致良知"，都可说是围绕形上超越的本体，不断调整施教立言的方法，希冀人人都能通过工夫实践证悟本体，从而一方面形成了一套严格的施教方法与工夫系统，培养了难以计数的门下学人；另一方面也不断根据工夫实践总结提升为思想理论言说

---

① 王阳明：《传习录上》，《王文成公全书》卷一，第33页。
② 刘宗周：《重刻王阳明先生传习录序》，《刘宗周全集》，第521页。
③ 王阳明：《重修山阴县学记》，《王文成公全书》卷七，第311页。
④ 王阳明：《别湛甘泉序》，《王文成公全书》卷七，第280页。
⑤ 刘宗周：《体认亲切法》，《刘宗周全集》，第358页。
⑥ 刘宗周：《阳明传信录》，《刘宗周全集》，第1页。
⑦ 王阳明：《传习录下》，《王文成公全书》卷三，第141页。

系统，一时影响遍及大江南北。尤其阳明晚年继“良知”与“致良知”说后，又有“四句教”的揭出①，一方面强调“一悟本体，即见功夫，物我内外，一齐尽透”②，突出了本体的地位，是由本体开出工夫；另一方面又主张要“在良知上实用为善去恶功夫”，不可只“悬空想个本体，一切事为俱不着实，不过养成一个虚寂”③，强化了工夫的重要，是由工夫证入本体。因而，彻上彻下，本体“熟透”了，工夫便自会开显；反之工夫“熟透”了，本体亦必然敞明。本体固然是“一”，工夫则可以是“多”，善观洞察施教对象不同的心性存在状态，施教启悟方法亦随时随地调整变化，诚乃“所操益熟，所得益化，时时知是知非，时时无是无非，开口即得本心，更无假借凑泊，如赤日当空而万象毕照”④。本体实践学在阳明那里，始终本体、工夫兼顾，形上、形下一体，愈到阳明晚年便显得愈加圆融，愈到后期便发展得愈加究竟。

但是，阳明施教方法的不断灵活调整和变化升华，并非意味着后一阶段的教法可以否定前一阶段的教法，而是可以相互补充整合，相互诠释完善，从而不断在本体与工夫及诠释与践行之间往复循环，在理论与实践两个互动性层面同时丰富和发展，最终形成一套既有理论更重实践的本体实践学思想系统。例如，阳明早年在龙场所悟“格物

---

① “四句教”见钱德洪《王阳明年谱》所载《天泉证道记》。清人方学渐《庸言·读天泉证道记》认为乃“王龙溪所受新建先生之宗旨，欲以一海内之道脉者也”。其说甚有识见，惜此处无从讨论。方说见方昌翰辑：《桐城方氏七代遗书》，黄山书社，2019 年，138 页；另可参阅张新民：《阳明精粹·哲思探微》，第 175~186 页。

② 《王阳明年谱》“嘉靖六年丁亥”条，《王文成公全书》卷三十四，第 1489 页。

③ 王阳明：《传习录下》，《王文成公全书》卷三，第 146 页。

④ 黄宗羲：《明儒学案》卷十，第 180 页。

致知之旨”，不仅所据之《大学》“悉以旧本为正”①，而且认为“万事万物之理不外于吾心”②，“心外无事，心外无理”③，“至善只是此心纯乎天理之极便是”④，不仅训释的向度与朱子开辟的理学化解读大有区别，而且也创造性地发展出一套心学化的经典诠释系统。所谓“千古圣学，只是一心”，即使后来总结性的“良知”与“致良知”理论，“良知之说，只是说此一心”⑤。故阳明早年以“心即理”为中心的“格物致知”说，实亦可与晚年始正式揭出的“良知”和“致良知”说互诠互释。诚如王门心学人物聂豹所说：“学本良知，致知为学，格物者，致知之功也。学致良知，万物皆备，神而明之，广矣大矣。”⑥

“静坐”作为一种证道入手实践工夫，乃阳明中岁在滁州教人之法。其所以改用此法，乃是因为“初学时心猿意马，拴缚不定，其所思虑，多是人欲一边，故且教之静坐息思虑”⑦。“静坐息思虑”就方法论而言，既有《大学》“知止而后有定”的经典文本权威依据，也得力于自己早年在龙场的“默坐澄心”工夫，乃是为学“尽去枝叶，一意本原”的入门要径⑧。所谓“本原”即心之本体，亦为人人皆具的良知，要在确保证入德性生命存在的“本原”后，心体寂然不动，即未发之中，一旦感而遂通，则为发而中节之和，从而无一毫私欲杂

---

① 徐爱：《横山遗集》补遗《〈传习录〉题辞》，《徐爱　钱德洪　董沄集》，第89页。

② 王阳明：《答顾东桥书》，《王文成公全书》卷二，第57页。

③ 王阳明：《紫阳书院集序》，《王文成公全书》卷七，第289页。

④ 王阳明：《传习录上》，《王文成公全书》卷一，第4页。

⑤ 李湘洲：《阳明先生集抄序》，《李湘洲集》卷二，岳麓书社，2012年，第33页。

⑥ 聂豹：《重刻传习录序》，《聂豹集》卷三，第45页。

⑦ 王阳明：《传习录上》，《王文成公全书》卷一，第20页。

⑧ 黄宗羲：《明儒学案》卷十，第180页。

染，内外纯然一片，能够更好地转化为日常伦理实践行为。以良知言“未发”“已发”，则“譬如钟声，未扣不可谓无，既扣不可谓有”，“未扣时原是惊天动地，既扣时也只是寂天寞地”①，诚乃“静则浑然，动亦粹然”②，“神感神应，圆机妙用”③。故阳明晚年的“良知”与“致良知”虽不专言静坐，而静坐的工夫已尽在其中，同时又能防范死守枯寂、务内遗外之弊病。诚如黄宗羲所说：“良知即是未发之中，此知之前更无未发；良知即是中节之和，此知之后更无已发。此知自能收敛，不须更主于收敛；此知自能发散，不须更期于发散。收敛者，感之体，静而动也；发散者，寂之用，动而静也。知之真切笃实处即是行，行之明觉精察处即是知，无有二也。”④“致良知”作为一种本体实践学工夫，虽可不言“静坐”或“默坐澄心”，而“静坐”或“默坐澄心”之工夫已尽在其中。虽不讲“收敛”“发散”，然“收敛”即“收敛”，“发散”即“发散”，“收敛”自然能归其“体”而得其“中”，“发散”自然能显其“用”而见其“和”，“收敛”“发散”之工夫俱尽在其中。更重要的是，“良知”与“致良知”作为一种本体实践学理论，又明确揭示了“知行合一”说的本体论思想义涵，避免了早年“举知行合一之教，纷纷异同，罔知所入”的弊病⑤。

阳明的“知行合一”说，按照梁启超的说法，乃是“由心物合一说而出。致良知就是孟子所谓良心，不过要把心应用到事物上去”⑥。

---

① 王阳明：《传习录下》，《王文成公全书》卷三，第142页。

② 刘沅著、谭继和等笺解：《大学古本质言》第二章，《十三经恒解》，第72页。

③ 耿定向：《耿定向集》卷十三《新建侯文成王先生世家》，第542页。

④ 黄宗羲：《明儒学案》卷十，第180页。

⑤ 《王阳明年谱》“正德五年庚午”条，《王文成公全书》卷三十二，第1398页。

⑥ 梁启超：《儒家哲学》，第215页。

证以阳明“求理于吾心，此圣门知行合一之教”等说法①，可识“知行合一”说的确是以心物论为根据发展出来的，但未必就不可与晚出的“良知”或“致良知”说相互诠释。譬如阳明自己就说：“‘知行’二字亦是就用功上说；若是知行本体，即是良知良能。”② 可见“知行合一”之“一”，即前面一再提到的“精一”之“一”。“一”既可谓本体，亦可指良知，“知”与“行”不过是良知本体的一体两面，“是两个字说一个工夫”③。工夫不可能不有本体，也不可能不有“主意头脑”，则“良知”即本体，“良知”即“主意头脑”，不但具备了形上超越的神圣来源，同时更有了道德主体精神的自觉到场。后人以为“圣门知行合一之语，因人指点，随时印证，庶几挽颓风于万一”④，完全可以用来概括阳明倡导斯说的行为意义及历史影响。

六、阳明良知本体实践学展开的工夫路径及其特点

“知行合一”与“致良知”说虽揭出的时间早晚不同，然均为阳明心学思想系统中不可或缺的重要命题，并同样可以相互诠释以扩大或丰富其义理脉络内涵，从而弥补阳明晚年已有此意而未能完成的学术思想发展工作。易言之，以良知本体实践学解读“知行合一”，则如同本体论意义上之良知必有体有用，“用”则必然有“知”亦有“行”。故“体”“用”同出一源，“知”“行”亦同出一源，“知”乃良知良能本体之“知”，“行”乃良知良能本体之“行”，都不能不是良知良能本体展开落实为道德实践生活必然产

---

① 王阳明：《答顾东桥书》，《王文成公全书》卷二，第 53 页。

② 王阳明：《传习录中》，《王文成公全书》卷二，第 85 页。

③ 王阳明：《答友人问》，《王文成公全书》卷六，第 253 页。

④ 陈宏谋：《寄家圣泉书》，《清儒学案》卷六十四《临桂学案》，中华书局，2008 年，第 2490 页。

生的行为现象，最能体现传统中国思想世界本体实践哲学的精义妙旨。

《明史·王守仁传》称阳明晚年为教，“专以致良知为主”①，而“知行合一”作为本体实践学有体有用的一种工夫，本质上即强调“良知”之“知”与“良知”之“行”的一体不二。只是如果稍加比较，则可说前者（知）相对后者（行）乃是内隐的动机行为现象，后者（行）相对前者（知）则为外显的行为活动事实，但诚如阳明所说：“一念发动便是行。”② 二者都是良知本体发用流行必有的整体行为构成要素，亦可说是道德的直观现量的“知”与道德的直观现量的“行”。因此，从良知本体发用流行的结构互动关系看，则不能不说“知是行之主意，行实知之功夫”；从良知本体发用流行的行为展开过程言，则又不能不讲“知是行之始，行实知之成”。人皆行其所知，有真知必有真行，因而“若会得时，只说一个知，已自有行在，只说一个行，已自有知在”③。“知”与“行”互涵互摄，从来都难以分割。

本体实践学意义上的“知”与“行”，严格讲都是良知本体展开时的行为现象。“良知”本体“虚灵明觉”、精察如微，一旦转化为日用常行伦理实践，必然表现出“真切笃实”的特点；“致良知”工夫真实切己，笃实光辉，一旦升华为自觉直观理性精神，亦必然显现出明觉精察的特征，都不能不以诚意为第一存在基本原则。二者不断交相互动，循环提升，则可说“行之明觉精察处，便是知；知之真切笃实处，便是行”④。

---

① 张廷玉等：《明史》卷一九五《王守仁传》，中华书局，1974 年，第 5168 页。

② 王阳明原著，施邦曜辑评：《阳明先生集要》理学编卷二，第 108 页。

③ 王阳明：《传习录上》，《王文成公全书》卷一，第 5 页。

④ 王阳明：《答友人问》，《王文成公全书》卷六，第 252 页。

但是“心之灵，原以得天之理而灵；心之用，恒以失天之理而昏”①，即虚灵明觉之良知本体，亦有可能“被私欲隔断耳，非本体也”，从而不仅造成良知本体感物应事的昏昧，同时也会导致人伦日用“知”与“行”的分裂。正是在这一意义脉络下，阳明才反复强调“圣贤教人知行，正是要复那本体”，“某今说个知行合一，正是对病的药”②。同时又一再明言：“要皆知行合一之功，正所以致其本心之良知。”③“‘致良知’是学问大头脑，是圣人教人第一义。”④因此，人只有以本体实践学为根本前提，不断强化“致良知”的本体实践工夫，决不丧失“知行合一”的生命行动原则，即阳明所谓“若无有物欲牵蔽，但循着良知发用流行将去，即无不是道”⑤，才能彻底扩充本来即与理合一之本心，养出顶天立地浩然之正气，然后入于社会，发于事业，即知即行，即行即知，内外一派“莹彻”，俯仰天地无愧，必然充实至极而自放光辉。

“良知”二字作为圣学实践的本体论依据，在阳明思想语境及工夫实践系统中，固然为人伦寻常日用提供了极为重要的价值来源，丰富了社会生活的意义内容，故凡施教都针对不同“根器”的对象，从切近或切身之处说起，但是实则亦有常人未必能知的宇宙生成论深层动因，即所谓“不离日用常行内，直造先天未画前”⑥，人既始终积极入世，不离百姓日用常行，满腔子的现实救世关怀，又一派超越风姿，直契宇宙先天本然创化源头，全身心地投入价值理想事业。不仅现实与理想不能“打成两橛”，甚至存在与超越的价值亦不能脱离世间。人

① 刘沅著，谭继和等笺解：《大学古本质言》，《十三经恒解》，第72页。

② 王阳明：《传习录上》，《王文成公全书》卷一，第4、6页。

③ 王阳明：《答顾东桥书》，《王文成公全书》卷二，第64页。

④ 王阳明：《答欧阳崇一》，《王文成公全书》卷二，第88页。

⑤ 王阳明：《传习录中》，《王文成公全书》卷二，第85页。

⑥ 王阳明：《别诸生》，《王文成公全书》卷二十，第939页。

的存在与价值早就植根于天地未分化前的根源尽头深处，当然就能以与天地万物互动的方式参赞其生息不已的创化过程。无人不具的本体论意义上的良知，“真乾坤之灵体，吾人之妙用”①，又是万化之根源，通过无分无别、超越绝待的存在风姿，表现出太极生物成物创进不已的生命活力。质言之，“良知是造化的精灵。这些精灵，生天生地，成鬼成帝，皆从此出，真是与物无对。人若复得他完完全全，无少亏欠，自不觉手舞足蹈，不知天地间更有何乐可代”②。后人如章太炎认为，“此真先生（阳明——引者注）自证”③，然亦可见通过日用常行的下学实践工夫，必能上达绝对“超越无待”的形上本体世界，人也能领悟与天地万物同一无尽的创进活力，感受生命与本然真实的存在合一后的满心喜悦与欢愉。这表面显得高虚广远，其实就在日用常行之中。

具有宇宙生成论意义并充满了创进活力的“良知”，在阳明看来，一方面具有极为突出的本体论意义上的绝对超越性与普遍性，即“良知之在人心，亘万古，塞宇宙，而无不同”④，人不仅与超越的“天”有着极为密契的内在同一性，而且与始终演化变动不已的整个秩序化宇宙亦存在不可分割的内在相关性。尤要者即“良知”乃“性之灵窍，千古圣学之宗”⑤，尽管不虑而知，不学而能，虽在愚夫愚妇与圣人亦无不有，但仍需要通过人的道德实践行为才能如实到场或及时开显，并随时等待着具有主体精神和自由意志的人的自觉自悟。另一方面，良知又在无任何私欲或习气遮蔽的条件下，能够无执无着活泼发用流

---

① 王阳明：《与黄勉之》，《王文成公全书》卷五，第 234 页。

② 王阳明：《传习录下》，《王文成公全书》卷三，第 129 页。

③ 王彦坤等整理：《章太炎藏书题跋批注校录·〈王文成公全书〉》批语，齐鲁书社，2007 年，第 368 页。

④ 王阳明：《答欧阳崇一》，《王文成公全书》卷二，第 91 页。

⑤ 王畿：《〈大学〉首章解义》，《王畿集》卷八，第 177 页。

行，涵盖一切存有，即所谓“良知之虚，便是天之太虚；良知之无，便是太虚之无形。日月风雷山川民物，凡有貌象形色，皆在太虚无形中发用流行，未尝作得天的障碍。圣人只是顺其良知之发用，天地万物，俱在我良知的发用流行中，何尝又有一物超于良知之外，能作得障碍？”①

早在阳明之前，宋儒横渠便强调“性与天道合一存乎诚”②，并屡用“太虚”隐喻心体，强调“诚则实也，太虚者天之实也。万物取足于太虚，人亦出于太虚，太虚者心之实也”③。不仅“太虚”乃是一切存在的本源，而且“诚”亦为一切存在的本体。④ 阳明同样好用“太虚”隐喻良知，或即受到横渠的影响，但除了突出其与“太虚”同构的原初本质的本体义外，也愈加强化了其发用流行的无执无着义。诚如阳明所说：“良知之妙，真是周流六虚，变通不居。”⑤ 可见“良知”具足了一切超越的绝对的完善性，不仅是一切事物价值与意义的赋予者，而且更是一切事物活泼生息存在的力量创造者，表现出形上本体必具的宗教超越性与神圣性。人作为“凡圣合一”有灵性亦有肉身的世俗存在，下学上达久久工夫踏实用力，本体工夫一并尽透，“真有以见其良知之昭明灵觉，圆融洞澈”⑥，无一毫私欲在其中作得障碍后，才能廓然证得此至正、至中、至大，与太虚同体之本然“良知”，臻至

---

① 王阳明：《传习录下》，《王文成公全书》卷三，第131~132页。

② 张载：《正蒙》，《张载集》，第20页。

③ 张载：《张子语录》，《张载集》，第324页。

④ 王夫之《张子正蒙注》卷三解释上引首条张氏之说，认为“性与天道合一存乎诚。诚者，神之实体，气之实用，在天为道，命于人为性，知其合之谓明，体其合之谓诚。天所以长久不已之道，乃所谓诚”。即在本体论与价值论两方面，同时肯定了“诚”的重大原则性存在意义。或可一并参阅。

⑤ 《王阳明年谱》“嘉靖六年丁亥”条引阳明语，《王文成公全书》卷三十四，第1492页。

⑥ 王阳明：《答南元善》，《王文成公全书》卷六，第255页。

无执无着、一派天机现成发用流行之胜境。①

因此，为了突出本体实践学工夫论的重要，阳明又特别告诫学人“良知即是天植灵根，自生生不息；但著了私累，把此根戕贼蔽塞，不得发生”。所以，阳明总是“就人之良知发见得最真切笃厚、不容蔽昧处提省人”②，强调“工夫只是简易真切，愈真切，愈简易；愈简易，愈真切”③，并明确指出“须要时时用致良知的功夫，方才活泼泼地，方才与他川水一般。若须臾间断，便与天地不相似。此是学问极至处，圣人也只如此”④。具见人与天地万物形上意义的合一，本质上就是与宇宙万物源源滚滚不断涌出的创进活力的合一，与天地和合无为又无不为自然运作秩序的合一，与《中庸》所谓尽己尽物之性而“参赞化育”的合一。人既是自然世界整体秩序结构存在的一部分，也是宇宙大全生息变化运作不已参与性的一部分。如同我们可以凭借自然与宇宙来理解或诠释人一样，我们当然也能够通过人来理解或诠释自然与宇宙。“心”与“天”通，“良知”亦与“道”不隔，正是由于人的灵性生命及其神感神应的良知的存在，于是整个自然与宇宙也有了内在的灵性生命意义和神圣秩序价值。顺此理路而立论，阳明才特别强调“感应之几”的重要⑤，极大地凸显了良知“明觉之感应”是体亦是用的直观“慧照”

① 阳明门下弟子王艮《心斋语录》亦有言云：“天性之体，本自活泼，鸢飞鱼跃，便是此体。”此说亦源自内在深层之生命体验，可见天赋良知所饱含之活泼创进生机。详见王艮：《重刻心斋王先生语录》卷上，《四库全书存目丛书》本；又见黄宗羲：《明儒学案》卷三十二，第714页。

② 王阳明：《答聂文蔚》，《王文成公全书》卷二，第105页。

③ 《王阳明年谱》“嘉靖六年丁亥”条引阳明语，《王文成公全书》卷三十四，第1492页。

④ 王阳明：《传习录下》，《王文成公全书》卷三，第127~128页。

⑤ 王阳明：《传习录下》，《王文成公全书》卷三，第153页。

特征[①]，于是天地万物即己，己即天地万物，没有任何一种力量能将仁爱精神的投射隔离开来，也没有任何一种力量能作得良知发用流行的障碍，除非人自己异化自己，自己疏离自己，并使自己非人化。“仁者以天地万物为一体”思想的揭出，亦反映了阳明思想越到阳明晚年便越臻于化境。

但是，与佛家和仙家不同，无执无着与太虚同体之“良知”，其发用流行不会只停留于超越界，而必须进入世俗界，从而不断地展开并转化为人的日常伦理道德实践行为。[②] 诚如阳明所说：“吾儒养心，未尝离却事物，只顺其天则自然就是功夫。释氏却要尽绝事物，把心看做幻相，渐入虚寂去了，与世间若无些子交涉，所以不可治天下。”因此，作为儒家经世传统影响下的一代有抱负的学者，阳明又特别强调“人须在事上磨炼，做功夫乃有益”[③]。“事上磨炼”既离不开社会生活的各种复杂行为实践，也离不开良知本体的时机化当下到场，不能不有人的主体性精神的及时彰显，甚至可以说“百姓日用即道”[④]。通过下学上达的心性体证方法，亦可发现世俗生活的真实价值与意义，领悟宇宙人生的终极究竟真理。

从儒家“天道”“人道”不二或“人”“天”一体的视域出发，社会乃是天道、人性与人的现实需求合成的历史性统一，其过程本身便隐含或存在着道德、伦理、秩序和目的，必须通过人的主体性实践活动来展开和实现。因此，阳明认为，作为主体的人的本体实践学行为，尚有必要“常常怀个‘遁世无闷，不见是而无闷’之心，依此良知，忍耐做去，不管人非笑，不管人毁谤，不管人荣辱，任他功夫有进有

---

① 王阳明：《答罗整庵少宰书》，《王文成公全书》卷二，第95页。

② 参阅张海燕：《王阳明心学与西方思想研究——启蒙视域下的主体性精神》，人民出版社，2022年，第273~282页。

③ 王阳明：《传习录下》，《王文成公全书》卷三，第132、114页。

④ 黄宗羲：《明儒学案》卷三十二，第710页。

退，我只是这致良知的主宰不息，久久自然有得力处，一切外事亦自能不动”①。“致良知”作为人的自觉行为表现方式，一旦以发用流行的方式从形上的超越界进入形下的世俗界，也同时兼具了主体与道德的两重性格，人遂能凭借良知昭明灵觉之知，观天道，察人事，恤民情，而知“道无天人之别，在天则为天道，在人则为人道，其分虽殊，其理则一”。“所以为之者，莫非天地之所为也；故曰：‘循理则与天为一。’”②因此，因人事以上达天道，又由天道以下成人事，在“借君行道”路径完全阻塞的历史条件下，阳明又成功有效地开拓出一条儒家“觉民行道”的经世关怀新路，并重新依据《大学》古本阐释了其与朱子不同的“亲民”思想，做了大量重建地方社会秩序的“外王”事业工作。

阳明所讲“心之本体”之“良知”，乃是无人不具的，当然就意味着每一独立的主体的个体都有自己的“良知”，每一独立的主体的个体都有自己的道德意志，每一独立的主体的个体都有自己存在的尊严，每一独立的主体的个体都值得尊重。简言之，阳明心学系统所要突出的，乃是人人都有“良知”，人人都是自己的道德主体，人人都是独立的“大写”的必须受人尊重的存在，天道人性面前人人平等。因此，阳明反对“拿一个圣人去与人讲学，人见圣人来，都怕走了，如何讲得行。须做得个愚夫愚妇，方可与人讲学”。他以“泰山不如平地大”为隐喻③，认为即使愚夫愚妇亦自有其天赋良知，因而不仅“天下无不可化之人”，而且愚夫愚妇亦同样可以成为宇宙间的完人。

正是从人性至善及本体良知论出发，阳明与其弟子王艮才有“满街人都是圣人”说的揭出。其说虽不断引发后人的争论甚至批评，然

① 王阳明：《传习录下》，《王文成公全书》卷三，第125页。

② 王阳明：《先天而天弗违后天而奉天时》，《王文成公全书》卷三十一下，第1353页。

③ 王阳明：《传习录下》，《王文成公全书》卷三，第144页。

亦可见其对独立个体主体人格的高度重视。① 正是以尊重每一独立个体的主体人格为基本前提，阳明才始终承继儒家一贯之传统，强调“夫仁者，己欲立而立人，己欲达而达人。仆之意以为，已有分寸之知，即欲同此分寸之知于人；已有分寸之觉，即欲同此分寸之觉于人。人之小知小觉者益众，则其相与为知觉也益易且明，如是而后大知大觉可期也”②，并认为“孔子言‘修己以安百姓’，‘修己’便是‘明明德’，‘安百姓’便是‘亲民’。说‘亲民’便是兼教养意，说‘新民’便觉偏了”③。他所谓的“偏”乃是指朱子《大学章句》改“亲民”为“新民”，并以“革其旧”或“以去其旧染之污”训“新”字。④ 他认为《大学》古本固有的“亲民”，较诸朱子径改的“新民”，显然

---

① 批评阳明之说者如清之吕留良，认为“人之不求人理，大都云圣人不可学而至，及其论为人也，则又未立而讲权，未正直而讲圆通变化，又似满街都是圣人，则是任其意为方圆，无非规矩也，可乎?”（见吕留良：《吕晚村先生四书讲义》卷三十六《孟子七》，中华书局，2015 年，第 608 页）修正阳明之说者，如与吕氏大致同时之张履祥，认为“满街岂便都是圣人？须说‘满街都可以为圣人’方无弊。不知当时学者，何以遂和之”（见张履祥：《杨园先生全集》卷二十六《愿学记一》，中华书局，2002 年，第 733 页）。赞同阳明之说者如晚近之章太炎，以为“释迦入正觉方知众生皆是佛。此实证所得也。欲知满街都是圣人谈何容易？非徒汝止是狂者虚见，即萝石亦由听讲得来”（王彦坤等整理：《章太炎藏书题跋批注校录·〈王文成公全书〉》批语，第 372 页）。按，阳明既在本体论层面上肯定人人皆有良知，然而又在现实层面上承认良知容易受到私欲程度不同的遮蔽，并对人的自私用智展开了激烈的批判，痛心于人人怀有无尽宝藏而不自知。因此，我们固然可以在本体论层面上讲“人人都是圣人”，但同时也有必要在现实层面上讲“人人都不是圣人”，如果通过步步踏实的“致良知”修道实践工夫，亦即凭借必要的“规矩方圆”，一层一层下学上达而提升生命存在的境域，则“人人都可以是圣人”，人人的主体人格都应该获得尊重。阳明之说经过创造性诠释和必要的补充，仍可朝着周延完善的方向不断发展。

② 王阳明：《答储柴墟》，《王文成公全书》卷二十一，第 965 页。

③ 王阳明：《传习录上》，《王文成公全书》卷一，第 4 页。

④ 朱熹：《大学章句》，《四书章句集注》，第 3 页。

能够更好地与孟子及历代正统儒家一贯强调的“亲亲仁民”思想相互发明①，同时也颇合《大学》“君子贤其贤而亲其亲”之本意②，从而做到“民之所好好之，民之所恶恶之”③，并将“安民”“保民”“养民”“教民”等价值诉求一概纳入其中。“亲民”既“兼教养意”，则“教”与“养”尤为重要，甚至“养”较之“教”更具有优先的地位，即使“新民”亦当以“亲民”为根本性前提，否则便容易导致忽视百姓利益的偏差，危及“觉民行道”及重建地方秩序的目的诉求。④“明明德”本质上是与“致良知”同一的本体实践学工夫，作为一种可以广涉各种人群的普遍性方法，则可说“其于良知之旨，随地圆照，而若人人可以承当者”⑤。“觉民行道”必有针对每一独立主体的个体的良知教的开展，一旦将其与地方秩序治理有关的社会性“亲民”实践活动结合，则可“指良知，以阐人心之要；揭亲民，以启大道之方”⑥。本体实践学意义上的“致良知”与“亲民”，二者可以不断循

① 阳明尝有言云：“‘亲民’犹孟子‘亲亲仁民’之谓，亲之即仁之也。”又清人朱书认为：“物与民无紊施，皆待乎亲之余者也。夫爱而弗仁、仁而弗亲，施于物与民各当矣，而俱待乎亲亲以递及焉，君子可不急于其本哉！”该说亦可参。见朱书：《朱书集》卷十四《君子之于物也》，黄山书社，1994 年，第 497 页。

② 章太炎亦反对朱子而赞同阳明之说，认为“先生（阳明——引者注）发明‘亲民’‘格物’之义，‘亲民’之说尤确。然误以‘亲民’为‘新民’，其极至于异言异服，放弃礼法；误解格物为穷至事物之理，其极至于玩物丧志，蔑视人理。在朱子时未必有此，而今正以此为祸基，则诚所谓洪水猛兽也。先生苦心分辨，人终不信，如之何哉”。此说颇值得重视。见王彦坤等整理：《章太炎藏书题跋批注校录·〈王文成公全书〉》批语，第 322~323 页。

③ 王阳明：《传习录上》，《王文成公全书》卷一，第 2 页。

④ 参阅徐复观：《中国思想史论集》，九州出版社，2014 年，第 126 页。

⑤ 曹惟才：《阳明先生集要序》，《阳明先生集要》附录，第 1011 页。

⑥ 黄绾：《祭阳明先生文》，《黄绾集》卷二十九，上海古籍出版社，2014 年，第 563 页。

环互动，同时提升理论与实践两方面的水平。由此可见，阳明对古本《大学》的重新解读，以及由此而形成的“亲民”思想，一旦主动用于社会秩序建构的历史性场域，则可说无论“明明德”或“致良知”，都必须以“明德”或“良知”为本体，不分彼此实践化地“亲民”，“亲民”则当“施敬于民，施忠于民，因民之力，集民之事”①；久久“人情物理既熟，而以天理权衡之。达而在上如伊周，穷而在下如孔孟，皆能曲成天下”②。从阳明的本体实践学立场出发，则一方面必须以良知为本体启发或点醒人的心性自觉，不可能不有双方主体性精神的共同到场；另一方面更应以民为本，“仁民”“亲民”乃至“安民”“养民”“教民”，亦当有相互主体性精神的及时开显。从心学主体性价值视域出发，则可说“圣人之心，以天地万物为一体，其视天下之人，无外内远近，凡有血气，皆其昆弟赤子之亲，莫不欲安全而教养之，以遂其万物一体之念”③。倘若“有一物失所，便是吾仁有未尽处”④。

阳明以上所言，诚乃“一腔真血脉，洞彻万古”⑤。阳明推天地万物一体之仁以“觉民行道”，作为本体实践学一体两面之事，实际正是儒家传统“内圣外王”一贯精神的具体表现，亦可视为良知本体实践学体（内）用（外）不二的客观化展开。阳明一生整顿治理地方秩序多卓有成效，尤其于国家生死存亡之际平定朱宸濠叛乱，后人推尊其为“明第一流人物，立德、立功、立言皆踞

① 黄道周：《易象正》卷十，中华书局，2011 年，第 406 页。

② 刘沅著，谭继和等笺解：《大学古本质言》，《十三经恒解》，第 69 页。

③ 王阳明：《答顾东桥书》，《王文成公全书》卷二，第 66~67 页。

④ 王阳明：《传习录上》，《王文成公全书》卷一，第 32 页。

⑤ 刘宗周：《阳明传信录》卷二《拔本塞源说》，《刘宗周全集》补遗，第 45 页。

绝顶”①，不能不说是“德极其明，自然见诸事功，洽于民心”②。

考察阳明“亲民”思想的起源，则可见其早年贬居龙场，日与当地乡民相处，居之既久，“夷人亦日来亲狎”③。后来阳明亦曾回忆说：“吾始居龙场，乡民言语不通，所可与言者，乃中土亡命之流耳。与之言知行之说，莫不欣欣有入。久之，并夷人亦翕然相向。”④ 均可见他虽身处困顿厄境，但在维护或尊重自己人格尊严的同时，也维护或尊重了他人的人格尊严。而亲民者民亦亲之，敬民者民亦敬之，阳明的龙场日常生活实践，即为“亲民”“敬民”的佳例。具见其“亲民”思想之发端，亦当始于谪居龙场之时，乃是以互相主体性原则处世待人、与乡民久久和谐相处的必然性历史结果。

以早年龙场的生活实践为历史性起点，阳明一生都在不断调整和发展自己的学术思想，而所谓调整发展实又得力于其本体实践之学，“亲民”思想的揭出与完善即为一个例证。他晚年临终留言有“此心光明，亦复何言”八个大字，卒后弟子发丧护送，“士民远近遮道，哭声振地”，乃至“沿途拥哭如南安”⑤，最后“至越，越中市儿巷妇无不

---

① 王士禛：《池北偶谈》卷九《谈献五·王文成》，中华书局，1982年，第201页。又历代学者讨论阳明事功，言及三不朽者颇多，非止王氏一家，尤值得注意者为施邦曜辑评《阳明先生集要》，类次为理学、经济、文章三编，颇能凸显阳明一生事迹特点。明人曹惟才序称：“先生一书，备三不朽，故国朝称盛德大业，首推先生。”又云：“夫木有根而不能不华也，水有源而不能不澜也。理学、经济、文章，总一良知跃露，无分彼此，破得此义，才是善读先生之书者。”衡以各家之说，亦甚持平允洽。曹说见《阳明先生集要》附录，第1011~1012页。

② 刘沅著，谭继和等笺解：《大学恒解》，《十三经恒解》，第19页。

③ 《王阳明年谱》“正德三年戊辰”条，《王文成公全书》卷三十二，第1396页。

④ 钱德洪：《刻录叙说》，《王文成公全书·旧序》，第10页。

⑤ 《王阳明年谱》“嘉靖七年戊子”条，《王文成公全书》卷三十四，第1512页。

嗟叹”[①]。适可谓“直节丰功，不独理学”[②]，口碑广传，深得民心。尤其倡本体实践之学“致良知”，进而“亲民”，“亲民”则与民同忧乐，无论忧乐皆为天下与苍生，百姓亦没世而难忘。[③] 诚乃所在民怀，所去民思，民怀民思，人心自有公道。

总结阳明一生成就，早年历尽艰难曲折，尝试采用各种工夫证入本体，终在龙场生死困厄中“俟命”而获大悟，从此自觉自知“天命”责任在身，以“立命”之本体实践工夫旁助他人同样证悟为己任，一依超越之本体开出当机对症救世救人的无数方法，一生经历传奇而又波澜壮阔，或可以由“俟命”而“立命”来加以概括。所谓“立命”，诚如阳明所说：“‘立’者‘创立’之‘立’，如立德、立言、立功、立名之类，凡言‘立’者，皆是昔未尝有而今始建立之谓，孔子所谓‘不知命，无以为君子’者也。”严格讲一切存在都是“天命”，但只有具有灵性生命而又能感通万物的人，能够自觉此神圣而庄严的“天命”，并承担起此神圣而庄严的“天命”下贯的人生责任。阳明由“俟命”而“立命”，既是责任自觉，也是义理担当，诚乃一日不死，必尽一日之责，不能不说是“真知天命之所在”，然后始终勤勉发奋，最终出于自己与“天命”相通相贯的自由意志和存在选择，凭借自己“尽心、知性、知天为格物致知”工夫[④]，彻上彻下浑然一体开创出了宏伟壮阔的人生事业，代表了一个时代本体实践学的最高成就。先友

---

① 查继佐：《罪惟录》卷十《王阳明传》，浙江古籍出版社，1986 年，第 1596 页。

② 王士禛：《池北偶谈》卷九《谈献五 · 王文成》引汤斌语，第 201 页。

③ 《孟子 · 梁惠王下》：“乐民之乐者，民亦乐其乐；忧民之忧者，民亦忧其忧。乐以天下，忧以天下，然而不王者，未之有也。”朱注：“乐民之乐而民乐其乐，则乐以天下矣；忧民之忧而民忧其忧，则忧以天下矣。”文中所言本此。见朱熹：《四书章句集注》，第 216 页。

④ 王阳明：《答顾东桥书》，《王文成公全书》卷二，第 54 页。

后执弟子礼的黄绾，曾总结老师一生思想成就说："道丧既久，圣远言微，千载有作，聿开其迷，指良知为下手之方，即亲民为用力之地，合知行为进德之实。夫学非良知，则所学皆俗学，而圣学由不明；道非亲民，则所道皆霸功，而王道为之晦。知行不合，则所知皆虚妄，而实德无自进。"① 黄氏的话尽管有维护师门声誉之嫌，然立论仍自有其事实根据，态度客观公正而又合理平实，当能为当时多数学者尤其是王门后学接受。

继明代王门人物黄绾之后，方学渐也有总结之语称："新建之学以良知为宗。良之为言善也，如良士、良农、良工、良贾，必由士、农、工、贾之善而得名；又如良马、良材、良田、良玉之类，莫不因其善而称之。新建所谓'良'者，从经文'至善'变化而来也。人之知有良、有不良，天下国家之感应，身心意物之存发，莫不有良、有不良。曰致良知，则必格良物，诚良意，正良心，修良身，齐良家，治良国，平良天下，大都去不良以还之于良，充其良以达于所不良。是'良知'一言开明德、亲民、止至善之橐钥，以继往圣之宗旨，诚有然矣。"② 如果说黄绾尚有维护师门之嫌，方氏则为王门外人物，无门户偏见而更显公正。

我们与黄、方二氏的年代相去甚远，然其所言仍明显具有传统学术前后一贯的历史脉络，以此作为绪论开篇的最后总结，未必就不如现代学人千言万语的分析，当有助于读者了解是书的撰作宗旨。全书必有不妥失当之处，则甚望大雅君子赐教指正。

---

① 黄绾：《祭阳明先生墓文》，《黄绾集》卷二十九，第564页。

② 方学渐：《庸言》，《桐城方氏七代遗书》，第138页。

上编　传统天人合一与知行合一思想探赜

第一章：先秦儒家的「天人合一」思想

第二章：天命与人生的互贯互通及其实践取向——儒家「天人合一」观与「知行合一」说发微

第三章：周敦颐思想中隐含的「天人合一」义理旨趣——纪念周敦颐诞辰一千周年

第四章：朱子「去恶全善」思想的本体论与工夫论

第五章：「天人合一」与「知行合一」说新解——以王阳明心学思想为中心

第一章：先秦儒家的“天人合一”思想①

“天人合一”作为一种颇有东方经验形态特征的重要义理命题，乃是产生于春秋大变革时代的重要思想学说②；各家各派都托命于形上之天道，以创立自己成一家之言的理论学说③，遂形成了与希腊、印度不同的“轴心时代”的重大哲学突破④，体现了由“王官之学”到

---

① 原载《儒学的历史叙述与当代重构》，人民出版社，2016 年，第 29~47 页。

② “天人合一”思想虽主要产生于中国，但也见诸其时的古代印度。中国与印度之思想后来互有交流固不必论，即中国之思想亦远播朝鲜、日本，可说东方凡有代表性的国家，虽表述的方式未必尽同，然均有与“天人合一”相关之学说，而以中国之思想言说最具典范意义。故特以“东方经验形态”概括言之，以见其影响或涵盖地域之广大。参阅季羡林：《天人合一新解》，《传统文化与现代化》1993 年第 1 期；《关于“天人合一”思想的再思考》，《中国文化》1994 年第 9 期。

③ 蔡尚思曾明确指出，“天人合一”论不是儒家或孔子一人之说，先秦诸子亦多有不同的“天人合一”观，目的则是托天以创立自己的学说，其言甚是。然蔡氏又认为所谓“托天”乃是“假托天命”者，甚至批评孔子“托天”之目的乃是要提高自己的地位，看不到外在的天也可内在于人的生命中，成为即内在即超越的实存主体的真实体验，以及由此而产生的无限敬畏感或神圣感，包括天命下贯而为人生自觉的责任，则不免失之偏激。参阅蔡尚思：《天人合一论即各家的托天立论——读钱穆先生最后一篇文章有感》，《中国文化》1993 年第 8 期。

④ “轴心时代”一词，乃借用雅斯贝尔斯（K. Jaspers）的说法，时间主要指公元前 500 年左右的长程历史，世界各大文明系统的基本格局都因内部自我的突破而得以重新塑造。兹说今已成为海内外学术界的共识。详见雅斯贝尔斯：《历史的起源与目标》，华夏出版社，1989 年，第 30~35 页。又刘家和认为“轴心期文明的一个重要特点，就是人类精神的觉醒；而孔子所提出的‘仁’，正是人类精神觉醒的具体的反映”。故文中所谓的“哲学突破”，显然也可看成是人类精神觉醒的一种哲理描述，内含深刻的人性体验和基于社会观察的批判反省精神。孔子面对“周文疲惫”的历史性困局，将“仁”作为人的本质规定，视为社会政治秩序扎根的基础，从而发展出一套系统的学说，开辟了中国文化的成德发展方向，显然正是“哲学突破”的一大关键。刘说见《论中国古代轴心时期的文明与原始传统的关系》，《中国文化》1993 年第 8 期。

“诸子之学”认知上的巨大革命性转型，出现了与既往传统迥然不同的新境界，产生了中国思想文化史上空前未有的学术思想发展高峰，贞定了中华民族数千年一以贯之的致思发展方向，代表了中国人长期生存发展及经验积累所达成的历史性集体共识①，不能不是“中国传统文化思想之归宿处”，当然也可以说是“中国文化对人类最大的贡献”②。

传统中国之“天人合一”思想，其义旨内涵宏大渊深，历来论者甚多，我们暂无从全面评骘。③ 鉴于中国数千年文化的主流无疑是儒家文化，其影响广涉国家典章礼乐制度及公私社会生活的各个方面，不仅形成了源远流长的精神传统，同时更是民族集体安身立命的重要思想资源；如果能对其原初整全的经验加以认真审视，同时也以涵盖中西古今的宽广比较视野来检讨全球生态问题，必然有裨于我们更好地把握一国民族精神气质的特点，加深了解古典文明在自然生态问题上的认识和智慧，开拓人与自然和谐相处、共生共荣的认知路径，丰富现代生态哲学的营养资源和精神内涵。故不妨以先秦儒家思想视域为观察分析的出发点，重点讨论“天人合一”及“天、地、人三才”说在生态学层面上的价值和意义。

---

① 天人相分的思想，在中国历史上也时有出现，但始终未成为主流。至于晚近西学东渐后产生的人定胜天思想，近年来已引起学界的深刻反思，且不在本文的讨论范围之内。因关涉全文立论主旨，故特附此说明。

② 钱穆：《中国文化对人类未来可有的贡献》，原载台湾《联合报》1990年9月26日；又见《中国文化》1991年第4期。按，由于钱穆此文乃其晚年最后之“澈悟”，遂引起学术界很大反响，包括前引季羡林、蔡尚思之文，均可视为对钱氏之说的回应。

③ 20世纪以来学界有关“天人合一”说的具体研究动态及讨论情况，可参阅刘笑敢：《天人合一：学术、学说和信仰——再论中国哲学之身份及研究取向的不同》，《中国哲学与文化》第10辑，漓江出版社，2012年。

一、“天人合一”说的两个解释学向度

从形上本体的根源深处看，“天人合一”说的根本义理内涵，即强调“人”与“天”的本来一体，二者均为宇宙活泼创造力量“生物”“成物”的必然结果，背后均有一隐蔽的共同的形上本体，即通常所谓的“天命”“天道”“天德”“天意”，可以内化于人性的深层结构之中，如孔子所言“天生德于予”，《中庸》云“天命之谓性，率性之谓道”，《郭店楚墓竹简》云“性自命出，命自天降”①。西哲汤因比亦宣称自己相信：“处于人类精神的意识之下的渊底的终极层，实际上与横亘整个宇宙底流的‘终极之存在’正相吻合。”② 可见本体论意义上的“天人合一”说中的“天”，即超越即内在，即内在即超越，作为一种本源性的形上创造力量，固然能够成为心性体悟极为重要的“纯粹经验”，但也可以通过发用流行构成具象化的“天”，即我们今天仍在沿用的“天文”“天象”“天色”“天气”等③，大体接近现代所谓的自然界，如孔子所说：“天何言哉？四时行焉，百物生焉。”“上天之载，无声无臭”（《诗经 · 大雅 · 文王》），形上无言、即本体即整体的“天”，不仅催生了具体的形下的可知可感的现象世界，构成了人类社

---

① 荆门市博物馆编：《郭店楚墓竹简》，文物出版社，1998 年，第 59、179 页。

② ［英］汤因比、［日］池田大作：《展望二十一世纪——汤因比与池田大作对话录》，国际文化出版公司，1985 年，第 20 页。按，汤因比所说的“终极的精神之存在”，池田大作认为即“等于佛法所谓宇宙的森罗万象之根源的大生命——宇宙生命”。而“所谓第九识‘根本净识’就是每个生命的本源实体，同时也和宇宙生命融为一体”。可见形上本体的“天人合一”之说，即使佛教也持类似看法。因不在本文讨论范围内，故可暂不置论。

③ 《周易 · 系辞上》：“在天成象，在地成形，变化见矣。”即对形上天道展开为形下天地的现象学说明。

会活动不可或缺的“事实经验”，而且也可以通过人类多种多样的实践活动，建构出一套与之有关的客观知识系统，当然也就有了人置身于其中的现象学意义上的“天”“人”关系，有了另一层不同于本体论的现象学的“天人合一”说。

但是，从根本上说，形上与形下两个世界是不可分的，如同一物之所以为一物的理是不可变的，而一物作为一物则不能没有变化一样，形上与形下共同合成的完整世界，相互之间同样也构成了“不变”与“变”的微妙关系。因此，所谓两个世界实际只是一个世界，现象世界本身即内含形上的本体意义，尽管如此却不妨碍我们的分层认知或解读可以容纳多种多样的观察理解模式，即使“天人合一”之说也不例外。更重要的是，就“天”与“人”的关系问题而言，科学的认知固然重要，人文学（哲学、宗教等）的解释也不能忽视。人类的一切活动都不能离开宇宙的空间场域或大化流行的时间过程，人与自然的关系广涉从物质到精神多方面的复杂问题，形上终极的追问自古迄今都是人类无可逃遁的宿命。人作为身心合一的存在究竟在形上、形下两个层面与自然有什么联系，本体论的解释是否适合“天”“人”关系，人与自然合理的现象学存在方式究竟应该是什么样态，显然都是我们必须深入思考和认真回答的重大问题。

因此，分析中国古代的“天人合一”论，应主要从两大层面入手。

一是形上本体意义上的“天人合一”，即人在人性形上根源的深处本来就与“天道”“天德”合一。从“天道”的视域出发，则可说“天”作为形上本体乃是有生命力的，是可以展开为现象界的存有而显现出生命的样态的；依“天德”为观察依据，又可说形上本体的“天”即人及其他万物存在的价值来源，无论何种生命形态的存在都是有价值和有尊严的。而人的使命便是参与或促进“天”的创生机制，尊重和维护一切生命存在应有的价值或尊严。① 譬如孔子一生便怀有极为强烈的“天命”责任感②，“天命”就内化在他的生命之中③：一方面表现为圣贤听从天命召唤的特有的深刻的忧患意识，这是他不知疲厌地积极救世淑人的深层精神动力和思想资源；一方面则化现为哲人透悟道体后必有的乐天知命的旷达，他和颜回共同书写的“孔颜乐处”故事早已成为激励国人坦然应对艰难困苦的永恒精神资源。孔子的天命观是有宗教性、神圣性的特征的，“获罪于天，无所祷也”一语决非一时偶然之兴叹④，而是化身为道——与形上本体合二为一，即他对人间乖戾行为反思性的总结。站在天能合人的角度——天道下贯或内化于人性，我们当然可以说天即人，“一切天命尽是人生的天人合

① 宋儒张载《正蒙·乾称篇十七》便强调：“大学当先知天德，知天德则知圣人，知鬼神。”见林乐昌：《正蒙合校集释》，中华书局，2012 年，第 916～921 页。

② 《论语·季氏》：“君子有三畏：畏天命，畏大人，畏圣人之言。”《孟子·万章上》：“昔者，尧荐舜于天而天受之，暴之于民而民受之，故曰：‘天不言，以行与事示之而已矣。’”可见不仅“天”乃终极性的形上本体，而且“天命”亦具有宗教式的神圣性，能够化现为具体的“行”与“事”，显示生命庄严的责任感。至于《论语》反复出现之“畏”字，当训为“敬”或“敬重”，不能训为“惧”或“畏惧”，历来释者虽多，多未得确诂。参阅廖名春：《孔子真精神：〈论语〉疑难问题解读》，孔学堂书局，2014 年，第 105～120 页。

③ 徐复观曾指出：“天命对孔子是有血有肉的存在，实际是‘性’的有血有肉的存在。……性与天道的融合，是一个内在的人格世界的完成，即是人的完成。”又据韦政通考证，先秦传世典籍出现次数最多的观念，依序排列主要有“道”“人”“天命”“仁”“心性”等，可证“天命”一词的确具有中心位置，而不能不内化为孔子等哲人的真实生命感受。徐说见氏著：《中国人性论史·先秦篇》，上海三联书店，2001 年，第 80 页；韦说见氏著：《中国的智慧》，台湾牧童出版社，1975 年，第 158 页。

④ 参阅张新民：《生命成长与境界自由——〈论语〉释读之一》，《孔子研究》1998 年第 4 期。

一观”①。依据人当合天的立场——人应“下学上达”透悟人性天道，则又不能不说“人即是天，一切人生尽是天命的天人合一观”②。这是偏向形上关怀的解读，从中不难窥见先秦“天人合一”论实则蕴藏着丰富的神圣人文主义的色彩③，表现出突出的哲学或宗教的价值向度，乃是传统儒家不证自明的生命信仰，不妨称为本体论的生态哲学思想。

二是从形下现象学的存有世界看，“天人合一”作为学理性的重要命题，则不能不关注人与现象界的“天”的具体关系。而关注人与现象界的“天”的关系，实即关注人与自然如何相处的具体方法。如果稍做比较，则可说与道家轻视人文而重视自然不同，儒家是人文与自然两边同时兼顾，却反对人对自然的征服或宰制，强调人与自然应有的和谐与统一，因而较少以征服或战胜自然为基本取向，发展出一套庞大的科学知识系统④，凭借人与自然和谐相处的生命关怀，高度赞扬人是能够代表天地精神的道德主体。他们一方面强调“唯天为大”

---

① “一切天命尽是人生的天人合一观”乃是蔡尚思之说，目的在于用来纠正钱穆“一切人生尽是天命的天人合一观”之说。笔者虽不赞同蔡氏完全缺乏超越眼光的解读，但仍认为兹二说不但不对立，反而正好可以互补，遂加以借用其语言形式，释义则大相径庭。蔡说见《天人合一论即各家的托天立论——读钱穆先生最后一篇文章有感》，《中国文化》1993 年第 8 期。

② 钱穆：《中国文化对人类未来可有的贡献》，原载台湾《联合报》1990 年 9 月 26 日；又见《中国文化》1991 年第 4 期。

③ “神圣人文主义”乃杜维明首先提出来的看法，但现在已发生了世俗人文主义的祛魅化转向。见［美］杜维明、陈静：《新儒家人文主义的生态转向：对中国和世界的启发》，《中国哲学史》2002 年第 2 期。

④ 例如古代中国与宇宙自然关系最为密契的天文学，本质上也只是一种星占学（Judicial astrology）。而所谓“天文学家”实即星占学家，乃上古巫觋之遗裔。而巫觋则专掌沟通天、地、人、神之职，类似西方神职人员。但即使如此也不能断然否定传统生态学内部的知识性，只能说人文性的取向胜过知识性的取向。详见江晓原：《上古天文考——古代中国“天文”之性质与功能》，《中国文化》1991 年第 4 期。

(《论语·泰伯》)，表现出对自然的敬畏与尊重，一方面又以为人应该“与天地合其德”(《周易·乾卦·文言传》，高扬了人的道德主体精神。可见“天人合一”说既“开辟了内在的人格世界，以开启人类无限融合及向上之机”①，又点化了外在的自然世界，扩大了生命实践活动不可或缺的时空场域，不能不说是以人与自然和谐一体的方式——完善自我人格的同时也必须完善人人均身处其中的世界，回答了如何处理“天人之际”的根本性问题。道德的涵容性必然会将自然世界纳入人文关怀的范围，人文世界与自然世界的和谐统一自古迄今都是人类的价值向往，即使现实世界出现了“天人相分”的异化现象，理想的境界依然是返归“天人合一”的本体世界。这是偏向形下关怀的解读，但未必就没有下学上达的价值诉求。从中亦可了解古代“天人合一”说蕴藏着丰富的道德、伦理内涵，具有明显的道德人文主义的取向，反映了传统儒家对自然的基本价值态度，即无论主观的人格世界(内)或客观的自然世界(外)，均无不统一或涵摄在道德世界的完整理境之中，并赋予其颇有生命创造韵味的互通互贯的价值与意义，似可称为伦理化的生态哲学思想。

二、德配天地的“三才”说

形上本体意义上的“天人合一”，作为一种原初的本真的生命存在状态，决定了我们与同一形上本体涵盖下的其他生命存在始终都有着不可切断的真实联系，因而我们越能实现可与天道相连相通的人性真实，就越能与周围现象界的存有亲和密契而非疏离隔绝，于是人与自然和谐相处意义上的“天人合一”当然便有充分的理据得以宣告成立。只是有必要强调的是，如同形上、形下的世界乃是

① 徐复观:《中国人性论史·先秦篇》，第61页。

一个而非两个世界一样，本体论的生态学与伦理化的生态学，作为有体有用的一套理论思想，必然也具有不可分割的完整性方法论结构。试以《周易·乾卦》“元、亨、利、贞”之说为例，所谓“元”实即形上本体，当然也可称为“乾元”或“天道”，有类于宋儒所乐道的“无极”展开后的“太极”，代表一切存在与价值的根源，具有无限的创造性活力，能够展开为依体起用的创造性发展过程，显然也可视为生命存在的源头活水，决定了一切分殊的存在原初本源上固有的一致性，形成了“一”与“多”互摄互融的存在论关系。

因此，严格地说，人类社会一切有体有用的创造性活动，不但不能脱离或乖违本体，成为无生命活力的无体有用之学，反而必须依托或配合本体，成为有生命活力的有体有用之学。无论依体起用或由用见体，本质上都是天地精神在人身上的落实，如孟子所说：“君子所过者化，所存者神，上下与天地同流。”（《孟子·尽心上》）“上下与天地同流”当然就是我们一再提到的“天人合一”而非“天人相克”，必然就能“亨”、能“利”、能“贞”，无往而不适，无处而不顺。

“天人合一”的精神转化为人类的社会实践活动，就必须随时返归形上的道体本源，寻找创造的活力与价值的依据，以严格的批判精神匡正人类的发展方向。故孔子修《春秋》，即依此批判精神，从形上形下双重视野出发，每大书“元年春王正月”。《春秋》用晦笔法所揭示的“元年”，固然暗指“君之始年”，但也隐喻人类社会的发展根本就不能脱离形上本体的价值源头，必须依托生生不已的自然秩序，与自然秩序创化不已的生命节律合一，才能步入充满活泼创造劲气的文明大道坦途。诚如王阳明所说：“人君即位之一年，必书元年。元者，始也，无始则无以为终。故书元年者，正始也。大哉乾元，天之始也。至哉坤元，地之始也。成位乎其中，则有人元焉。”① 具见“元年春王正月”之“元”，也可理解为“元、亨、利、贞”之“元”，即历代儒家所乐道的“天道”或“乾元”，乃是一切创造性力量和价值活动的总源头。值得注意的是，“乾元”一旦展开发用，由形上本体世界转入形下现象世界，二者相即而不相离，则现象界的一切“生物”“成物”活动，当然也需要“坤元”的“作美”或“配合”——动静有常，刚柔相摩，才能形成“一阴一阳之谓道”的创造伟力，产生万千分殊的充满生命活力的现象世界。②而人在天地之中，乃是最有主体性精神的存在，同样充满了创造性的活力，当然可径称为“人元”，构成了极为重要的天、地、人三才，均为现实世界不可或缺的创造因素。而“人元”亦称为“元”，更重要的原因是人能则天法地，将天地精神转为自己的德性生命行为，做到“继之者善也，成之者性也，仁者见之谓之仁，知者见之谓之知”（《周易·系辞上》）。可见本体论的“天人合一”也为道德论的“天人合一”提供了依据，于是人的道德行为遂有了更为深广的宇宙论的凭借，也为康德的千古名言“位我上者灿烂的星空，道德律令在我心中”昭示。所以人一方面要知天、尊天、奉天，一方面则要知地、法地、祀地③：即“立天之道曰阴与阳，立地之道曰柔与刚，立人之道曰仁与义，兼三才而两之，故《易》六画而成卦，分阴分阳，迭用柔刚，

① 王阳明：《五经臆说十三条》，《王阳明全集》，上海古籍出版社，1992年，第976~977页。

② 阴阳互动，遂使天地宇宙间充满创造活力，设若无阴阳，便根本谈不上造化，斯乃传统中国大、小传统一致的共识。文献可供发明者甚多，恕不一一具引。

③ 程伊川尝有言云：“释氏本心，圣人本天。”可见儒家传统对“天”的重视。但先秦儒家不仅重视“事天”，同时也强调“法地”，而从天、地、人三才的视域出发，先秦儒家除了天道观或天道形态的建构外，亦将人的德配天地的主体活动的意义进行了前所未有的提高，因而不能没有心性论方面的立说，但也突出了天道的客观性的反馈或制约。故阳明对《春秋》“元年春王正月”的解读，不仅符合经文的本义，而且也契应孔孟心性形态的立场，并非个人的妄意发挥。

故《易》六位而成章”（《周易·说卦传》）。足证儒家观察人在宇宙中的地位，就形上本体发论，主张的是“天人合一”说；从形下的现象立言，则强调“三才”论。但无论“天人合一”说或“三才”论，从具有高度主体性的人，特别是居于权力核心而又肩负天下责任的“王”的角度看，均不能不做好正心诚意的修身工夫——既必须在心性的本源上与形上道体合辙契应，以确保思考决策出发点的正确，又应该在行为的实践上也与天地宇宙的创化过程和谐一致，以争取目的实现不脱离“善”的轨道，才能说在人道方面做出了“仁”与“义”的表率，成为人间政治及道德秩序的正面权源运作力量。

人类社会的“仁”与“义”行为，固然是以人性为基本依托的美好德行，但在更深的层次上也源自形上的天道本体，与天的“阴”与“阳”、地的“柔”与“刚”呼吸相应，乃是天地生生大德落实于人生或社会的具体表现，说明伦理学的“天人合一”仍必须以宇宙论的“天人合一”为学理奠基，人间秩序与天道秩序一体不二，人文秩序根本就不能脱离自然秩序而凭空发展。人生命的终极尽管以回归无限超越的道体的创造为究竟，但对世俗世间伦理责任的恪尽职守仍为基本前提。“维天之命，於穆不已”（《诗经·周颂·维天之命》），庄严超越的天命的切身性召唤，能够内化为深刻的道德动机意识，适可见仁德为本的行为即“天命”外显的行为，“天人合一”乃是人的本源性存在方式。《春秋》大书“元年春王正月”，乃是希望人类社会时刻留心“体元居正”的德性生命实践工夫，积极地顺应天地自然节律及与之相应的身心性命之理，从而真正做到德配天地，善始善终，实现健康合理、可久可大的长期发展。依据天道人心外显出来的“天命”“民意”向背，积极开展各种有针对性的社会批判工作，显然也是儒家防范权力滥用而长期坚持的正义事业，形成了源远流长的以“道”抗“势”的政治学传统。“天人合一”作为一种以“人”合“天”的思想资源，当然也为仁人志士提供了行道天下的精神动力。

三、生物不已的天道观

中国文化长期以伦理的方式看待天道自然，以为仁德的扩充本质上就是天道的实现。从根本上讲，人对外部天地宇宙的了解必然有裨于对自我内部人性的了解，对自我内部人性的了解显然也有裨于对天地宇宙的了解，因而“天人合一”本质上也是内与外的合一，形上与形下的合一，必须将生命完全打通，参与宇宙无穷无尽的创化活动，才能做到真正意义上的“天人合一”。这一思想当然表现出很深的哲学智慧，但形上本体或天道本属不可说的范畴，所以孔子才罕言性与天道。① 然而“子在川上曰：‘逝者如斯夫，不舍昼夜！’”，却是深悟道体之语，反映了孔子对天道“生物”“成物”所形成的自然现象界，一旦展开即永远变动不居的看法，内含对无言的宇宙生命大流生生不已之仁的肯定。正如《大易》“既济”之后便是“未济”一样，宇宙大化亦有似奔驰不已的川流，永远都处于不息不殆的运动过程之中，同时也透显出不变的生生之道的伟大和庄严。

孔子“逝者如斯夫”的慨叹，明确地告诉我们，在生生不已的天道无所不在的创造力量的涵盖下，可说一切存有都在变化着的活动之中，离开了变化着的活动便难有什么存有。现象界的所有事物都难以切断与天道好生之德的联系，即使人的伦理社会生活也难有例外。因而从发生学意义上的“天人合一”的基本立场看，一切存有在根源深处都是相通合一的宇宙本体创生精神发用流行的结果，它当然也与人的生命存在活动有着本质或本体的一致性，显示了生命创造伟力的一刻不滞缓及自然秩序运作的丝毫不停留。孔子对生命与宇宙大化流行

---

① 《论语·公冶长》：“夫子之文章可得而闻也，夫子之言性与天道不可得而闻也。”

的无限感慨，乃是“下学上达”开启超越层面信息的点化性示范，所以与其说是对事物既逝必然不能再返的悲叹，不如说是对健动不已、“生物不测”的宇宙秩序精神的礼赞。

变动不居的世界，在真正的儒家学者看来，从来都是一个“生生不已”的世界，即《大易》所谓“天地之大德曰生”“生生之谓易”①，不仅自身就是一个有机生命的活体，而且充满了“生物”“成物”的创造性活力。即使是人的创造性活力，本质上也植于天地，不能从天地剥离出来，退堕为无生气的存有。也就是说，人并非如西哲海德格尔所说，是被偶然地“抛”到世上的②，在天地宇宙中根本就孤立无援。相反地，人是天地创造性地流行发用过程之中必有的结果，人的创造性目的本质上即宇宙目的。一方面人在究极根源处本来就与天地一体，人的创造精神即天地精神落实于自我生命中而有所展开的表现③；另一方面天地“生物”“成物”固然不能不转化为现象界千殊

① 有意思的是，《庄子》也屡言“造化”或“造物”，而“造化”“造物”均不过是“造化者”“造物者”的功能，后两者均决非西方严格意义上的位格化的“上帝”，而只能是中国文化具有形上本体意义的“天道”或“道”，反映“道”有“生物”“成物”的功能，即老子所说的“道生一，一生二，二生三，三生万物”，乃是儒道两家的共识，共同代表了“轴心时代”哲学突破之后共同树立起来的革命性学术新典范。

② ［德］海德格尔：《存在与时间》，生活·读书·新知三联书店，1987 年，第 283~319 页；另参《存在与时间·导论》，《海德格尔选集》上册，上海三联书店，1996 年，第 27~75 页。

③ 冯友兰将人生境界从低到高划分为四层：自然境界、功利境界、道德境界、天地境界，并强调“超乎社会整体之上，还有一个更大的整体，即宇宙”。而人则“不仅是社会的一员，同时还是宇宙的一员。他是社会组织的公民，同时还是孟子所说的‘天民’。有这种觉解，他就为宇宙的利益而做各种事”。可证人的精神可与天地精神互贯相通，即在晚近亦为不少学者坚持。唯冯氏乃是从境界论角度立论，未能在实证论方面再开新说，故有必要进一步发挥，以弥补其遗憾。冯说见氏著：《中国哲学简史》，北京大学出版社，2010 年，第 272~273 页。

万别的生命形态，但无一不是相互依赖和可以彼此感通的存有。因而如同人的位格即禀有天地精神，必有其存在的意义与尊严一样，作为天地大化一体流行发用必然产生的现象，无论任何生命形式——包括低级的生命形式和高级的生命形式亦都不能没有存在的价值与意义，当然也就同具生长发育的宗教性生命尊严，一旦受到摧残就会令人难安不忍。① 万物不仅在天地“生物”“成物”的逻辑必然性上是一体的，而且在现实的生长发育的经验上也是有共同性的和可以感通的。这就是卡西尔所说的“基本的不可磨灭的生命一体化（solidarity of life）”的致思取向②，或可概括为“生命一体观”，但由于经历了“轴心时代”哲学突破的洗礼，其早就褪去了他所说的早期巫术的神秘色彩③，高度突出了人的独一无二的主体性地位，表现出明显的神圣人文主义的价值取向，显示了高度的依“性”（人性）而起的“情”（性情）“理”（性理）互渗互透并合为一体的关爱与尊重自然的精神。

---

① 《孟子·公孙丑上》：“人皆有不忍人之心……今人乍见孺子将入于井，皆有怵惕恻隐之心……由是观之，无恻隐之心，非人也；无羞恶之心，非人也；无辞让之心，非人也；无是非之心，非人也。恻隐之心，仁之端也；羞恶之心，义之端也；辞让之心，礼之端也；是非之心，智之端也……凡有四端于我者，知皆扩而充之矣，若火之始然，泉之始达。苟能充之，足以保四海；苟不充之，不足以事父母。”“不忍”之心，即天然情感自动自然的涌出，而无丝毫的人为造作，不仅足以弥漫人间，而且能够与天地感通。

② 参阅［德］恩斯特·卡西尔：《人论》，上海译文出版社，1985 年，第 105～106 页。

③ 比较孔子与商人眼中的“天”即可知道，孔子的“天”尽管仍有超越性与神圣性，但已与商人眼中拥有生杀威权的位格化的“天”大相径庭。证诸甲骨卜辞及《尚书》《诗经》等文献可知，“天”与“帝”的观念已在孔子之前广泛流行，“天”与“帝”一样，均可说是既神圣又神秘，实与人格化之神并无太大差异，宗教性的特征极为突出，孔子的“天”虽神圣却不神秘，天已转化为“天道”或“天命”，道德化的特征已占据了主导性的地位。“天”之形态与意义在孔子那里已有了方向性的扭转，具有了新的形态和新的意义，但又与后来完全祛魅的理性化的“天”大有区别，不妨以“半位格化”径称之。

因此，从先秦儒家的视域看，一方面不能不歌颂“大哉乾元，万物资始，乃统天”，“至哉坤元，万物资生，乃顺承天”，其中充满了对天地精神的敬畏与感激；另一方面也必须高度赞扬人的“终日乾乾，反复道也”，“德合无疆，含弘光大”，即强调人应该效法“垂范”“示象”的天地精神，做到“天行健，君子以自强不息”，“地势坤，君子以厚德载物”，浩浩然与天地精神同流。而无论“乾元”或“坤元”，都以主次分明、彼此互补的方式，构成了一个有体有用的生命架构，适足以上下交感互通，显示出和合创生的巨大力量。至于人在其中，则不仅与天地有着微妙的对应契合的存在关系，而且也蕴藏着同样的可为一切事物提供价值与意义的生命创造活力。譬如孔子的“仁”固然主要指“爱人”①，但也涵摄了人生应有的其他各种美好德行，表现为“活”的实践性道德动力，当然就可以层层向外拓展投射，将自然界纳入人道主义的视域之中，化为与自己一体共存的关爱对象。而天在孔子的眼中尽管不乏超越的色彩，但同时也是人人都可知可感的亲密伙伴。宋儒以“生生”之说发挥仁学大义，正是延续了早期儒家天人互通感应的创造性思想言说，代表了一种有体有用之学源远流长的发展，显示了深入体证天道人性必有的前后一贯的致思传统，显然与西方哲学的逻各斯传统大异其趣，也可说是各有殊胜。

四、内外合一的生命观

孟子继承孔子精神而于心性之学多有所得，遂特别强调“尽其心者知其性也，知其性则知天矣。存其心，养其性，所以事天也。夭寿不贰，修身以俟之，所以立命也”（《孟子・尽心上》）。他所揭示的尽心、知性、知天的修行实践路径，正是孔子“下学上达”方法的进一

---

① 《论语・颜渊》：“樊迟问仁，子曰：‘爱人。’”

步细化或深化，依然以“人”可以合“天”为本体论依据。只是孟子认为，不仅“性”与“天”不二，而且“心”与“性”亦不二。或者更直接地说，“心”“性”“天”一体而不二。而“心”的活动最能代表人的主体自觉①，故“尽心”的生命实践活动尤应置于第一义的地位。足证“人道”与“天道”可以合一，形下（外）、形上（内）也完全能够打通。当然，反过来也可说“人道”与“天道”本来统一，因而“心”“性”“天”三位一体，合为一个完整的本体论存在结构，当然就能够化为人的实存生命经验感受，为人的心灵直觉活动觉知或体认，化为热爱人生、赞美自然的灵性生命话语表达，展现为人与自然和谐相处的具体实践活动。在这一意义脉络下，孟子又有意拈出“万物皆备于我”为说，强调“反身而诚，乐莫大焉，强恕而行，求仁莫近焉”，以见人性不仅本来即与“天”互通合一，而且具足一切内外合一之众理，决非苍茫宇宙中孤荒偶然的存在，更无现代人切断与自然的联系后所感受到的异化、疏离的问题。只要化除私欲，廓然大公，立乎其大者，而小者根本不能夺②，则“天人合一”真实之境必然现前，万物亦无不为我备。人生所肩负的一切创化发展的使命，均有了人性和宇宙论的深层根源的原型扎根，不但是人“天命”所在而义不容辞的人生责任，同时也是浩浩大化流行与生命合一之后必有的神圣召唤。可见儒家的生态观既是道德论的，更是宇宙论的。宇宙论的生态观是道德论的生态观的存在前提，道德论的生态观则是宇宙论的生态观的延伸展开。

先秦儒、道两家都重视“天人合一”思想，但稍加比较，两者又

---

①　按，文中凡言可代表人的主体性，而又能契接“性”与“天道”之“心”，均指“本心”或“道心”，而与“习心”或“人心”大有区别。唯“本心”或“道心”方能体物而不遗，乃是人的直觉智慧的直接开显。

②　《孟子·告子上》：“先立乎其大者，则其小者不能夺也，此为大人而已矣。”

略有区别。简单地概括，则可说道家更强调“道法自然”，以为妙合道体的唯一方法，就是放弃一切人为或人工的做法，让“自然”自然而然生存和发展。自然而非其他任何非自然的做法才是万物存在的最佳状态，自然无为法而非人文有为法才是解决人类问题的终极出路。反观儒家的自然观，则内含明显的人文主义向度，但仍以尊重自然为基本前提，承认自然的存在具有神圣性，或可称为人文主义的自然神圣观。也就是说，先秦儒家的自然观明显具有强烈的人文向度，与之相应，他们的人文观当然也有突出的自然向度，或许可以“自然的人化”或“人的自然化”来加以概括。当然，无论是自然观或人文观，都可以“天人合一”——自然秩序与人文秩序高度和谐统一的基本价值诉求来加以提炼或总结。人一方面必须以人文来点化自然，希望臻至人文化成的理想世界；一方面又有必要以自然来点缀人文，不能不“善假于物”而生存发展。① 自然的无为法固然为第一义，但未必就不能与第二义的人文有为法相互合为更加刚健有力的活泼创造力量，整合为秩序化的生命统一整体。意义世界的建构离不开自然，但也不能缺少人文；自然的生态观与人文的生态观，二者都是人的安身立命必须依赖的生存要素。

形上天道的高度统一性与现象世界纷纭复杂的多样性，作为“始条理、终条理”的秩序结构②，或具体转为“君子之为善也，有与始，有与终也；君子之为德也，有与始，无与终也”的下学上达的主体性价值自觉③，其实也内化于人的灵性生命的难以言说的深层世界之中，不仅是每一个体生命内在价值感与秩序感不断涌出的“活泉”，同时也是人类群体建构外部社会秩序必须凭借的本体依据。因此，自然与人

---

① 《荀子·劝学》：“君子生非异也，善假于物也。”

② 《孟子·万章下》：“始条理者，智之事也；终条理者，圣之事也。”

③ 荆门市博物馆编：《郭店楚墓竹简》，第32、150页。按，《五行》第4~15简云：“善，人道也；德，天道也。”

文都自有其正面的自明的价值，人间事务与天地宇宙并非睽隔悬绝，只是由于人的放纵堕落或麻木冷漠，才有可能出现人与天道人性秩序结构疏离的问题。无论是个人的安身立命或人类的福祉前途，均必须以自然与人文高度融洽的一体化秩序结构为归宿，即使人伦日用的世俗平常生活，也一样可以助成人类文化成德“践形”的历史发展大方向，从而透显出终极性的道体与现实人生合为一的庄严信息，以意义与价值的方式点化人的存在的世界。人的意义与价值就在于人的存在本身，但人的存在却不能脱离天地所提供的场域。所以人的成就固然不能不以道德为进路，但也有必要再层层向上，融入天地宇宙大化流行的生命结构之中，即前文所云“一切人生尽是天命的天人合一观”，最终则又反馈现实的人生社会，以出世之心开展入世之事业，不断为人类发展开出可以实现的理想境域，不能不说“一切天命尽是人生的天人合一观”，方可说是步入了“与天地合其德，与日月合其明，与四时合其序，与鬼神合其吉凶，先天而天弗违，后天而奉天时，天且弗违，而况于人乎？况于鬼神乎”（《周易·乾卦·文言传》）的实存生命胜境。可见儒家的道德论本质上是道德形上学，最终仍以步入“天人合一”之境，形上与形下浃然合为一体，表现出宏大的宇宙论思想言说气势。① 如此方可称为透悟了生命存在的真实究竟，找到了自我进德修业的真实动因。

五、“参赞化育”的生态学意蕴

严格地说，无论本体论的“天人合一”论，抑或现象学的天、地、

---

① 儒家包括“天人合一”在内的思想言说，除植根于心性论外，更有一宇宙论的拓展，至汉儒而达至高峰，尤以董仲舒为最突出。因不在本文讨论范围，故暂无从详述。

人三才说，最终都以人与自然固有的会通和交涉，构成了极为重要的“生命一体观”，说明先秦儒家的生态思想乃是一种生生的、动态的、生命的生态哲学，而大有别于西方机械的、静态的生态哲学观。生生即天地“和实生物”①、生息不已、成物无穷的过程。以天地为表征的生生不已的大自然，本来就与人是合为一体的命运共同体，不仅自然生态变迁过程的好坏必然关系人的生存发展活动的好坏，而且人的生存发展状态的好坏也会影响自然生态演化状态的好坏。人类的生存发展活动始终是自然生态变迁不可忽视的一个重要变量因素，人与自然的“交往”无论任何时候都不能出现裂痕。一旦人天密契一体的关系遭到人为的切断，宇宙创生机制受到非自然因素的干扰，那就不仅意味着人类自我创造的生命的枯萎，而且标志着宇宙体用一源活泼生机的窒息。因此，人作为天地间最有灵性和主体自觉精神的存在②，当然就不能不脚踏实地地主动进德修业，本着与天地宇宙合一的至诚本体精神，立定自强不息、刚健有力的人生态度，积极参与天地宇宙大化流行的创造活动，如孔子所说“人能弘道，非道弘人”（《论语·卫灵公》），不仅实现自己的生命价值，而且体现宇宙的创造精神。

以与天地宇宙合一的至诚本体精神积极参与一切人间社会的创造活动，即《中庸》所谓“天命之谓性，率性之谓道，修道之谓教”。存在之理就在存在之中，当然也在人性之中。民间所谓“伤天害理”云云，既是对破坏天道创造生机的负面行为的批评，也是对违背人及万物生存发展之理的有害举措的谴责，不能不说是对生命价值的一种积极肯定。更直接地说，神圣庄严的天命不仅本来就内在于天赋人性之中，而且更应该转化为积极有为的“率性”“修道”的社会实践活

---

① 《国语·郑语》：“和实生物，同则不继。以他平他谓之和，故能丰长而物归之；若以同裨同，尽乃弃矣。”强调的便是一种多元和谐共生的思想，可视为生生哲学的另一形式的表述。

② 《孝经·圣治章》：“天地之性，人为贵。”

动。“天人合一”即意味着在创生不已的最深层的形上根源之处，人与自然有着同样的运动变化和生存发展的秩序节律。自然世界不是纯粹异在的知识对象，而是人性实践不可或缺的重要场域。道德形上学不能没有向上提升的宇宙论的进路，否则便难有“天人合一”真实生命存在状况的豁然开显。诚如《中庸》所说：“唯天下至诚，为能尽其性，能尽其性，则能尽人之性，能尽人之性，则能尽物之性，能尽物之性，则可以赞天地之化育，可以赞天地之化育，则可以与天地参矣。”

人作为最有主体自觉精神的存在“可以与天地参”，乃是中国文化最豪迈的生态哲学宣言。就万物的生成发展——现象界不断“生物”“成物”的整个过程而言：“天”（乾元）能“资始”，明显有提供能量的“放射”的功能，偏重动力因；“地”（坤元）可以“资生”，更多具有吸收能量的“内敛”的作用，主要为形式因；“人”（人元）能“参赞化育”，即既效法“天”，又模仿“地”，依据“一阴一阳之谓道”的创造原理，促成“天”“地”“生物”“成物”活动的顺利实现，不妨称为助成因。或者换一种说法：“天共（供）时，地共（供）材，民共（供）力。”①“天”“地”“人”三者互为补充条件，共同构成了遍及一切存有的“生物”“成物”的宇宙目的论，显示了天道、地道、人道合为一体的创造力量，形成了生态秩序结构不可或缺的三才之道。其中最具突出统摄地位的“天”，即“天人合一”意义上的涵盖一切存有的“资始”动力因，尽管是万物生长最重要的能量来源，但在“生物”“成物”的过程中，却始终遵循“乾道变化，各正性命。保合大和，乃利贞”（《周易·乾卦》）的多元和谐共同原则。也就是说，动力因尽管是普遍的，形式因也不能不是特殊的。动力因与形式因合

---

① 马承源主编：《上海博物馆藏战国楚竹书（五）》，上海古籍出版社，2005年，第285页。

为一体“生物”“成物”，作为内含于万物生命内部的抽象的“生”之理，决定了任何一物都有生存、运动、发展的普遍性。但抽象之理一旦落实为具象的个体生命形态，其具体如何生存、运动、发展，则又不能不是特殊性的。因而“乾道变化”作为动力因尽管是普遍的，但每一物的生长发育与形式因结合后，必然又是特殊的，前者可说是“一”，后者则当为“多”。“一”与“多”的辩证关系，决定了现象世界的每一物都在即本体即整体的“乾道变化”的统一创生力量的涵盖下，按照自己固有的“天性”活泼自由地生长，既各安其位，又无不自得，并形成了复杂万千、多种多样的生命形态。它们相互之间由“和谐”而“和合”而“和生”，最终则以每一物都生长发育的方式，构成了充满活泼生机的总体性的宇宙大和谐——“保合大和”，显示了“一”“多”相补共生生命秩序韵律的美妙。而人通过“天地交而万物通”的观察或体认，必然能够“财（裁）成天地之道，辅相天地之宜”（《周易·泰卦》）——不仅上探形上天道绝对统一的创生妙理，同时下穷万物生长发育的微妙差异，主动承担“裁成”“辅相”的人生伦理责任，自觉参与天地化育万物的时节秩序工作。

“裁成”“辅相”显示了人是天地间最能自觉创造价值的生命存在，揭示了中国文化一贯坚持的“参赞化育”的生态哲学基本立场。不仅人与自然，甚至物与物之间，在中国人看来，都具有不可分割的独立存在价值，都能做到“并育而不相害”，都是“保合大和”不可或缺的命运共同体，因而都不是可以被任意宰制的被动性工具，而其生成只能是生命创造力量自我实现的主动目的。但天地无心，人可以代其立心，天地无言，人能够代其立言，一切人文的创造活动本质上是天地大化精神的具体显现，守护自己生命的创造力量即守护宇宙生命的创化精神。因为人能做到过者化，存者神，上下与天地同流，所以创造的神圣性决定了人的“参赞化育”活动是与天地精神合一的活动，而“参赞化育”的场域则是天、地、人、神共在的场域。一切存在的意义都必须归结为生命与生命创造，人的自我的实现便是天地宇宙的自我实现，即使天地宇宙的创化力量也不是“他者”的异在力量，人的生命创造能力与天地宇宙的生命化育能力本质上是一体的。

由此可见，先秦儒家的生态哲学观既不是“环境保护主义”，也不是“自然保护主义”，更非“人类中心论”或“非人类中心论”，而是一种人与自然（天地万物）互为联系的生命创造生态观，或可概括为“和实生物”的生命主义生态观。“和实生物”的生命主义生态观强调宇宙是有生命的，一切存在也是有生命的，生命的活动必然是相互依赖的活动，也是需要多种条件相互配合的创造性的活动。而人则是能自觉进行此生命创造活动，主动为天地立心，为天地代言，“参赞天地化育”，构成天、地、人三才之道，乃至于能以“人”合“天”的灵性生命存在。这一“和实生物”的生命创造生态观，当然要强调保护环境，但又超越保护环境，当然要强调保护自然，但又超越保护自然，是在“人类中心论”与“非人类中心论”之间走一中道，即以“万物并育而不相害”的方式美化环境，增进自然固有的生生不已的创造活力，在谋取人类福祉的同时，也尊重一切生命存在的价值，维护一切生命存在的利益，通过万物多元平衡及其共荣共生，促进宇宙整体秩序的全面和谐。

六、简短的结语

毫无疑问，今天人类面临的生态危机问题是极为严重的，而追本溯源，则可说都是“因为在机械文明、商业文明之下发展科技文化而造成的一个结果”。① 而机械文明、商业文明支配下的生态观，总是容

---

① 参阅成中英：《中国文化八性的开拓与创新——在贵州大学中国文化书院成立十周年纪念学术研讨会上的演讲》，《萤火集——贵州大学中国文化书院成立十周年纪念专辑》，巴蜀书社，2013 年，第 1~16 页。

易将自然看成是无生命的、干瘪的、死寂的，因而也是可以任意宰制、征服或无限索取、盘剥的，与之相应的则是人的精神的失落、生命的异化、价值的解体，即人也化为机械运行的工具，受到机械的控制而不能自拔。

与西方主流思想视自然为无生命的客观存在不同，中国文化始终将自然看成是有内在生命意义和价值的存在①，从而建立起一套“和实生物”的生态哲学思想，恰好能从根源上对治西方的机械文明四处“扩张”所造成的各种生态灾难和人生病象，从而更好地建立起尊重自然、爱护生命、关怀宇宙的价值哲学思想，并以“天人合一”的方式实现“万物并育而不相害”的整体性宇宙秩序大和谐。

中国人至迟从“轴心时代”开始，便已深刻地意识到“参赞化育”乃是人类应该肩负的天命下贯的伦理责任，表现出极为惊人的精神自觉与哲学智慧，而增进或激活天地宇宙间一切生命存在生长发育的创造性力量，不仅不乏“天人合一”的形上本体论依据，而且更具有天道、地道、人道三位一体所提供的正当性与合法性，显然这也是人类历史上最重要、最深刻的生态哲学思想。因此，面对全球化时代生态危机可能导致万物生存家园毁灭的严重局面，中国的生态哲学思想必能从理论与实践两个方面对人类社会做出重大贡献。

---

① 中国文化将宇宙、人生都看成是不可以抽象的、数字穷尽的、有机的生命存在，缺乏西方意义上的机械论思想，乃是东西方多数学人的共识，而以英人李约瑟揭橥最力。参阅刘述先著，景海峰编：《理一分殊》，上海文艺出版社，2000 年，第 3~4 页。

第二章：天命与人生的互贯互通及其实践取向

——儒家“天人合一”观与“知行合一”说发微①

“天人合一”与“知行合一”都是中国儒家古典传统的重要思想命题，反映了中国人长期持有的圆融通贯的哲学致思智慧。钱穆（1895—1990）先生一生最后的罢笔《中国文化对人类未来可有的贡献》一文，便认为“天人合一”观乃是中国文化思想最后之归宿，与西方总是把“天”与“人”分开来讲不同，中国人更喜欢把“天”与“人”配合着讲。② 古人在“天人合一”观之外，别开出一“知行合一”之新学说，主要强调人的有体有用的社会实践活动的重要，希望人能在天地间找到安身立命的真正归宿。二者表面各有其不同的言说路径或价值向度，实则均为内在联系极为深厚紧密的学理命题。从中国一贯的文化思想立场看，“天”乃是代表超越界至高至善的正义和公平的本体，当然即为人间现实社会道德正当性与合法性的存在论依据，因而本体论的“天人合一”观必然指向超越界与现实界的通贯合一，成为现实社会以“道”为中心范畴的各种实践活动的精神动力，遂不能不有与其相应的“知行合一”说的提出，反映了中华民族既重现实又不乏超越理想的刚健自强精神。

“天人合一”观与“知行合一”说清楚地告诉我们，人与世界在形上超越的终极本体层面上是合二为一的，形上超越的世界和经验现

---

① 原载《天府新论》2018 年第 3 期。

② 钱穆：《中国文化对人类未来可有的贡献》，原载台湾《联合报》1990 年 9 月 26 日；又见《中国文化》1991 年第 4 期。

实的世界也是合二为一的。如同世界的存在是一大全式的整体一样，人的生命存在也是一大全式的整体。人与世界彻上彻下的普遍联系一旦解体，即意味着世界的暗淡和荒芜、人的疏离与异化。人要防范世界的暗淡和荒芜，避免自我的疏离和异化，就必须在本体论上回归“天人合一”，在实践论上做到“知行合一”，永葆人与天地无分无别、本来即有的活泼创化生机，主动承担起天命与人生打成一片的道德责任和伦理责任。只有在“天人合一”与“知行合一”两个方面同时双管齐下，人才能在“体用一源”的社会实践活动中将生命的价值与意义推至极致。

“天人合一”与“知行合一”可以互诠互释之处颇多。借用朱子的表述，“须是见它本原一线来处，便是天命”①。无论“天人合一”或“知行合一”，本质上都是见其“本原一线来处”的重要命题，当然有裨于人生真正步入“知天命”的殊胜境域。如果说“天人合一”观能够将人自下而上层层提升超越，乃至于巍巍然屹立于天地之间，象征着纵向直立（上下打通）的人格气象，那么“知行合一”说则可引导人由内而外不断扩大生命实践的空间，乃至于浩浩然“以万物为一体”，标志着横向通贯（内外打通）的生命境域。二者均为“立人”的学问，必然以“成人”“成物”为根本价值诉求。本文拟从儒家心学生命体验的视域出发，尝试性地展开多方面的探讨②，是否能做到学

---

① 黎靖德编：《朱子语类》卷二十三《论语》，岳麓书社，1997 年，第 496 页。

② 涉及“天人合一”观的专题论文，除随文所引者外，较可举者尚有季羡林：《天人合一新解》，《传统文化与现代化》1993 年第 1 期；季羡林：《关于“天人合一”思想的再思考》，《中国文化》1994 年第 9 期；蔡尚思：《天人合一论即各家的托天立论——读钱穆先生最后一篇文章有感》，《中国文化》1993 年第 8 期；刘笑敢：《天人合一：学术、学说和信仰——再论中国哲学之身份及研究取向的不同》，《中国哲学与文化》第 10 辑，漓江出版社，2012 年；汤一介：《“天人合一”思想的现代价值》，《北京日报》2013 年 6 月 8 日。论及“知行合一”思想之专文，则可参阅［美］杜维明：《王阳明“知行合一说”的意义》，《争鸣》1982 年第 2 期；孙方琴：《王阳明“知行合一”与“致良知”之研究》，《孔孟月刊》1982 年第 5 期；许珠武：《王阳明知行合一观的意义阐释》，《新原道》1994 年第 1 期；蔡仁厚：《王阳明的知行思想》，《中国文化月刊》1997 年第 210 期；杨国荣：《王阳明与知行之辩》，《学习与探索》1997 年第 2 期。

理上的通贯圆融，则有待学界方家的批评指正。

一、天道性命的一体通贯

“天人合一”与“知行合一”的“一”，究竟应该如何解释？汉儒许慎说得很清楚：“惟初大极，道立于一，造分天地，化成万物。”[①]可证“一”是“道”的待展开状态，满含无限的势能或创造活力，既可与有待分化的本源性的“太极”相通相贯，又表示天地万物“造分”“化成”的开始。[②]因此，也可说是“无动无静，神也，一之至也，天之道也”[③]。“天，颠也，至高无上，从一大”，而“至高无上，是其大无有二也”[④]。显然“一”亦可与“天”相通互训，均以不同的称谓指向共同的形上之本体。只是“一”更强调了“体”的本源性和初始性，因而主要是在时间中展开其生物成物的创化进程，其与万事万物的连接乃是一体不二的内在性关系；而“天”则更突出了“体”的至高性与绝待性，因而主要在空间中展开其显象成像的创生过程，其与林林总总的现象的联系乃是不即不离的超越性关系。可见，在中国文化语境中，“一”既可用来指称“本体”，也可用来说明存在的终极，“夫一可名也，而实无形也，在乾为乾元，在《易》为太极，在吾人为性，总之名一也……故曰：万物之总，皆阅一孔，百事之根，皆出一门”[⑤]。如同

---

① 许慎撰，段玉裁注：《说文解字注》，上海古籍出版社，1981 年，第 1 页。

② 刘宗周：“圣人作《易》，从一画始，即太极也。因而重之，即阴阳也。”见刘宗周：《周易古文钞》，《刘宗周全集》第 1 册，浙江古籍出版社，2007 年，第 7 页。

③ 黄宗羲原著，全祖望补修：《宋元学案》卷十二《濂溪学案下》“宗羲案”，第 523 页。

④ 许慎撰，段玉裁注：《说文解字注》，第 1 页。

⑤ 郭子章：《郭氏易解》卷十三《系辞下传 · 具一论》，上海古籍出版社，2017 年，第 193 页。

形上的“天”能够显象为现象的“天”，而现象的“天”与形上的“天”一体不二一样，“一”也是形上形下一体统摄的，是能够生成性地展开和创造的，当属默识体认的直观式大全存在，而非逻辑推论的概念化分析对象。“本体”既是整体，也是大全，不仅显示了其固有的统一性，更表征了无限的创造活力。因而“一”是蕴含着丰富性、充实性的“多”的创造性的“一”，“多”亦为暗藏着统一性、一致性的“一”的无限展开着的“多”。“一”既可转化为“多”，“多”也能会通为“一”，不仅体现了“体”与“用”的存在论动态关系，也反映了整体与局部互摄互涵的普遍联系方式，显示了天地宇宙的秩序化运作结构，提供了认识自我与世界的方法论路径。① 本体的根源的完整或大全式的“合一”，与现象的存在的具体或个别的“分殊”，二者之间不仅不矛盾对立，反而高度和谐统一。无所不包的“道”固然是“一”，但其起用展开却可以有动静，有动静即有阴阳，有阴阳即有万物，当然就能化现为与“一”密契一体的“多”，亦即“立天之道曰阴与阳，立地之道曰柔与刚，立人之道曰仁与义”（《周易·说卦》）。“天地人之才等耳，人岂可轻？”② 而“一阴谓之道可乎？一阳谓之可道乎？故必合一阴一阳，而后谓之道也”③。无论“天道”“人道”“地道”，都是一而三、三而一的关系，本质上仍只是一个“道”。

因此，“一”与“多”的辩证统一关系，实即“本体”与“现象”互摄互涵的关系，均不过是“道”的一体两面的表现，即使“人精神千种万般，夫道一而已矣”④。因而也可说“本体”不离“现象”，“现象”不离“本体”，“本体”与“现象”不一不二。稍做适当的分疏，

---

① 参阅张新民：《试论周敦颐思想中隐涵的“天人合一”义理旨趣——纪念周敦颐诞辰一千周年》，《船山学刊》2017 年第 6 期。

② 陆九渊：《陆九渊集》卷三十五《语录》，第 463 页。

③ 郭子章：《郭氏易解》卷十一《道性善论》，第 174 页。

④ 陆九渊：《陆九渊集》卷三十五《语录》，第 451 页。

则形上超越的“本体”实即“整体隐序”①，也可说是存在的隐性秩序或“内卷”的生成模式，代表万事万物存在的本原，传统中国哲学往往用“无”来对其加以指称。经验具体的“现象”则为“整体显序”或展开的生存模式，即存在的显性秩序及其生成现象，代表万事万物存在的共相，传统中国哲学更多用“有”来对其加以指称。而“道者，群物之道”②，不仅表征着深层难名的隐蔽性秩序结构，而且统摄着各种有形有色的无蔽性秩序现象，乃是“有”“无”一体的总相、“隐”“显”兼该的大全、“体”“用”一源的整体、“一”“多”互涵的存在。更有进者，“道外无物，物外无道”③，“道”根本就“无隐显，无小大。隐也者，其精微之蕴于心者也，体也；显也者，其光华之著于外者也，用也；小也者，其用之散而为川流者也；大也者，其体之敛而为敦化者也。譬之天然不已之妙，默运于於穆之中，而日月星辰之丽，四时之行，百物之生，灿然呈露而不可掩，是道之全也。……故在言道者，必该体用之全，斯谓之善言；在学道者，亦必得体用之全，斯谓之善学”④。所谓“善言”“善学”，一方面强调宇宙万事万物的整体性、共同性，关注存在于变化或运动过程中的事物的总体和一致；一方面也重视宇宙万事万物的无限多样性、无质性，承认存在于变化

---

① 当代量子物理学家和科学思想家戴维·玻姆（David Joseph Bohm）所总结的隐序理论，在强调“整体”或“整体性”的同时，更提出了“隐序”（the implicate order）、“显序”（the explicate order）、“卷序”（the enfolded order）、“展序”（the unfolded order）等一系列重要概念，以解释宇宙、时空、运动、意识等基本哲学问题，引起了学界的广泛重视和讨论。参阅张桂权：《玻姆的隐序理论》，《自然辩证法通讯》1998 年第 5 期。本文所谓“整体隐序”乃指深层隐蔽的“序”，“整体显序”则为表层显象的“序”。

② 荆门市博物馆编：《郭店楚墓竹简》，第 61、179 页。

③ 程颢、程颐：《河南程氏粹言》卷一《论道篇》，《二程集》，中华书局，1981 年，第 1169 页。

④ 徐阶：《王文成公全书序》，《王文成公全书》，第 1 页。

或运动过程中的事物的分殊性与差异性。无论着眼于“本体”与“现象”的不即不离，抑或关注“一本”和“万殊”的辩证统一，均不能不涉及“体”与“用”如何全幅展开的问题，遂成为传统中国广袤思想题域必须讨论的重要核心。而“道即性即命，本是完完全全，增减不得，不假修饰的”①。“人”与“天”既可以是外在和谐相处的关系，也可以转化为与“性”“命”密契一体的内在命题。因此，“理与心一，而人不能会之为一”②，人如果要避免与“天”的关系出现断裂，警惕“心”的活动脱离本然之“理”的规约，就必须时刻注意日常生活中的敬德修业，而“知行合一”说作为一种道德实践准则，当然能以“复性”的方式防范“人”与“天”的疏离，时刻“提撕”人心而使“心”“理”纯然合一。宋代新儒学复兴运动出现之后，“知”“行”关系的讨论越来越受到学者的重视，“知行合一”说越到后期就越获得广泛的认同，显然也是思想发展史内在理路的一种必然。

严格地说，无论阴或阳，乃至于刚与柔，本质上都是“道”的起用和展开，虽相反而实相成，能够涵盖各种各样的事物与运动。与其类似的是，无论天或人，乃至于知与行，亦都是天道性命通贯一体的表现，同样囊括了各种各样的现象与行为，体现了人类行为“先天”与“后天”、“超验”与“经验”合一的特征，代表了中国文化一贯的两行辩证思维。③ 不仅人的德性生命创造活力与天的本体创化生机应该合一，人的本体之知与本体之行不可两分，而且纷纭复杂的万事万物也存在着高度的统一性，在其终极的根源深处均可以一体不二。故“宋自周子（敦颐）出，而始发明圣道之所繇，一出于太极阴阳人道生

---

① 王阳明：《传习录上》，《王阳明全集》，第 37 页。

② 程颢、程颐：《河南程氏遗书》卷五《二先生语五》，《二程集》，第 76 页。

③ 参阅刘述先：《“两行之理”与安身立命》，《刘述先自选集》，山东教育出版社，2007 年，第 341~387 页。

化之终始，二程子引而伸之，而实之以静一诚敬之功”[1]，即一方面从形而上层面寻求宇宙、社会、人生问题的解答，另一方面强调人的现实道德实践活动的重要，“天人合一”之说遂开始有了更深广的宇宙论的扎根，反映了人的生命实践活动必须符合“太极阴阳”生化不已的本质特征。生命的运作活动与天地的节律脉动本来一体，人的精神修养活动明显具备了深广的宇宙论基础。而“诚者，天之道也；思诚者，人之道也”（《孟子·离娄上》），“诚”不仅代表了伦理的真、道德的善，更重要的是还代表了生命的真、存在的善。故“诚者合内外之道，不诚无物”[2]，“诚”必“天人合一”，“不诚”则“天人异用”，“诚”即天理流行，“不诚”则天地闭塞。“儒者则因明致诚，因诚致明，故天人合一”[3]，因而主诚主敬的工夫实即尽“人”合“天”的工夫，不能不说是儒家“即本体即工夫”方法路径的吃紧处。所以朱子才强调“人人有一太极，物物有一太极”[4]；“是太极也，谓之性可，谓之道可，谓之心可，谓之一可，谓之中可，谓之物可”[5]。人人都是世界，物物都是大全，天、地、人、物无一不有至善完足之“理”，亦无一不有至善完足之“德”。而“统体一太极，即万殊之一本；各具一太极，即一本之万殊。统体者，即大德之敦化；各具者，即小德之川流”[6]。“一”虽化显为“多”，却并未丢失“一”；“多”虽分禀于“一”，亦不害其为“多”。一本可以散为万殊，万殊亦同归于一本。因而“得一者而得此太极，而后谓之真得一；明道者得此太极，而后

---

① 王夫之：《张子正蒙注》，《船山全书》第12册，岳麓书社，2011年，第10页。

② 程颢、程颐：《河南程氏遗书》卷一《二先生语一》，《二程集》，第9页。

③ 张载：《正蒙》，《张载集》，第65页。

④ 黎靖德编：《朱子语类》卷九十四《周子之书》，第2130页。

⑤ 郭子章：《郭氏易解》卷十二《太极》，第187页。

⑥ 黄宗羲：《明儒学案》卷七《文清薛敬轩先生瑄》，第113页。

谓之真明道”[①]，“得一”即“得道”，既与“太极”一体，又可统摄万有。所以，“一是即皆是，一明即皆明”[②]，“一”之为义可谓大矣哉！这便是中国文化思想对万物必然具有共同形上之道的深刻体认和把握，是对本体的存在及其价值目的论的如实了解与阐释，是对孔子所谓“吾道一以贯之”的不断再表述和再说明。

“一”与“多”的互摄互涵关系，传统中国儒、道、释三家都有不同程度的阐发。例如道家便强调“地籁则众窍是已，人籁则比竹是已”，与地籁、人籁不同，天籁则“吹万不同，而使其自已也，咸其自取，怒者其谁邪？”（《庄子·齐物论》）。大乘佛教及禅宗也有类似的隐喻：“譬如大云，起于世间，遍覆一切……其云所出，一味之水，草木丛林，随分受润。”[③]“譬如日月住虚空，一切水中皆现影。”[④]“一月普现一切水，一切水月一月摄。”[⑤]因而从一切存在的“理”上讲，当可说“万理归于一理”[⑥]；从一切存在的普遍联系上看，则可说“万法归于一法”[⑦]。至于宋明理学家，亦多持相同看法，如“二气五行，化生万物。五殊二实，二本则一。是万为一，一实万分。万一各正，小大有定”[⑧]；“言万个是一个，一个是万个。盖体统是一太极，然又一物各

① 郭子章：《郭氏易解》卷十二《太极》，第187~188页。

② 陆九渊：《陆九渊集》卷三十五《语录》，第446页。

③ 《妙法莲华经》卷三《药草喻品》，《法华经今译》，中国社会科学出版社，1994年，第291页。

④ 三藏沙门实叉难陀译：《大方广佛华严经》第2册，台湾新文丰出版公司，1995年，第1877页。

⑤ 黎靖德编：《朱子语类》卷十八《大学五》引佛教语，第397页。

⑥ 程颢、程颐：《河南程氏遗书》卷十八《伊川先生语四》，《二程集》，第195页。

⑦ 佛教的缘起论即内含普遍联系的思想，而“万法归一，一归何处”，则为禅宗参话头屡用之语。又《五灯会元》卷一《西天祖师》迦叶告阿难偈语：“法法本来法，无法无非法。何于一法中，有法有不法？”当一并参阅。

⑧ 周敦颐：《通书》，《周敦颐集》，岳麓书社，2007年，第76页。

具一太极。所谓‘万一各正’，犹言‘各正性命’也”①。因而不能不“日夕兢兢，道念乃凝。万法归一，不盈此知。配天塞地，尽性至命”②。可见无论从儒、道、释任何一家的视域出发，现象界的事物虽然林林总总，不能不是“多”，但都为共同的本体统摄，可以会归为“一”。③ 也就是说，形下现象界分殊复杂的“多”，有着深刻的内在统一性、一致性，是能够在形上本体世界做到“道通为一”的“多”；形上本体界浑然无别的“一”，也有着巨大的丰富性、多元性，是能够在形下现象界显象为纷纭复杂事物的“一”。“一”与“多”之间，互涵互摄，翕辟开合，动静一如，生生不息，或者说统一性、一致性与差异性、多元性始终保持巨大张力，隐含着涵盖一切存有的必然性创造力量，促使形形色色的事物按照自己的“真性”发育生长，才能构成天地万物和合而为一体的丰富完整的世界，即所谓“道，体乎物之中以生天下之用者也。物生而有象，象成而有数，数资乎动以起用而有行，行而有得于道而有德”④。即使宇宙万象与人类生活也存在密契一体的关系；天、道、性、命尽管分属不同的层面，但仍在终极本原处旁通统贯为一体。

“本体”可以外显为“现象”，是活的能够发用流行的生存着的超越性“本体”，能够以自己的不变催生和化育现象界的一切变化；而“现象”亦离不开“本体”，有着普遍稳定的内在联系的“现象”，总是以自己的变化隐蔽或反衬出本体界的恒常不变。正因宇宙天地间总

① 黎靖德编：《朱子语类》卷九十四《周子之书》，第2164页。

② 刘宗周：《独箴》，《刘宗周全集》第4册，第345页。

③ 儒、道、释三家讨论“一”“多”关系，固然相同之处颇多，但未必就丝毫无有差异。近人沈曾植即特别指出：“道家朝元，释家念佛。儒家如何？曰：‘顾諟天之明命。’”可证三家之中，只有儒者最重天命。见沈曾植撰，钱仲联辑：《海日楼札丛》卷一《顾諟天之明命》，上海古籍出版社，1962年，第30页。

④ 王夫之：《周易外传》卷一《乾》，《船山全书》第1册，第821页。

是存在着各种分殊的事物，才合成了一个既相互区分又相互依赖的大全式的完整世界。

“天人合一”说将宇宙、人生打成一片。从人与天地万物的关系看，“天生百物，人为贵”①，尤其从形而上的层面观察，则可说“性自命出，命自天降”②。因而“一”既涵盖了“天”，当然也囊括了“人”；就人的存在状态及生活生产方式言，“一”必然统摄了“知”，同时也包含了“行”；否则便不符合整体的逻辑，背离了大全的“周延”，谈不上什么“本体”，更遑论“本体”的展开。任何真正意义上的人类社会实践行为，从来都是有“体”有“用”的自觉活动，既离不开“天”，又必须依赖“人”。尽“人”合“天”即创造性地发展自己固有的“天性”，实现心、理、仁、知合为一体的全部生命潜质，做到实存主体“有为法”与“无为法”的和谐统一，才算符合“天人合一”的内在根本旨趣。自然的人化与人的自然化——自然参与人文的发展，人文参与自然的创化，二者相互协调配合而决不对峙冲突，才称得上是严格意义上的“天人相应”。而“善言天者必验于人，善言人者亦必验于天”③，讲“天”而不离“人”的根本目的，在于“天道”能够下贯人生，“人”与“天”一样均应刚健而自强不息；讲“人”而不离“天”的主要价值诉求，则为人能上达“天道”，“天”与“人”一样都有道德实践色彩。人仅从自身单一角度为自己定位，必然陷入平面一维的自私狭隘；人只有透过天地宇宙为自己定位，才能展示立体多元的包容广大。人能上达天道，当然就能传达形上超越的信息，同时转化为自己的行为实践，以“身”与“道”合的方式践行“知行合一”精神。可见无论“天人合一”或“知行合一”，均既涵盖

---

① 荆门市博物馆编：《郭店楚墓竹简》，第 78、194 页。

② 荆门市博物馆编：《郭店楚墓竹简》，第 59、179 页。

③ 廖平：《四益馆杂著》，《廖平全集》第 11 册，上海古籍出版社，2015 年，第 546 页。

了自然，又统摄了人文，足以反映自然与人文的洽然一体，共同的指向则为生命世界的创进不已，同时也说明传统中国固有之思想学说，其所关注的范围是何等的深广宏大。

“天人合一”与“知行合一”，如果换成另一种表述方法，也可说是“天人不二”“知行不二”。如同“合一”乃是要促成本体世界固有的完整大全性一样，“不二”则为彰显本体世界“周遍圆融”的不可分割。质言之，即以本体大全世界的不可分割性为前提，“天人不二”主要针对“天”与“人”的关系立说，更多强调二者决非绝对孤立的对峙系统，任何人为的区分间隔都只能是宇宙的大裂痕、生命的大破坏。诚如《吕氏春秋·情欲》所说：“天地不能两，而况于人类乎。人之与天地也同……故古之治身与天下者，必法天地也。”《增订四库简明目录标注》卷十三《子部杂家类·吕氏春秋》：“裒合群言，大抵据儒书者十之八九，参以道家、墨家之近理者十之一二，较诸子为颇醇。”① 故所言仍与儒家思想契应一致，可将其置入早期儒家思想脉络中来加以考察。至于“知行合一”则突出了最能体现人的主体性的“知”与“行”的完整有机统一性，只有统一而非冲突才代表了人的社会活动的完整性与可靠性，消弭了统一而只有冲突，即为人类生活的大悲剧、价值行为的大毁灭、自我存在的大斫伤。诚如成中英先生所说，“心”与“天”一样广阔无垠，一样具有神圣的权威，而在严格的层面——人的存在的层面，“心”与“性”是同一的，既源于人人均有的天赋本性，又以独特的存在形式显现着自己，代表了一切人普遍而潜在的真实。② 透过普遍的“天”与“性”的潜力及其统一与创造，人完全能够自觉并认识其普遍联系着的“统一性”与“创造性”。

---

① 另可参阅邵懿辰撰，邵章续录：《增订四库简明目录标注》，上海古籍出版社，1979 年，第 507~508 页。

② 参阅［美］成中英：《论王阳明心学之“知行合一”》，《阳明学刊》第 5 辑，巴蜀书社，2011 年，第 1~25 页。

凭借“心”与“性”的内在关联，人亦能发挥“心”与“天”一根而发的活泼创造生机，表现为“天理”切身在场的流行不已。正是由“心”而“性”而“天”直契超越界的自证自悟和活泼起用，才引发了仁、义、礼、智、信等直贯实践界的诸多美德的实现。立足于“性”“天”一体的形而上学，“知行合一”和“致良知”说遂于焉得以成立。

“天人合一”的哲理义涵，也可看成是“天命”与“人生”普遍而内在的一种存在论关系，即所谓“圣人之于天道，皆属诸命”①。按照钱穆先生的说法，“天命”在中国人看来，不能不表露在“人生”上，离开了“人生”，便无从讲“天命”；离开了“天命”，也无从讲“人生”，“人生”与“天命”最高贵最伟大处，即在于可以将二者和合为一。②“天道”能下贯“人生”，“人生”能上契“天道”，“天道”与“人生”能够和合为一，显然也意味着天道、性命能够一体通贯。如果追问具体原因，则可说“天地万物与人原是一体，其发窍之最精处，是人心一点灵明”③。譬如我们“俯仰观察，茫茫荡荡，天地何心？唯是虚化形成，而人便是天地之心之所寄托。吾人合下反身默识，心是何心？唯此视听言动所以然处，便是此心发窍处也。此心发窍处，便是天地之心之发窍处也”④。这正是自明代王阳明之后，形上超越的“天道”不断内在化的思想之发展的必然现象，也是绝大多数传统心学家的集体性共识。正是在这一意义脉络下，才可说“宇宙便是吾心，

---

① 沈曾植撰，钱仲联辑：《海日楼札丛》卷四《力命》，第155页。按，沈氏之说，其本于《孟子·尽心下》：“仁之于父子也，义之于君臣也，礼之于宾主也，知之于贤者也，圣人之于天道也，命也。有性焉，君子不谓命也。”沈氏以为孟子之言，“洞天人以立宗，此子思所以冠‘天命之谓性’，以立道教之微旨”。“天命”与“人生”的关系亦可从中窥而知之，当一并参阅。

② 钱穆：《中国文化对人类未来可有的贡献》，原载台湾《联合报》1990年9月26日；又见《中国文化》1991年第4期。

③ 王阳明：《传习录下》，《王阳明全集》，第107页。

④ 耿定向：《大人说》，《耿定向集》，第278页。

吾心即是宇宙”①，不仅显示精神生命所能臻至的（超）时空场域是何等的广袤浩瀚，而且说明源自心性且形式多样的“天人合一”话语表达是多么的豪迈自信！而“《艮》（《周易·艮卦》）言天地人之心一也，不可有二，二则非心矣，合内外而言之”②。与“天心”合一之“人心”，既然为天地“一点灵明”，当然就有先天的“知”的功能，即所谓“知者，先天之发窍也。谓之发窍，则已属后天矣。虽属后天，而形气不足以干之。故‘知’之一字，内不倚于空寂，外不堕于形气，此孔门之所谓中也”③。先天超验的“知”虽不堕于形气，却必须凭借形气而起用，即阳明所谓“一念发动处，便即是行”，而“知行合一”的工夫，不仅要在外显的经验的行动上做，更要在内在的后天的念头上做，念头“发动处有不善，就将这不善的念克倒了。须要彻根彻底，不使那一念不善潜伏在胸中”④。这是在行为的内在隐秘深处做刨根究底的修养工夫，可见“知行合一”说最深刻的本质性特征，便是要从生命存在的终极根源处入手，直接打通先天与后天，联结超验与经验，以确保上（形上）下（形下）一体、内（主观）外（客观）无间、体（本体）用（流行）一源⑤，形成生命结构立体动态的和合统一，实现“身心意知物是一件”的场域性整体价值⑥。道德的终极根据不仅来源于与天道相通的人性，是一种以深刻的人性论为基础的德性伦理学，而且也立足于与人性相通的天道，是一种以广袤的宇宙论为前提的天道实

---

① 陆九渊：《陆九渊集》卷二十二《杂著》，第273页。

② 黄绾：《久庵日录》卷一，《黄绾集》卷三十四，第651页。

③ 王时槐：《友庆堂合稿》卷一《答朱易庵》，《王时槐集》，上海古籍出版社，2015年，第344页。

④ 王阳明：《传习录下》，《王阳明全集》，第96页。

⑤ 参阅张新民：《意义世界的建构——论王阳明的“心外无理、心外无物”说》，《孔学堂》2014年第1期。

⑥ 王阳明：《传习录下》，《王阳明全集》，第90页。

践学。而无论德性伦理或天道实践，即内即外，内外一体，本质上仍是“天人合一”观开出的立体道德世界，显示了人间伦理行为的正当性与合理性。更直接地说，人的道德实践活动本质上即天地宇宙大化流行即局部即整体的一种表现方式，显示人与天一体的健动不已的精神创进力量。无论“天”“人”或“知”“行”，相互之间一旦分裂或冲突，均意味着二元论切割必然产生弊端，难免造成碎片化的恶果，甚至“误把刚健活跃之人性与宇宙全体化作停滞不前，而又意蕴贫乏之封闭系统”①，错将代表生命整体结构不同面相的“身心意知物”区隔成了无关涉的孤立存在，不仅人与自然严重疏离，天地的创造性生机从此受到窒息，来自宇宙（天地）本体而又内在于自我的创化力量从此丧失，而且人自身的存在方式也会出现异化，人文化成的世界完全可能退堕为丛林，发自心性本体而又“遥接”宇宙（天地）的创进力量当下就会枯萎，既亵渎了神圣，也扭曲了生命，上害天道，下伤人理。

人的生命存在乃是充满了刚健活力的完整生命存在，世界则是由普遍联系着的事物构成的生息不已的完整世界。人的灵性生命本来即有的秩序感和价值感，实际即为宇宙秩序和价值的内在化与凝聚化。任何生命的秩序化均必须以宇宙的秩序化运作为根本前提，宇宙的秩序化运作即为人的生存发展的本体依据，不能不在终极性的根源深处合为一体，表现出生息不已的创造活力。“天地气机，元无一息之停；然有个主宰，故不先不后，不急不缓，虽千变万化，而主宰常定：人得此而生。若主宰定时，与天运一般不息，虽酬酢万变，常是从容自在，所谓‘天君泰然，百体从令’。”② 天地作为一有机生命体必然无

---

① 方东美：《从历史透视看阳明哲学精义》，《阳明精粹》卷三《名家今论》，孔学堂书局、贵州人民出版社，2014 年，第 116 页。

② 王阳明：《传习录上》，《王阳明全集》，第 30 页。

一息之停地运作，同样也意味着人类共同生命体总是无一息之停地运作。只有以“天人合一”的方式生存发展，人类才可能获得永恒的福祉。故无论“天人合一”或“知行合一”之“一”，都一端指向形下现象界，一端连着形上本体界，既形成了一套完整的心性宇宙论哲学，也产生了一套系统的心性人生论思想，二者均揭示了潜藏在人与形上世界之间纷纭复杂的秩序结构中的巨大统一性，不能不说是“一之至也，天之道也”①。一贯性的“道”必然能够形成差异性的“万有”，差异性的“万有”亦内含着一贯性的“道”，即使人类有“知”有“行”的历史文化活动，也不过是通达永恒性的“道”的真理的一种实践方式。“心即道，道即天，知心则知道、知天”②，而“心一也，有指体而言者，寂然不动是也；有指用而言者，感而遂通天下之故是也”③。就“寂然不动”而言，则“心”当然就是“道”就是“天”，不能说“体”至微而难知。从“感而遂通”看，则“心”必然发用流行于经验界，只能说是“道”或“天”的展开和落实，可以说“用”至显而易见。因此，无论即“体”而见“用”或因“用”而见“体”，最重要的仍是必须重视实践性的体证工夫，才能从易见之“用”证入难知之“体”，从而以体用一源的方式打通“人道”与“天道”本来固有的联系。易言之，“天地之道可一言而尽，为物不二，故生物不测，性一而已。是为未发之中，发之则为喜怒哀乐之情。有未发之中，斯有发而中节之和，以位以育，天地万物所不能违焉，其致一也”④。人的存在及其社会实践活动，根本就不能与“道”截然分为二事。而从传统心学“人”即“天地之心”⑤、人与天地万物为一体的整体视域

① 黄宗羲：《宋元学案》卷十二《濂溪学案下》“宗羲案”，第523页。

② 王阳明：《传习录上》，《王阳明全集》，第21页。

③ 程颢、程颐：《河南程氏粹言》卷一，《二程集》，第1183页。

④ 王畿：《不二斋说》，《王畿集》卷十七，第492页。

⑤ 王阳明：《答聂文蔚》，《王阳明全集》，第79页。

出发，人心固然在现实上已分属于差别很大的每一生命个体，但在根源上又不能不是与宇宙同构、足以包举天地万物的完整性大全。人一旦在行为实践上与自己的心性本体合一，“终始此志，日新其德，辨吾儒之异端，不惑于臆见，得其所谓不二之旨”①，实际即意味着与形上超越的天道合一，必然就能与“天”的创造活力（造化与生生）合一，显现为与宇宙本体秩序洽然一体的展开和流行。② 至于儒家一贯强调的“人能弘道，非道弘人”（《论语·卫灵公》），一旦置入“天人合一”与“知行合一”的义理脉络之中，人们必然也会深切地感受到其抱负的远大与气魄的恢宏。诚如陈白沙（1428—1500）所说：“此理干涉至大，无内外，无终始，无一处不到，无一息不运会。此则天地我立，万化我出，而宇宙在我矣。”③

二、“天人合一”说的形上与形下两重含义

“天人之道，经之大训萃焉。”④ 这是清人戴震在《原善》一文中提出的看法，适可见天人关系的讨论即在儒家经典诠释系统中也显得极为重要，不妨视为传统中国哲学的核心。“天人合一”之“天”究竟应该如何解释，历代学者多有争议。今人熊十力先生便曾指出：“天字之义有四：以形气言，一也；以主宰言，二也；以虚无言，三也；以自然言，四也。四义中，后三皆本前一引伸之，而学术思想之变迁，

---

① 王畿：《不二斋说》，《王畿集》卷十七，第494页。

② 参阅［美］墨子刻：《王阳明关于普遍联系的主张》，《阳明精粹》卷三《名家今论》，第133~139页。

③ 陈献章：《与林郡博》，《陈献章集》卷二《书》，中华书局，1987年，第217页。

④ 戴震：《原善上》，《戴震全书》第6册，黄山书社，1995年，第7页。

亦于此可略识矣。”① 但“有形总是气，无形只是道”②，形气之天与自然之天，仍可归为一类；主宰之天与虚无之天，亦可合为一体。③

“形而上者谓之道，形而下者谓之器”（《周易·系辞上》），“心”则沟通形上与形下两重世界，因而也可说“形而中者谓之心”④。“道”显然属于形上本体界，“器”则属于形下现象界。但“道”与“器”的区分、本体界与现象界的差异——更明白地说是以“天”为象征的超越界和以“人”为代表的现实界的差异，均不过是方便性的权说，实则人在现实世界中即可实现超越的理想，超越的理想亦不可脱离现实的人生。“器殊而道一，一以贯之，并行不悖，而用在其中。”⑤ 超越与现实两个世界在中国人看来，乃是不即不离的一个世界。两个世界的区分只是表示“道”或显（动）或隐（非动）存在的两种方式的区分。天下万事万物无不因“道”而通贯为一，两个世界不过是一个世界的两种面相而已。本体界与现象界不但不分裂，反而浃然俱化为一体。而“器亦道，道亦器”，“道”不仅彻上彻下，亘古亘今，而且统摄万有，整全一贯。“道”既然不会区隔于“器”，当然就不能脱离人——“但得道在，不系今与后，己与人”⑥。能够将形上与形下两重世界打通合一的，主要仍是能够依体起用的“心”及与之相应的生命实践活动。

---

① 熊十力：《心书·示韩濬》，《熊十力全集》第1卷，湖北教育出版社，2001年，第6页。

② 程颢、程颐：《河南程氏遗书》卷六《二先生语六》，《二程集》，第83页。

③ 有关“天人合一”形上与形下的双重解读，笔者已在上文中有所分析，此处则进一步补充和发挥，当一并参阅之。

④ 徐复观：《中国思想史论集》，九州出版社，2020年，第358页。

⑤ 刘咸炘：《中书·学纲》，《刘咸炘学术论集》哲学编上册，广西师范大学出版社，2010年，第6页。

⑥ 程颢、程颐：《河南程氏遗书》卷一《二先生语一》，《二程集》，第4页。

“道”与“器”不可区隔，显然即意味着形上与形下两个世界不可分裂，同时也表明了“天”与“人”的不可分隔，任何分隔在中国人看来都是不圆融的，都意味着主客内外一体的完整生命的解体，当然就有“天人合一”命题长期持续不断的讨论和深化。只是具体分析“天人合一”之“天”的含义，仍可做出以下两重解读。

一是天道、天德、天理，即“形而上者谓之道”意义上的“天”，或者“尽其心者知其性也，知其性则知天矣”（《孟子·尽心上》），即与人的存在有着内在超越关系的“天”,主要指可以发用流行的本体世界。形上的“天”听之不闻其声，视之不见其形，与经验世界有声有形的存有对应，当然是既“虚”又“无”的，却是有道、有理、有德的，充满了价值与意义，完全能在本体论上与人的生命合一。例如《春秋》便以元统天，以天统君，上揆天心，下察人事，即所谓“《春秋》之法，以人随君，以君随天”。形上超越的“天”，俨然成为政治秩序的中心，因而“屈君而伸天，《春秋》之大义也”（《春秋繁露·玉杯》）。人事与天心尽管相互感应，但“天”显然地位更高，也更具有威权。可见依据《春秋》大义，一方面政治的终极合法性来源于形上的天道，违背天道即意味着人间仁德与正义的丧失，政治行为的合法性必然就会受到天道人心的双重质疑；另一方面依据形上超越的天道，人们亦可展开其有褒有贬的政治学批判，凭借天道“洋洋乎发育万物”的标准来匡正人类社会的发展方向。

“天”作为形上超越的本体，必然能够秩序化地运行，同时也有了道德的向度，即所谓“天无私覆，地无私载，日月无私照”（《礼记·孔子闲居》）。自然的天、地、日、月作为一种整体性的存在，均无不具有仁德的义涵与正义的属性，乃是至大至公价值的神圣来源，成为君主治国必须效法的对象。足证古人对形上超越之“天”，采取的是神圣的信仰的态度。“天”具有生杀奖惩的显象功能，必然也具有意志化的主宰之义，既可以是万物的本体，也可以是人的真性，违背天道即违背人性，不仅意味着自身行为的悖乱，而且象征着人间社会的失序。因而向天祷祀祈福求安，乃是中国人极为重要的仪式行为，例如古代常有的封坛祭祀活动。无论天地都是帝王斋戒沐浴虔心祀奉的对象。“天”乃是政治权力正当性与合法性的本体根源，明显地具有宗教性的终极主宰的含义。①

当然，除道德的“天”之外，也可对“天”展开义理取向的追问或思考，古人主要采取直观体认的工夫或方法，于是便产生了一整套的形上义理之学，形成了所谓天道性命通贯一体的哲学。而从宋明时期的思想形态出发，当然更应该称其为“道学”或“理学”，尽管这是彻底消化了外来佛教所产生的文化思想新气象，但仍代表了中国古典文明义理思辨赓续发展的历史性最高成就。②

二是天气、天文、天象，即所谓“在天成象，在地成形”，荀子“天行有常，不为尧存，不为桀亡，应之以治则吉，应之以乱则凶”（《荀子·天论》）意义上的与人有着外在关联的规律性的自然之“天”，也可说是本体显象为万事万物的直观现象的“天”。但“凡有气莫非天，凡有形莫非地”③，故言“天”而可包括地，均有“形”或“气”的具体表现形式。面对自然具象之“天”，从哲学思考的立场出发，既可对其做现象诠释学的描述与理解，也可透过现象直契形上超验的本体。自然的现象的经验的“天”，当然即为前面提到的“形气”之“天”。《尔雅·释天》：“穹苍，苍天也。春为苍天，夏为昊天，秋

① 从上古具有“帝”或“神”意义的“天”，到与“道”合一的半人格化的超越的“天”，再到与“天理”对应的义理化的“天”，最后演变为纯粹自然的“天”，乃是一个不断“脱魅”的世俗化过程，其中值得认真讨论的变迁环节颇多，惜此处暂无从详论，只好付诸阙如。

② 参阅张新民：《儒释之间：唐宋时期中国哲学思想的发展特征——以儒学的佛化与佛教的儒化为中心》，《文史哲》2016年第6期。

③ 程颢、程颐：《河南程氏遗书》卷六《二先生语六》，《二程集》，第83页。

为旻天，冬为上天。”显然便是通过四季的变化来突出“形气”的“天”的特征，揭示的仍是与经验世界相对应天象或天气的自然，也就是熊十力先生所谓以形气或自然言的“天”。但无论形气之“天”或自然之“天”，依然不能是两个而只能是一个“天”。

形气的“天”或自然的“天”，在中国文化思想看来，都是本体的“天”发用流行后的具体显象。如同孔子所说：“天何言哉？四时行焉，百物生焉，天何言哉？”（《论语·阳货》）形上的天道是超越言诠的，是不可言说的——“上天之载，无声无臭”（《礼记·中庸》）；当然也是秩序井然的，是令人敬畏的——“维天之命，於穆不已”（《诗经·维天之命》）。形上的天道同时也是有内在生机的，是充满活泼创化能力的，能够“鼓之以雷霆，奋之以风雨，动之以四时，暖之以日月，而百化兴焉”（《礼记·乐记》），即不仅能流行为“雷霆”“风雨”，而且也可显象为“四时”“百物”。所以，“开眼无不是这个充塞，无不是这个流行”①。“天道”既能以动态的方式化现为可感可知的现象，必然就会以活生生的形式融入人的生活经验。人类乃至于万物生存于其中的天地宇宙，乃是充满着无限活泼泼创化生机的世界。

形上本体流行发用或显象出来的“天”，当然就是人人都可“经验”的现象世界。“天有三辰，地有五行。”（《左传·昭公三十二年》）三辰即日、月、星，五行指金、木、水、火、土，既可看成是对自然界固有物质的客观描述，也可看成是天地和合生物的现象学显现。概括地说，“因阴阳之恒，顺天地之常，柔而不屈，强而不刚”（《国语·越语》），才是人的正常的生存发展之道。也就是说，“一”既可转化为“多”，“道”亦能显现为“象”，天地作为分殊的现象，不仅有着形上超越的本体来源，而且自身也充满了创造性的活力。具体表现则为虽柔不屈，虽强不刚，总是展示出和谐平衡的有利于生物成物

① 湛若水：《湛甘泉先生文集》卷八《新泉问辨录》，第369页。

的现象学常态，人则必须遵循其规律，以“极高明而道中庸”（《礼记·中庸》）为基本价值立场，尽可能做到以“人”合“天”，而非“天”“人”分裂，才能真正步入长久发展的正道坦途。

与“无声无臭”“於穆不已”的形上之“天”，以及“视之而弗见，听之而弗闻”（《礼记·中庸》）的超言诠之“天”不同，现象界的天是视之有形、听之有声、运作不息、变动不居的。“子在川上曰：‘逝者如斯夫，不舍昼夜！’”（《论语·子罕》）朱熹《论语集注》解释说：“天地之化，往者过，来者续，无一息之停，乃道体之本然也。然其可指而易见者，莫如川流。”现象界的一切存有，无一不如川流一般，均处于一刻不停的运动过程中。如同本体界与现象界乃是一个世界一样，“不变”与“变”也高度统一——不变的“道体”能够发用流行，显现为可知可感的形下经验现象，可知可感的形下经验现象也以自身千变万化的姿态，传递了“道体”永恒不变的信息。而人则透过复杂万千的现象汇成的生命大流，引发出“物生而不穷”的实存生命感受，唤起自强不息的人文自觉精神，激起与天地精神和合为一的存在力量。诚所谓“天运而不已，日往则月来，寒往则暑来，水流而不息，物生而不穷，此仁也”①。天地是活泼泼充满创化伟力的天地，人类也是活泼泼充满创进伟力的人类，孔门所谓“不舍昼夜”云云，正是对人的内在心性本体与外在天地宇宙精神同一流行发用、同一活泼创进的巧譬妙喻，不能不是人俯仰于天地之间有感于生息不已的大化力量的深刻话语表达。正是在这一意义脉络下，“天人合一”之说自宋代以后，或者偏重于天道观，向外发展并形成了由“心”而“性”而“天”的宇宙生成论哲学；或者偏重于心性论，向内开拓并形成了由“天”而“性”而“心”的心性道德论哲学。其中以向内超越为主要特征的心性道德论哲学，如果谈到其最突出的时代典范，则不能不

① 黄宗羲：《明儒学案》卷五十三《中丞李谷平先生中》，第1265页。

首推王阳明的“致良知”学说：“须要时时用致良知的功夫，方才活泼泼地，方才与他川水一般。若须臾间断，便与天地不相似。”① 但即使内在性取向颇为突出的“致良知”实践工夫，从根本上讲也是“天道”或“天理”“发窍”于人的心灵的活泼起用，而活泼起用意味着“心活”，“心活则周流无穷，而不滞于一隅”②，必然能够向外通出去，不仅涵养出无限活泼充沛的生命劲气，而且更与天地精神同一运作不息。说明人一方面可以通过与外部事物交往的生命感应活动，与天地宇宙和合为一体，另一方面也能凭借发自内在心性本源的道德伦理行为，与天地宇宙互通互联。无论向外偏重天道或向内偏重心性，最终的目的均为心性与天道的会通合一。因此，人要做到的便是“义命合一存乎理，仁智合一存乎圣，动静合一存乎神，阴阳合一存乎道，性与天道合一存乎诚”，否则“天人异用，不足以言诚；天人异知，不足以尽明。所谓诚明者，性与天道不见乎小大之别也”③。而《易传》“天尊地卑”以天与地并称对举，显然也是立足于人的价值立场，对外部世界进行现象学的观察得出的结论；“尊”与“卑”的定位，显然即社会化的眼光投射于自然界的结果，不能不是寻找自身人文政治秩序合法性依据的表现。而“仰则观象于天，俯则观法于地”，则是指自然世界的整体及潜藏在背后的森然理则，不仅是人们必须认知、了解、把握和效法的客观对象，更是建立“体用一源”哲学宇宙观的重要现实根据。

天地生物成物的过程，也是“云行雨施，品物流形……乾道变化，各正性命”（《周易·乾卦·象》）的过程。在天道创生化育力量的涵盖下，万物无不按照自己的天性调适畅遂地生长。人可以对其进行美

① 王阳明：《传习录下》，《王阳明全集》，第103页。
② 程颢、程颐：《河南程氏粹言》卷二《心性篇》，《二程集》，第1262页。
③ 张载：《正蒙》，《张载集》，第20页。

的欣赏、善的赞叹、真的认知，化为文学艺术创作，启发心智道德力量，抽绎客观知识系统，做到善与美相俱、美与真互融、真与善共洽，真善美三位而一体。孟子说得好："牛山之木尝美矣，以其郊于大国也，斧斤伐之。可以为美乎？是其日夜之所息，雨露之所润，非无萌蘖之生焉，牛羊又从而牧之，是以若彼濯濯也。"（《孟子·告子上》）更重要的是，"天无一日而息其命，人无一日而不承命于天，故曰'凝命'，曰'受命'"①，因而人要兢兢业业，自强不息，"坤厚载物，德合无疆。含弘光大，品物咸亨"（《周易·坤卦·彖》），既要满足生命的创进诉求，更要成就人文化成的世界。至于客观性的认知实践，必然能够不断扩大知识的领域，产生相应的知识系统，形成今天人人熟知的科学。只有真、善、美合为一体，一切价值均在本体与现象浑然无别的境域中获得了最高层的统会，才能说是构成了完整的立体世界——其中任何一项价值的流失、任何一种事物的偏废，都有可能导致完整生命的破碎，造成大千世界的残缺。

有必要指出的是，无论本体的"天"或现象的"天"、超验抽象的"天"或经验自然的"天"，尽管可以区分为不同层次并展开多方面的解释，但其在终极根源上仍是一体而非二分的。"易，所以会天道、人道者也。"② 而"人者，天地之心。天地万物，本吾一体者也"③。即使将其置于政治学的架构中进行观察，也可说"垂象而覆物，天之职也。成形而载物者，地之职也。裁成天地之道，辅相天地之宜，以左右民者，人君之职也"④。因此，人必须在天、地、人三统的张力结构中来为自己准确定位，不是以人类自我为中心，而是打通

---

① 王夫之：《读四书大全说》卷五《论语》，《船山全书》第6册，第679页。

② 荆门市博物馆编：《郭店楚墓竹简》，第79~80、194页。

③ 王阳明：《答聂文蔚》，《王阳明全集》，第79页。

④ 陆九渊：《陆九渊集》卷二《书》，第26页。

天、地、人三统，一本万物一体之仁，以为天地立心的精神，最大化地实现生命存在的内在价值。[①]“天人合一”既指“性理”与“天理”本体论意义上的相通相合，二者在其根源最深之处本来一体，也指人道与天道在实践论意义上的通贯配合，人的存在与自然的存在也能达致现象学上的和谐统一。天地万物内在一体的本体论关系，必然能够转化为外部现象世界的和谐共生。“体”因“用”而成人成物，“用”因“体”而有本有源。“内在”决定并显象为“外在”，“外在”亦连接并反映“内在”。内外合一，体用不二，宇宙的创化力量只能是与人一体的自我生命实现的力量，而决不可能是有违生生之道的排他性的异己力量。“乾道变化，各正性命。保合大和，乃利贞”（《周易·乾卦·象》），即使面对形下世界纷纭复杂的多元生态结构，也可依靠人的本体直观智慧，凭借默识体认的方法，从中领悟形上道体的巨大整体统一性，把握“和实生物”的大道至理，成就万物无不活泼自由地“循性”生长的世界。譬如“四时行，百物生，皆自然固有是理，然未可骤语，须在思无邪上用功，久之自见”[②]。这是“随处体认天理”的方法[③]，明显体现了中国人的形上哲思智慧。

因此，守护宇宙的创化力量，即守护人人均有的本真人性，即守护人类生命的创造精神，即守护万物的活泼化育生机，即守护我们生存的自然家园。王船山说：“天之使人甘食悦色，天之仁也。天之仁，非人之仁也。天有以仁人，人亦有以仁天仁万物。恃天之仁而违其仁，

---

① 参阅张新民：《先秦儒家的生态哲学观——以“天人合一”及“天、地、人三才”观为致思论域》，《贵州文史丛刊》2015 年第 3 期。

② 湛若水：《湛甘泉先生文集》卷八《新泉问辨录》，第 369 页。

③ 明儒湛若水称：“随处体认天理流行，则为邦为政，何往而非风浴之乐。”亦为“天人合一”精神之表现，当一并参阅。见湛若水：《湛甘泉先生文集》卷八《新泉问辨录》，第 425 页。

去禽兽不远矣。”① 天地万物本质上都只能是目的而非工具，“参赞化育”即意味着二者可以合为一个共同的生命创造体。《春秋繁露·立元神》：“天地人，万物之本也。天生之，地养之，人成之……三者相为手足，合以成体，不可一无也。”本体论的天地宇宙的创生性力量，完全可以转化为包括人在内的一切生命存在生生不已的内在资源；当然也能转化为本体论的天地宇宙的创生性力量。而人在其中最能发挥主体的自觉作用，因而也最能“与天地参”。诚如周敦颐所说：“天以阳生万物，以阴成万物。生，仁也；成，义也。故圣人在上，以仁育万物，以义正万民。天道行而万物顺，圣德修而万民化。大顺大化，不见其迹，莫知其然。”② 人与自然不仅不是疏离隔阂的，反而是一体不二的。人只有竭尽努力修德以配天，才能做到真正意义上的“天人合一”。自我的实现或天地万物价值的实现，都有着本体论与目的论上的内在一致性。故欲将天道论与心性论彻底打通，形上世界与形下世界合一，始终都是宋明理学家所要做的工作，尽管难免有孰重孰轻致思取向上的差异，但整体地看，仍沿着“天人合一”的体认与言说方向，不断在学术理路上向前推进和发展。

三、“知行合一”说的本体论诉求与实践性取向

与“天人合一”多关注形上学和宇宙论，从而寻找人类历史文化实践活动的超越性根据不同，“知行合一”则更重视主体性与实践论，从而将超越的理想落实于具体的人生社会。但二者仍存在深刻的内在关联性，可以纳入共同的理论性综合系统。刘宗周所谓“圣学本心，

---

① 王夫之：《思问录》，《船山全书》第12册，第406页。

② 黄宗羲：《宋元学案》卷十一《濂溪学案上》，第487页。

惟心本天。维玄维默，体乎太虚。因所不见，是名曰‘独’。独本无知，因物有知。物体于知，好恶立焉。好恶一机，藏于至静。感物而动，七情著焉……天命所命，即吾独知”①，暗中已点出了“天人合一”与“知行合一”说二者之间尽管有着不同的言说向度，但形上终极的本体（天）毕竟与人的内在心性同构，完全可透过人的各种感应活动与外部世界发生关联，实际仍为通贯一体并可相互补充的两个哲学命题，其内在密契一体的深层含义依然值得深入讨论和挖掘。②

“知行合一”之“知”与“行”，从阳明心学的角度看，主要是指良知之“知”与良知之“行”，当然也可说是本体之“知”与本体之“行”，更可说是德性之“知”与德性之“行”，即《易·晋卦·象》的“君子以自昭明德”、《大学》的“明明德”，完全足以表现为人生的价值判断及与之相应的行为抉择，乃是一种“即本体即工夫”的生命实践方法，遂最大化地凸显了人的绝对主体性地位。

如果比较儒家与释、老的区别，即不难发现，道、释两家通过“坐忘”“离言”“去知”或“禅定”“静虑”“止观”等一套方法，同样能够证入形上本体，契入“天人合一”的存在境域。但与儒家差异很大的是，释、老两家明显具有“出世”的倾向，更为关注“了生脱死”与“长生久视”，始终缺少家国天下情怀，即只重视“上一截”而遗弃了“下一截”，难免留下“外弃人伦”的历史讥病③，诚可谓“佛老高一世人，只是道偏不是”④。因而对照释、老两家，儒家学者

① 刘宗周：《独箴》，《刘宗周全集》第4册，第345页。

② 《传习录上》载王阳明之言云：“圣贤教人知行，正是要复那本体，不是着你只恁的便罢。”可证“知行合一”作为一种实践工夫，主要即为还原心性固有之本体。本体实即形上终极之“大道”，必然涉及“天人合一”问题，其与“知行合一”说遂不能不生极为密契的关系，需要逐层深挖以见其丰富义涵。见《王阳明全集》，第4页。按，引文中的“要”，原讹作“安”，据《王文成公全书》改。

③ 王阳明：《传习录上》，《王阳明全集》，第26页。

④ 陆九渊：《陆九渊集》卷三十五《语录》，第467页。

多认为圣学乃是“大中至正之道，彻上彻下，只是一贯”①，不仅要在形上的世界自由遨游，更要在形下的世界承担责任，当然就必须将超越的价值理想与人间的具体关怀打成一片，做到“上一截”与“下一截”浃然一体，才能说是“无不该备，无不管摄”②。因此，在真正的儒家学者看来，如果“只说‘明明德’而不说‘亲民’，便似老、佛”③。“亲民”则意味着除个人进德修业之外，尚必须关心“政善民安”一类人间社会秩序的建构问题④。而无论“‘在明明德，在亲民’，皆主于‘在止于至善’”⑤，正是以“至善”为终极价值诉求，沿着“天人合一”思想的内在理路继续向前推进，显然就会逻辑性地引申出“知行合一”的义理言说，从而再次强化儒家一贯重视的超越而不离现实的人文主义精神，突出“体究践履，实地用功”的道德实践取向⑥，诚如陆象山所说：“吾于践履未能纯一，然才自警策，便与天地相似。”⑦ 可见天地精神与人的德性生命实践行为，二者在儒家学者那里是不可须臾分离的。所以，继“天人合一”命题之后，必然就会有“知行合一”思想的揭出，从而形成“知之真切笃实处，即是行；行之明觉精察处，即是知，知行工夫本不可离”等一整套极富思辨色彩的理论学说⑧，实际就是要人回归自身并承担起对世界的责任，从而在天道性命贯通为一的整体存在境域中更好地躬行实践，否则“人若不去躬行，即讲究得道理十分明白，终是馋口空咽，望程遥度”⑨，既丧失

---

① 王阳明：《传习录上》，《王阳明全集》，第 18 页。
② 陆九渊：《陆九渊集》卷三十五《语录》，第 474 页。
③ 王阳明：《传习录上》，《王阳明全集》，第 25 页。
④ 周敦颐：《通书》，《周敦颐集》，第 75 页。
⑤ 陆九渊：《陆九渊集》卷三十五《语录》，第 474 页。
⑥ 王阳明：《答顾东桥书》，《王阳明全集》，第 41 页。
⑦ 陆九渊：《陆九渊集》卷三十四《语录》，第 411 页。
⑧ 王阳明：《答顾东桥书》，《王阳明全集》，第 42 页。
⑨ 王守仁原著，施邦曜辑评：《阳明先生集要》理学编卷三，第 203 页。

了本真的德性生命，也违背了天地生物成物的精神。

由此可见，从“天人合一”观发展到“知行合一”说，恰恰反映了儒家思想内在发展理路的不断圆融和深化，显示了逻辑与历史某种程度上的合理一致。而形上与形下两个世界互贯互通，当然就离不开儒家学者一贯重视的“尽心”之学。“人者，天地万物之心也；心者，天地万物之主也。心即天，言心则天地万物皆举之矣。”① “人之有心，性即吾心之体也；心之有性，知即吾性之灵也。”② 故尽心之学即为知“性”知“天”之学，也是尽“人”合“天”之学。从良知本体看，“‘先天而天弗违’，天即良知也；‘后天而奉天时’，良知即天也”③。无论“先天”或“后天”、超验或经验，良知与形上超越的“天”均是一体不二的，故良知之学本质上亦为“天人合一”之学。从道德实践活动看，本体即意味着本真，故无论良知或德性之“知”与“行”，都表征着心体的“至善”活动，不能不是生命社会化成长的目的动力指向和价值判断依据，必须以“合一”的存在状态来加以呈现，而决然不可能是分裂或异化的。因而除“天人合一”观断然不能被忽视之外，更有必要强调“知行合一”说的重要。从“明明德”看，“心之德本无不明也，故谓之明德”，则“明明德”实即“致良知”，当然既是本体又是工夫。而无论“致良知”或本体之“知”与“行”，都表征着生命本真存在状态的“善”与“德”，乃是人类社会伦理生活形上与形下合为一体的存在论依据，二者必然也是统一而非分裂的。所以，“天人合一”与“知行合一”说作为两个重要的哲学命题，可说前者为后者提供了本体论的依据，后者则打通了前者必需的实践化向

---

① 王阳明：《答季明德（丙戌）》，《王阳明全集》，第 214 页。

② 蔡汝楠：《叙传习录后》，《王阳明全集》，浙江古籍出版社，2011 年，第 2102 页。

③ 王阳明：《传习录下》，《王阳明全集》，上海古籍出版社，1992 年，第 111 页。

度，二者实相辅相成而颇有融通统贯的哲理妙趣。

但是，立足于现实社会进行观察，仍不能不承认，心之本体“有时而不明者，蔽于私也”①，以致“道大，人自小之；道公，人自私之；道广，人自狭之”②，不仅知与行打成两橛，而且人天关系亦出现断裂。一旦“去其私，无不明矣”，因而“君子之明明德，自明之也，人无所与焉。自昭也者，自去其私欲之蔽而已”③，则生命必然能够通过知行一体的活动方式彰显其应有的价值与意义，而人亦在“天人合一”的实存境界中获得了终极性的生命安顿。所以，人无论遇到任何艰难困苦、任何挫折失败，包括是否出处进退等一切人生价值抉择，都必须守之以正，处之以正，进之以正，退之以正，即作为自己生命行动的原则或主脑的，只能是正知正行而非妄知邪行，这就意味着人与天道至大至公精神的合一，宇宙论与心性论的打通，本体论与主体说的互融。“圣人之道，至公而已矣。或曰：‘何谓也？’曰：‘天地，至公而已矣。’”④ 所以人的良知之知与良知之行，不仅意味着人性因祛除了私欲的遮蔽而愈加熠熠生辉，而且象征着心体因排除了恶习的窒碍而更增创造活力，必然能够展示至大至公的人格风范，当然就能与天地生物育物的本体精神一体不二。

人类社会与“私”相对的“公”的实存生命精神，在中国思想文化看来，本质上也是天地“至诚不息”精神的内在化或在身化。因为“天之命物，于无而使有，于有而使无穷，屈伸相禅而命之者不已。盖无心而化成，无所倚而有所作止，方来不倦，成功不居；是以聪明可以日益，仁义可以日充。虽在人有学问之事，而所以能然者莫非天命

① 王阳明：《五经臆说十三条》，《王阳明全集》，第980页。

② 陆九渊：《陆九渊集》卷三十五《语录》，第448页。

③ 王阳明：《五经臆说十三条》，《王阳明全集》，第980页。

④ 黄宗羲：《宋元学案》卷十一《濂溪学案上》，第494页。

也”①。从“天人之际，合而为一”（《春秋繁露·深察名号》）的视域出发，天的“命物”“生物”既是智慧的象征，更是道德的展现，必然离不开人的体认与自觉。而“言天之自然者，谓之天道。言天之付与万物者，谓之天命”②，与万物不同的是，人不仅承受此天命之性，而且更能自觉此天命之性，表现出高度的主体性与意志决断力。因此，人理当听从天命的召唤，发挥人“性分固有”的潜质，以知行一体不二的生命实践方法，来积极落实天命下贯于人生的责任。而“诚者，天之道也；思诚者，人之道也”（《孟子·离娄上》），人听从天命的召唤本质上即听从良知的召唤，听从良知的召唤则意味着听从至诚真心的召唤，当然就必须如天地一般做到“生生不息”，实即意味着生命创进能力的不断激活。“惟天有不息之命，做人得成其至诚之体；而人能成其至诚之体，则可以受天不息之命”③，具见天与人之所以能做到“合一”，乃是以“至诚之体”为本体论依据，在实践论上得以成立，必然就有“知行合一”命题的开出。

严格地说，“至诚之体”当然也是良知之体，而良知从根本上讲，显然“即是易，其为道也屡迁，变动不居，周流六虚，上下无常，刚柔相易，不可为典要，惟变所适”④，不仅是“知行合一”说的本体论依据，同时也与“天人合一”观妙应契合，无论着眼于形上世界还是形下世界，都构成了创造能力源源不断的活泉。足证“至诚”的精神即为刚毅自强的精神，不仅代表了人的生命的本然真实状态，而且根本就与天地“刚柔相易”的精神契合一致，均为同一活泼创造力量在不同层面上的显现，同时也最大化地凸显了人的主体性精神。只是针

---

① 王夫之：《张子正蒙注》卷九，《船山全书》第12册，第360页。
② 程颢、程颐：《河南程氏遗书》卷十一《师训》，《二程集》，第125页。
③ 王夫之：《张子正蒙注》卷九，《船山全书》第12册，第360页。
④ 王阳明：《传习录下》，《王阳明全集》，第125页。

对现实人生存在着“私欲之蔽”的现象，才有必要强调“明明德”的工夫。而“明明德”的工夫实际即“致良知”的工夫，“致良知”的工夫即心之全体大用豁然彰显的工夫，也是“天道”本体流行发用落实于人的生命的实践化行为。① 如同“天道”因其“虚”而能涵摄一切存在，因其“无”而能创生万有一样，“良知之虚，便是天之太虚；良知之无，便是太虚之无形。日月风雷山川民物，凡有貌象形色，皆在太虚无形中发用流行，未尝作得天的障碍。圣人只是顺其良知之发用，天地万物，俱在我良知的发用流行中，何尝又有一物超于良知之外，能作得障碍？”② 所以，既要尽“人”合“天”，以恢复人性固有的光明本体③，也要“知”“行”不二，以实现实存主体生命存在的完整统一，最终则做到内在心灵秩序与外在宇宙秩序的高度互动及融合，并转化为人生社会和历史文化实践活动的动力资源。

由此可见，依据心性本体而展开的以人间社会为对象的“仁德”“公道”的自觉实践，本质上也是天地不私一物即自然即本体的精神的开显和落实。儒家学者之所以一贯重视“性善”论，即看到了先天固有的人性与“道”的同一，但同时也承认现实的人因各种后天习气的影响所造成的复杂分殊，希望人能借其受之于天的原型善性，最大化地实现人性的潜质和生命的价值。从根本上讲，“人精神千种万般，夫道一而已矣”④。如同自然世界的“器殊而道一”一样，人的世界也是“习殊而性一”的，因而“天人合一”也可看成是“自然法”（天道自

① 参阅张新民：《阳明精粹·哲思探微》，第148~174页。

② 王阳明：《传习录下》，《王阳明全集》，第106页。

③ 王守仁曾强调：“格物，如《孟子》‘大人格君心’之‘格’，是去其心之不正，以全其本体之正。但意念所在，即要去其不正以全其正，即无时无处不是存天理，即是穷理。天理即是‘明德’，穷理即是‘明明德’。”可证“明德”与“天理”一体不二，“明明德”的工夫亦为穷理的工夫，尽人合天即“性”之理与“天”之理的贯通融洽。

④ 陆九渊：《陆九渊集》卷三十五《语录》，第451页。

然）与“人性法”（人性自然）的合一，任何有违于创造发展的不道德的私利行为，都既违背了“天”（天道），也伤害了人（人性）。人间社会的正义和公道，不仅有着人性的合理来源，而且更有天道的神圣依据，实即以“天人合一”的整体性视域为出发点的正义与公道，当然也需要以“知行合一”的实践方式来确保其展开或落实。而“正”即“中”，“中”即体。以“中”为体，则必有“和”之用。故“中也者，天下之大本也；和也者，天下之达道也。致中和，天地位焉，万物育焉”（《礼记·中庸》）。而“圣人之道，仁义中正而已矣……廓之配天地。岂不易简，岂为难知”①，甚至“百姓日用皆中也，常而不怪，直而不曲，故曰中”②。“中和”精神不仅体现了生命的至诚至正至公之境，能够自正性命，直接指向个人的美德，代表了“内圣”之行，而且也展示了宇宙天地的创化力量，表现为仁民爱物的精神，能够促成社会的正义，显示了“外王”之功。所以良知不能不是“正”，不能不是“中”，诚如王阳明所说：“人人自有定盘针，万化根源总在心。”③“良知”与形上超越的“道”一体不二，都是宇宙万物生息不已的共相的终极性创造本源。

因此，从心学视域看，与“天以阳生万物，以阴成万物。生，仁也；成，义也”相应④，良知也是“造化的精灵”，能够“生天生地，成鬼成帝，皆从此出，真是与物无对。人若复得他完完全全，无少亏欠，自不觉手舞足蹈，不知天地间更有何乐可代”⑤。也就是说，无论良知之“知”、本体之“知”、德性之“知”，实际都代表着深刻的本体体验与价值自觉，能够为生命和生活开辟出理想的前进方向；与之

---

① 周敦颐：《通书》，《周敦颐集》，第 68 页。

② 耿定向：《用中说》，《耿定向集》，第 281 页。

③ 王阳明：《咏良知四首示诸生》，《王阳明全集》，第 790 页。

④ 周敦颐：《通书》，《周敦颐集》，第 71 页。

⑤ 王阳明：《传习录下》，《王阳明全集》，第 104 页。

同一本体而展开的则是良知之“行”、本体之“行”、德性之“行”，必然代表了高度的道德实践行为或价值践履方式，可以真实地实现生命和生活不可或缺的价值目的。而“知行合一”作为人的一种存在方式，既是宇宙大化力量流行不已的切身性落实，也是心性本体创造活力充沛发用的实践化展开，适足以说明人的存在与天的精神在究极根源处一体不二。可见“知”与“行”均为本体存在及其发用流行的一体两面，二者“原是两个字说一个工夫”①，决然不能机械二分地切割，否则便会引发生命的病象，造成存在的分裂，导致秩序的紊乱。易言之，无论本体界或实践界，“知”与“行”都必须做到无间无隔的合一，因而也可说是本体与实践的合一、“天”与“人”的合一、个人小生命与宇宙大生命的合一，即知即行、即行即知与即体即用、即用即体的合一。这当然也是孔门“吾道一以贯之”旨趣的再深化和再发挥，最终的目的仍是要将万千分殊的人类社会实践活动纳入与“道”密契一体的秩序化长久运作轨道，不仅承认经验界生命多元实践活动的“并行不悖”，而且强调形上界心同理同本来固有的“道通为一”。前者可称为“一本万殊”，主要指向宇宙生成论；后者则当名为“理一分殊”，往往突出心性体用论。② 所以，尊重人的现实经验及与之相应的礼俗风规的差异性，并非就意味着否定了先验“至善”人性的同一性。无论形上意义的天道流行或人性外显，都必须通过差异或分殊的现象界来不断实现。无论每一个体的个性及才情、爱好如何悬殊，人类最终都有可能在道德精神上成为共同的自由联合体。

通过以上分析，已不难理解，王阳明的良知说本质上即尽“人”

---

① 王阳明：《答友人问（丙戌）》，《王阳明全集》，第 209 页。

② 湛若水曾指出：“所谓‘一本万殊’与‘理一分殊’不同。‘一本’是浑沦大体处，如‘发育峻极’一节；‘万殊’是支分处，如‘三千三百’一节。至于所谓‘理一分殊’，则就吾心体用处说，故有理事之别。”当一并参阅。见湛若水：《湛甘泉先生文集》卷八《新泉问辨录》，第 427 页。

合“天”之学，尽管主要得力于人人都可有的心同理同的生命体验，但也有其先秦儒家思孟一系之远源可以追溯。“子思、孟子合天人以言性命之原，性与命不相离。”① 例如《中庸》便明确指出：“天命之谓性，率性之谓道，修道之谓教。”程子更强调：“只心便是天，尽之便知性，知性便知天，当处便认取，更不可外求。”② 陆象山则认为“人乃天之所生，性乃天之所命”③，“诚以吾一性之外无余理，能尽其性者，虽欲自异于天地，有不可得也”④。王阳明乃在前人基础上大加发挥：“子思性、道、教，皆从本原上说天命。于人则命便谓之性；率性而行则性便谓之道；修道而学，则道便谓之教。率性是诚者事，所谓自诚明谓之性也；修道是诚之者事，所谓自明诚谓之教也。”⑤ 又说：“‘人之为学，求尽乎天而已’。此明德之意，本欲合天人而为一，而未免反离而二之也。人者，天地万物之心也；心者，天地万物之主也。心即天，言心则天地万物皆举之矣，而又亲切简易。故不若言‘人之为学，求尽乎心而已’。”⑥ 具见天命与人生不二，在“天”即为天命，在“人”即为“人性”，“配天塞地，尽性至命”⑦，如同“天”与“道”不二一样，“性”与“道”亦不二，因而率性而行即为“道”。修道的工夫既是率性，也是复性，既有复性之本体的工夫的开出，又不能不是“诚之者事”，也可说“自明诚谓之教”，实际仍为“尽心之学”。“尽心之学”必须有一宇宙论的扎根，必然离不开“天人合一”之学，同时也需要以实践论的工夫来加以落实，当然也有赖于“知行

① 沈曾植撰，钱仲联辑：《海日楼札丛》卷四《力命》，第 155 页。

② 程颢、程颐：《河南程氏遗书》卷二上《二先生语二上》，《二程集》，第 15 页。

③ 陆九渊：《陆九渊集》卷十二《书》，第 161 页。

④ 陆九渊：《陆九渊集》卷三十《程文》，第 347 页。

⑤ 王阳明：《传习录上》，《王阳明全集》，第 37 页。

⑥ 王阳明：《答季明德（丙戌）》，《王阳明全集》，第 214 页。

⑦ 刘宗周：《独箴》，《刘宗周全集》第 4 册，第 345 页。

合一”之学，二者均代表了人生发展的方向，显示了主体精神的重要。只是“尽心之学”较“天人合一”之学更显得“亲切简易”，阳明才更多突出了前者而非后者。而“道见于人谓之性，性者生之本”①，阳明后学如耿定向便认为：“只此方寸之灵便是本自通贯天载，只此一息之气本自充塞两间，陆象山曰：‘虽欲自异于天地不能也。’信然哉！吾侪默而识之，一旦豁然知人不异天，天不离人，则视为天明，听为天听，动为天机，合之为天德。……苟不知人之为天，则耳目形骸虽是人也，实则行尸坐肉已耳，愧于天，怍于人，忝于所生矣。故曰‘思知人，不可不知天’。”② 因此，“尽心”之学即“知性”之学，“知性”之学即“明道”之学，“明道”之学即“知天”之学。“‘尽其心者知其性’。心者，天之具体也。”③ 心的哲学固然离不开其自身固有的多方面的经验形态的功能，但更重要的是必须有一充分的形上超越的义理形态的奠基。阳明固然未放弃他的理学前辈特别是程朱一系所重视的天道观，但更重要的则是继承和发展了先秦儒家主要是思孟一系的心性论。

与“佛家析心为六、七、八三识，道家析心为精、气、神三宝”不同，“儒家止以一心字括之”④，即以“尽心”的方式来“遥契”天道，下贯人道，并以“天人合一”与“知行合一”两个学理命题，开出以人为中心而又涵摄天地万物的人文精神实践方向。因此，“尽心”之学之“心”，作为生命存在的主宰，当最能代表人的主体自觉精神，必然要求人们积极步入刚健有为的社会实践场域，但又必须尽“人”合“天”，依照自己的本真天性对客观世界做出创造性的反应，不能有一丝一毫人生行为上的矫揉造作，不能不符合“人”“天”一体的天

① （题）列圣齐注：《大学证释》，台湾若意出版社，1993年，第17页。
② 耿定向：《知天说》，《耿定向集》，第285页。
③ 王夫之：《思问录》，《船山全书》第12册，第401页。
④ 沈曾植撰，钱仲联辑：《海日楼札丛》卷四《心》，第151页。

道良知大法。而所谓“诚意正心”云云，即要默契妙道，冥会乾元，还原纯粹“至善”之真性，证入形上超越之道体。以良知或致良知统摄“知行合一”之说，则可说良知即心之体，不仅本身就是终极的本体的“至善”，有着形上超越的神圣性来源，反映了“人道”与“天道”的一体，而且表征了人的存在与“性天”相连的本然真实，必然能通过自身的活动来呈现自身，并与一定的对象发生行为反应，从而与整个世界产生经验性的关联，生命从此遂步入“知行合一”的精神实践场域，能够实现身心一体的各种创造活动，成就真实的“善”的生活，乃是一种宗教性的心灵哲学或道德形上学。而“尽心”之学作为一种生命的创造活动之学，当然要强调人性与天道、天德、天理的一体不二，并透过与其相贯相通的良知使人充分自觉地体认，从而实现生命存在的意义与价值。所以，“天人合一”当可解释为“性天不二”，“知行合一”亦可诠释为“性心不二”。

良知在王阳明那里就是“天地之灵”，为人人固有，既有天赋的先验的特征，又能转化为经验的实践的形态，最能代表高度统一的真实人性，体现整全美好的自由心灵，因而也与“天人合一”之“天”相通，可称为天良、天德、天理——良知即天良，良知即天德，良知即天理。宇宙的生成模式或本体架构与心灵的生成模式或本体架构乃是一体的。《传习录》载王阳明与学生的问答：“问：‘先儒谓：鸢飞鱼跃，与必有事焉同一活泼泼地。’先生曰：‘亦是。天地间活泼泼地，无非此理，便是吾良知的流行不息。致良知便是必有事的工夫。’”①可证心灵秩序与宇宙秩序一体不二，天地的活泼创生便是良知的流行发用。“天道之运，无一息之或停；吾心良知之运，亦无一息之或停。良知即天道，谓之‘亦’，则犹二之矣。知良知之运无一息之或停者，

① 王阳明：《传习录下》，《王阳明全集》，第123页。

则知惜阴矣；知惜阴者，则知致其良知矣。”① 珍惜光阴本质上即珍惜生命，为此而发愤忘食，兢兢业业，创进不已，运息不停，则珍惜生命即珍惜人生难得的活泼创造生机，成就人类“人”与“天”合的伟大“至善”秩序建构事业，称其为“致良知”的工夫固然可，称其为尽“人”合“天”的事业亦无不可。而人的一切后天的实践行为，亦即阳明所说的“必有事的工夫”，也可说是“即本体即工夫”的“致良知”行为，当然就是要充分地发挥和实现人性先天固有的善，维护人的存在不可或缺的真性情，并将其活化为实践界的道德行为，点化为人人均可参与其中的文明活动，最终杜绝一切有违天道和人性的虚假、狡诈、丑恶和粗鄙。良知作为心之本体，既是价值的活泉，也是行为的动力，不仅关联着自己的本真德性，而且表征着天地的创生精神，说明天道性命本来相通相贯，显示真实生命本来即有的巨大统一性与创造性。所以，无论社会如何向前发展，我们均有必要透过天、地、人三才的整体结构，寻找人类安身立命的路径和方法②；凭借宇宙论的深广视野，观察或判断社会变革的前进方向；沿着天人和谐一体所提供的价值规范，建构真、善、美合为一体的人间社会秩序。

十分明显，正是由于“尽心”之学的“心”，既是与“性天”合一的本体，又是与“天道”相通的天理，当然可以转化为社会伦理实践生活的“至善”，代表了与天地同一的活泼创进能力，实际已暗含了“天人合一”之学，预设了不假外求的天赋人性的神圣与庄严，揭示了天道性命相通相贯的完整生命存在图景。尤其“致良知”最大化地凸显了道德实践的重大意义，因而既往的“天人合一”说经过阳明的系

---

① 王阳明:《惜阴说（丙戌）》,《王阳明全集》，第 267 页。

② 宋儒赵与沐《岱山书院记》引张栻之言，称“率性立命，知天地而宰万物者也”。可知尽心知性的工夫，不仅关涉人的实践论意义上的安身立命，亦牵连人与天的本体论意义的本来一体，诚可谓“一了一切了”。见陈谷嘉、邓洪波:《中国书院史资料》，浙江教育出版社，1998 年，第 138 页。

统阐发，遂更多具有了心性体验的特征，不能不是始于人又终于人的颇有东方色彩的存在论哲学，当然就与活生生的具体的人发生了密契一体的切身性关联，同时也极大地凸显了人的主体自觉精神。“天人合一”说与“知行合一”说一样，经过阳明的创造性解释和发挥，也成了生成于人、形成于人并向人的实践活动永恒开放的生存与生活的境域性学说，二者都同样是人的“至善”价值能够与天地万物互贯互通的重要哲学命题。

从儒家形上形下一体的整体视域看，无论在人在天、在己在他，万物无一不以生生为道，生生即发展——一种以活泼生命为支撑的存有论的发展。从天的角度看，“‘生生之谓易’，是天之所以为道也。天只是以生为道，继此生理者，即是善也”①。以人的立场言，则“仁之为道，乃天地生物之心，即物而在，情之未发而此体已具，情之既发而其用不穷，诚能体而存之，则众善之源、百行之本，莫不在是”②。如同仁道即天道一样，良知当然也是天道，即天道性命互贯互通合为一体的创造性本体，因而良知既是人类道德生活的源头活水、一切价值活动的心理本源，也是真正的道德主体的存在论根据、伦理实践自主权与主动性的深层心性驱动力。如同“道”包举内外，体用兼该，巨细无遗，否则便难以称其为道体之全一样，“心一也，有指体而言者，寂然不动是也；有指用而言者，感而遂通天下之故是也”③，则心该体用，动静一如，有所兼顾，未发已发共备，也可说良知虽隐匿于内而可显发于外，显发于外却又植根于内，即内即外，即外即内，即体即用，即用即体，内外合一，体用一源，否则亦难以称其为与道体

---

① 程颢、程颐：《河南程氏遗书》卷二上《二先生语二上》，《二程集》，第29页。

② 朱熹：《仁说》，《朱子全书》第23册，上海古籍出版社、安徽教育出版社，2002年，第3280页。

③ 程颢、程颐：《河南程氏粹言》卷一《论道篇》，《二程集》，第1183页。

同一的良知。更重要的是，良知尚能以动机世界与行为世界合为一体的方式，在心与身都同时到场的前提下，具化为人间社会的各种行为美德，体现了创造性的德性力量。良知的“体用不二”或“知行合一”关系，早已决定了道德总是存在于道德的实践之中，道德不具化为各种各样的道德行为或伦理现象，就不能称为真正意义上的道德。良知之“知”不转化为具体的良知之“行”，也不是真正意义上的良知之“知”。人性的光明与行为的美好是不可分割的，二者的相互彰显必须通过具体的实践才能变成可欲的客观现实。①

以良知之“知”与良知之“行”合为一体的“知行合一”说，既要上达天地之道，透悟万物存在之理，又要下贯日用之常，建构人间社会秩序，即以彻底打通本体界与实践界的方式，开启人之所以为人本来即有的德性本体世界，激活人之所以为人必须展开的德性实践活动，召唤生命的创造力量，永葆生命的创进生机，维护人的存在尊严，展示人的存在意义。“知行合一”作为一种良知的即体即用的德行实践活动，不仅要凭借人的具体行为以见“德”，更要通过能够沟通形下与形上两界的“德”来显“道”。“道”为“德”的体，“德”是“道”的用。“道”虽不可言诠，属先天的超验的范畴，却能转化为可以言诠的“德”，化为后天的经验的存在。“道”与“德”的合一，其实也是“先天”与“后天”的合一、“超验”与“经验”的合一、“体”与“用”的合一，即“天”与“人”的合一、“知”与“行”的合一。无论“德”的到场或“道”的开显，都离不开人的创造性生命实践活动，都是人的真实生命活动的展开，最终的目的都是要使“德”真正成为“德”，“道”亦真正成为“道”，无论“德”与“道”都不再是虚悬在本体界之外的空洞漂浮物，而是与人的生命、生活及其具体实

① 参阅张新民：《生命行动的哲学——论王阳明的知行合一说》，《贵州师范大学学报》1997 年第 2 期。

践密切关联的真实存在。这种关联本质上也是天、地、神、人合为一体的创造性力量的关联，因为“道”与“德”无论在人在物都是一种充沛至极的创造性力量，不仅可以天道大化流行的方式，表现为自然的法则与秩序，而且也能以人道潜移默化的方式，显现为生活的原则和途径，本身即相互凝聚和彼此配合的存在资源，同时也是人类社会不断发展完善必须依赖的生命活泉。如果说每一生命个体的“知行合一”存在方式，表征了人格的完善和健全，那么民族集体共同的“知行合一”存在方式，则显示了社会结构的合理与和谐。“道”与“德”作为一种创造性的力量，不仅强化了人的主体活动能力，而且也丰富了社会生活的实践内涵，彰显了人的存在意义与目的论价值。可见良知的自证自知及其自觉实践，不仅关涉人类道义传统的绵延传承，乃是天地无私精神的发扬光大，而且牵连社会创进活力的永不枯竭，当为万物新新顿起活力的自觉实现，不能不是与天地同一流行、同一长久的德性生命与心智伟力的具体显现。

四、生态伦理责任与人伦道德责任的双重承担

“天人合一”与“知行合一”思想作为一种传统文化精神或哲学理念，反映了中华民族长期一贯的整体性致思取向，即“融贯万有，囊括一切，举凡有关实有、存在、生命、价值之丰富性与充实性，相与浃而俱化，悉统摄于一在本质上彼是相因、交融互摄、价值交流之广大和谐系统，而一以贯之”①，其结果则必然将人导向“善”的实践，亦即终极的本体的实践，其既然是“复其天地万物一体之本然”

---

① 方东美：《从历史透视看阳明哲学精义》，《阳明精粹》卷三《名家今论》，第116页。

不可不做的心性觉醒实修工夫①，当然就能活化为人对生态伦理责任与人伦道德责任的自觉承担或主动践履。所谓“宇宙内事是己分内事，己分内事是宇宙内事”②，既是“天人合一”思想的直率表达，不妨视为生态伦理责任的豪迈坦荡宣言，也是“知行合一”学说的隐晦妙喻，体现了德性伦理的精神价值自觉。正是天命下贯于人生所彰显出来的强烈使命感与责任感，才令人有勇于宇宙、天下一肩挑的气魄担当和胸襟抱负。天命的自觉发明与人生责任的主动承担浃然一体，始终都是中国哲学睿智或隐或显谆谆告诫世人的一大思想性标识。③

本体的天能够流行发用并显象为现象的天，现象的天实即形气或自然的天。而人在与形气或自然的天打交道的过程中，最合理的生存方式便是与自然和谐相处，因而“天人合一”作为一种古老的哲学命题，当然便有了极为重要的生态伦理学意义。这是由天道宇宙观通达德性人生观再转为生态伦理学必有的题中之义，前后之间并没有什么生命体验上的障碍阻隔或逻辑推论上的不妥。宋儒张载的“四句教”开首便说“为天地立心”④，既可看成是最能代表儒家思想立场的哲学义理宣言，也可看成是传统中国文化的生态伦理誓词，突出反映了“万物一体”的仁学论思想，明显与西方的人类中心主义大异其趣，乃是“天人合一”说的另一形式的表达。

天地无心而人可以为其“立心”，人心之灵明感应处即为天地万物之发窍处，说明“天人之学重规叠矩，如表之有影，声之有响，一而

---

① 王阳明：《大学问》，《王阳明全集》，第968页。

② 陆九渊：《陆九渊集》卷二十二《杂著》，第273页。标点略有改动。

③ 参阅张新民：《生命成长与境界自由——〈论语〉释读之一》，《孔子研究》1998年第4期。

④ “四句教”全文为：“为天地立心，为生民立道，为去圣继绝学，为万世开太平。”见张载：《近思录拾遗》，《张载集》，第376页。

二，二而一。天道远，人道迩，知人即所以知天”①。“天道”乃是人践履其不可推卸的生命价值及相关责任的终极根据，“人道”则为终极超越的“天道”流行发用不可或缺的重要场域。“天道”“人道”一体圆融贯通，透过现实界的“人道”即能把握超越界的“天道”。如果说人的“天人合一”理念的落实体现了生态伦理责任的主动承担，那么“知行合一”准则的践履便展示了人伦道德责任的自觉承诺。德性伦理与生态伦理能合为浑然之一体，最重要的原因即为其源自心性本体流行发用之自然。而天道性命贯通之“至善”本体，本来即廓然大公，深含中和妙义，为人人所同具。因此，人一方面要做到知人而知天，“质诸鬼神而无疑，知天也；百世以俟圣人而不惑，知人也”（《礼记·中庸》），一方面也要“不怨天，不尤人，下学而上达”（《论语·宪问》），必须上不负天，下不愧地，竭尽全力，承担人生的一切责任。

“下学上达”作为人生的一种价值诉求，当然要求人直入形上本体界，彻悟万物存在之理，了解生命存在的本体之源，促使生命获得广袤深邃的宇宙生成论的力量动因，但又不脱离现实世界的人事努力，必须具足一切可能的经验和知识，承担起社会人生应尽的责任或义务，丰富现实世界各种人文活动必需的价值与意义。沉溺于下学而遗忘上达，是知人而不知天；醉心于上达而舍弃下学，是知天而不知人。二者均为得半失半，不仅丧失了完整的世界，而且割裂了一源的体用，当然就意味着生命活泼机趣的丧失。陆象山言：“道外无事，事外无道。”② 王阳明也说：“事即道，道即事。”③ 均可见传统中国形上与形

① 廖平：《四益馆杂著·天人论》，《廖平全集》第11册，第546页。标点略有改动。

② 陆九渊：《陆九渊集》卷三十四《语录》，第395页。

③ 王阳明：《传习录上》，《王阳明全集》，第10页。

下两个世界是打成一片的，积极从事社会实践的生活热情必然能激起“求道”的价值理想，“求道”的价值理想也必然能唤起积极从事社会实践的生活热情。做人做事与求道证道，当为一体两面之事。反之，“人心有一息之怠，便与天地不相似”①。与“天”合一的“性”必然能够呈现于心的精微灵明处，使蕴含着丰富价值感的生命充满了活泼泼的创进力。因此，时间性、历史性的人永远不会放弃朝向终极性、永恒性的探问与努力，同时也会以“统会合一”的方法如实贞定存在与价值的一体俱融。所以，无论承担生态伦理责任或肩荷人伦道德责任，从中国文化精神的基本立场看，都既是“天命”下贯于人生不可推卸的分内之事，也是人生“下学上达”服从内在绝对道德律令必有的题中之义。

由德性伦理开出的生态伦理责任之所以重要，固然首先在于生态伦理责任有着极为深层的形而上的“性天”根源，但也未尝与人对外部世界的客观认知即所谓“天地者，生之本”（《荀子·礼论》）毫无关系。人与天地的关系，总是以彼此配合的方式，展示出生生不已的全体大用，二者不仅不可分割，而且根本就互为一体。“夫易，天人之合用也。天成乎天，地成乎地，人成乎人，不相易者也。天之所以天，地之所以地，人之所以人，不相离者也。……彻乎天地与人，惟此而已矣。”②“天道”流行发用的自然，当然也包括能够透过心体打通形上与形下两个世界的人性自然，是灵性的有生命的存在，而非机械的无生命的变体，当然就不能不内在本然地具有庄严性与神圣性。

自然乃是聚集了万千复杂变量因素的综合运动体，人只是参与并促使其正常运作的一部分。不断运作的自然当然也是充满创生活力的自然，必然“鬼斧神工”般地表现出令人惊叹的造化奇迹和生物灵性。

---

① 黄宗羲：《明儒学案》卷七《文清薛敬轩先生瑄》，第113页。

② 王夫之：《周易外传》卷五，《船山全书》第1册，第983页。

因此，自然的世界也是天、地、人、神共在的神圣世界，即使理性也无统治、主宰、支配、践踏的权利，因而只能以“参赞化育”的主体行为方式，建立起人与世界万事万物的本质联系，实现人与自然共生共荣的发展目的。主体的人及与之共在的万物的活泼畅遂的生长发育，非简单肤浅的技术力量的刺激增长，更非简单化地将其化约为物质财富的盲目消费，才是严格意义上的衡量进步与否的尺度。只有天地和顺了，鬼神受享了①，百姓乐居了，万民来归了，才谈得上是王道普施了，善政见效了，国家安宁了，天下大治了。② 无论“天人合一”或“知行合一”，最终的价值诉求都指向人类的“至善”。人类“至善”的理想之境的达致尽管尚在遥远的未来，但成功与否却取决于当下人人都可参与其中的生活实践。

从根本上讲，人心至灵而“性”又本来“至善”，既可显现为形上超越的直观睿智，也能形成无限的道德精神力量，因而人类终极的理想的“至善”之境，无论讲太极、讲天道、讲性命、讲阴阳、讲鬼神、讲良知，都离不开当下的“进德修业”（《周易·系辞传》）、当下的“果行育德”（《周易·蒙卦·象》）、当下的“厚德载物”（《周易·坤卦·象》）、当下的“德博而化”（《周易·乾卦·文言》），即任何时候都必须重视现实的人生历史实践。《说文解字》：“圣，通也。”清人段玉裁对其加以训释，则主要出以下三义：“凡心所能通曰圣”；

---

① 如同魂魄为“人身阴阳之灵”一样，鬼神在中国传统文化看来，亦为“天地阴阳之灵”，都显示了天地一刻不息的神奇造化力量，表征了存在的庄严与神圣。

② 陈献章《答林时矩》：“宇宙内更有何事，天自信天，地自信地，吾自信吾；自动自静，自阖自辟，自舒自卷；甲不问乙供，乙不待甲赐；牛自为牛，马自为马；感于此，应于彼，发乎迩，见乎远。故得之者，天地与顺，日月与明，鬼神与福，万民与诚，百世与名，而无一物奸于其间。乌乎，大哉！”亦为“天一合一”思想引入政治领域的生动表达，似应一并参阅。见陈献章：《陈献章集》卷三《书》，第242页。

“明乎天道则曰圣”；“常人所通不缪者亦曰圣”①。可见所谓现实的人生历史实践，当然即意味着心灵的无限开放、心灵的层层超越。而无论心灵的开放或超越，均不仅意味着“至善”人性的“扩充诣极”、个人完美人格的彻底实现，而且标志着天道性命的贯通、人性与天道的合一。故人人均可成圣，亦人人均能因成圣而与天道和合为一。心灵的开放与超越内必“明明德”，入于“至善”之境，外亦当“亲亲而仁民，仁民而爱物”(《孟子·尽心上》)。开放、超越臻至圆融究竟之境，则必有万物一体境界的现前，如张载所说：“乾称父，坤称母；予兹藐焉，乃混然中处。故天地之塞，吾其体；天地之帅，吾其性。民吾同胞，物吾与也。”② 无论人或万物，都离不开乾与坤的相感相生，都是天地生物成物的结果，都必然与充满于宇宙间的创生活力有着内在深刻的一致性。人不但不与自然对立或分裂，反而在原型上与其同源或同构。从究极根源处看，则“既为天地生成，则凡与我同生于天地者，皆同胞也；既同处于天地间，则凡林林而生，蠢蠢而植者，皆吾党与也”③。如同人与人之间的联结应该是兄弟般的道义共同体一样，人与万物的联结也应该是朋友般的命运共同体。这显然是孟子之后“体天地而仁民爱物”精神的发扬光大，既体现了人与人互动“满腔子”同情和尊重的仁爱之情，也展示了人与物交往出于护惜与顾念之心的节制之理，是天地生物成物精神落实于人心的豪迈表达，亦即“尽致中和以位天地、育万物之大用，诚本理之至一者以立言”④。以后王阳明则进一步发挥说：“大人者，以天地万物为一体者也，其视天

---

① 段玉裁：《经韵楼集》卷四《孟子圣之于天道也说》，上海古籍出版社，2008年，第82页。

② 张载：《正蒙》，《张载集》，第62页。

③ 张九成：《横浦集》卷十五《西铭解》，《正蒙合校集释》，第887页。

④ 王夫之：《张子正蒙注》卷九，《船山全书》第12册，第353页。

下犹一家，中国犹一人焉。若夫间形骸而分尔我者，小人矣。”① “大人”与“小人”的一大区别，即在于心灵是开放抑或封闭。从根本上讲，“宇宙不曾限隔人，人自限隔宇宙”②；“人以心应感万物，万物亦感其心”③。妙感妙应即为心的本真至灵之性，不仅足以把握天地宇宙万事万物的因果关系，而且说明只有人才拥有“与天地参”的主体能动精神。人的一切问题都来自自我的自私、麻木、狭隘与封闭，即使“知”与“行”的脱节、矛盾、冲突或分裂也不例外。尽管意义与价值的世界永远都向人敞开，但人心的自私、麻木、狭隘、封闭仍有可能使人失去整个世界。所以，人必须学会突围，冲破一切封闭自我的罗网，焚烧一切束缚自我的荆棘，真正做到“明乎物而不为物所蔽，适于物而不为物所役”④，让自己彻底回归无限宽广的天地，既汲汲于从事“知行合一”的社会生活实践，也遨游于“天人合一”的本体存在境域。

稍有必要分疏的是，王阳明所说的“天地万物为一体”，当属心性实践领域，“天下犹一家，中国犹一人”则属政治实践范围，二者互为一体，本质上即“知行合一”，也可说是“内圣”与“外王”的统一，即诚意正心与治国平天下打成一片的统一。人一旦真能做到如古本《大学》中所说的本体论意义上的“明明德”，必然就会从心性内部自然涌出人间社会的“亲民”关怀，从而在实践论上以“天下一家，中国一人”为价值理想，积极开展各种有利于修齐治平的政治实践活动，当然就能做到“生民之困苦荼毒，孰非疾痛之切于吾身者乎？不知吾身之疾痛，无是非之心者也。是非之心，不虑而知，不学而能，所谓

① 王阳明：《大学问》，《王阳明全集》，第968页。

② 陆九渊：《陆九渊集》卷三十四《语录》，第401页。

③ 刘咸炘：《治史绪论》，《刘咸炘学术论集》文学讲义编，第227页。

④ （题）列圣齐注：《大学证释》，第40页。

良知也。良知之在人心，无间于圣愚，天下古今之所同也。世之君子惟务致其良知，则自能公是非，同好恶，视人犹己，视国犹家，而以天地万物为一体，求天下无治，不可得矣”①。人一旦由“仁民”推至“爱物”，即将社会性的关爱播撒投射至自然界，则必然能做到“凡有形于天地之间者，若动若植，有情无情，莫不有以若其性、遂其宜焉。此儒者之道，所以必至于参天地、赞化育，然后为功用之全，而非有所强于外也”②。人对自然固然不能不有所取用和收获，但更重要的是耕耘与播种。耕耘与播种只是对自然的认知与亲和，决非挑衅与破坏，既是参赞天地之化育，也是实现万物之大用。无论从形上恒常之理或形下变动之现象看，“道则自然生万物，今夫春生夏长了一番，皆是道之生……道则自然生生不息”③。决定万物本身存在权利的，固然离不开其外显的生态功用，更重要的则是其内具的生命价值，这必然与主体的人的认知活动发生关联。自然养育了人，人当然要礼敬自然；人脱离了自然，自然则会显得枯燥无味。人与自然生而又生、互动不已的和谐相处，当然即“至善”的伦理致思取向必有的价值诉求。人在自然界林林总总庞大因果关系的大网中，最能以“至善”的主体性来维护一切生命的存在权利。无论“天人合一”或“知行合一”，人所要主动自觉地承担起来的，不仅有人伦道德方面的关怀，同时也有生态伦理方面的责任。“上下本末内外，都是一理也，方是道。”④ 只有两重伦理责任一肩挑，真正做到上下内外一并打通，才算是尽到了人生应尽的本分与义务。

---

① 王阳明：《答聂文蔚》，《王阳明全集》，第 79 页。

② 朱熹：《西铭解》，《朱子全书》第 13 册，第 142 页。

③ 程颢、程颐：《河南程氏遗书》卷十五《伊川先生语一》，《二程集》，第 149 页。标点略有改动。

④ 程颢、程颐：《河南程氏遗书》卷一《二先生语一》，《二程集》，第 3 页。标点略有改动。

人的一切人伦道德实践活动与生态伦理实践活动，从根源深处讲，都必须以天地所提供的充满了创生活力的场域为基本前提，因而人的一切人事努力与进步发展，本质上都是与“天道”配合的一种价值实践活动，即“一阴一阳之谓道，继之者善也，成之者性也”（《周易·系辞上》）的以“人”合“天”的实践活动，既开拓出向内由“心”知“性”入“道”的人生自我完善之路，也创辟出向外成人成物、化育不已的社会公共互助空间。①“天人合一”的价值诉求必然指向“知行合一”，“知行合一”的实践路径亦必然通往“天人合一”。所谓“合一”当然也是本体论意义上的“合一”。黄宗羲所谓“工夫所至即是本体”②，便清楚地点明了尽人合天的存在可能。而“明明德”之事亦即“亲民”与“止于至善”之事，不“止于至善”即在生命发展的方向上未能达致终极性的境域。内在的心性觉悟必转化为外在的成人成物的实践工夫。而“诚”之一字固然足以贯通天道与人道，但中心枢纽仍在人而非天，因而“立诚”即在生命根源深处还原“人”与“天”的合一，必然就能将其转化为人生历史“知”与“行”的统一，否则便难免堕入欺己欺人欺天的自我异化境地，成为天、地、神、人意义与价值共在场域的自行疏离对象，既导致了“体”与“用”的殊绝悬隔，也破坏了人与自然共有的活泼创化生机。人类道德实践的场域，首先不能脱离广大的人伦世界，但也未尝不可推至浩瀚的天地宇宙，理当“以尊德性为宗”，“先立乎其大，而后天之所以与我者，不为小者所夺。夫苟本体不明，而徒致功于外

---

① 戴震《读易系辞论性》称：“一阴一阳，盖言天地之化不已也，道也。一阴一阳，其生生乎，其生生而条理乎，以是见天地之顺，故曰‘一阴一阳之谓道’。生生，仁也，未有生生而不条理者。”文中之说本此。见戴震：《东原文集》卷八，《戴震全书》第 6 册，第 348 页。

② 参阅冯契：《论黄宗羲的“工夫所至即是本体”说》，《浙江学刊》1985 年第 2 期。

索，是无源之水也”[①]。

“天人合一”之学表面容易，实则甚难，而要将其转变为人生“知行合一”的实践方式，尤为难中之难。陆象山说得好：“人为学甚难，天覆地载，春生夏长，秋敛冬肃，俱此理。人居其间，要灵识此理，如何解得。”[②] 因此，人首先应该在内在人格生命上有所挺立，以“天人合一”的方式守住自己的本真天性，然后积极从事一切有价值的创造实践活动——包括为内在深层价值感驱动并有助于实现行为目的的知性探求实践，以“知行合一”的方式维护生命存在应有的真实，不仅营造出真、善、美合为一体的人文天地，而且在自然的人化与人的自然化的实践活动中永葆创造性的青春与活力。“太极生生之理，妙用无息，而常体不易”[③]，只有在宇宙观、人生观、本体论、实践论上全面撑开生命应有的价值和意义，人类在天地之间的安身立命才不会是一句漂亮的空话。而人能够在心性本体及社会实践中做到与天“合一”，即说明了人并非茫茫宇宙无根的孤单的存在。人只有以“知行合一”的方式回归自己生命中本有的“性天”，即真正做到“天”与“人”及“知”与“行”的完整统一，才能在茫茫无际的宇宙境遇之中，彻底改变孤单寂寞和碎片化的命运，不再产生无归宿的漂泊感和盲目感，不再困惑于无意义的反常感与无价值的冷漠感[④]，从而展现出世界与人和谐共在的完整美好生存图景，为已经“祛魅”的世界“再

---

① 黄宗羲：《宋元学案》卷五十八《象山学案》“宗羲案”引陆九渊语，第1885页。

② 陆九渊：《陆九渊集》卷三十五《语录》，第450页。按，引文末三句，原文断作“人居其间要灵，识此理如何解得”。考《陆九渊集》中，“灵识”与“智识”均独立成词，则“灵识”一词，岂能分属上下句读？讹误太甚，当据以更改。

③ 王阳明：《答陆原静书》，《王阳明全集》，第64页。

④ 参阅冯钢：《马克斯·韦伯：文明与精神》，杭州大学出版社，1999年，第12页。

复魅"①，为已经"失灵"的生命"再复灵"，重构具有人文取向的知识体系与世界体系，再造能够"藏焉、修焉、息焉、游焉"（《礼记·学记》）的诗意家园。人与自然的和谐化良性互动，既有必要重视人对"道"的体认与把握，也不能不关注环境对人的影响和陶冶，归纳起来仍不外乎"心"与"物"的互涉与互涵，必以人与自然的"䜣合和畅，原无间隔"为根本价值诉求②。前人岂不早就有言："稽合同，异别是与非者，地不如人；陶钧气质，渐润心灵者，人不若地。学者察此，可以有意于居矣。"③ 古典的"天人合一"观与"知行合一"说通过创造性的再诠释，也能以其深刻丰富的哲理义涵焕发出现代性的崭新意义。

---

① 参阅［美］伊曼纽尔·沃勒斯坦：《否思社会科学——19世纪范式的局限》，生活·读书·新知三联书店，2008年，第87页。

② 王阳明：《与黄勉之》，《王阳明全集》，第194页。

③ 徐锴：《陈氏书堂记》，《徐铉集校注》附《徐锴集》，中华书局，2016年，第850页。标点略有改动。

第三章：周敦颐思想中隐含的“天人合一”义理旨趣

——纪念周敦颐诞辰一千周年[①]

传统中国“天人合一”的理念，虽至宋儒张载始正式提出，但先秦春秋战国“轴心时代”的各家各派，均无不托“天”以立说，事实上都展开了各种或隐或显的讨论，从而反映了中国文化传统一贯特有的思想言说发展方向。[②] 其中最值得注意者，即孔子“大哉尧之为君也！巍巍乎！唯天为大，唯尧则之”“天生德于予”“天之将丧斯文也”等一类说法，显然已蕴含着“天人合一”的思想，可视为宋儒相关学说的早期发端。[③] 稍后《郭店楚墓竹简》明确提出的“性自命出，命自天降”[④]，则更进一步深化了人的存在与终极超越的“天道”的内在关联。孟子一再强调：“尽其心者知其性也，知其性则知天矣。”“万物皆备于我矣，反身而诚，乐莫大焉。”也足以说明，由孔子而至孟子，不仅超越价值的内在生命体验取向已愈加突出，而且“天人合一”的哲学命题也呼之欲出。无论就心性论或天道论而言，孟子都有不少

---

① 原载《船山学刊》2017 年第 6 期；人大复印报刊资料《中国哲学》2018 年第 2 期全文转载。

② 参阅张新民：《试论先秦儒家的“天人合一”思想》，《儒学的历史叙述与当代重构》，第 29~47 页。

③ 参阅刘述先：《论孔子思想中隐涵的“天人合一”一贯之道》，《刘述先自选集》，第 221~244 页；张新民：《生命成长与境界自由——〈论语〉释读之一》，《孔子研究》1998 年第 4 期。

④ 荆门市博物馆编：《郭店楚墓竹简》，第 59、179 页。

创造性的阐释或发挥，尤其将“性”“命”“天”联系在一起而强调“立命”的重要，认为人的心性中已包含了万物之理，则可说孔子与他一前一后，都充分地肯定了人的主体地位的重要，但又都将人的存在的价值之源上溯至形上超越的“天”，从而开创了中国文化即存在即超越的人文主义发展方向。无怪乎陆象山要大加称道：“夫子以仁发明斯道，其言浑无罅缝。孟子十字打开，更无隐遁，盖时不同也。”① 而汉代董仲舒的“天人感应”说，似亦为“天人合一”说的另一种表达形式。② 他所谓“天亦有喜怒之气，哀乐之心，与人相副，以类合之，天人一也”（《春秋繁露·阴阳义》），则“天”不仅在情感意志上与“人”一样，是有喜怒哀乐之情的，而且更在存在的本原上同“人”一样，是可归属为一类的。所以，“人”与“天”非特不隔阂或互不相关，反而本来一体并息息相通，实已形成了“天人合一”说的早期模式。这一模式尽管缺乏心性论的哲理奠基，较少人有道德自觉心的点醒或“提撕”，也难免有一种以灾异附会人事的神秘主义色彩，但由于更多突出了以阴阳五行等一系列范畴建构起来的有机宇宙论思想，仍表现出一种特有的恢宏阔大的精神气象，而与汉代大一统王朝文化的声威气势相契应。

由两汉而延至北宋，中国文化再度进入了复兴先秦儒学——孔孟之教的重要历史时期。其中最突出者，即北宋五子（周敦颐、邵雍、张载、二程）通过《论语》《孟子》《大学》《中庸》《易传》等一系列儒家经典的再诠释与再发挥，均在形上学与宇宙论方面展开了各种不同向度的思想言说，形成了较为系统和颇有哲理思辨特征的“天人合一”思想，同时也为儒学的发展注入了新的时代气息、赋予了新的

---

① 陆九渊：《陆九渊集》卷三十四《语录》，第 398 页。

② 参阅汤一介：《“天人合一”学说及其意义》，《汤一介哲学精华编》，北京联合出版公司，2016 年，第 452~463 页。

生命内容。与之相关的评价或看法历来颇多，或可以谢无量之说为代表，不妨具引如下：

> 中国哲学，当以宋代为极盛。盖古之儒者，讲修齐治平之道，或详于人事，而略于宇宙之本原，宋儒始明人性与宇宙之关系，立理气心性之说，不仅教人以实践，且进而推求其原理，故有以立其大本，而教义益密，至是乃有性理之学，然亦时势有以致之。①

“宇宙本原”的问题，先秦两汉儒者虽未必就毫无涉及，但的确至宋儒始愈加邃密化和系统化，并与人的内在心性联系在一起，结合主体道德精神的自觉和实践，展开了各种各样饶有意趣的学理化讨论，在“心”“性”“理”“气”等一系列问题上贡献殊多，显示了儒家正统理论实具有其他世俗学说所不具备的宗教意涵，形成了与西方文化明显有别的内向超越的性格特征，同时也有效地阻挡了世界的“脱魅”化进程。北宋五子若论其理学成就，可说是各放光芒异彩，然如言开创之功，则不能不首推周敦颐。周子（1017—1073），字茂叔，号濂溪，谥元公，在北宋五子中，虽“著书最少，而诸儒辨论则惟周子之书最多”②，乃是儒学发展史上必须时刻面对的重要历史人物。其中评价最高者，甚至认为他的“书不足五千言，却是儒学复兴史上第一要籍”③，影响不能不说是既深且远。故历来推其为理学之开山，亦少见学者有异议。④

---

① 谢无量：《中国哲学史》，应急管理出版社，2022 年，第 309 页。

② 永瑢等：《四库全书总目》卷九十三，中华书局，1965 年，第 792 页。

③ 韦政通：《中国思想史》下册，上海书店出版社，2003 年，第 733 页。

④ 周敦颐对二程、朱子影响之大，殆不必多言，即对后来晚出之阳明，影响亦颇为深厚。阳明尝自谓：“某幼不问学，陷溺于邪僻者二十年，而始究心于老、释。赖天之灵，因有所觉，始乃沿周、程之说求之，而若有得焉。”即可见他之所以由释、道两家转入儒学正途，实多受周子及二程之启发。足证周子影响之既深且大，可谓影响了整个宋明理学发展。阳明之说见王阳明：《别湛甘泉序（壬申）》，《王阳明全集》，第 231 页。

作为宋代理学的早期创辟人物①，周敦颐不仅独辟蹊径，历史性地开辟了一条援道入儒以重建儒家形上学及宇宙论思想体系的道路②，打通了“人道”与“天道”的固有内在联系，而且也力图解决价值与存在的统一及人的德性如何可能的问题，希望引导现实社会朝着更加秩序化的合理方向发展，从而实现安身立命的终极价值与人生意义。伊川所谓“圣人本天，释氏本心”③，无论自觉或不自觉，实已道出与天道观有关的形上学和有机宇宙论在北宋儒者心目中的地位、分量，遂不能不以此作为区分儒佛两家思想立场的一大衡量标志，突出地反映了儒家学者要将天理或天道落实于人间社会的价值维度和实践路径。④可见无论天道观或宇宙论，都是北宋儒家哲学讨论的重要问题，而开风气之先的人物，自然首推周敦颐。

然而严格地说，宋儒重“天”，未必就完全轻“心”，治心与治世打成一片，始终都是他们努力的一大方向，只是彻底建立心性论以统摄天道观，仍要经陆象山到王阳明才能最终完成。但如果追本溯源，则可说周敦颐的思想中已内含着极为深刻的“天人合一”意蕴，目的则是一方面要通过天道宇宙观来肯定自然世界的存在，一方面又要凭借道德形上学来肯定政治文化世界的存在，希望能够以尽“人”合

---

① 康有为称“周子是创学之人，非守学之人”，当为公允持平之论。见康有为：《康南海先生讲学记》，《康有为全集》第 2 集，中国人民大学出版社，2007 年，第 111 页

② 宋明儒学代表人物之立说，尽管均坚持儒家价值立场，但仍多受释、道两家影响，难免显得“博杂”。周敦颐之援道入儒，即为其中一例，惜限于篇幅，暂无从展开讨论。参阅方东美：《中国哲学之通性与特点》，《方东美全集》，台湾黎明文化公司，2005 年，第 149~150 页。

③ 程颢、程颐：《河南程氏遗书》卷二十一下《附师说后》，《二程集》，第 274 页。

④ 参阅张新民：《儒释之间：唐宋时期中国哲学思想的发展特征——以儒学的佛化与佛教的儒化为中心》，《文史哲》2016 年第 6 期。

“天”的方式重建儒家久晦未彰的道统。这就决定了他无疑是上承孔孟①、下启程朱的重要历史性人物，诚如黄百家所说：“孔、孟而后，汉儒止有传经之学，性道微言之绝久矣。元公崛起，二程嗣之，又复横渠诸大儒辈出，圣学大昌。故安定、徂徕卓乎有儒者之矩范，然仅可谓有开之必先。若论阐发心性义理之精微，端数元公之破暗也。”②

周敦颐曾“作《太极图》，究万物之终始，作《通书》，明孔孟之本源，有功于学者甚大，而其他诗文亦多精粹深密，有光风霁月之概”③。可见他既怀抱强烈的哲学形上学探求兴趣，又自觉地以发皇孔孟道统为己任，二者相互配合，贡献发明甚多，实代表了宋明理学发展的早期方向。其中尤宜注意者，他曾盛赞“道德高厚，教化无穷，实与天地参而四时同，其惟孔子乎！”④ 可见他已自觉隐含在孔子思想中“天人合一”的基本精神诉求，并力图通过对形上学及宇宙生成论等诸多理论问题的阐发，将儒家的理想人格提升至与“天道”相配的至高境界，高扬了“人道”应与“天道”统一的儒家人文精神，明显具有“天人合一”的宇宙本体论言说取向。而自宋儒揭出“天人合一”之旨以后，历代学者讨论颇多，贡献发明亦不少，然追本溯源，仍可说滥觞于先秦，大盛于宋明，遂形成了极为系统的天道观与心性

---

① 周敦颐上承孔孟之说，或因其思想羼杂道家成分颇多，今人或有不以为然者。但前人以周子接续孔孟道统之说者，可谓屡见，例如王阳明便有言云：“颜子没而圣人之学亡。曾子唯一贯之旨传之孟轲，终又二千余年而周、程续。”具见其上承孔、孟之说，实乃前人之历史性共识，不可因今人之异议而随意更改。阳明之说见王阳明：《别湛甘泉序（壬申）》，《王阳明全集》，第230页。

② 黄宗羲：《宋元学案》卷十一《濂溪学案上》“黄百家案语”，第482页。

③ 《周元公集·提要》，文渊阁《四库全书》本。按，检读《四库全书总目》卷一五三“《周元公集》”条，未见上引文字内容，或馆臣乃出于汉学立场偏见，遂在提要结集时径将其删去。又文中之《太极图》当作《太极图说》，盖《太极图》乃得自道教，《图说》则为周子新撰，二者既有联系又有区别。

④ 周敦颐：《通书》，《周敦颐集》，第83页。

论，反映了中国哲学思想始终有着丰富的宗教意蕴，决非其他任何肤浅的俗世学说能够比况。其中周敦颐承上启下之功，尤为显得重要；惜其“天人合一”思想，历来少见学者论及，故乃钩稽各种史料，逐层述之如下。

一、人在宇宙生成论中的自我定位

周敦颐在《太极图说》中，以宇宙生成作为形上本体流行发用的基础，阐发了由无极而太极，亦即从宇宙化生万物到人的生成，乃至于圣人在天地中以“中正仁义”挺立自我生命，达至“主静立人极”的即本体即实践的最高境界。而“道即太极，太极即道。以通行而言则曰道，以极致而言则曰极，以不杂而言则曰一，夫岂有二耶？”① 因此，从“太极”到“人极”，实即从“天道”到“人道”，“人”“天”关系遂得以浃然贯通，人不再是宇宙天地间孤荒的存在，宇宙生成论及形上思想的最终落脚点依然离不开人，反映出明显的“天人合一”价值言说取向。兹具引《太极图说》的说法如下：

> 无极而太极。太极动而生阳，动极而静；静而生阴，静极复动。一动一静，互为其根；分阴分阳，两仪立焉。阳变阴合，而生水、火、木、金、土。五气顺布，四时行焉。五行，一阴阳也。阴阳，一太极也。太极，本无极也。五行之生也，各一其性。无极之真，二五之精，妙合而凝。乾道成男，坤道成女，二气交感，化生万物。万物生生，而变化无穷焉。惟人也，得其秀而最灵。

---

① 曹端：《太极图说述解》序，《曹端集》卷一，中华书局，2003 年，第 2 页。

> 形既生矣，神发知矣，五性感动而善恶分，万事出矣。圣人定之以中正仁义而主静，立人极焉。故圣人与天地合其德，日月合其明，四时合其序，鬼神合其吉凶。君子修之吉，小人悖之凶。故曰："立天之道，曰阴与阳；立地之道，曰柔与刚；立人之道，曰仁与义。"又曰："原始反终，故知死生之说。"大哉易也，斯其至矣！①

"太极"之名，当本于《易·系辞》，而周子所谓"太极者，如屋之有极，天之有极，到这里更没去处，理之极至者也"②。周敦颐以"无极"为原型本源，或者说从"无极而太极"出发，分析宇宙自身及天地万物的生成、变化、发展过程，以"生生"为根本原则，建立了一整套天人相贯互通的解释模式。

在周敦颐看来，宇宙的生成是从"无"开始的，"上天之载，无声无臭，而实造化之枢纽，品汇之根柢"③。"无"超越一切对待，既是大全又是无限，不能界定亦难以界定，体现了宇宙混沌不分、潜藏无尽能量的原质，总是具有生生化化的必然性和普遍性。由"无"而"有"，实即由"无极"而"太极"。④"有"与"无"并非相互否定，而是彼此化合，构成一体，创生万物。"无极"也是满含着无限势能的

① 周敦颐：《太极图说》，《周敦颐集》，第5~8页。

② 黎靖德编：《朱子语类》卷九十四《太极图说》，第2133页。

③ 周敦颐：《太极图说》晦庵解义，《周敦颐集》，第5页。

④ "太极"之前立一"无极"，显然与道家以"无"为本之形上学颇为相近，故陆九渊曾批评周敦颐非"儒"而为"道"。正是针对陆氏之说，朱熹尝有回应称："伏羲作《易》，自一画以下，文王演《易》，自'乾元'以下，皆未尝言太极也，而孔子言之。孔子赞《易》，自太极以下，未尝言无极也，而周子言之。夫先圣后圣，岂不同条而共贯哉？若于此有以灼然实见太极之真体，则知不言者不为少而言之者不为多矣，何至若此之纷纷哉？"当一并参阅，知所根据。朱说见朱熹：《答陆子静》，《朱子全书》第21册，第1567页。

隐蔽性存有，能够以“天命流行”的方式表现为“太极”，所以，“无极”较之“太极”更具有先在性，“太极”较之“无极”则有展开性。“无极”与“太极”只是一体之两面，决然不可区分为两物。将“无极”置前以说明或凸显“太极”，只是强调其自身即为自发性的动力和自然而然的主宰。所以，所谓“先在性”与“展开性”，亦只是存在之状态而非逻辑之关系。如同“无”中能生“有”一样，“无极”亦能转化为“太极”，而“无极”与“太极”，本质上仍为一体。故“太极之妙不属有无，不落方体”①，更“非是别为一物，即阴阳而在阴阳，即五行而在五行，即万物而在万物，只是一个理而已”②。如果说“无极”是隐蔽着的秩序结构或原型的本体的话，那么“太极”则为有待显象的秩序结构或必将展开的本体，即所谓“太极者，象数未形而其理已具之称，形器已具而其理无朕之目”③。故“‘无极’表‘超越义’（即本体‘超越’现象界），而太极则表‘创生义’（即本体又创生现象界）”④，前者可以是纯粹形上的“理”，后者则是必须凭借经验的形下的“气”。但“无极”与“太极”一体，“理”与“气”亦不可二分，它们尽管均为一体之两面，却同时兼有了“超越”与“创生”的两重含义。因而由“无极”而展开的“太极”，亦不可能脱离“生生”的宇宙根本法则，必然充满了原初的活泼生命劲气，能够产生阳与阴，可以区分为动和静，而无论阴阳或动静，都为“无极”或“太极”总摄。

与董仲舒“天地之气，合而为一，分为阴阳，判为四时，列为五行”（《春秋繁露·五行相生》）的说法类似，在周敦颐看来，即使

---

① 朱熹：《答陆子静》，《朱子全书》第21册，第1568页。

② 黎靖德编：《朱子语类》卷九十四《太极图说》，第2130页。

③ 曹端：《太极图说述解》序，《曹端集》卷一，第1页。

④ 劳思光：《新编中国哲学史》第三卷上，广西师范大学出版社，2005年，第72页。

“太极”所展开后内含的阴阳或动静，亦都既有“理”又有“气”，二者虽有区分，又合为一体，能够交感，互为其根，不能不是万物产生的基础或源泉。进而言之，则可以凭借生生化化的方式，产生水、火、木、金、土五行，最终则由“五气顺布，四时行焉”，以及“在天成象，在地成形，变化见矣”（《周易·系辞上》），形成生息不已、变化无穷的现象世界。也就是说，宇宙生成秩序的具体节律化运作，必须凭借理气交相融合必然展现的力量动因，通过阴阳、五行、四时等一系列过程，才能产生“万物生生而变化无穷”的现象，并按照其不同的性质、类别、功用等，形成林林总总复杂万千的客观事物。但如果逆溯其形而上的宇宙论根源，则都是“无极”而“太极”的展开，是本体既超越又创生，最终显现为形形色色的现象世界的必然性结果。

从“无极”而“太极”，从“太极”到“阴阳”，再从“阴阳”到“五行”，从“五行”到“四时”，从“四时”到“万物”，既有时间系列中的运动，也有空间系列中的展开，一个现象的变化总会引起另一个现象的变化，而“太极”则在其中涵盖一切变化，说明任何变化都不可能脱离宇宙时空一体的整体性结构。如果略去上述变化可能存在的一些中间细节，便不难看到，周敦颐的有机宇宙论解释模式，乃是有不断生成和变化的实体的宇宙变化现象为其内涵来加以适当观察和判断，当然也与“生生之谓易”（《周易·系辞上》）的《大易》精神契合一致，可以从中抽象出无所不在的活泼生命创化力量来加以肯定与总结。这当然便是“化育流行”，是万物“各正性命”的生物成物过程，可见“太极生生之理，妙用无息，而常体不易”①。这既是充满了生机或创化活力的大全式整体，又可展开或落实于具体的个别的万事万物之中。无论天地万物如何生成变化，现象界的事物如何纷纭复杂，都无不为“太极”总摄，也归本于尚未分化的“太极”，因

① 王阳明：《答陆原静书》，《王阳明全集》，第64页。

而也可说“本只是一太极，而万物各有禀受，又自各全具一太极尔。如月在天，只一而已”①。从万物生化创进的视域出发，穷根究底地追溯其形而上的来源，则可说万物无一不以“太极”为体，“太极”又以“无极”为体，超越性离不开创生性，创生性寄寓于超越性，“无极”而“太极”乃是宇宙天地及万事万物的总源头。所谓“五行”“四时”等，虽各有其性，然都来源于原型的“太极”，归本于更本源的“无极”，也就是周敦颐所强调的“无极之真，二五之精”。可见他讨论万物生成变化的过程，主要植根于总摄一切的超越性形上创生本体，实有一宏大的有机宇宙论结构解释学背景。②

万物的创化演进过程尽管极为复杂，但万变不离其宗，都可溯源至形而上的“无极”本源，都为形上的本体世界即所谓“隐蔽的序”决定。“隐蔽的序”决非意味着世界之外尚别有一创造万物的人格化主宰，而只是强调本体世界虽无形而实有其生化不已之原理。因而由“无极”而“太极”所要突出的正是造化流行之体的展开，都不能不以“生生”为其存在的根本原则，具有“形生”“神发”的无限妙用，能够外化为形下的现象世界，即所谓“显象的序”。因此，也可说“莫知其所以然而然，是即所谓理也，所谓太极也。以其不紊而言，则谓之理；以其极至而言，则谓之太极。识得此理，则知‘一阴一阳’即是‘万物不贰’也”③。具体而言，即“性为之主，而阴阳五行为之经纬错综，又各以类聚而成形，则天下无性外之物，而性无不在焉”④。

---

① 黎靖德编：《朱子语类》卷九十四《通书》，第 2165 页。

② 康有为认为周子“‘二五之精妙合而凝’数语……有非诸儒能轻易说出者”，即可见后人对其说评价之高。见康有为：《康南海先生讲学记》，《康有为全集》第 2 集，第 111 页。

③ 黄梨洲：《太极图讲义》，《宋元学案》卷十二《濂溪学案下》，第 499 页。

④ 曹端：《太极图说述解》，《曹端集》卷一，第 15 页。按，原书标点断句有误，已据文意厘定改动。

“显象的序”既有形又有理，当然就能表现为万事万物的自然秩序规则，同时也透过人性固有的理性秩序原则，显象为可观察的和经验的伦理生活秩序。

“万物生生而变化无穷”，作为宇宙生存论的“第一序”，当称为“天叙”或“天秩”①，或者说“生之者皆太极焉”②，必然在最本源的深处决定或影响着人的生存和生活方式，因为天地之间“惟人也得其秀而最灵”；而人之所以“最灵”，则是人既有“形”又有“神”，能够做到神变形合，感而互通，可以“发动”为与“性灵”有关的觉知，表现为实存主体的实践行为。正如程子所言：“天地之间，感应而已，尚复何事？”③ 何况“天地万物与人原是一体，其发窍之最精处，是人心一点灵明”④，必然能够“心会太极体用之全，妙（应）太极动静之机”⑤。因此，尽管周敦颐主要关注宇宙论，而较少涉及心性论，或许淡化了人的主体性，但从他的哲学形上学视域出发，仍可见人与天地万物同处一大生命系统，不仅在宇宙生成论上本来一体同源，甚至相互之间亦有必须共同遵守的本体论原则。尤为重要的是，人作为能够开创生活世界的行为主体，当然能够自觉认识形上道体与自身生命存在的不可分割，可以积极主动地建构价值与伦理的人文教化世界，存有与价值遂因主体的活动获得了统一，本体论与道德论亦因此而产生了深刻的关联，形上世界与形下世界浃然打成一片，即所谓“定之

---

① 《河南程氏遗书》卷二十一下《附师说后》云：“书言天叙，天秩。天有是理，圣人循而行之，所谓道也。”文中之“天叙”“天秩”本此。见《二程集》，第274页。

② 曹端：《太极图说述解》序，《曹端集》卷一，第1页。

③ 程颢、程颐：《河南程氏粹言》卷二《天地》，《二程集》，第1226页。

④ 王阳明：《传习录下》，《王阳明全集》，第107页。

⑤ 曹端：《太极图说述解》序，《曹端集》卷一，第2页。

以中正仁义，而主静立人极焉”①。“中”既是本体又是方法，不仅体现了至善的人性，能够上契形上超越的天道，同时也可转化为生命的实践性行为，开出道德经验的世界。而“中”即“正”，“正”即“中”，“中”与“正”不仅可以互训，而且根本就是一体。因而由“中”的本体发出的道德实践行为，必然是“正”而不“偏”，能够实现德性生命固有的仁义价值，达致“人道”与“天道”一体不二的终极性价值目标。以此为衡量标准，一切人间社会的纲常伦理秩序，都必须以符合宇宙生化创进的基本原则为前提，以贯穿于天地宇宙与人伦实践的“中正”精神为价值发展方向，成为有本体可据或准则可寻的发而中节的“活”的生活秩序。所以，“立人之道曰仁与义”，也就成了与天地创进精神相配合、有着深刻的形上本体论根源、与人的存在方式密不可分的第二序原则，而与第一序的“天叙”“天秩”适相契应，当称为“人叙”“人秩”，体现了“天道”“天理”落实于人间社会的秩序化价值基础，蕴含着人与真实的世界和谐相处的目的诉求。

周敦颐言“天”而不离“人”，言“人”亦必联系“天”，“天道”与“人道”不可须臾分离，第一序的“自然法”和第二序的“人文法”也不能相互区隔。因而人要在天地之间为自己定位，看到“立天之道曰阴与阳，立地之道曰柔与刚，立人之道曰仁与义”的相通性与一致性，即认识到尽管存在着天、地、人“三才之别，而于其中，又各有体用之分焉，其实则一太极也”②。既然人与天地万物都无不统归于整体而大全的终极性“太极”，作为有主体自觉精神的人，当然就应该做到“与天地合其德，与日月合其明，与四时合其序，与鬼神合

① 朱熹解释“中正仁义”之“中正”二字，以为“中者，礼之极；正者，智之体”；又认为“中正尤亲切，中是礼之得宜处，正是智之正当处”。当一并参阅。见黎靖德编：《朱子语类》卷九十四《太极图说》，第2140页。

② 曹端：《太极图说述解》，《曹端集》卷一，第19页。

其吉凶，先天而天弗违，后天而奉天时，天且弗违，而况于人乎？况于鬼神乎？”（《周易·乾卦·文言传》）。这明显是一种以“人”合“天”的哲学思想分析进路，如同孟子所说：“夫仁，天之尊爵也，人之安宅也。”前提是人必须以仁义为根本，首先在道德形上学上有所立根，然后才可能在宇宙论上与天道契应一致，缺少了“仁”便意味着背离了“人”与“天”一体不二的统一性基础。更直接地说，即“人类万物，其始同一本原”，而“人类所以为万物中最灵秀者，以其独禀仁义礼智信五性，故能异于他动物，此亦性善存于先天之说”①。至于“原始反终，故知死生之说”云云，则可以明代大儒曹端之诗为解：“阴阳二气聚时生，到底阴阳散时死。生死阴阳聚散为，古今造化只如此。”② 造化流行不已，何尝有一刻休息？而人既能“反本归元”，亦必能把握生死大法。故“《太极图》首尾相因，脉络贯通，首言阴阳变化之原，其后即以人所禀受明之”，最后“至圣人定之以中正仁义，而主静立人极焉，则又有以得乎太极之全体，而与天地混合而无间矣”③。换成现代的表述，即“前半是纯正哲学，后半是实践哲学；前半形而上，后半形而下。然形上形下，一以贯之，非分为二截也”④，不能不说是突出地反映了“天人合一”的一贯思想。

毫无疑问，周敦颐主要继承和发挥了《易传》及《中庸》的思想，建构了他的有机宇宙论哲学思想形态。从“无极”到“太极”，再到“人极”，他不仅建立起了其相互之间的关联性，为道德论赋予了强烈的有机宇宙论色彩，突出了人类伦理社会生活及其行为规范与天地万物大化流行的一体不二，而且还以“立人极”的方式直下贞定了现实世界人的建构活动的重要，表现出一种与佛教否定世俗人伦生活

---

① 谢无量：《中国哲学史》，第 318 页。

② 曹端：《太极图说述解》，《曹端集》卷一，第 22 页。

③ 黎靖德编：《朱子语类》卷九十四《太极图说》，第 2144 页。

④ 谢无量：《中国哲学史》，第 318 页。

迥然不同的人生态度，展示了孔孟之后儒学再度由晦而彰、即将蓬勃发展的生命新气象。正是在这一意义脉络下，当然可以说“《太极图》只是一个实理，一以贯之”①。而由“天道”下贯为“人道”，“天理”亦必落实于“人伦”，无论“人道”或“人伦”，都自有其宇宙本体论的来源和基础。即使个体化的人也在究极根源处与宇宙万物是一个整体，就创造的潜力而言则必与天地生物成物之理同构。周敦颐的形上学与有机宇宙论所要建立的，仍是一个与“理”相合的“道义”的世界。他所要建构的人间秩序固然是人伦道德化的秩序，但也未尝不是在宇宙整体秩序中定位的充满了创造活力的秩序，尽管人间秩序的建构活动除了寻找“天道”的超验的形上根源外，尚有必要进一步开拓与人性有关的经验的主体性基础。而《太极图说》一书，后人考镜学术源流，甚至视其为“道学之本源”，评价不可谓不高，揆之宋明理学发展的实际，亦未必不符合历史的客观事实。先秦儒学正是首先经过他创造性的再解读和再发挥，遂一改上千年的沉寂而成为宋明理学的源头活水。

二、“理”“性”“命”三者的互贯与互通

《太极图说》特别拈出“太极”为说，如论周子的中心思想旨趣，仍不能不以“太极”为其中之“实理”，乃是宋代以来多数学者的共识。例如，陆象山便明白指出：“太极者，实有是理，圣人从而发明之耳，非以空言立论，使后人簸弄于颊舌纸笔之间也。”② 明儒曹端也认为：“太极，理之别名耳。天道之立，实理所为。理学之源，实天所出。”“微周子启千载不传之秘，则孰知太极之为理而非气也哉？且理

---

① 黎靖德编：《朱子语类》卷九十四《太极图说》，第2125页。

② 陆九渊：《陆九渊集》卷二《书》，第23页。

语不能显，默不能隐，固非图之可形，说之可状，只心会之何如耳。"①"天"在周敦颐这里既是形而上的本体，又是一切价值的总源头。"理"亦为与一切存在及其生生不息的运作活动合为一体的"活理"，而非脱离一切存在的纯粹抽象或形式化了的"死理"。"死理"固然可以孤悬于空中，完全不食人间烟火，"活理"则必然内具于人性之中，能够转化为人的道德实践。宇宙是有机的而非机械的，生命也是有机的而非机械的。人只有回归生生不已的"天道"，才能激起"人""天"一体的德性生命活力。整个宋代理学活动既重视形上超越的"天道"或"天理"，又关注人类社会及其道德实践活动的"伦秩"或"伦理"，从哲学本体论的层面进行分析，显然都无不将世间价值的终极源头溯至与"天道""天理""天德"有关的形上本体；而从历史发展的层面观察，又往往受到了《太极图说》以"实理"贯通人天关系深刻而久远的影响。宋明理学建立了一个庞大系统的"理"世界，其发端应始于周子"天道""人道"一理贯通之说。

与《太极图说》主要通过宇宙生成论表达了"天人合一"的思想略有不同，《通书·理性命》则以"一"与"多"辩证统一的方式，阐述了万物一体的理论主张。前人称"先生学由天授，道得心传，而力行尤笃，其妙具于《太极图》，是心造化之妙，手造化之真，而《通书》之言，亦口此图之蕴者。程先生兄弟之语性命，亦未尝不因其说"②。可见《通书》（原名《易通》）撰作的目的，"皆是发明《太极》，书虽不多，而统纪已尽"③。尽管前者较多关注立身行事的修养工夫，后者的重点则为形上学与宇宙生成论④，但二者之间仍存在内在

① 曹端：《太极图说述解》序，《曹端集》卷一，第1、2页。

② 曹端：《太极图说述解》，《曹端集》卷一，第4页。

③ 黎靖德编：《朱子语类》九十三《孔孟周程张子》引汪端明语，第2119页。

④ 参阅韦政通：《中国思想史》下册，第735页。

关联性，似不可轻易加以否定。故不妨试看《通书》的具体相关说法：

> 厥彰厥微，匪灵弗莹。刚善刚恶，柔亦如之，中焉止矣。二气五行，化生万物。五殊二实，二本则一。是万为一，一实万分。万一各正，小大有定。①

上引文字，实涉及“理”“性”“命”等多方面，亦构成宋明儒者建构理学思想的中心范畴，而以朱熹的综合系统阐发最畅，但沿波讨源仍当溯至周子。

从“理”上看，“道”固然有显有隐，但如果离开了人的至灵本心，当然便无从了然察照。同样，“万物皆有理，若不知穷理，如梦过一生”②。如同万物之生必有其“性”一样，万物之成也莫不有“理”。万物既是“性”之展开必有的现象，也是“理”之落实必有的结果。“理”与“性”不可分割，二者依然是一体之两面，正如理与太极浃然一体、不可分割一样。“理”固然即为纯粹的善性，但仍有大小精粗之分，反映在人事中，例如忠孝仁义等不能不有各种伦理行为，都有赖于“人心太极之至灵”的自觉行为，才能确保其既在“气”中又不受“气”的干扰，并通过“气”的形态多样的运动，以动静合一的方式如实地呈现，实现“理”与“性”一体不二的生命实践活动，达致道德实践的理想化终极目标。

就“气质之性”而言，与“天命之性”本属形上“至善”之境，具有先天本然的合理性，乃是人之所以为人的本质规定性，能够转化为道德实践源源滚滚不断的内在动力不同，形下之“气”尽管为人后天禀受，但既然有阴有阳，有动有静，则必然影响人的存在状态，从

---

① 周敦颐：《通书》，《周敦颐集》，第 76 页。

② 张载：《张子语录》中，《张载集》，第 321 页。

而产生“气质”方面的差异，出现人性本源固有之理“过”与“不及”的偏失，产生善与恶的对立或区分，引发如何涵养本源之性以变化气质、不断回归本体真实并提升生命境界、时刻防范偏离人性本源以致丧失自我主宰能力的问题。① 例如，朱子后来便有所发挥地说：“智愚贤不肖是其所禀之气有清浊美恶之不同也。”② 前引《太极图说》也提到“五性感动而善恶分”，明显是讲人的特殊具体的“才性”或“气质之性”，而非普遍抽象意义上的“本性”③，但仍可见周敦颐的宇宙论与价值论是相通的，只是价值的标准离开了人便无从体现。因此，他又特别强调“圣人立教，俾人自易其恶，自至其中而止矣”④，亦即“以仁义中正教导众人，使各复其善”⑤。这样才能做到“刚柔皆善，有严毅慈顺之德，而无强梁懦弱之病”⑥。于是人的存在价值与形上的“天道”遂得以浃然相贯相通；人与天地乃至于更原初的“太极”亦合为不断创化演进的一体。而立足于天、地、人三才的角度，则可说“人道”的仁与义，较之“天道”的阴与阳、“地道”的柔与刚，其相互之间也有着极为对应的存在关系，内含了宇宙生成论的深层根源，可称三位一体或一体三位，因而必须以“人”合“天”，才能德配天地。

---

① “性善论”主要始于先秦时期的孟子，以后宋儒阐发愈加深邃细密，而以张载率先区分“天命之性”与“气质之性”，最有功于儒门。周敦颐虽未明确提出“气质之性”的概念，然比对张载的“大凡宽褊者是所禀之气也，气者自万物散殊时各有所得之气，习者自胎胞中以至于婴孩时皆是习也。……是人之性虽同，气则有异。天下无两物一般，是以不同”之语，可说其受到周敦颐的启发而进一步发挥之。张载之说见张载：《张子语录》下，《张载集》，第329~330页。

② 朱熹：《答李晦叔》，《朱子全书》第23册，第3014页。

③ 参阅劳思光：《新编中国哲学史》第三卷上，第84页。

④ 周敦颐：《通书》，《周敦颐集》，第69页。

⑤ 谢无量：《中国哲学史》，第318页。

⑥ 周敦颐：《通书》所附朱熹注语，《周敦颐集》，第69页。

依据“命”立论，则“太极”既是生化的本源，当然就能显现为“二气五行”的展开形态，通过细缊交感的方式来生化万物。周敦颐既说“太极”，同时又说“中焉止矣”，而“极者，中也”①，可证“中焉止矣”也可以“太极”释之。因此，“太极”既然有“实理”，“人性”亦必然有“实理”，得“天道”与“人性”相通相贯之“正”，本质上即得“中”，既得“中”则必然得其“理”，同时就意味着与“太极”生生化化之妙用合成了一体，从而展现了“人”“天”一体的完整性生命大全，表现出无限活泼的创化生机力量。而“二气五行，天之所以赋受万物而生之者也”，凡天之所授，即可称之为“命”。可见，“命”不仅与“性”构成了一体两面的渗入关系，而且更反映了万物总是受到“性”的先天牵引或限制的复杂分殊存在方式，故“自其末以缘本，则五行之异本二气之实”；“二气之实，又本理之极”②。所谓“五殊二实”云云，不过强调“分而言之有五，总而言之只是阴阳”。之所以下一“分”字，亦非“割成片去，只如月映万川相似”③。因此，“阴阳是气，是分殊原则；太极是理，是统一原则”④。分殊原则实即个体化原则，只能是“多”；统一原则亦可称为整体性原则，必然是“一”。“一”“多”关系也是整体化与个体化互融互摄、一体不二的关系。所以，一理能够化为二气，二气可以化为万殊，即所谓“二气五行刚柔万殊，圣人所由惟一理，人须要复其初”⑤；反过来，“二气之实，又本理之极”⑥，“穷至于物理，则渐久后天下之物皆能穷，

---

① 陆九渊:《陆九渊集》卷二《书》，第 23 页。

② 曹端:《通书述解》卷下《理性命第二十二》，《曹端集》卷二，第 76 页。

③ 黎靖德编:《朱子语类》卷九十四《通书》，第 2164 页。

④ 刘述先著，景海峰编:《理一分殊》，第 2 页。

⑤ 程颢、程颐:《河南程氏遗书》卷六《二先生语六》，《二程集》，第 83 页。

⑥ 曹端:《通书述解》卷下《理性命第二十二》，《曹端集》卷二，第 76 页。

只是一理"①。阴阳交感，必然"气化流行，生生不息"②，但如果追溯其终极性的形上本体根源，则仍不能不为充满了实理的"太极"涵摄。

在周敦颐的形上学与宇宙生成论的义理系统中，"一"即"太极"，"太极"即"一"，均指能够流行发用的形上"天道"本体。故《通书》"中焉止矣。二气五行，化生万物，五殊二实，二本则一"云云，诚如陆象山所说，凡其"曰一，曰中，即太极也"③，则"太极"之"极"亦可释为"中"，本身即为涵盖两端的整体或大全，如《中庸》所谓"致中和，天地位焉，万物育焉"，显然也代表了天地间无处不在的创化力量，同时也是万物蓬勃生长的终极性原因，体现了最高的立体的平衡与和谐的"天道"化育原则。终极性的形上道体固然只能是"一"，却能开显为现象界形形色色的"多"，反映了本体（太极）与现象（万事万物）之间实具有不即不离的密契关系。所以，不仅"人"与"天"可以合一，而且"价值"与"存在"亦能互融，甚至"理""性""命"三者，究其终极性的本源，也无不互贯互通。易言之，即"理也，性也，命也，三者未尝有异。穷理则尽性，尽性则知天命矣。天命犹天道也，以其用而言之则谓之命，命者造化之谓也"④。人的生命创造实践活动与"天道"的大化流行本质上是一体的。人与其他动物的不同，即在能自觉此"天命"，并依此"天命"主动进行实践，以"参赞化育"的方式实现人及万物各自应有的生命价值，从而真正做到"人"与"天"的本体论意义上的合一。具见"理""性""命"三者之所以能合为一体，仍不能不以人的道德实践

---

① 程颢、程颐：《河南程氏遗书》卷十五《伊川先生语一》，《二程集》，第144页。

② 戴震：《孟子字义疏证》，中华书局，1982年，第29页。

③ 陆九渊：《陆九渊集》卷二《书》，第22页。

④ 程颢、程颐：《河南程氏遗书》卷二十一下《附师说后》，《二程集》，第274页。

活动为必要前提。[①] 只有凭借长久而真实的道德自觉实践活动，人才能重返或永葆其充满了活泼创进生机的本真天性，从而通过“中焉止矣”的实存生命境域，实现“人性”与“天道”一体不二的贯通性本然联结，避免可能出现的“理”自是“理”、“性”自是“性”、“命”自是“命”，这样不仅“天”与“人”完全不能互贯互通，而且生命价值的实现亦难逃压抑或窒息所造成的异化危机。

通过以上分析，我们已不难知道，“太极”与现象界林林总总的事物的关系，实乃“是万为一，一实万分”即“一”“多”不二的关系。如果从“末”溯源至“本”，则可说是“五行之异，本二气之实，二气之实，又本一理之极。是合万物而言之，为一太极而已也”。现象界林林总总的事物无疑是万变不齐的，所同者只能是源自“太极”（天道）的充满活泼创化生命劲气的生生不息之理。与此相反，如果从“本”推考至“末”，则又可说“一理之实，而万物分之以为体。故万物之中，各有一太极，而小大之物，莫不各有一定之分”[②]，“太极”（天道）本来固有的生生不息之理，必然也内存在一切林林总总的分殊事物之中，表现为万千分殊的活泼畅性的生长发育方式。形上统一的“天道”本体总是以创化或成就万千差异性事物的方式来开显式地隐蔽自身存在，差异性的事物则总是以共同的生生不息之理来隐蔽式地开显形上统一的“天道”本体的存在。显象的绝对的差异性正蕴含着隐蔽的绝对的统一性。因此，一方面固然应该透过万事万物看到其形上

---

① 明儒邓元锡认为：“圣人之学，惟至于尽性至命，天下国家者，皆吾性命之物，修齐治平者，皆吾尽性至命中之事也。不求以经世，而经世之业成焉，以为主于经世，则有意矣。”邓氏将儒家性命之学与道德实践活动的关联推到了极致，然考察其前后源流仍可溯至周敦颐，从中不仅能够了解儒学道德形上学的深刻意蕴，而且更可一窥儒释两家价值立场的分际。邓说见黄宗羲：《明儒学案》卷二十四，第566页。

② 周敦颐：《通书》所附朱熹注，《周敦颐集》，第76页。

本源的巨大一致性，了解任何事物都不能自外于宇宙生息运化不已的总体性大法，另一方面亦有必要凭借共同的形上本源来把握万事万物的分殊性，承认万事万物差异性存在的客观与合理。形上世界的“理一”与形下世界的“分殊”，二者同样不能区隔为互不关涉的两橛。

“太极”与现象界万事万物的存在论关系，显然也是由普遍到特殊，即宇宙及内在于其中的形上本体，经过一系列的发生学过程，形成了“万物并育”的分殊世界，必然具有“一”与“多”互摄互涵、一体不二的辩证关系。周敦颐的“一实万分，万一各正”，明显便是“理一分殊处”①，前引朱子“月映万川”之说，便已很好地说明了这一点。② 可证“理一分殊”命题虽至程颐始正式被提出③，但实已为周敦颐的义理脉络预先蕴含。如果进一步分析，则可看到以《通书》文本为讨论对象，针对“一本万殊”之说是否会引申出“太极有分裂”的难题，朱子又特别强调：“本只是一太极，而万物各有禀受，又自各全具一太极尔。如月在天，只一而已；及散在江湖，则随处而见，不可谓月已分也。”④ “太极”既是总摄一切的整体性“大全”，又是贯通天下的“一理”，因而任何“分殊”都不可能是脱离“大全”的孤立的存在或有违“一理”的毫无根据的荒谬他物。“天高地下，万物散殊”，“流而不息，合同而化”（《礼记·乐记》），同一性决不能消解为差异性，差异性也不能化约为同一性。万物无不存在个体特殊之客观

---

① 黎靖德编：《朱子语类》卷九十四《通书》，第 2164 页；曹端：《通书述解》卷下《理性命第二十二》，《曹端集》卷二，第 77 页。

② 刘述先认为“月印万川，恰正是‘理一分殊’的写照”，其说颇为允洽，当一并参阅。详见刘述先著，景海峰编：《理一分殊》，第 2 页。

③ 程颐《答杨时论西铭书》：“《西铭》明理一而分殊，墨氏则二本而无分。分殊之蔽，私胜而失仁；无分之罪，兼爱而无义。分立而推理一，以止私胜之流，仁之方也。”“理一分殊”之最早揭出，即始于此。见程颢、程颐：《二程集》，第 609 页。

④ 黎靖德编：《朱子语类》卷九十四《通书》，第 2165 页。

差异性，但又无不有着可以会通之统一形上本体。世界的丰富性固然必须透过多姿多彩的差异性才能显现，但宇宙天地及万事万物必有的统一性所造成的秩序感也总是令人惊叹和称奇！只有将具体的现象的“分殊”与超越的抽象的“理一”置入必要的张力结构中，才能更好地把握宇宙天地及万事万物体用一源的合理存在方式。而“人人有一太极，物物有一太极”①，小中有大，大中有小，一即无量，无量即一，一切存在都无不有存在的意义。“太极”固然是一切创化力量的总体源头，但也非高高凌驾于一切事物之上的人格化主宰，而是内含或寄寓于一切事物，同时又统摄或超越一切事物的存在。即使人也必须扎根在宇宙天地的整体秩序结构之中，如周子所说以“中正仁义”即“立人极”的方式，上达形上终极的“太极”本体，始终与同一超越的生生不已的“天道”保持和谐一致，才能将充盈于宇宙天地间的创化力量转化为人自身的创进力量，实现“成己”“成物”的全体生命大用及其价值意义。② 从无限超越的终极性“天道”视域看，即使唐虞事业“亦犹一点浮云过于太虚”③。

三、“天道”与“圣德”一体而不二

从“天人合一”的形上学与宇宙生成论思想出发，无论宇宙的创化运作力量或人的德性生命实践活动，在周敦颐看来都是同一超越本体涵盖之下的“活泼”流行发用。“圣德”与“天道”一样都内含着“生”的大义，本体论与价值论不能人为地切割区分而视为毫无关涉的封闭的两物。充满了活泼创化力量的天地万物，同样是价值与意义盎

① 黎靖德编：《朱子语类》卷九十四《太极图说》，第 2130 页。

② 关于“理一分殊”现代意义方面的讨论，可参阅刘述先：《“理一分殊”的规约原则与道德伦理重建之方向》，《刘述先自选集》，第 504~523 页。

③ 程颢、程颐：《河南程氏粹言》卷二《圣贤》，《二程集》，第 1229 页。

然充沛的世界。人只有最大化地扩大自己仁民爱物之心，才能做到德行浩浩然堪配天地。而天、地、人三者同为一“道”之说，《通书·顺化第十一》也有极为清晰的阐发：

> 天以阳生万物，以阴成万物。生，仁也；成，义也。故圣人在上，以仁育万物，以义正万民。天道行而万物顺，圣德修而万民化。大顺大化，不见其迹，莫知其然之谓神。故天下之众，本在一人。道岂远乎哉！术岂多乎哉！①

周敦颐以“圣德”比配“天道”，实有先秦儒学的渊源可以追溯。因为早在春秋时期，孔子便强调：“不怨天，不尤人，下学而上达，知我者其天乎！”下学的工夫不能不以通达超越性的“天”为究竟，以“人”与“天”的契合默应为根本前提，人一切所作所为均俯仰无愧于天地，才谈得上超越的“天”对自己有所了解。人的德性生命实践及其救赎使命与“天”的沉默召唤及其暗中关注，二者在本质上是一致的。②“《易》以天道而切人事，《春秋》以人事而协天道”③，更开出了“天道”与“人事”不可二分的思想发展方向，突出了儒家精神传统一贯固有的超越性宗教特征。周子直承先秦儒家精神传统，以为“天”的“生物”之道即为“仁”，“成物”之道便是“义”。“阴阳”与“仁义”，尽管一为“气”的观念，一属“道”的范畴，但立足于“天人一体”的立场，仍可说“阴阳无二气，仁义无二道，道气无二

① 周敦颐：《通书·顺化第十一》，《周敦颐集》，第71页。

② 参阅狄百瑞（William Theodore Bary）之说。见林毓生：《热烈与冷静》，上海文艺出版社，1998年，第226页。

③ 章学诚：《文史通义》卷一《易教下》，《文史通义校注》，中华书局，1985年，第20页。

机，只是一个消长而已”①；作为整体的有机的宇宙大化流行生命的共同组成要素，其相互之间未必就没有生息消长的契合默应关系。天地无所不在的神奇“生物”“成物”的创化力量，显然即内化在人的本真天性或灵性生命之中，因而也可说“天、地、圣人，其道一也”②。而“人心”之所以能彰显“天心”，亦在于人并没有从宇宙中异化出来，人的存在根本就不能与“道”疏离。人性本来即蕴含着无限超越的精神力量，人心也充满着与道德判断活力有关的天然的仁与义。③ 因此，“立仁义”既是孔门“下学上达”的重要实践工夫，也是与“天”契合默应必需的人生修行途径，不仅有裨于人们了解或把握充塞于天地宇宙间的“道”的价值，而且能直下彰显和展示生命存在本来即有的意义。

依据宏阔的形上学及有机宇宙论的观察立场，从而讨论或分析仁、义、礼、智等价值的重要性，显然并非始于周敦颐。早在西汉时期，董仲舒便已明白指出：“天覆育万物，既化而生之，有养而成之，事功无已，终而复始，举凡归之以奉人。”因此，从根本上讲，“仁”既在“天”又不离“人”，“仁之美者在于天。天，仁也”，“察于天之意，无穷极之仁也。人之受命于天也，取仁于天而仁也”（《春秋繁露·王道通三》）。这显然是将“天”道德理想化的一种做法，目的在于打通“人”与“天”的存在论关系，为俗世伦理寻找神圣的形上超越来源。周敦颐尽管不像董仲舒那样过多地将“天”人格化，但同样认为本体论与价值论可以合为一体，尽管依然是董氏之说的再发挥，却增加了哲理化的意趣和内涵。正是从“天人合一”的学术理路出发，周敦颐

---

① 曹端：《通书述解》卷上《顺化第十一》，《曹端集》卷二，第54页。

② 周敦颐：《通书》所附朱熹注，《周敦颐集》，第71页。

③ 牟宗三认为“宇宙秩序即是道德秩序，道德秩序即是宇宙秩序”。其说亦当一并参考。见氏著：《心体与性体》上册，上海古籍出版社，1999年，第32页。

才认为“圣人在上”，应肩负伦理责任，真正做到参天地而赞化育。也就是说，真正有价值关怀的“圣人”，不仅要“以仁育万物”，更要“以义正万民”。前者可说是“以所得天地生物之心而曰仁者，养万物而使之无不遂其生”；后者则当理解为“以所得天地成物之心而曰义者，正万民而使之无不得其正”①。无论“仁”或“义”都有“天”的形上本源的合法性与正当性，这正是宋儒从形上学与宇宙论衍生出来的价值信仰。决不怀疑人性中即蕴藏着形上超越的内涵，经由人的德性生命的实践活动必可臻至“圣境”，自孔孟之后再由周敦颐率先重新奠定其立论的大根大本，明显蕴含着极为深刻的“天人合一”理论言说向度。②

尤要者，周敦颐所强调的“以仁育万物，以义正万民”之说，实际还意味着“人间”俗世秩序与“天道”自然秩序之间有着不可分割的同源一体的关系。从“人”“天”一体的角度看，宇宙天地及万事万物都是充满了价值与意义的存在，人不仅可以凭借自己的努力发现其价值与意义，从中获得强大的精神动力资源，更重要的是还要将此价值与意义落实于人间社会，以求建构合乎“天道”大法的合理政治文化秩序。因此，无论立足于“天道”本体或“人伦”秩序，均鼓励俗世存在的人类能够做到“下学上达”，希望他们投身于各种行“仁”践“义”的道德实践活动，以实现“天命”下贯于人生必有的生命托付和终极价值。

正是依据超越的“天道”引发出来的俗世关怀，周敦颐才特别强调“天道”与“圣德”一体而不二——“仁义”在天即为“道”，不能不有客体的一面；在人则为“德”，显然又有主体的另一面。客体与

---

① 曹端：《通书述解》卷上《顺化第十一》，《曹端集》卷二，第54页。

② 梁启超认为：“董子所谓天，即周子所谓太极。”虽未点出周子思想中蕴含着的“天人合一”之道，但也看到了周子与董子暗合相通之处。当一并参阅。见梁启超：《儒家哲学》，上海人民出版社，2009年，第108页。

主体本来可以互融互摄。因此，“天道”超越的价值与意义就内含于人的生命之中，完全能够转化为人的主动自觉的德性生命实践行为。天地“生物”“成物”之心，实际也离不开人的精神价值的自觉。所以，从客体存在方面看，就应该努力发现“天道行而万物顺”的意义与价值；就主体行为方面讲，则又应该主动自觉地从事“圣德修而万民化”的人间行为实践。无论天道的“大顺”或圣人的“大化”，都一本其固有的超越精神，既“不待征于色、发于声”，又“莫知其所以然之妙”①，尽管难见其“迹”，但又足可尽其“神”。充盈于天地万物之中的造化力量，无论任何时候都令人称奇和赞叹！

天地既然是人的仿效对象，因而“天道”的“行仁义”与“圣人”的“修仁义”，虽一表现为“万物顺”，一指向“万民化”，行为现象的展开似乎略有所不同，但形上本体的根源却无二致，完全可以“立人极”的方式，做到尽“人事”以合“天道”。可见“万民化”作为一种涉及人间秩序的建构活动，本质上也与“万物顺”的自然演进秩序一体。尤其是从周敦颐的理想价值图景出发，“圣人”之德既然以“天道”为根据，“圣人”当然就肩负了不可推卸的伦理教化责任，理应凭借其德行修养高居“君师”之位，以求在人天关系上实现“人道”与“天道”的合一。而秩序治理责任要由“君主”来主动承担，则是因为其为权力结构的核心要害，不能不说天下之大本在于君，君正则意味着天下参与秩序建构的人无一不正。正君的根本在正心，心为人人同具，道亦为人人同具，故云“道岂远乎哉”；但心如何正，离开了人的道德自律便谈不上正心，吃紧处仍在心体固有的仁义，故云“术岂多乎哉”。足证周敦颐的“政治论”，“仍本其形而上学以推之，天地圣人，其揆一也”。其中尤宜注意者，即“儒家以德治，故必以圣人强理天下，与法家之法治主义而不上贤者不同。宋儒之从政，莫不

① 曹端：《通书述解》卷上《顺化第十一》，《曹端集》卷二，第55页。

以正心诚意致其君者，亦儒教之本义然也”①。正是从这一理路脉络出发，他又特别强调“纯心”在国家治理问题上的重要：

> 十室之邑，人人提耳而教且不及，况天下之广，兆民之众哉！曰，纯其心而已矣。仁、义、礼、智四者，动静、言貌、视听无违之谓纯。心纯则贤才辅。贤才辅则天下治。纯心要矣，用贤急焉。②

十分明显，周敦颐不仅要将本体论与价值论打通，从而强化人的道德实践，更重要的是还要将道德实践扩大至政治场域，以实现儒家一贯持守的“德化”理想。而政治场域一旦“绳之”以严格的道德理想精神，即意味着其与天道下贯所显现出来的价值的不可二分。③ 其中最重要者仍为居上位如何自正其心，否则不仅会导致价值的缺位或流失，而且会使权力世界变质和恶化，同时也会造成天下国家的紊乱与失序、黎民百姓的遭殃和受苦，产生“人道”与“天道”脱节疏离而严重异化的恶果。④ 朱熹以为“仁、义、礼、智”乃“五行之德”，“动静”为“阴阳之用”，“言貌、视听”则应属“五行之事”⑤，显然也是立足于“人道”与“天道”不可二分而发论。⑥ 而“纯者，不杂

① 谢无量：《中国哲学史》，第 321 页。

② 周敦颐：《通书》，《周敦颐集》，第 71 页。

③ 参阅张新民：《道、学、政三统分合视域下的古今道统之辩——对刘泽华先生批评文章的反批评》，《儒学的返本与开新》，贵州人民出版社，2021 年，第 382~431 页。

④ 黄百家称“《通书》，周子传道之书也”，可见“道”亦为《通书》的重要中心范畴，必然要将其引入政治场域，以规范权力秩序的运作。黄说见《宋元学案》卷十一《濂溪学案上》，第 482 页。

⑤ 周敦颐：《通书》附朱熹注，《周敦颐集》，第 71 页。

⑥ 参阅张新民：《朱子“去恶全善”思想的本体论与工夫论》，《孔子研究》2002 年第 4 期。

之谓。心谓人君之心。言君天下而欲兆民一于善，只在纯一人之心而止矣”①。“心纯”即意味着“心正”，内含人的主体自律精神，也是开发或彰显形上至善之人性，以“立人极”的方式来契应“天道”的一种方式。从儒家政治哲学的立场讲，则可说“治道之要，在乎君心。纯其心，斯成大顺大化。法天为治也”②。易言之，“人君”要率先自正其心，则意味着心总是拥有主宰性的自觉能力和决断能力，不纯心便有可能丢失妙感应物的正确可靠性或丢失做出合理价值判断的主体性，甚至心与“性”或天理的固有关联亦难免遭到切断，更重要的是儒家从来都认为政治的合法性基础来源于形上的“天道”，不纯心则价值与政治必然打成两橛，德化天下就远离了政治行为必需的正当性，同时也象征着丧失了形上“天道”的合法性。因而“正君心”在以周子为代表的儒家学者看来便是“正天下”，是从权力发生的行为源头来建构秩序的一种有效路径或方法。

或许正是有鉴于此，周敦颐又一本《礼记·中庸》之说，极力强调“诚”在本体论与工夫论两方面的重要性。从他的理路脉络看，“诚”本身即有“纯粹至善”即存在即超越的品性：“诚者，圣人之本。‘大哉乾元，万物资始’，诚之源也。‘乾道变化，各正性命’，诚斯立焉。”③“诚”在天便是“天命”之流行，在人则为“至善”之真性。从形而上或宇宙论的角度看，也可说“诚即所谓太极”，“与《太极》相表里”④，既是形上超越的本体，又是一切价值的来源。因而完全可以据此推论：“圣，诚而已矣。诚，五常之本，百行之源也。……故曰一日克己复礼，天下归仁焉。”⑤“诚”不仅为形而上的本体，能够

---

① 曹端：《通书述解》卷上《治第十二》，《曹端集》卷二，第56页。

② 黄宗羲：《宋元学案》卷十一《濂溪学案上》“黄百家案语”，第488页。

③ 周敦颐：《通书》，《周敦颐集》，第64页。

④ 曹端：《通书述解》卷上《诚上第一》，《曹端集》卷二，第28页。

⑤ 周敦颐：《通书》，《周敦颐集》，第65~66页。

构成以“善”为中心的道德形上学，而且也是宇宙万物以“真”为中心的最高存在形式，可以依体起用而流行不已，同时更是人生不可或缺的“善”“真”一体的德性践履工夫，足以助人契入殊胜无比的最高至善理境。当然也可说，“诚”作为一种本体与工夫不二的重要法门，从“人”与“天”一体的视域进行观察，最终仍要落实到现实世界与人的实践活动有关的“物格而知至，知至而意诚，意诚而心正，修身而家齐国治天下平”①。足证“诚”不仅本身即为本体论意义上的至善人性，而且更是宇宙万物存在论意义上的本真来源，也是俗世政治伦理生活及与之相关的行为准则，本身即有形上学与宇宙论的正当性和合法性。可见周敦颐固然重视超越的天道，但未必就完全不讲“心”。而“诚之一字，统天道人道，诚为宇宙之原则，伦理之大本。阴阳交错，万物流行，其中莫不有诚焉。圣人之所以为圣人者，亦能全此诚而已”②。无论“纯心”或“正心”，显然都难以离开“诚”字。“诚”既关涉“德行”，又牵连“天道”，同样存在着明显的“天人合一”思想意涵。

必须略加提及的是，与周敦颐同时的张载，亦极力强调“诚”的本体论意义的重要：“儒者则因明致诚，因诚致明，故天人合一，致学而可以成圣，得天而未始遗人，《易》所谓不遗、不流、不过者也。”③而较张载更早立说的周子，也认为道德修养的根本即在“养心”，“养心”的根本则为“立诚”，“立诚”即自觉其“性”并实现其“性”的过程，当然也是契入自我本体之真与万物存在之真的一种方法。因此，只有“寡欲以至于无”，即排除欲望的干扰而彻底返归生命的本真状

① 黎靖德编：《朱子语类》卷九十四《通书》，第 2151 页。原文断句有误，已据上下文意改正。

② 谢无量：《中国哲学史》，第 318 页。

③ 张载：《正蒙》，《张载集》，第 65 页。周敦颐《通书》亦到“寂然不动者，诚也；感而遂通者，神也……诚精故明，神应故妙”。较之张载上述所说，则颇有相互发明之妙趣。

态，才能做到“……诚立明通。诚立，贤也；明通，圣也。是圣贤非性生，必养心而至之”①。最重要的则是“诚则明，明则诚，诚明合而道可见”②。“诚”“明”一体便意味着回归至澄明睿智的本源性本体世界，实现具有高度主体性的既成己之仁又成物之知的内外一体之道。具见他们两人一前一后，都认为“诚”既是本体也是工夫，本体固然必须强调与形上天道的联结，工夫则不能不指向道德本心的主体性自觉。所以，“诚”不仅是实现“成圣”的终极目的的必要前提③，更是通达“天人合一”理境的有效路径。可见“天人合一”的命题尽管率先由张载提出，但立论的理路脉络实已为周氏预揭。后人称周子之说“本非天人之别”④，当是完全可以信据的笃论。

不过，要求“人君”自正其心以化民固然重要，但以一人之力化“兆民之众”毕竟仍有局限，因此，周敦颐又特别指出“用贤”乃为政的当务之急。而心正则是能够真正“用贤”的前提，心不正则必然奸佞围绕，所以必须时刻规约“人君”修身立德，才能广招天下贤才，否则不仅不能实现天下大治的价值理想，反而可能造成社会失序的严重危机。至于贤人之所以能辅助“人君”德化天下，则是其德行修养堪称“人师”。因此，继韩愈强调“道之所存，师之所存”之后，周敦颐也明白指出：“师道立则善人多，善人多则朝廷正而天下治矣。”⑤心既然可纯，则人必能完善，树立“师道”的终极价值诉求，必然指向天下一切人的完善。而“师”是社会文化的权威而非国家权力的权

---

① 周敦颐：《养心亭说》，《周敦颐集》，第121页

② 胡铨：《道州先生祠记》，《周敦颐集》，第220页。

③ 曹端解释周敦颐“诚者，圣人之本”及“圣，诚而已矣”之说，便明确指出：“圣人之所以为圣人者，无他焉，以其独能全此而已。”“圣人之所以圣，不过全此实理而已，即所谓太极也。”当一并参阅。见曹端：《通书述解》卷上《诚》之上下两篇，《曹端集》卷二，第28、31页。

④ 黄宗羲：《宋元学案》卷十一《濂溪学案上》，第483页。

⑤ 周敦颐：《通书》，《周敦颐集》，第69页。标点略有改动。

威，强调立“师道”实际即承认“政统”之外尚别有一独立的“道统”。至于国家“治道”不能不引入“师道”，显然也意味着价值不能孤悬于政治领域之外。周子重视政治领域中“师”的“在场”及其德化天下的作用，恰好也体现了中国文化一贯具有的“政教合一”传统①，具见超越的价值不仅内在于天地宇宙及万事万物之中，更要落实于人间社会特别是政治文化领域。② 孟子说：“人皆有不忍人之心，先王有不忍人之心，斯有不忍人之政矣；以不忍人之心行不忍人之政，治天下可运之掌上。”则周氏以纯心求贤才而治天下的思想，正是对孟子之说的一种继承和发扬，虽不免道德理想主义的色彩，但也反映了儒家前后一贯的价值关怀。从根本上讲，外在的政治文化秩序建构活动无论怎样复杂，本质上都需要人的内在道德本心的自觉来加以配合。周子力图将与“天道”本体相通合一的“道统”引入代表权力世界的“政统”，显然也为后来的理学学者重新开出了宇宙论与心性论结合的思想发展新路径。③ 可证他的形上学与有机宇宙论固然不乏超越的精

---

① 刘宗周曾在《外大父章南洲先生传》一文中指出：“师道之重于世久矣。”可见周敦颐倡导师道，影响可谓既深且大。而将师道引入政治场域，目的主要是强化道统而非学统，亦可见中国文化“政教合一”的整体历史发展走向。刘说见《刘宗周全集》第4册，第268页。

② 周敦颐《通书》：“或问曰：‘曷为天下善？’曰：‘师。’曰：‘何谓也？’曰：‘性者，刚、柔、善、恶、中而已矣。’不达，曰刚善：为义，为直，为断，为严毅，为干固；恶：为猛，为隘，为强梁。柔善：为慈，为顺，为巽；恶：为懦弱，为无断，为邪佞。惟中也者，和也，中节也，天下之达道也，圣人之事也。故圣人立教，俾人自易其恶，自至其中而止矣。故先觉觉后觉，暗者求于明，而师道立矣。”其中“刚、柔、善、恶、中”五种气禀之性，明显是与其太极解释模式及五行之数相互配合的。可证其宇宙论不仅与道德论相通，更与政治学相连，依然隐含着“天人合一”思想，具有突出的“政教合一”取向。见周敦颐：《周敦颐集》，第68~69页。标点略有改动。

③ 参阅张新民：《道、学、政三统分合视域下的古今道统之辩——对刘泽华先生批评文章的反批评》，《儒学的返本与开新》，第382~431页。

神，主要是“从上贯下来”①，天道观明显占有中心的位置，难免有“玄学”思辨的色彩②，但也有强烈的现实政治关怀，突出了主体精神的自觉及与之相应的德性行为，表现出鲜明的人间社会性格。而形上与形下两个世界打成一片，先天与后天一致，内圣与外王不可二分，价值与存在不能两途，显然都可纳入“天人合一”大全通观的整体分析架构之中，这样才能更好地理解周子的道德哲学乃是充满了形上意义的与“天道”相应的学说，其所渴望的政治秩序也是具有形上“天道”合法性与正当性的秩序，而在肯定客观存在的自然世界并发现其形上本体意义的同时，也要肯定主体存在的人所建构的人文世界并发现其生命实践的价值。否则，便难以反映周子思想的完整全貌，乃至于影响其在整个宋代理学系统中应有地位的评价，不能了解一代又一代儒者接踵而起所营造的天、地、神、人一体的广大和谐的系统，尤其是宇宙人生整体存在变化之大道。③

---

① 《朱子语类》卷九十三《孔孟周程张子》：“问：周子是从上面先见得？曰：也未见得是恁地否。但是周先生天资高，想见下面工夫也不大故费力。而今学者须是从下学理会，若下学而不上达，也不成个学问，须是寻到顶头，却从上贯下来。”当一并参阅。

② 参阅梁启超：《儒家哲学》，第41页。

③ 关于周敦颐的评价问题，历来正面肯定颇多，然负面批评亦不少，或许均与缺乏“天人合一”的观照眼光有关。相关的负面批评可参阅韦政通：《中国思想史》下册，第744~745页；劳思光：《新编中国哲学史》第三卷上，第69~114页。

第四章：朱子“去恶全善”思想的本体论与工夫论[①]

朱子论心性、论天理与人欲、论人心与道心、论未发与已发、论涵养省察等心地工夫，都是为了挖掘生命存在的本然性深度，唤醒人类主体性的实存道德价值感，通过“去恶而全善”的永不间断的渐修工夫[②]，实现每一个体生命均完全具备的德性之理，最终契入心与理合、人与天合的存在境域。在朱子那里，克服人类道德弱点的过程不外乎是存养扩充德性之理的过程，而存养扩充德性之理的过程也就是克服人类道德弱点的过程。无论本体论或工夫论，“去恶”与“全善”都是一体两面或两面一体之事，既是“人生界”不可逃避的形而上任务，也是“宇宙界”赋予的本源性使命。朱子之学范围广大宏阔，非一篇短文所能穷尽，故仅就其“去恶全善”思想做一尝试性的初步探讨，相关问题尚应联系全书各章比照阅读。

一、人性本善论与“理气”思想

“善”与“恶”是人类漫长历史文化最基本的两类存在经验，“去恶全善”则是人类提升和实现人性最伟大的系统实践工程，然而“善”与“恶”的来源究竟为何，则是历代学者争论不已的重要问题。儒家自孔子、孟子以来，就一直坚持认为人性的本质是善，人性本善的境

---

① 原载《孔子研究》2002年第4期；又收入《朱子学与21世纪国际学术研讨会论文集》，三秦出版社，2001年。

② 朱熹：《答王子合》，《朱子全书》第22册，第2256页。

界既是内在的又是可以呈现的，既是超越的又是可以经验的，因而人人都有其内在价值和人格尊严，并可实践或实现此内在价值和人格尊严。[①] 朱子以性即理为论说的出发点，亦固守人性本善的儒家立言宗旨，主张“本原之性无有不善”[②]。不同之处则在于，他不仅把人性本善看成是儒家血脉的根本，从而将阐说话语扩大到更宽广的范围，而且还以气质的清浊及其对人性的遮蔽来解释恶的来源，从而为“去恶全善”提供了本体论和工夫论的根据。诚如朱子所说：“人性本善而已，才堕入气质中，便薰染得不好了。虽薰染得不好，然本性却依旧在此，全在学者着力。”[③] 人性修养的本体论根源或工夫论依据，都在于人性中存在着潜在的本然性的德性善端，而道德自主的原因也植根于人类心性中本有的德性原则和内在深层的行德实践动因。但同样重要的是，人性的光明也会受到气质夹杂的私欲或偏见的遮蔽，非本然性的有善有不善的“气”对绝对善的人性存在境界也会有“薰染”的作用。因此，“去恶全善”的过程也就是不断实存地扩充与实践绝对至善的本然人性，并依此本然人性变化气质（禀）、转换生命、净化心灵、提升境界的过程。

“性即理”指人性中内含着成圣成贤及可以具体化为社会“伦秩”生活的德性原则，此德性原则也是天地造化的潜在物则在人性

---

① 《孟子·滕文公上》：“滕文公为世子，将之楚，过宋而见孟子。孟子道性善，言必称尧舜。”朱子释之云：“性者，人所禀于天以生之理也，浑然至善，未尝有恶。人与尧舜初无少异，但众人汩于私欲而失之，尧舜则无私欲之蔽，而能充其性尔。故孟子与世子言，每道性善，而必称尧舜以实之。欲其知仁义不假外求，圣人可学而至，而不懈于用力也。门人不能悉记其辞，而撮其大旨如此。”可一并参阅。

② 朱熹：《朱子语类》卷四，《朱子全书》第 14 册，第 195 页。

③ 朱熹：《朱子语类》卷九十五，《朱子全书》第 17 册，第 3199 页。

中的透显。[①] 人类伦理秩序与宇宙自然秩序本来并不隔阂，透过人类德性即可体悟二者之间的和谐与一致。所以，朱子论说性即理，又将范围扩大至宇宙全体，以求为人类德性原则及伦理价值寻找形而上的天地之道（德）的宇宙论根基。朱子说：

> 天命之性，万理完具。总其大目，则仁义礼智，其中遂分别成许多万善，大纲只如此。……性只是理，万理之总名，此理亦只是天地间公共之理。[②]

人类德性之理亦即“天地间公共之理”，不仅人与自然乃是一体的而非分割对立的，而且更重要的是，作为人的本质规定的“性”有着“天”的直接性形上来源，人性之理与天之理乃是相通相契而非隔阂疏离的。抽象地说，理“只是个净洁空阔底世界”[③]，虽然无情意、无计度、无造作、无形迹，但其并不是一个空洞的概念或理念形式，而是存在论或本体论具涵于万事万物内部的形上实在。具体地说，“理”总是存在于“气”的丰富性现象活动内容中，理、气根本不可能打成两

---

① 朱子《孟子集注》卷五《滕文公章句上》云：“程子曰：‘性即理也。天下之理，原其所自，未有不善。喜、怒、哀、乐未发，何尝不善。发而中节，即无往而不善；发不中节，然后为不善。故凡言善恶，皆先善而后恶；言吉凶，皆先吉而后凶；言是非，皆先是而后非。’”又其《中庸章句》释“天命之谓性，率性之谓道，修道之谓教”云：“性，即理也。天以阴阳五行化生万物，气以成形，而理亦赋焉，犹命令也……人之所以为人，道之所以为道，圣人之所以为教，原其所自，无一不本于天而备于我。学者知之，则其于学知所用力而自不能已矣。”则“性即理”之命题，由程子率先揭出，朱子继起发挥，多有创见。而同时之象山则有“心即理”之说，皆可见儒家学说不断发展之思想进路轨迹。见朱熹：《四书章句集注》，中华书局，1983 年，第 251、17 页。

② 朱熹：《朱子语类》卷一一七，《朱子全书》第 18 册，第 3687 页。标点略有改动。

③ 朱熹：《朱子语类》卷一，《朱子全书》第 14 册，第 116 页。

橛，形上世界就内具于形下世界之中，流行的天理乃是涵盖一切的。易言之，“理”只有在“气”生物或造物的活动过程中才得以展现，是“气”的动静消长具体活动内容中的潜在秩序或模式构成原则。所以，“理又非别为一物，即存乎是气之中；无是气，则是理亦无挂搭处”，“天下未有无理之气，亦未有无气之理”①。天理之流行与气之流行成物，借用《易·系辞上》“一阴一阳之谓道，继之者善也，成之者性也”的表述，乃是形上形下一体不二的。而人得天地正气以生，亦得天地正理以生，因而先天本有之性未有不善者，“穷理”就是要恢复人性本有之善，还原其气质本来之清，“成仁”或“成善”的大门是向一切人打开的。

与“理”虽不离“气”而又寂然不动相较，“气”的特点是能酝酿、凝聚、生物，有动静消长发展变化的过程。“只是这一气之消长，做出古今天地间无限事来。”② 与“理无形”及“理无有不善”不同，“气”有阴阳进退消长，能够成形造物，并有精粗清浊等各种差别，“物之生，必因气之聚而后有形，得其清者为人，得其浊者为物”③。尽管“气”在活动过程中仍依循相同的“理秩”，但由于气本身的差异性——如朱子所说“论万物之一原，则理同而气异”④，遂造成了宇宙万物“理一分殊”的现象。这种现象说明万事万物既存在终极性、根源性的至善性同一（理一），同时也由于“气”的精粗清浊而有显象上的差异（分殊），可作价值高低的判断。《朱子语类》卷十七载：

> 问：“或问‘气之正且通者为人，气之偏且塞者为物’，如何？”曰：“物之生，必因气之聚而后有形，得其清者为人，得其

---

① 朱熹：《朱子语类》卷一，《朱子全书》第 14 册，第 115、114 页。
② 朱熹：《朱子语类》卷七十四，《朱子全书》第 16 册，第 2503 页。
③ 朱熹：《朱子语类》卷十七，《朱子全书》第 14 册，第 575 页。
④ 朱熹：《答黄商伯》，《朱子全书》第 22 册，第 2130 页。

浊者为物。假如大炉镕铁，其好者在一处，其渣滓又在一处。”又问：“气则有清浊，而理则一同，如何?”曰：“固是如此。理者，如一宝珠。在圣贤，则如置在清水中，其辉光自然发见；在愚不肖者，如置在浊水中，须是澄去泥沙，则光方可见。今人所以不见理，合澄去泥沙，此所以须要克治也。至如万物亦有此理。天何尝不将此理与他。只为气昏塞，如置宝珠于浊泥中，不复可见。然物类中亦有知君臣母子，知祭，知时者，亦是其中有一线明处。然而不能如人者，只为他不能克治耳。且蚤、虱亦有知，如饥则噬人之类是也。”

人为万物之灵，是天地间最有价值的生命存在，这是由于人在宇宙万物中禀得之气最清，最能朗现人性之光辉。如果说宇宙的存在及其秩序化运作乃是有价值、有意义的，同时也是可以为其赋予道德目的论的具体内涵的，那么人的存在及其社会化实践活动必然也是有价值、有意义的，当然更是应当为其赋予道德目的论的具体内涵的。尽管就人而言仍有圣贤、愚不肖的区别，但人之可贵，即在于即便是愚不肖者也有反求诸己的能力，能通过生活世界的具体实践最大限度地彰显人的主体性，从而在主动“去恶全善”的人性修养社会化工夫实践中，自觉地变化生命气质，克治一切有碍人性实现的道德弱点，除去一切遮蔽人性光明的“泥沙”，消除生命中的幽暗昏塞，契入广阔的澄明境域。至于人所置身于其中的生活世界——人与自然统一的世界，由于天地熔炉锻造亦即气聚成物的复杂多样，也不是单一化约的平面化世界，而是具有多元立体价值的整体世界，因而在重视“理一”的同时，也不能忽视“分殊”，毕竟人类共同之“理”要通过每一独立个体社会生活实践化的“理”才能逐步展开和实现，人类共同之“善”也要凭借每一独立个体社会生活实践化的“善”才能渐次推广和落实。

二、“恶”的来源及其非本体性

朱子讨论理、气及其二者的关系，实际上已为从心性论方面讨论善恶来源问题奠定了形上的宇宙本体论基础。人类德行之理直通宇宙万物生成之理，此形上之理也可用“太极”来解释，因为“人人有一太极，物物有一太极”①，而“太极只是天地万物之理”。既然人的德行之理与宇宙全体之理在存在论、本体论上是合一的，因而人的“善”与宇宙的“善”在存在论或本体论上也是合一的。朱子直接发挥周敦颐《太极图说》的见解，认为“无极而太极，非谓太极之上别有无极也，但言太极非有物耳。如云‘上天之载，无声无臭’”②。“太极”即终极性、根源性的形上之理，也可说是“极好至善底道理”③。人性禀受此“极好至善底道理”，只能是禀受绝对的纯净的善——不与善恶关系相待的“至善”④。此“至善”就其上通天地之理（太极）言，乃是超越形上的宇宙本体；就其内在于人而“人人有一太极”言，则是人类德行生活的内在人性本体。因此，人性只能是“善”的来源，是人类道德理性和道德情感的根本，而不可能是“恶”的来源。如珠在

---

① 朱熹：《朱子语类》卷九十四，《朱子全书》第17册，第3122页。

② 朱熹：《答王子合》，《朱子全书》第22册，第2258页。

③ 朱熹：《朱子语类》卷九十四，《朱子全书》第17册，第3122页。

④ 《礼记·大学》：“大学之道，在明明德，在亲民，在止于至善。”朱子释之云：“明德者，人之所得乎天，而虚灵不昧，以具众理而应万事者也。但为气禀所拘，人欲所蔽，则有时而昏；然其本体之明，则有未尝息者。故学者当因其所发而遂明之，以复其初也。……止者，必至于是而不迁之意。至善，则事理当然之极也。言明明德、新民，皆当至于至善之地而不迁。盖必其有以尽夫天理之极，而无一毫人欲之私也。”“至善”既无私欲之染、习气之累，具足众理，昭昭明白，乃是工夫久久纯一后，入于人天合一之境、回归性命合一之地的结果；其至大至正至中，充实而有光辉，当然就可以说是绝对的超越的善，是不与善恶二元相待的至高善。见朱熹：《大学章句》，《四书章句集注》，第3页。

浊水中难见其光明，而珠依然是珠一样，人性即使完全被“恶”蔽塞，人性也依然是绝对的至高的“善”，而不可能是善恶二元对立的“恶”。

然而，必须思考或讨论的是，人性既然是绝对的至高的“善”，那么“恶”又究竟是如何生起的？其生起究竟是有体抑或无体的呢？从朱子的理气一元论已可看出，“气”有清有浊，有净有染，其本身即潜藏着“恶”的可能。这一可能主要是“气”在活动生物的作用过程中，总是或多或少以浑浊的物化形态对形上之理造成蔽塞而出现或产生的。当然，诚如“一阴一阳之谓道，继之者善也，成之者性也”，道的起用必然表现为阴阳的互动，此互动作为发育万物的积极创化活力，乃是万物生生不已的根本动因，当然只能是成人成物绝对的“善”。但是，其起用作为一种结果，一旦脱离形上界降至形下界而物化成形，仍会有“善”“恶”的相待与分化。“善”“恶”的相待与分化如朱子所说，主要是阴阳的“正、沴”：

> 盖以气言，则动静无端，阴阳无始，其本固并立而无先后之序，善恶之分也。若以善恶之象而言，则人之性本独有善而无恶，其为学，亦欲去恶而全善。……且以阴阳善恶论之，则阴阳之正皆善也，其沴皆恶也。……以象类言，则阳善而阴恶，以动静言，则阳客而阴主。此类甚多，要当大其心以观之，不可以一说拘也。①

朱子的意思是说“善”“恶”不能像阴阳那样，不可以二者彼此不能缺少来论说，所以人总是要做“去恶全善”的工夫，战胜邪恶更

① 朱熹：《答王子合》，《朱子全书》第22册，第2256~2257页。标点略有改动。

是人类永恒的主题。具体到人类心性，则“性犹太极也，心犹阴阳也。太极只在阴阳之中，非能离阴阳也”①。既然人性本质上禀受的是天地间生生造化之理，只能是绝对的“善”而不可能是异化的“恶”，那么相待性的“善”“恶”只可能在“心”的活动上说，而决不能在具足一切理的“性”上讲。因此，朱子特别指出“心有善恶”，心有“善”与“恶”的相待与区别，则是因为“心是动底事”，动则属气，于是就有形而下的情感理知等活动，就有清浊净染的不同。“心”虽然仍是一心而非两心，但由于气禀之不同，难免受血肉之拘、物欲之累，乃有了“善”“恶”的区分。《朱子语类》卷五说：

> 问：“心之为物，众理具足。所发之善，固出于心。至所发不善，皆气禀物欲之私，亦出于心否?”曰：“固非心之本体，然亦是出于心也。”

“心之本体”为心即性、心即理的形而上的本然性存在，也就是“心与理一”或“浑然一理”的超越性心灵本体境界（属理），其与形而下的内含情感念虑心理活动的心，亦即有可能自我坠沉、蔽塞的非本然性心理歧出状态（属气）相较，如前所云二者固然只是出于一个心，不会也不可能是出于两个心，但仍有区别的是，前者是心具众理且有所发用而呈现出来的“善”，是本体的或本然性的；后者则可能是出于气禀物欲之私的遮蔽而显现出来的“不善”，是非本体的或非本然的。“去恶全善”的目的就是要保证形上之心向形下界发用时（心的特点是同时统贯形上与形下），也依然保持其与理合一的本体地位，使人的存在真正是与人性本质一致的本然性存在。

---

① 朱熹：《朱子语类》卷五，《朱子全书》第14册，第222页。

在朱子看来，心的特点还表现为统性情、兼体用两大重要向度。他直承张横渠“心统性情”的主张，并有进一步的创造性发挥。① 诚如其所说：“大抵仁、义、礼智，性也；恻隐、羞恶、是非、辞逊，情也；心则统乎性情者也。”② “性，本体也，其用情也；心则统性情，该动静而为之主宰也。”③ 如同康德的自由意志一样，心也有自作“主宰”的作用，表现为人的绝对主体性精神乃是道德行为不可或缺的本体依据。心感于物而动，必有情感的产生，根植于德性之理而有心为之主宰匡正的情，必然是内合于人性本质、外合于文化规范的“善”。受制于人欲而心又不能为之主宰匡正的情，则必然是内不合于人性本质、外不合于文化规范的“恶”。因此，“心宰则情得其正，率乎性之常，而不可以欲言矣。心不宰则情流而陷溺其性，专为人欲矣”④。这里值得注意的是，人欲固然是“恶”，但主要是指心灵自我的异化或陷溺，从而导致了情欲的膨胀性放纵或泛滥，产生了丧失生命归宿意义上的“恶”，其并非泛指一切天然本有的饮食男女行为。正当而合乎人性本质的生命欲求，朱子仍以为是合乎天理的应然的“善”。“如饥饱寒暖之类，皆生于吾身血气形体，而它人无与，所谓私也。亦未能便是不好，但不可一向徇之耳。”⑤ 原因是陷溺或完全受制于感性欲望，

---

① 横渠论“心统性情”之言颇多，如“是神明之舍，为一身之主宰，性便是许多道理得之于天而具于心者，发于智识念虑处皆是情，故曰‘心统性情者也’”，“‘心统性情者也’。寂然不动而仁义礼智之理具焉，动处便是情。有言‘静处便是性，动处是心’，如此则是将一物分作两处了”，“性者理也。性是体，情是用，性情皆出于心，故心能统之”，“心统性情者也。有形则有体，有性则有情。发于性则见于情，发于情则见于色，以类而应也”。其说皆对朱子有启发，不遑一一列举。详见张载：《张载集》，第339、374页。

② 朱熹：《答方宾王》，《朱子全书》第23册，第2659页。

③ 朱熹：《孟子纲领》，《朱子全书》第24册，第3584页。

④ 朱熹：《答何倅》，《朱子全书》第23册，第3115~3116页。

⑤ 朱熹：《朱子语类》卷六十二，《朱子全书》第16册，第2012页。

只是一味受物化诱惑而昏昧盲动，生命茫茫然总为动物性的血气支配①，不仅不能表现本真的心灵秩序和人性理性，反而会窒息或锢蔽心灵秩序与人性理性。窒息心灵或锢蔽人性的感性欲望，固然首先窒息或锢蔽了心性本有的内在道德理性，但同时也妨碍或损伤了人的外在社会化道德实践行为，自然象征或预示了人的非人化和行为的非正义化，当然就只能是“恶”而不能是“善”了。

由此可见，“恶”在朱子的思想系统中，乃是无本或无根的，“恶”只是“善”的歧出或对“善”的异化而已。正因为“恶”无本或无根，因而原则上说，“恶”乃是可以改变或去除的；又因为“恶”无本或无根，所以从人自身内部看，恶只能是本心本性受到遮蔽的结果。由于人人所禀之气各殊，人人都免不了有生理需求，所以或多或少都会受到气禀的拘束而遗忘了本有的妙灵高明，也极容易陷溺于人欲而迷失了本真的心性。特别是对日常世俗生活中的大多数人而言，心灵固有的莹洁光明总是不能全然彰显，人性内具的德性之理也不能全然涌现，因而这就决定了人永远要在“去恶全善”的社会化实践过程中奋勉努力，决定了只有积极勇猛面对现实人生的各种弱点并自觉进行反省和改造，才能真正达致人本就应有的心灵与境界的自我超越，从而完成人在天地间成己成物的人生责任和道德义务。完成这一人生任务不仅是实现人类本心本性固有的超越的“善”，同时也是实现宇宙创化万物并内化于万物之中的本然的“善”，当然就应合称其为“善”“善”一体而多面相因相继，能够成就一切生命存在的至真至善至美的绝待“大善”。

---

① 朱子尝谓：“小勇，血气所为。大勇，义理所发。”“血气所为”乃动物性的非道德物诱行为，气短属“小勇”；“义理所发”才是人性化的道德正当性行为，气长属“大勇”。详见朱熹：《孟子集注》，《四书章句集注》，第215页。

三、“天理”“人欲”与“道心”“人心”

由于人之“善”同于宇宙之“善”，人类德行之理（性理）同于天地的共同原理（天理），人的心性本体即宇宙天地的本体，而理气论不仅可以用来分析宇宙现象界的结构、模式、关系和秩序，同时也是人类心性存在及其活动的价值来源，因此，朱子又经常用天理、人欲这一对范畴来分析人的生命实存。与“善”“恶”两对范畴相较，“天理”“人欲”也是理学家最爱讨论的命题，即使在朱子思想系统中也是极为重要的中心论旨，尽管无论“善”“恶”或“天理”“人欲”，它们作为分析范畴在论说语境中乃是相互贯通或彼此涵盖的。

“天理”与“人欲”当如何区别？按“天理”“人欲”之说，最早出自《礼记·乐记》：

> 人生而静，天之性也。感于物而动，性之欲也。物至知知，然后好恶形焉。好恶无节于内，知诱于外，不能反躬，天理灭矣。夫物之感人无穷，而人之好恶无节，则是物至而人化物也。人化物也者，灭天理而穷人欲者也。

具见凡出于先天本有之性，感于物而动，动而有好恶，好恶均不违先天本有之性，如孟子所说“知好色，则慕少艾”（《孟子·万章上》）即“天理”，也可称为“人欲”。反之，如果一任好恶之情泛滥而无节制，乃至于逐物而化于物（人的物化），甚至违背人的先天本有之性，如《乐记》所说“悖逆诈伪”“淫泆作乱”，则只能说是“天理”的泯灭，称之为“人欲”了。

《乐记》发端于前，宋儒讨论于后，尤以朱子的譬况最为允惬：

“饮食者，天理也；要求美味，人欲也。”① 足证朱子认为合理、合情、正常、正当的生理欲求乃是“天理”，也可称为“天欲”。过分放纵生理感性欲求以致贪婪侈靡则为“人欲”。譬如饮食为人类生命之必需，正常、正当的饮食不仅出于生命之自然（合情），而且本身就是“天理”（合理），但沉溺于美味而坠入享乐主义的陷坑，全然违背了“天理”，则不能不名之为“人欲”。“天理”“人欲”之分判，正在“无过”“无不及”与“过”“不及”之间——朱子及其他儒家学者都不是禁欲主义的提倡者，当然更不是享乐主义的践行人。孔子修《诗经》，置《关雎》于书首②，严正的儒家学者大多具有宗教式的人文情怀，他们所要求于世俗世间大众人群者，乃是进行一种合理合情、健康的人伦日常生活。正因为如此，朱子才明确指出：“天理人欲是交界处，不是两个。”“天理”“人欲”都只是人之一心，“合道理底是天理，徇情欲底是人欲”③。天理与人欲之间并没有明确的分判，它们乃是一弹性的结构关系，此结构关系的关键则是“天理”恰到好处的安顿。诚如朱子与门人对话所说：

天理人欲分数有多少。天理本多，人欲便也是天理里面做出

---

① 朱熹：《朱子语类》卷十三，《朱子全书》第14册，第389页。

② 唐代曾有迂腐学者反对《诗经》置《关雎》于书首，邱光庭《新添毛诗序》尝载其事云：“大中年中，《毛诗》博士沈朗进《新添毛诗》四篇云：‘《关雎》后妃之德，不可为三百篇之首，盖先儒编次不当尔。今别撰二篇为尧舜诗，取《虞人之箴》为禹诗，取大雅《文王之篇》为文王诗，请以此四诗置《关雎》之前，所以先帝王而后后妃，尊卑之义也。’朝廷嘉之。夫沈朗论诗，一何狂谬。新添四诗，为风乎？为雅乎？为风也，则不宜歌帝王之道；为雅也，则不可置《关雎》之前。非唯首尾乖张，实亦自相矛盾，其为妄作。毋乃甚乎。”具见三百篇之编目，固然关联体裁类别，但亦涉及价值判断，前后次序一旦颠倒，甚深微意即不存焉。邱说见董诰等编：《全唐文》卷八九九，中华书局，1983年，第9387页。

③ 朱熹：《朱子语类》卷七十八，《朱子全书》第16册，第2670页。

来。虽是人欲，人欲中自有天理。问：“莫是本来全是天理否？”曰：“人生都是天理，人欲却是后来没巴鼻生底。”①

“没巴鼻生底”亦即无根无本的，“人欲”从存在论上看，根本就是没有本体的，或者说是附着在本体上的。换成“善”“恶”的方式言说，即“善恶皆天理……此只是指其过处言……恻隐之心……本是善，才过，便至于姑息；羞恶之心……本是善，才过，便至于残忍”②。可见“天理”“人欲”的结构关系并不是对立的关系，而是可以互相转化的关系。“人欲”不仅必须依附“天理”而衍生，同时还必须在“天理”错置（“过”或“不及”）的状况下才能出现，一如“恶”不仅必须依附“善”而衍生，同时还必须是“善”的错置的后设结果那样。这里不难看出，后人所谓“以理杀人”云云，显然是对朱子的过苛责难。

朱子始终认为，“人欲”的萌动，隐蔽于内具天理的人心之中，或根本就是天理流出产生偏差的结果，亦可说是对大中至正之道的“过”与“不及”的偏离。而毫厘之差，亦可谬以千里。因此，“人欲隐于天理之中，其几甚微”③。什么是“几”呢？周濂溪曾有“诚无为”与“几善恶”之说，前句乃指“实理自然”，亦即他所谓的“太极”；后句则言“动之微，善恶之所由分也。盖动于人心之微，则天理固当发见，而人欲亦已萌乎其间矣”④。朱子据此加以创造性地解读说：“当其未感，五性具备，岂有不善？及其应事，才有照顾不到处，这便是恶。古之圣贤，战战兢兢过了一生，正谓此也。”⑤具见动

① 朱熹：《朱子语类》卷十三，《朱子全书》第 14 册，第 388 页。
② 朱熹：《朱子语类》卷九十七，《朱子全书》第 17 册，第 3269 页。
③ 朱熹：《朱子语类》卷五十三，《朱子全书》第 15 册，第 1758 页。
④ 周敦颐：《通书》，《周敦颐集》，第 16 页。
⑤ 周敦颐：《晦庵文集并语录问答》，《周敦颐集》，第 97 页。

即心性本体的发用，在发用过程中，必然会产生心理及意识的各种复杂活动，也就是天理、人欲或善念、恶念分判意识的出现。“去恶全善”的工夫这时则主要是向内察识，通过察识知是知非并改非为是。真正严于修己者，在细微难察、未萌刚萌之一念出现时，亦必戒慎恐惧、检点对待，乃至于战战兢兢，一生不敢丝毫疏忽。

心是人人内具的“天机活物”，其特点是“虚灵知觉”。因此，心能自觉地向内反省，自觉地“明其明德”，自觉地“去恶全善”，自觉地改非为是。心有觉于“理”与觉于“欲”的区别：觉于“理”则心体昭明灵觉，充满了创造性的生机与活力；觉于“欲”则心体昏蔽暗昧，沉沦麻木，几同行尸走肉。因此，理学家固然多立足于客观现象立场区分“天理”与“人欲”，但也时常从主体价值角度判识“道心”和“人心”，并以二者相互补充诠释或发明阐述。① 例如，前引朱子所云“饮食者，天理也；要求美味，人欲也”，后世即有学者认为：“只如此分别，人心、道心截然。”② 故朱子论“去恶全善”工夫，既讲“天理”“人欲”，也说“道心”“人心”，并特别强调“其觉于理者，道心也；其觉于欲者，人心也”③。可见“道心”与“人心”实即“天理”与“人欲”的另一种表示，只不过前者较之后者，其体验的主体性特点更加突出，人的心性觉悟的要求更加突出。朱子好言“觉悟”，尝称先秦屈子“冀君觉悟，反于正道”④；又言夷子“本心之明有终不

---

① 北宋程子认为：“人心私欲，故危殆。道心天理，故精微。灭私欲则天理明矣。”后世学人引据讨论者颇多，所言当为最早以“天理”“私欲”与“道心”“人心”互训互释者。详见程颢、程颐：《河南程氏遗书》卷二十四《伊川先生语十》，《二程集》，第 312 页。

② 李光地：《榕村续语录》卷十七《性命》，中华书局，1995 年，第 793 页。

③ 朱熹：《答郑子上》，《朱子全书》第 23 册，第 2680 页。

④ 朱熹集注：《楚辞集注》卷一《离骚经第一》，岳麓书社，2013 年，第 4 页。

得而息者，此其所以卒能受命而自觉其非也”①。可见无论“觉悟”或“自觉”，均既可指后天“人欲”向先天“天理”的主动回归，也可指“人心”向“道心”的豁然醒悟，乃是下学上达、证道入道的实践性工夫，显示了人的独特主体地位的极大提高。

“道心”与“人心”之说来源于《伪古文尚书·大禹谟》：“人心惟危，道心惟微，惟精惟一，允执厥中。”朱子及其后之宋明大儒多视其为儒学道统授受的十六字“传心诀”，故讨论者颇多，服膺者亦不少，构成了儒学建构心学理论体系的一大重要思想来源。朱子《中庸章句序》解释说：

> 心之虚灵知觉，一而已矣，而以为有人心、道心之异者，则以其或生于形气之私，或原于性命之正，而所以为知觉者不同，是以或危殆而不安，或微妙而难见耳。然人莫不有是形，故虽上智不能无人心，亦莫不有是性，故虽下愚不能无道心。二者杂于方寸之间，而不知所以治之，则危者愈危，微者愈微，而天理之公卒无以胜夫人欲之私矣。精则察夫二者之间而不杂也，一则守其本心之正而不离也。从事于斯，无少间断，必使道心常为一身之主，而人心每听命焉，则危者安，微者著，而动静云为自无过不及之差矣。②

在朱子看来，“人心”“道心”只是一心，有所区分只是论说的方便。③ 人心并不能完全被否定，因为人心乃感于物而动者，主要

---

① 朱熹：《孟子集注》，《四书章句集注》，第263页。

② 朱熹：《四书章句集注》，第14页。

③ 王阳明尝引朱子“道心常为一身之主，而人心每听命”之说，以为“道心为主，而人心听命，是二心也。天理人欲不并立，安有天理为主，人欲又从而听命者?”当是对朱子的误读错解。盖即使原文“二心”之嫌，也只是“方便说”，“究竟说”依然为“一心”，综合朱子相关多种说法可知。王说见《王文成公全书》，第9页。

表现为出于先天本性的嗜欲知觉，何一人能无？倘若说要彻底否定“人心”，然后才能明察“道心”，那除了毁灭人的身体之外，则别无他法。但事实上根本不可能，即使可能亦违背了“天理”。因此，朱子主张“‘必使道心常为一身之主，而人心每听命焉’，乃善”①，又言“当使人心每听道心之区处，方可”②。换用现代术语概念说，就是工具理性必须服从于价值理性，二者之间不能也不应该做平面化的价值等同处理。至于“去恶全善”工夫的实践路径，实即“人心”觉醒为“道心”，或“人心”彻底翻转为“道心”，让价值理性的光辉照彻生命，从而步入广大高明之境域的道德自觉过程。朱子强调“人心”要觉醒为“道心”，则必以“存心”养性的实践工夫为前提，即所谓“不以一毫私意自蔽，不以一毫私欲自累，涵泳乎其所已知。敦笃乎其所已能，此皆存心之属也”③。后来的王阳明也认为：“心一也，未杂于人谓之道心，杂以人伪谓之人心。人心之得其正者即道心，道心之失其正者即人心：初非有二心也。”④ 但同样值得重视的是，朱子也明确指出：“以道心为主，则人心亦化而为道心矣。……饮食衣服，本是人心之发，然在圣人分上，则浑是道心也。”⑤ 其说依然将合理正当的人生欲求，满足非“过”非“不及”的天道与人道一体不二的社会伦理实践，亦即“天欲”与“天理”浑然一体，二者不可分亦不当分，视为人生之当然与应然，乃是人能否“德福配享”的重要前提条件。

“十六字”心诀提到的“允执厥中”，朱子以“自无过不及之差”释之。前面一再提到，朱子判别“天理”与“人欲”，反复强调“无过”“无不及”与“过”“不及”的差异，实际就是能否做到“允执厥

---

① 朱熹：《朱子语类》卷六十二，《朱子全书》第 16 册，第 2013 页。

② 朱熹：《朱子语类》卷六十二，《朱子全书》第 16 册，第 2015 页

③ 朱熹：《中庸章句》，《四书章句集注》，第 36 页。

④ 王阳明：《王文成公全书》，第 9 页。

⑤ 朱熹：《别纸》，《朱子全书》第 22 册，第 2381 页。

中”的一项重要原则。这当然也就是“中节”与否的情感发用标准。诚如朱子所说：“其未发，则性也，无所偏倚，故谓之中。发皆中节，情之正也，无所乖戾，故谓之和。”① 严格讲，“性”本为体，“情”则为用，“性”之本体天然大中至正，以“性”为体之“情”亦当大中至正。因此，“性情之德”不可不讲，正暗寓“道不可离之意”②。就任何人无一不具的喜怒哀乐之情而言，“中节”自然是天理、善、道心的合理流出，不中节则必然是人欲、恶、人心的偏执外显。《中庸》首章说：“喜怒哀乐之未发谓之中，发而皆中节谓之和。中也者，天下之大本也；和也者，天下之达道也。致中和，天地位焉，万物育焉。”可见“中”不仅是宇宙天地生物成物、创化不已的活泼本体，同时也是人类德性生命参赞化育、自强不息的形上本源。“和”则为本体之“中”起用或外显时“无过”“无不及”（中节）的存在论现象状况，做到“中和”便能保证一切存在的各得其位和各有分殊的创化发育，也就是圆善和谐理想境界的实现。“去恶全善”作为一种道德形上学的实践工夫，则必须努力体验宇宙形上本体内化于人类心性而未显现为喜怒哀乐等形下情感时的本然境界，即通常所说的观未发以前气象，从而保证心灵本体境界发用时，一派天机自然流出，而无有丝毫的“过”或“不及”偏执行为现象的发生。

人心至灵至动，即体即用，即用即体，《中庸》所谓“未发”“已发”，也可看成是心灵体用的和谐一致。朱子对此问题屡有解悟，并不断修改其旧说，最后主张“未发”“已发”兼顾交修，有如《与湖南诸公论中和第一书》所说：“思虑未萌、事物未至之时，为喜怒哀乐之未发。当此之时，即是此心寂然不动之体，而天命之性，当体具焉。以其无过不及，不偏不倚，故谓之中。及其感而遂通天下之故，则喜

① 朱熹：《中庸章句》，《四书章句集注》，第 18 页。

② 朱熹：《中庸章句》，《四书章句集注》，第 18 页。

怒哀乐之性发焉，而心之用可见。以其无不中节，无所乖戾，故谓之和。……然未发以前不可寻觅，已发之后不容安排，但平日庄敬涵养之功至，而无人欲之私以乱之，则其未发也，镜明水止，而其发也，无不中节矣。此是日用本领工夫。"① 这是深入无人不具的心性本源，直接在动机世界痛下"慎独"的工夫。其说不仅与同时并世之陆九渊无太大差异，而且也与后来晚出之王阳明无明显差异。朱、陆、王三人虽入手工夫或略有不同，各人之得力处亦多少存在区别，然终极目的均同归圣学一路，不能不说是共处一室的"一家人"。

四、本体即工夫的善恶关系

朱子所谓"未发之前不可寻觅，已觉之后不容安排"，作为一种工夫实践和生命境界，已是身与道合的德行流行境界——内则身心性命浃然俱化，外则举手投足无不是道，也可说是无一毫气禀物欲之私而全然至善的人性本体境界。然而就日常世俗生活的多数人而言，这当然是日日涵养、培育、锤炼、扩充人类固有的德性之理而最终人心觉醒或转化为道心的结果。因此，"去恶"与"全善"乃是一体两面或两面一体之事。"去恶"即发现并"收回"人在生命磨砺道路上曾经受到遮蔽或一度迷失的本心本性；"全善"则为本心本性无一毫遮蔽或放失的全然彰显，并彻底融化为真实生命道路上的具体行动。"去恶"或"全善"之所以可能的深层本源依据，不仅在于人性中存在着本体论的普遍而超越的德性之理，而且更在于德性之理（性即理）也在规定着主体论意义上的心灵的本质（心即理）。从心性统一的角度看，本体论的性即理必然要表现为主体论的心即理。心灵免除了恶浊而纯然是善是理是真，也是人的自性本体光明全然彰显的时刻。诚如朱子所

① 朱熹：《朱子全书》第23册，第3130~3131页。

说："自谨独而精之，以至于应物之处，无少差谬，而无适不然，则极其和而万物育矣。盖天地万物本吾一体，吾之心正，则天地之心亦正矣，吾之气顺，则天地之气亦顺矣。故其效验至于如此。此学问之极功、圣人之能事，初非有待于外，而修道之教亦在其中矣。"① 朱子并不像某些学者所理解的那样，只重视以超越性的宇宙自然秩序作为伦理道德秩序的价值本原这一客观性原则，而忽视了透过本心本性的实存觉醒以挺立道德主体和生命精神这一主观性原则。实际上，朱子对每一个体生命乃至于人类整体的道德前途始终充满自信和乐观，原因则与他对"去恶全善"的客观性原则和主观性目的均同时肯认与兼顾并重不无关系。

无论依据客观性原则或主观性目的，都可说"善"（理）是一切存在的本来面目，是宇宙自然秩序和社会伦理生活秩序的本体基础和终极构成。而人的伟大即在于其是道德的存在，能够主动自觉地恢复并光大此本来面目，达致目的性的本来即"善"的神明境界，并依照此"善"的本然境界去从事生活世界的创造活动，不仅展现伦理生活的可能，同时也彰显德性生命的崇高，从而使一己之生命充满真实的意义和至尊的价值。

"善"来源于人或人类本有的心性真实，"恶"则是此心性真实在实现过程中受到阻碍的结果。所以从严格的意义上说，"恶"只能是"不善"——"恶"的可能性乃是"善"的尚未实现或未能实现，不是"善"依附于"恶"，而是"恶"依附于"善"，"善"不需要装扮成"恶"，"恶"却总是僭越"善"，因为即使是恶的行为，也总是要寻找善的理由或借助于善的名义。有如朱子所说："'善恶皆理'也，然却不可道有恶底理。"② "恶"的"吊诡"即在于它既要依附于理，

① 朱熹：《中庸章句》，《四书章句集注》，第 18 页。

② 朱熹：《朱子语类》卷九十七，《朱子全书》第 17 册，第 3271 页。

但在理论上又无理可言。

在包括朱子在内的多数儒家学者看来，“善”有本体论的根源性依据，“恶”则无本体论的根源性依据。“揆厥所元，而循其次第，则善者天命所赋之本然，恶者物欲所生之邪秽也。”① 然而“天命所赋之本然”的“善”乃是潜在的本体的“善”，要使此潜在的本体的“善”变为现实经验的“善”，仍然是一个十分艰难困苦的磨砺提升过程。从理气论看，“气虽是理之所生，然既生出，则理管他不得。如这理寓于气了，日用间运用都由这个气，只是气强理弱”。尽管“理”为生物之本，但只有“气”才有运动、变化、化育、创造的功能，一旦无形之“气”构成了某种特定的“物”，“生坏了后，理终是拗不转来”②。理不离气决定了“善”总是难以避开“恶”来实现自己，而“恶”作为一种经验事实，尽管无根无源，却不能像佛教将“世俗谛”归于“胜义谛”那样，取消其客观现象事实上的存在。从心性论言，义理之性总难免受到气禀之性的“裹挟”，情欲也同本然的天命之性一样与生俱来，因而“恶”尽管经不起理性的严格分析，然而仍不断在经验事实中衍生。从历史文化的角度分析，则“千五百年之间……只是架漏牵补，过了时日。其间虽或不无小康，而尧、舜、三王、周公、孔子所传之道，未尝一日得行于天地之间也”③。所以，朱子才特别强调：“以理言之，则正之胜邪，天理之胜人欲，甚易；而邪之胜正，人欲之胜天理，若甚难。以事言之，则正之胜邪，天理之胜人欲，甚难；而邪之胜正，人欲之胜天理，却甚易。”④

由此可见，理想与现实总是充满紧张、矛盾和冲突，人不能放弃理想，但也必须正视现实。因此，朱子的自信和乐观乃是对人人具有

① 朱熹：《大学或问》，《朱子全书》第6册，第532页。

② 朱熹：《朱子语类》卷四，《朱子全书》第14册，第204页。

③ 朱熹：《答陈同甫》，《朱子全书》第21册，第1583页。

④ 朱熹：《朱子语类》卷五十九，《朱子全书》第16册，第1923~1924页。

潜在善性的本体论的自信和乐观，一进入经验事实或历史文化的实践场域，他就对道德理想能否真正实现充满了忧患或忧虑（“戒慎恐惧”）。对于朱子这样的关心人类道德前途的大儒而言，在一定意义上，工夫论甚至较诸本体论更重要和更紧迫。本体论有助于建构理想，工夫论则必须关注现实，然而，本体不离工夫，工夫不离本体，只有通过严格意义上的本体实践学方法，才能真正实现每一独立主体性的个体的健全发展，彰显无人不具的德性完美光辉及其行为伦理责任。

然而令人感到遗憾的是，今日知识界的弊病，正在于丢掉了工夫论去悬空谈论本体论。朱子不断反复强调“去恶全善”的日用本领工夫（修养方法），乃是为了实存地觉醒自我本有的真实心性，并依循此贯通宇宙天地自然和人类生活世界的心性本体，来克服人人或多或少存在着的道德弱点，从而彻底打开提升人类道德生命的种种向上之门，最终契入心与理合、人与天合的和谐化理想境界。因此，本体论必须落实为相应的工夫论，才能真正完成道德生命充分实现的人类文化永恒主题，而工夫论之所以必须以道德生命的实现为根本价值诉求，也在于有相应的本体论作为目的诉求和本源性基础。这里即本体即工夫，即工夫即本体，二者之间本不可分亦不当分。易言之，本体与工夫须打成一片，才是朱子“去恶全善”工夫论的原初本意。

除前面已提到的“未发”“已发”涵养省察工夫外，朱子的修养方法还涉及居敬、诚意、主静、克己、立志等诸多方面的问题。这些方法本质上都是儒家传统一贯重视提升心灵境界、证取自性光明的心性本体实践学工夫，如朱子自己所说：“自古圣贤，皆以心地为本。”圣贤千言万语，只要人不失其本心。即使是学者争议最多的格物穷理说，作为一种“去恶全善”的工夫实践论，其终极目的也不是认识外在客观的自然规律，而是积久贯通并彻底了解本心本性及万事万物的终极本体，亦即以不断充量扩大、无边无际，乃至于与宇宙同一的道德心智的方法，最终使心中内部之理与宇宙外部之理得以透过人的活泼生命行为交相辉映。朱子说：

> 人心之灵莫不有知，而天下之物莫不有理，惟于理有未穷，故其知有不尽也。是以《大学》始教，必使学者即凡天下之物，莫不因其已知之理而益穷之，以求至乎其极。至于用力之久，而一旦豁然贯通焉，则众物之表里精粗无不到，而吾心之全体大用无不明矣。①

这里足以看出，朱子治学的终极目的，最后仍是内外无遮无蔽、彻底打通，形上形下无障无碍、浃然一体。其“既立此目标，揭橥以昭示天下，欲使天下学者，皆循此目标以贯彻之”②，因而从传统儒家一贯的本体实践学出发，朱子又特别重视渐修的成德实践工夫，认为即使是偏向“道问学”的向外的格物穷理，也是不离心性且可见证心性及形上道体的活动，乃是一种下学上达直契形上理境的生命实践活动，并未脱离“尊德性”的终极诉求，并主张“道问学”“尊德性”的圆融整合。因为“天下之物”无一不与本体世界有关，都可能透过人的本心本性显示其万物一体的气象。在渐修的境界提升过程中，朱子强调既要善于体察或观照广大宇宙一切外在客观事物的存在之理，同时更要善于体察或观照内在主观德性生命心性存在之理，亦即“外面工夫”（外观）与“内面工夫”（内省）兼顾并重，不要尽靠一边而丢掉了另一边，违背了至正至公至大的中道原则。所以，不断打破人己物我之私、内外本末之隔的局限，在长久的次第积累过程中，自然会不期而至地获得人心觉醒为道心的重大突破和飞跃，从生命内部翻

---

① 朱熹：《大学章句》，《四书章句集注》，第6~7页；又见《朱子全书》第6册，第20页。

② 吴其昌：《史学论丛·朱子之根本精神》，《吴其昌文集》，第31页。

转出崭新的绝对主体性境域——“众物之表里精粗无不到，而吾心之全体大用无不明”的主客统一、人天合一的至善生命极境。置身于这样的至善生命极境之中，不仅心体虚明圆照宇宙万物，而且宇宙万物也欣乐融洽地如如呈现。可见从朱子立论的原则看，他的格物穷理仍是一种表现人与天地万物至尊价值的本体论或存在论的认知，而不是以主客分裂为特征的知识论立场的对象性或工具性认知。前者以真、善、美三者合一的整体境界为价值诉求，后者则以了解、掌握、控制和占有对象为根本性目的。

朱子强调“从容潜玩”、积久贯通的长期工夫，又力求内外本末、隐显精粗无不周遍以尽其规模之宏大。这是朱子不同于陆王心学系统之处，也是他成为儒学发展又一高峰代表人物的原因。虽然其思想系统仍有二元论的倾向并存在内在理路的矛盾，但通过长期“去恶全善”社会生活的目的性工夫实践，从依违于“善”“恶”之间，到主动择“善”而从，再到自觉恒久为“善”，以至于永远奉持“善”并与“善”完全融为一体（止于至善），朱子自信必然能够做到内（内省）外（观）贯通合一，实现完整把握宇宙自然和生命万象的本体世界的终极价值诉求，契入心物交融、人天合一的纯理、纯善、纯真的整体性本体境界——这当然也就是“人欲尽处，天理流行，随处充满，无少欠阙”的心灵彻底净化、人性光辉完全彰显的境界。达致或契入此生命境界，心灵内部秩序与宇宙外部秩序、心性本体的“善”与天地万物本体的“善”自然完全圆融，合为一体。入境（界）者自会有此体会，未入境（界）者则殊难与之言。入境者“心体浑然”，“浑然一理”，诚如朱子所说：“胸次悠然，直与天地万物上下同流。”① 也如《易传》所说：“夫大人者，与天地合其德，与日月合其明，与四时合

① 朱熹：《论语集注》，《四书章句集注》，第130页；又见《朱子全书》第6册，第165页。

其序，与鬼神合其凶吉，先天而天弗违，后天而奉天时，天且弗违，而况于人乎？况于鬼神乎？”如此则现代人类倘若真要继续开拓社会道德生活的和谐化广阔创造空间，则不能不重新思考朱子“去恶全善”本体实践学思想在工夫论层面上的人生价值和现代意义。

第五章："天人合一"与"知行合一"说新解

——以王阳明心学思想为中心①

一、"天人合一"思想的早期源头

传统中国"天人合一"与"知行合一"两大命题，都共同蕴含了极为深厚的直观体认的整体圆融智慧，而又不乏高度辩证性思维的哲学义理旨趣，可视为中国文化对世界人类的思想贡献。② 早在先秦，孔子就曾感慨："获罪于天，无所祷也"（《论语·八佾》）；强调"君子有三畏：畏天命，畏大人，畏圣人之言。小人不知天命而不畏也，狎大人，侮圣人之言"（《论语·季氏》）。"天"不仅具有令人敬畏的神圣性与庄严感，而且根本就是人的精神价值的重要超越性来源，具见孔子虽未明确提出"天人合一"一类词语，但他的思想言说仍隐藏着相近的致思取向与内在体验特征。③ 至于"五十而知天命"（《论语·为政》）的说法，则说明"天命"与"人生"可以打成一片，"天"与"人"之间根本就不存在任

① 原载《阳明学研究》第三辑，人民出版社，2018 年。

② 参阅钱穆：《中国文化对人类未来可有的贡献》，原载台湾《联合报》1990 年 9 月 26 日；又见《中国文化》1991 年第 4 期。

③ 参阅刘述先：《论孔子思想中隐涵的"天人合一"一贯之道》，《刘述先自选集》，第 221～244 页。

何隔阂。[①]“天命”显然是超越的，但与人的关联则是内在的，因而代表超越价值的“天命”极为庄严神圣[②]，与之有着内在深刻关联的人生也极为庄严神圣。这显然是思想史上的一大重要突破。而“《易》以天道而切人事，《春秋》以人事而协天道”[③]，均无不以天道、人道比观互照的方法，更好地谋求人类自我的定位和发展。以后孟子亦有“万物皆备于我矣，反身而诚，乐莫大焉”（《孟子·尽心上》）的说法；董仲舒更强调“天亦有喜怒之气，哀乐之心，与人相副，以类合之，天人一也”（《春秋繁露·阴阳义》）。他们的看法大体均可纳入“天人合一”的思想范畴，属于共同的哲学义理形态。[④] 而司马迁撰《史记》，已充分自觉要“究天人之际，通古今之变，成一家之言”[⑤]，同样突出了“天道”与“人事”的关联性，体现了中国文化特有的认知进路与观察视野。故至宋儒张载正式揭出“天人合一”命题后[⑥]，

---

① 《论语·公冶长》：“子贡曰：‘夫子之文章，可得而闻也；夫子之言性与天道，不可得而闻也。’”历来解释者颇多，而以章学诚之说最值得重视：“盖夫子所言，无非性与天道，而未尝表而著之曰，此性此天道也。故不曰性与天道，不可得闻；而曰言性与天道，不可得闻也。所言无非性与天道，而不明著此性与天道者，恐人舍器而求道也。”似当一并参阅。

② 《大盂鼎》：“丕显文王，受天有大命。”可证“天命”一类观念，以及与之相应的信仰，至迟西周时期，便已十分流行。

③ 章学诚：《文史通义》卷一《易教下》，《文史通义校注》，第 20 页。

④ 与先秦儒家孔、孟二人类似，道家人物庄子亦称：“天地与我并生，而万物与我为一。”（《庄子·齐物论》“独与天地精神往来而不敖倪于万物。”（《庄子·天下》）似可视为“天人合一”思想的道家式表达。道家结合其他流派思想，考察了其早期原型形态，探究了其早期渊源流变。

⑤ 班固：《汉书》卷六十二《司马迁传》，中华书局，1962 年，第 2735 页。

⑥ 张载《正蒙》：“儒者则因明致诚，因诚致明，故天人合一，致学而可以成圣，得天而未始遗人，《易》所谓不遗、不流、不过者也。”张氏不仅正式揭出了“天人合一”之命题，而且明确指出了实现其目标的具体方法或路径。易言之，“诚明”即本体即工夫，不仅能通达“天人合一”之理境，而且也能实现“成圣”之目的。见《张载集》，第 65 页。

历代学者讨论颇多，然追本溯源，仍可见其说滥觞于先秦，大盛于宋明，遂形成了极为系统的天道观与心性论，反映了中国哲学思想始终涵藏着丰富的宗教意蕴，决非其他任何肤浅俗世学说能够比况。

王阳明是传统心学的集大成者，但他的心学也可说是“天人合一”之学。阳明自己便明白指出：“区区近有‘心之良知是谓圣’之说。其间又云：‘人之为学，求尽乎天而已。’此明德之意，本欲合天人而为一，而未免反离而二之也。人者，天地万物之心也；心者，天地万物之主也。心即天，言心则天地万物皆举之矣，而又亲切简易。故不若言‘人之为学，求尽乎心而已。’”① 可见“尽心”之学本质上即“尽天”——尽“人”合“天”之学，当然也是“天人合一”之学。只是“尽天”反而容易将“天”“人”支离为二，同时也难以凸显心学所重视的主体精神，阳明才更多强调“尽心”之学，而以为一旦言“心”即涵盖了“天”，不但能够经由天赋“良知”本体必有的知行一体的实践活动通达成贤成圣的终极目标，而且人之心即天地万物之心，实际暗中已有了“天人合一”的价值预设。通过“尽心”或“致良知”的工夫来实现“人”与“天”的合一，不但能更好地外观、内省“心”的本体论原初存在根源，实现由“人”（人道）而“天”（天道）的自我生命超越，领悟形上本体世界发出的切身性神圣召唤和命令，而且也能更自觉地落实由“天”（天道）而“人”（人道）的自我生命实践，体会形下世俗世界内含于生活活动中不断涌动着的终极价值与意义。后人称阳明的体证工夫及良知之说“已上达天德，非肤儒所能窥测”②，显然并非一时偶然之虚语，适可见良知之说本质上即天人合一之说。因此，从儒家的整体价值关怀看，无论由心性论上达天道

---

① 王阳明：《答季明德（丙戌）》，《王阳明全集》，第 214 页。按，“人者，天地之心”，出自《礼记·礼运》。

② 邹元标：《愿学集》卷五下《重修阳明先生祠记》，文渊阁《四库全书》本。

论，抑或由天道论下贯心性论，既然有“天人合一”说的率先揭出，则必有“知行合一”说的随后开出，否则便谈不上理论的圆融究竟，也难以称超越界与实践界彻底打通。“知行合一”说作为“天人合一”说的完善与补充，不仅说明了人的可超越性与可完善性，而且更加凸显了中国文化一贯重视的实践维度和工夫维度，当为自先秦以来儒家思想及精神的再一次重大发展。① 如果说“天人合一”彻底消解了超越界与世俗界的隔阂，那么“知行合一”则强化了精神活动与实践生活的融洽关系，二者均不仅有助于传统人文社会秩序的建构，而且更重要的是塑造了历代知识分子的风貌品性。

“天人合一”与“知行合一”涉及的问题极多，为了更好地展开论述，本文暂时略去了思想观念发生的先后次序或历史文化逻辑变迁的环节，而用更多的精力关注理论自身的义理脉络和思想论说的自洽周延。

二、“一”与“多”：“人道”与“天道”的和谐一致

“天人合一”与“知行合一”的“一”，究竟应该如何解释？从中国文化的长时段整体语境看，显然主要是指“本体”，是存在论的、综合的、属于体验的直观的范畴，而非逻辑论的、分析的、属于推理的抽象的范畴。“本体”是整体，也是大全，当然也可以将其称为“一”，即与现象界林林总总分殊的事物相对的具有巨大统一性的

① 钱德洪《王阳明年谱》载正德三年（1508），王守仁在贵州龙场“大悟格物致知之旨”，次年即揭出“知行合一”之说。而揭出“知行合一”说之始末，则为“始席元山书提督学政，问朱陆同异之辨。先生不语朱陆之学，而告之以其所悟。书怀疑而去。明日复来，举知行本体证之《五经》诸子，渐有省。往复数四，豁然大悟，谓‘圣人之学复睹于今日；朱陆异同，各有得失，无事辩诘，求之吾性本自明也。’遂与毛宪副修葺书院，身率贵阳诸生，以所事师礼事之”。可证“知行合一”说的倡导，本身即为对程朱之学的重大突破，即使在程朱官学笼罩士人心智的时代，亦有震慑性的思想说服力量。详见《王阳明全集》，第1228~1229页。

“一”。“一”既可转化为“多”，“多”也能够会通为“一”。本体的根源的完整的大全的“合一”，与现象的存在的具体的个别的“分殊”，不仅不矛盾对立，反而高度地和谐统一。无所不在的“道”，作为一种隐蔽的整体性秩序结构，固然只能是“一”，殊难通过言诠来加以表达，但其发用流行却能成为一种显象的多元的秩序结构，无疑可以称其为“多”，能够凭借概念来对其加以指称。① 因此，“一”与“多”的互摄互涵关系，也可看成是“无”与“有”的辩证统一关系，即无形无名的“道”与有形有名的万事万物的统一、隐蔽的秩序与显象的秩序的统一。而一切经验性的现象的展开，都是宇宙秩序隐显结合并不断生成变化的过程，即所谓“立天之道曰阴与阳，立地之道曰柔与刚，立人之道曰仁与义”(《周易·说卦》)。无论“天道”“人道”“地道”，都是一而三、三而一的关系，本质上仍只是一个“道”。程颐问得好：“安有知人道而不知天道者乎？道一也，岂人道自是人道，天道自是天道？”② 王阳明也有与之类似的表达：“道无天人之别，在天则为天道，在人则为人道，其分虽殊，其理则一也。众人牿于形体，知有其分，而不知有其理，始与天地不相似耳。惟圣人纯于义理，而无人欲之私，其礼即天地之体，其心即天地之心，而其所以为之者，莫非天地之所为也；故曰：‘循理则与天为一。’”③ 如同阴与

① 老子强调：“天得一以清，地得一以宁，神得一以灵，谷得一以盈，万物得一以生，侯王得一以为天下贞。”(《老子》第三十九章) 同时又指出：“道生一，一生二，二生三，三生万物。万物负阴而抱阳，冲气以为和。”(《老子》第四十二章) 均可见“一”即“道”，“道”即本体，不仅具有形上超越的特征，而且满含活泼生机，能够化育生成万物。而无论在儒在道，都极为重视“一”。

② 程颢、程颐：《河南程氏遗书》卷十八《伊川先生语四》，《二程集》，第182页。

③ 王阳明：《山东乡试录·先天而天弗违后天而奉天时》，《王阳明全集》，第845页。按，《山东乡试录》虽非尽皆出于王守仁之手，然仔细揣摩引文文字，仍与其整体思想脉络吻合，可略窥其心路历程变化轨迹，似可断为本人所作。

阳、刚与柔，都是“道”的起用和展开，虽相反而可相成，能够涵盖各种各样的事物与运动一样，天与人、知与行也囊括了各种各样的现象与行为，体现了人类行为“先天”与“后天”、“超验”与“经验”合一的特征，代表了中国文化一贯的两行辩证思维。[①] 不仅人的德性生命创造活力与天的本体创化生机应该合一，人的本体之知与本体之行不可两分，而且纷纭复杂的万事万物也存在着高度的统一性，在其终极的根源深处均可合一不二。这就是中国文化对万物必然具有的共同之道的深刻理解和体认，是一种对本体的存在论把握及价值的目的论阐释，是孔子所谓“吾道一以贯之”的再表述和再说明。

从“一本万殊”的整体视域看，现象界的事物虽然林林总总，但在本体论上又无不可以会归为“一”，本体界的存在状态尽管只是浑然无别的“一”，但依然能够外化为现象学上林林总总的事物。本体能够外显为现象，是活的生存着的动态的本体[②]，不妨称为隐蔽的收敛的统一性创化力量，即以自己的不变酝酿和催生着一切变的即存在即超越的本体；现象则体现着本体，是有着普遍、恒久、稳定的内在联系的现象，或可称为展开的实现的分殊性创化力量，即以自己的变隐蔽或

---

① “两行”之说出自《庄子・齐物论》：“道行之而成，物谓之而然……是以圣人和之以是非而休乎天钧，是之谓两行。”既可指“内在”与“超越”，也可指“理一”与“分殊”，惜庄子之后的道家发挥斯义甚少。佛教有“缘起性空”之说，“缘起”突出“内在”，“性空”表明“超越”，也兼顾了“两行”之间的平衡。而最能发挥“两行”思想的是儒家，无论心性论或天道观都论之极详，诚可谓既知“人”又知“天”，不仅为世俗生活点染了神圣性，而且愈加凸显了中国文化即内在即超越的宗教性精神，最能体现整体大全（彻上彻下）的“两行”智慧。参阅刘述先：《“两行之理”与安身立命》，《刘述先自选集》，第 341～387 页。

② 《传习录》载王守仁之言云：“所以某说无心外之理，无心外之物。《中庸》言‘不诚无物’，《大学》‘明明德’之功，只是个诚意。诚意之功，只是个格物。”施邦曜据此以为：“人看得‘物’字是死的，先生看得‘物’字是活的。”无论本体或现象，在中国哲人看来，都是天地好生之德的一体两面，都是活生生的有生命的存有。见《阳明先生集要》理学编卷一，第 36 页。

反衬了本体的不变的现象。从人与天地万物的关系看，“一”既涵盖了“天”，当然也囊括了“人”；就人的存在状态及生活生产方式言，“一”必然统摄了“知”，同时也包含了“行”；否则便不符合整体的逻辑，违背了大全的周延，谈不上什么“本体”，更遑论“本体”的发用流行。因而执一可以驭万，观万也能知一，不仅体用不能二，而且知行亦当合一，人的社会实践活动从来都是有体有用的自觉活动，既不可能离开天，又必须依赖于人，尽人力以合天才符合“天人合一”的根本精神义涵。自然的人化与人的自然化，二者同样缺一不可。“善言天者必验于人，善言人者亦必验于天”①，讲天的根本目的在于使其能够有助于人，讲人而不离天则是希望透过更广阔的视野来为人的发展做好判断和定位。可见“天人合一”“知行合一”涵盖了自然及社会的各种活动，反映了儒家思想学说关注范围的深广与宏大。

因此，“道”作为一个超越创生的隐蔽性大全整体，固然可以分为“天道”“地道”“人道”，乃至于派生出现象界其他复杂万千的“多”，但最重要的仍是“人道”与“天道”的一致与和谐，即人应该扎根在宇宙天地的整体运作秩序中来从事自己的创造性劳作与生活。从儒家思想发展的整体脉络看，按照汤一介先生的说法，“知行合一”当是从“天人合一”派生出来的；“知行合一”的根本价值诉求，无非既要知“天道”“人道”，又要行“天道”“人道”，而“人道”本于“天道”，所以最重要的仍是知“天道”与行“天道”。②

当然，“天人合一”与“知行合一”，如果换成另一种表述方式，也可说是“天人不二”“知行不二”。“天人不二”主要强调“天”与

---

① 廖平：《四益馆杂著·天人论》，《廖平全集》第11册，第546页。

② 参阅汤一介：《论儒家哲学中的真善美问题》，《汤一介哲学精华编》，第378页。

“人”的不可分隔，任何分隔都是宇宙的大裂痕。如《吕氏春秋·情欲》说：“天地不能两，而况于人类乎？人之与天地也同。万物之形虽异，其情一体也。故古之治身与天下者，必法天地也。”“知行合一”则更多突出“知”与“行”的不冲突，任何冲突都是人类的大悲剧。如王阳明说：“知是行的主意；行是知的功夫；知是行之始，行是知之成。若会得时，只说一个知已自有行在，只说一个行已自有知在。古人所以既说一个知又说一个行者，只为世间有一种人，懵懵懂懂的任意去做，全不解思惟省察，也只是个冥行妄作，所以必说个知，方才行得是；又有一种人，茫茫荡荡悬空去思索，全不肯着实躬行，也只是个揣摸影响，所以必说一个行，方才知得真。此是古人不得已补偏救弊的说话，若见得这个意时，即一言而足，今人却就将知行分作两件去做，以为必先知了然后能行，我如今且去讲习讨论做知的工夫，待知得真了方去做行的工夫，故遂终身不行，亦遂终身不知。此不是小病痛，其来已非一日矣。某今说个知行合一，正是对病的药。”① 更直接地说，“不二”即象征着活泼创造性生机，无论“天”“人”或“知”“行”，当然也可说是本体界与实践界，相互之间一旦分裂或冲突，即意味着人与自然的疏离、人自身存在方式的异化，上害天道，下伤人理，不仅象征着天地创造性生机的窒息，而且人伦世界亦将退堕为丛林。

三、本体与现象：形上形下完整世界的实现

本节内容可参见第二章第二节“‘天人合一’说的形上与形下两重含义”之内容。

---

① 王阳明：《传习录上》，《王阳明全集》，第4~5页。

四、存在与实践：真善美境域的达致

普遍的天道或天理可以落实于具体的历史、文化、人生之中，不妨称为“具体的普遍性”；透过具体的历史、文化、人生也能体认普遍的天道或天理，或许当称为“升华的具体性”。因而无论从价值理想的落实或生命实践活动的展开来看，“天人合一”的命题均必然会历史性地转出更具有实践性取向的“知行合一”命题，即所谓“大抵果能合天，则必益尽其人事，果能真悟，则必益尽其真修。尧、舜、文王、孔子，何人也？而兢兢业业，望道未见，徙义改过，没齿以之也”①。而孔子讲“操则存，舍则亡”（《孟子·告子上》引）；王阳明也以为“精神道德言动，大率收敛为主，发散是不得已。天地人物皆然”；显然是一种存养心性即“收放心”的工夫。“收放心”的工夫当然也可看成是“主一”的工夫：“一者天理，主一是一心在天理上。若只知主一，不知一即是理，有事时便是逐物，无事时便是着空。惟其有事无事，一心皆在天理上用功，所以居敬亦即是穷理。”② 而操存的工夫一旦趋于精熟，“而后人欲可净，天理流行，而天人合德也”③。可见人道与天道，既可以人欲分，又能以天理合；“天理”流行的境界，本质上即“天人合德”的境界，当然也是即内在即超越的境界。所以，尽人道以合天道，亦即始终不忘“下学上达”的工夫，一旦人类社会自觉其为自身发展的一大实践方向，理所当然地就有实践维度颇为突出的“知行合一”说的提出。如陆象山所说：“才自警策，便与天地相

---

① 曹于汴：《论讲学书》，《明儒学案》卷五十四《总宪曹贞予先生于汴》，第1308页。

② 王阳明：《传习录上》，《王阳明全集》，第33页。

③ 蒙文通：《儒学五论》，广西师范大学出版社，2007年，第29页。

似。”① 而“知行合一”思想自其被提出伊始，即表现出极为鲜明的实践性特征，较诸“天人合一”命题，显然涵摄了更多的德性伦理内容，不但说明了人应该返回自己本真的存在状态，同时也提示了价值意义实现的方法与路径。

从传统心学立场看，最能代表人的主体性而又能将天地精神转化为人的实践工夫，从而做到虽内在却超越的，当然是人人均有的灵动活泼的“心”。因此，诚如王阳明所说：“君子之论学，要在得之于心。众皆以为是，苟求之心而未会焉，未敢以为是也；众皆以为非，苟求之心而有契焉，未敢以为非也。心也者，吾所得于天之理也，无间于天人，无分于古今。苟尽吾心以求焉，则不中不远矣。学也者，求以尽吾心也。是故尊德性而道问学，尊者，尊此者也；道者，道此者也。不得于心而惟外信于人以为学，乌在其为学也已！”② 生生不已之“天道”或“天理”，不仅可以与“心”同体而存在，更重要的是还能流行发用。所以，“君子之学，惟求得其心。虽至于位天地，育万物，未有出于吾心之外也”③。阳明屡言良知即天道，良知即天理④，甚至认为“天道之运，无一息之或停；吾心良知之运，亦无一息之或停。良知即天道，谓之‘亦’，则犹二之矣。知良知之运无一息之或停者，则知惜阴矣；知惜阴者，则知致其良知矣”⑤，则立足于“体用一源，显微无间”的立场，更可说可以流行发用的“天道”“天理”与作为存在本源的良知，本来即同一体用。而“心之体，性也；性之原，天也。能尽其心，是能尽其性矣”⑥。超越思想的发展，特别是由理学折转入

① 陆九渊：《陆九渊集》卷三十四《语录》，第411页。
② 王阳明：《答徐仁之（壬午）》，《王阳明全集》，第808~809页。
③ 王阳明：《紫阳书院集序（乙亥）》，《王阳明全集》，第239页。
④ 参阅张新民：《阳明精粹·哲思探微》，第148~174页。
⑤ 王阳明：《惜阴说（丙戌）》，《王阳明全集》，第267页。
⑥ 王阳明：《传习录中》，《王阳明全集》，第43页。

于心学，越往后就越有向内转向的趋势①；在多数心学人物看来，外部人间秩序的建构固然重要，内部心灵秩序的体认也不能忽视。只有将心灵秩序与宇宙天地秩序彻底打通，才能更好地为人间秩序定位，从而以“天道”“地道”“人道”统一的整体价值立场，积极从事人间社会秩序的建构活动。

因此，“天人合一”与“知行合一”，乃是可以相互诠释的两个重要哲学命题，二者不仅在本体论上同源，而且在流行发用上也同构。最重要的则是人的主体性的发挥，当然就必须强调更有实践倾向的“知行合一”的重要。严格地说，“知行合一”之“知”与“行”，在阳明晚年思想系统中，主要是指良知之“知”与良知之“行”，当然也可说是本体之“知”与本体之“行”，更可说是德性之“知”与德性之“行”，即《易·晋卦·象辞》“君子以自昭明德”或《大学》的“明明德”。就“明明德”而言，则“心之德本无不明也，故谓之明德。有时而不明者，蔽于私也。去其私，无不明矣。……君子之明明德，自明之也，人无所与焉。自昭也者，自去其私欲之蔽而已”②。因而人无论遇到任何艰难困苦或挫折失败，包括出处进退应该做出什么样的合理抉择，都必须守之以正，处之以正，进之以正，退之以正，即以正知正行而非妄知妄行为自己生命行动的主宰，做到与天道的至大至公精神合一。故无论良知之“知”、本体之“知”、德性之

① 例如章学诚便明确指出：“有天地自然之象，有人心营构之象。天地自然之象，《说卦》为天为圜诸条，约略足以尽之。人心营构之象，睽车之载鬼，翰音之登天，意之所至，无不可也。然而心虚用灵，人累于天地之间，不能不受阴阳之消息；心之营构，则情之变易为之也。情之变易，感于人世之接构，而乘于阴阳倚伏为之也。是则人心营构之象，亦出天地自然之象也。”斯亦发挥“天人合一”之说，而愈加突出了心的构象作用，不仅看到了天道与心性的通贯互联，而且也揭示了“自然之象”与“心象”的互动一体。见章学诚：《文史通义》卷一《易教下》，《文史通义校注》，第 18~19 页。

② 王阳明：《五经臆说十三条》，《王阳明全集》，第 980 页。

“知”，实际都代表着深切的本体体验与价值自觉，能够为生命和生活开辟出理想的目的，指出前进的方向；而良知之“行”、本体之“行”、德性之“行”，则体现为高度的道德实践行为与价值践履方式，可以推动生命真实地展现自己的本心本性，展示自己的人格气象。可见“知”与“行”乃本体存在及其起用流行的一体两面，只能是“两个字说一个工夫”，二者显然不能二分式地切割或分裂。无论在本体界或实践界，都必须做到无间无隔地合一，因而也可说是本体与实践的合一，即知即行、即行即知与即体即用、即用即体的合一。①

如前所述，良知说本质上也是尽“人”合“天”之学，只是在阳明看来，“心”与“理”不可析为二，因而“尽性知天，亦不过致吾心之良知而已。良知之外，岂复有加于毫末乎？”② 良知既为人人均有的“天则自然”，因而“致良知”固然不能脱离“知行合一”的工夫，但也为“天人合一”提供了实现的路径。只是前者较诸后者更显得“亲切简易”，阳明才更多强调“尽心之学”与“知行合一”的重要。易言之，“良知”与“致良知”彻上彻下，“一语之下，洞见本体，真是痛快……学问头脑，至此已是说得十分下落”③，不但整合统一了“知”与“行”，而且贯通联结了“人”与“天”，形上与形下，本体与实践，交叉并进，无遗无漏，一体收摄，显然更有统摄性的特点，能够使人更自觉地体认与良知同体的天道、天德、天理。

---

① 参阅张新民：《生命行动的哲学——论王阳明的知行合一说》，《贵州师范大学学报》1997 年第 2 期。

② 王阳明：《传习录中》，《王阳明全集》，第 46 页。

③ 钱德洪：《刻文录叙说》，《王阳明全集》，第 1575 页；又见《钱德洪语录诗文辑佚》，《徐爱　钱德洪　董沄集》，第 186 页。

五、伦理与责任：价值与生态共同体的建构

“天人合一”与“知行合一”虽是古典文明的重要思想命题，但经过创造性的再诠释，仍可转化为现代人主动认同的价值观，获得了现代性的时代新意义，从而一方面反思了人类当下的生存处境，一方面重新建构了具有人文主义取向的新学统。只有参与了现代性危机引发的各种问题的讨论，并给予具有东方经验与智慧的解答，古典的命题才能获得崭新的生命形态与价值意义，成为可以对治人类生存发展病症的重要思想资源。

传统“天人合一”之“天”，就其形上超越的层面言，即从“天道”“天德”“天理”的角度观察，则可说它与人的存在的联系乃是内在的。因此，人类必须做好“下学上达”的真工夫，通过尽心、知性、知天即“致良知”等多方面的实践方法，才能直契形上大道本体，获得内在性的提升超越，实现“人”与“天”本来不二的形上层面的“天人合一”。但形上本体的“天”作为超言诠的隐蔽性整体秩序，本身即蕴藏着无尽的创化力量，能够流行发用并显象为“形气”之“天”，即通常所谓的“天气”“天文”“天象”，显现为可知可感的敞亮性整体秩序，构成一切相互作用的存在及存在环境的自然整体，成为可以客观认知、了解和把握的形下对象，其与人的存在的联系显然又是外在的。所以，人能够创造文化以应对自然并与之相互作用，不仅不能将自己从自然中剥离出来，反而应该积极维护和参与自然生息不已的运作过程，主动承担起生态伦理或环境伦理的责任，实现与自然共生共荣的和谐化相处，建构人类能够“藏焉、修焉、息焉、游焉”（《礼记·学记》）的人文化成世界，开拓“人”“天”一体的诗意的栖居家园。

“天人合一”价值取向下的“人”与“天”，其内在一体不二的一

面乃是绝对的、决定性的，外在和谐一致的一面则为相对的、非决定性的。但正是内在绝对与决定性的一面，总是以良知发出道德律令的方式，清楚明白地告诉我们：人应是自然创化力量的参与者而不是旁观者，应该是自然生命的尊重者而不是征服者，应该是自然秩序的合作者而不是破坏者，应该是自然价值的实现者而不是毁灭者，应该是自然资源的守护者而不是掠夺者。内在的圆融统一与外在的和谐一致，乃是虽隐而显形上大道的一体之两面，二者一旦异化割裂，便意味着窒息了与“人道”相通的“天道”的流行发用，伤害了与“天道”相连的“人道”的刚健有为，既造成了“天”与“人”的两分，也违背了“天人合一”的妙旨，最终的结果只能是生命世界的萧条与黑暗。因而即使从工夫论的角度看，内省式的“收敛”以“知性”“知天”固然重要，但心体的活泼发用也不能忽视；前者显然有助于内在生命价值的领悟和体验，后者则能激发出推动社会变革的动力与热情，二者依然要圆融，并打成一片。这当然也是“明明德”与“亲民”的统一、“超越”与“用世”的统一。只有前者而无后者，只能是禅学；只有后者而无前者，则必然是俗学。儒家的正学总是彻上彻下、内外兼顾的——无论超越界或世俗界，都要做到一气贯通，无遗无漏。只有做到了两边恰到好处的和谐化平衡，才算臻至了圆融究竟之境。

“天人合一”与“知行合一”，既能相互诠释，亦可适当分疏，成为共同理论系统中相互支撑的两端。如果说“天人合一”理念的落实体现了生态伦理责任的主动承担，那么“知行合一”准则的践履便展示了人伦道德责任的自觉承诺，即所谓“天命流行，物与无妄，在天为不已之命，而在人为不息之体。孔门之所谓仁者，先生之所谓知也”①。因此，“天、人之学重规叠矩，如表之有影，声之有响，一而

① 王宗沐：《传习录序》，《王阳明全集》，第1590页。

二，二而一。天道远，人道迩，知人即所以知天”①。可见真正有意义有价值的人生，当然一方面要做到知天知人，“质诸鬼神而无疑，知天也；百世以俟圣人而不惑，知人也”（《礼记·中庸》），一方面也要“不怨天，不尤人”（《论语·宪问》），必须上不负天，下不愧地，竭尽全力，承担自己的一切责任。

回顾历史，展望未来，中国古代的世界乃是一个天、地、人、神共在的世界，“天”的有法有则的默运创化与“人”的责任的直下承担是一体的，超越的终极关怀和现实的人生努力也是不可分的。只有天地和顺了，鬼神受享了，百姓乐居了，万民来归了，才谈得上是王道普施了，善政见效了，国家安宁了，天下大治了。孔子赞美“大哉尧之为君也！巍巍乎！唯天为大，唯尧则之。荡荡乎！民无能名焉。巍巍乎！其有成功也。焕乎！其有文章”（《论语·泰伯》），与其说是在凭空怀古，不如说是在为人的福祉祈祷，谈论的是过去，着眼点却在未来。因此，无论“天人合一”或“知行合一”，都不能不有极为突出的实践性取向，即使是对超越的“天”的效法，也要唤起人深沉的敬畏感与强烈的担负感，无非希望通过人的自力来达致自我实现的目的，最终的价值诉求仍是指向人类的“至善”。人类“至善”终极理境的达致尽管尚在遥远的未来，但成功与否却取决于当下人人都可参与其中的实践。

因此，人类终极的理想的“至善”之学，当然即当下的“进德修业”（《周易·系辞传》）、“果行育德”（《周易·蒙卦·象》）、“厚德载物”（《周易·坤卦·象》）、“德博而化”（《周易·乾卦·文言》），也就是现实人生社会不可一刻松懈的实践之学。所谓实践，当然意味着心灵的无限开放；开放至极，则必有万物一体境界的现前。“大人者，以天地万物为一体者也，其视天下犹一家，中国犹一人焉。若夫

① 廖平：《四益馆杂著·天人论》，《廖平全集》第11册，第546页。

间形骸而分尔我者，小人矣。”①“大人”与“小人”的一大区别，即在于心灵是开放抑或封闭。从根本上讲，“宇宙不曾限隔人，人自限隔宇宙”②，一切的问题都来自人的自我封闭，即使“知”与“行”的脱节与分裂也不例外。这并非要消解有限与无限的差别，而是要由有限通达无限，最终向内（反身而诚）实现自己本有的超越，同时也向外（必有事焉）实现与世界的和谐。所以，人必须学会突围，即“奋起其精神，砥切其志意”③，冲破一切封闭自我的罗网，焚烧一切束缚自我的荆棘，真正做到“明乎物而不为物所蔽，适于物而不为物所役”④，让自己彻底回归无限宽广的天地，既汲汲于从事“知行合一”的社会生活实践，也遨游于“天人合一”的本体存在境域。⑤

稍有必要分疏的是，王阳明所说的“仁者以天地万物为一体，使有一物失所，便是吾仁有未尽处”⑥，当属心性实践领域，“天下犹一家，中国犹一人”则属政治实践领域，二者互为一体，本质上也是“知行合一”，同时也可说是“内圣”与“外王”的统一，即诚意正心与治国平天下打成一片的统一。人一旦真能做到如古本《大学》中所说的本体论意义上的“明明德”，必然就会从心性内部自然涌出人间社会的“亲民”关怀，从而在实践论上以“天下一家，中国一人”为价

① 王阳明：《大学问》，《王阳明全集》，第968页。

② 陆九渊：《陆九渊集》卷三十四《语录》，第401页。

③ 王阳明：《答季明德（丙戌）》，《王阳明全集》，第213页。

④ （题）列圣齐注：《大学证释》，第40页。

⑤ 宋儒张载《正蒙》强调：“大学当先知天德，知天德则知圣人，知鬼神。”可见能否做到“天人合一”，仍取决于人的努力。“天人合一”的境域永远向人开放，但前提则为人必须知“天德”。见《张载集》，第64页。

⑥ 王阳明：《传习录上》，《王阳明全集》，第25页。按，先于明代之王守仁，宋儒程颢已在其《识仁篇》中明确指出：“仁者，浑然与物同体。义、礼、知、信皆仁也。”适足以反映儒家前后一贯的思想传统，而以王氏之说最为明捷畅快。见《河南程氏遗书》卷二，《二程集》，第16页。

值理想，积极开展各种有利于修齐治平的政治实践活动，当然就能做到“生民之困苦荼毒，孰非疾痛之切于吾身者乎？不知吾身之疾痛，无是非之心者也。是非之心，不虑而知，不学而能，所谓良知也。良知之在人心，无间于圣愚，天下古今之所同也。世之君子惟务致其良知，则自能公是非，同好恶，视人犹己，视国犹家，而以天地万物为一体，求天下无治，不可得矣”①。人能够做到“仁者万物一体”，则是因为人人均有的仁心或良知，决定其“见孺子之入井，而必有怵惕恻隐之心焉，是其仁之与孺子而为一体也；孺子犹同类者也，见鸟兽之哀鸣觳觫，而必有不忍之心焉，是其仁之与鸟兽而为一体也；鸟兽犹有知觉者也，见草木之摧折而必有悯恤之心焉，是其仁之与草木而为一体也；草木犹有生意者也，见瓦石之毁坏而必有顾惜之心焉，是其仁之与瓦石而为一体也；是其一体之仁也，虽小人之心亦必有之。是乃根于天命之性，而自然灵昭不昧者也，是故谓之‘明德’。小人之心既已分隔隘陋矣，而其一体之仁犹能不昧若此者，是其未动于欲，而未蔽于私之时也。及其动于欲，蔽于私，而利害相攻，忿怒相激，则将戕物圮类，无所不为，其甚至有骨肉相残者，而一体之仁亡矣。是故苟无私欲之蔽，则虽小人之心，而其一体之仁犹大人也；一有私欲之蔽，则虽大人之心，而其分隔隘陋犹小人矣。故夫为大人之学者，亦惟去其私欲之蔽，以自明其明德，复其天地万物一体之本然而已耳；非能于本体之外而有所增益之也”②。正是本着“一体之仁”或“灵昭不昧”的良知，人才能“德及禽兽”③，“泽及草木”④，“恩及于金石”(《春秋繁露·五行顺逆》)。人不仅在形上无分别的超越世界之中，完全能够与天地万物合为一个本体和价值的共同体，即使在形下分殊的

① 王阳明：《答聂文蔚》，《王阳明全集》，第 79 页。

② 王阳明：《大学问》，《王阳明全集》，第 968 页。

③ 《史记》卷三《殷本纪》云：“汤德至矣，及禽兽。”

④ 班固：《汉书》卷六十四《严助传》引淮南王刘安上书，第 2780 页。

现象世界之中，亦有可能与天地万物合为一个道德和生存的共同体。

无论本体和价值的共同体，抑或道德和生存的共同体，均一方面取决于人的“复性”体认工夫，一方面有赖于人的伦理实践活动，必须最大化地彰显人的主体性，才能做到人与自然的和谐相处。这当然也是“致良知”的伟大人文主义的实践工程，需要在“天人合一”与“知行合一”两个方面用时用力。王阳明说得好：“人的良知，就是草木瓦石的良知。若草木瓦石无人的良知，不可以为草木瓦石矣。岂惟草木瓦石为然，天地无人的良知，亦不可为天地矣。盖天地万物与人原是一体，其发窍之最精处，是人心一点灵明。风、雨、露、雷、日、月、星、辰、禽、兽、草、木、山、川、土、石，与人原只一体。故五谷禽兽之类，皆可以养人；药石之类，皆可以疗疾：只为同此一气，故能相通耳。”① 更为重要的是，“《易》曰‘乾知大始’，乾知即良知，乃浑沌初开第一窍，为万物之始，不与万物作对”②，如阳明所说：“无声无臭独知时，此是乾坤万有基。”③ 良知不仅是人性的一点灵明，而且根本就可以为天地立心。④ 因此，将良知释作“乾知”，则“刚建中正，纯粹精也。七德不备，不可以语良知，中和位育皆从此出，统天之学，首出庶物，万国咸宁者也”⑤。如果综合地讲，以“致良知”来统摄“天人合一”与“知行合一”，则人类必可臻于“万物一体”之“理境”，实现生命之“至善”。倘若分疏地说，则“天人合一”的价值诉求必然指向“知行合一”，“知行合一”的实践路径亦必然通往

---

① 王阳明：《传习录下》，《王阳明全集》，第 107 页。

② 王畿：《致知议略》，《王畿集》卷六，第 131 页。

③ 王阳明：《咏良知四首示诸生》，《王阳明全集》，第 790 页。

④ 王门后学如王时槐屡言“知者性之灵”，心（道心）者“弥宇宙，亘古今，常为天地万物之根”，均承接阳明之意而有所发挥，当一并参阅。见王时槐：《友庆堂合稿》卷四，《王时槐集》，第 481、482 页。

⑤ 王畿：《致知议略》，《王畿集》卷六，第 131 页。

“天人合一”。而“明明德”之事亦即“致良知”，既需要“下学上达”契入形上超越的本体世界，与运作不息的天道合为一体，又需要“亲民”与“止于至善”开出形下具体的实践世界，与天下百姓休戚与共。这是一条由个人的良知通向集体的良知的道路，也是一条由个人的道德责任通向社会的道德责任的道路，更是一条由个人的“至善”通向天下的“至善”的道路。“至善”的境域不仅是“天人合一”的具体实现，更是“知行合一”的客观展示。

因此，人类的一切实践活动都应该以“止于至善”为终极诉求。不“止于至善”，即说明在生命发展的方向上尚未达致终极性的目标，不仅意味着理想的价值仍有待继续落实，而且象征着天地的创化精神未能全幅敞开。而人类社会追求“至善”的实践活动，既需要从天道性命一贯的本体吸取力量资源，也需要针对现实社会弊病做出合理有效的对治，所以必须不断地扩大“致良知”的社会实践活动范围，不断地在“天人合一”的广阔视域中为自己的发展方向准确定位，不断地以“知”“行”交相提升的方式增进人类的道德福祉，“既济”之后不能不是更加考验人类德行心智的“未济”，所以人自始至终均不能有一丝一毫的马虎与松懈。

中编　儒佛互动与理学思想世界的产生

第六章：儒释之间：唐宋时期中国哲学思想的发展特征——以儒学的佛化与佛教的儒化为中心

第七章：心学思想世界的建构与拓展——以王阳明整合儒佛思想资源的学术活动为中心

第六章：儒释之间：唐宋时期中国哲学思想的发展特征

——以儒学的佛化与佛教的儒化为中心①

佛教传入中国的“一大事因缘”，便是以旁助的方式催生了宋明时期儒学的第二期发展，形成了儒、道、释三家长期共存共荣的多元文化生态格局，丰富了固有文化不断赓续发展不可或缺的价值系统及其义理内涵。其中最突出的文化现象便是儒学的佛化和佛教的儒化，均突出反映了由排斥冲突到交流融合的整体历史发展大趋势。宋明诸大儒无不出入释、老，多方吸取其思想资源，然后又返归孔孟正学，重建自己的形上义理系统，不仅为中国文化注入了元气，而且也显示了东方民族特有的直观慧识。故即使延至21世纪初叶，中国思想界开始酝酿出现激烈反传统思潮时，也有学者坚持认为“理学者，中国之良药也，中国之针砭也，中国四千年之真文化真精神也”②，显示了传统中国一以贯之的学术精神，仍在文化断层的缝隙中为不少有识之士坚守或传承。

分析传统中国哲学的特点，必然离不开儒、道、释。而儒、道、释最突出的特征，即都以“生命”存在的意义问题为中心，也可说“二千多年来的发展，中国文化生命的最高层心灵，都是集中在这里表现”；而且“都是‘生命的学问’，不是科学技术，而是道德宗教，重点落在人

---

① 原载《文史哲》2016年第6期。收入本书时略有补充。

② 汤用彤：《理学谵言》，《理学·佛学·玄学》，北京大学出版社，1991年，第1页。

生的方向问题……是人类最切身的问题"①。必须以在道体上见得透为究竟，以人类的安身立命为归宿，代表了人类探寻生命存在真理的发展方向，反映了人类渴望内外打通和彻底把握自我的认知深度。

从长时段的视域看，儒家思想自孔孟以来，历经两汉以迄唐宋，虽多有曲折，但仍朝着越来越完整、系统、邃密的方向发展。特别是入宋以后，遂有理学雄军突起，无论讲心性、理气、性情、中和，抑或讲形上、形下、未发、已发，讨论的题域既超前代学者讨论范围，分析的邃密亦令后来者望洋兴叹。及至晚明，则可说是"牛毛茧丝，无不辨晰，真能发先儒之所未发"②。特别是对心性及其意识结构活动的如实了解和客观把握方面，不能不说是精义高见迭出，既绵延了先秦圣学的血脉，契应了孔孟心法，也发扬了儒家道统，当为儒学发展的又一高峰。然儒学的第二期复兴运动固然得力于自身内在理路的推廓或拓展，但也不可忽视诸如佛教等诸多外缘条件的挑战或刺激。③ 而

---

① 牟宗三：《中国哲学的特质》，《牟宗三先生全集》第28册，台湾联经出版事业股份有限公司，2003年，第6、87页。

② 黄宗羲：《明儒学案·发凡》，第14页。

③ 与本节题旨相关之研究成果，可举者主要有任继愈：《从佛教到儒教——唐宋思潮的变迁》，《中国文化》1990年第3期；洪修平：《儒佛道三教关系与中国佛教的发展》，《南京大学学报》2002年第3期；宋玉波、朱丹琼：《佛教哲学与中国儒学的内在关系问题》，《湖南大学学报》2005年第4期；刘学智：《关于"三教合一"与理学关系的几个问题》，《陕西师范大学学报》2013年第5期；洪修平：《儒佛道三教关系与隋唐佛教宗派》，《佛教文化研究》第1辑，江苏人民出版社，2015年；南潮：《唐初佛道儒三教文化交流中的冲突和融合》，《民族论坛》2007年第2期；陈兵：《晚唐以来的三教合一思潮及其现代意义》，《四川师范大学学报》2007年第4期；张玉璞：《宋代"三教合一"思潮述论》，《孔子研究》2011年第5期；魏鸿雁：《宋代僧人对儒家经学的认识与回应——从释智圆和释契嵩谈起》，《青海民族学院学报》2005年第2期；韩毅：《宋代僧人与儒学的新趋向》，《青海民族研究》2005年第4期；韩毅：《宋初僧人对儒家中庸思想的认识与回应——以释智圆和释契嵩为中心的考察》，《中华文化论坛》2005年第3期；赖永海：《宋元时期佛儒交融思想探微》，《中华佛学学报》1992年第5期；杨军：《宋元时期"三教合一"原因探析》，《江西社会科学》2006年第2期。博士论文如蔺熙民：《隋唐时期儒释道的冲突与融合》，陕西师范大学2009年博士学位论文；韩毅：《宋代僧人与儒学研究》，河北大学2004年博士学位论文；张树青：《〈大乘起信论〉与两宋理学心性论比较研究》，福建师范大学2011年博士学位论文。

佛教作为一种异文明的“外来物”，先与道家哲学思想结合，经过道家的“格义”式解读，实现了中国化（佛教的道家化）的第一步；然后又以道家思想为桥梁，开始与儒家伦理思想整合，逐渐消弭了相互之间的缝隙，实现了中国化（佛教的儒学化）的第二步。也就是说，经历了长程历史路途的融突磨合，特别是与道、儒两家思想资源的广泛交流，由域外输入的佛教也在不断本土化的语境中获得了新的解释，并始终朝着能为另一文化系统接纳的方向发展，最终则形成了既符合佛陀本怀，具有自身宗教特征，又多方面吸收异地固有的思想文化智慧，拥有新的生命形态的中国化的天台、华严、禅等众多中国化的宗教流派，代表了不同文明之间互学互鉴与融突磨合的成功模式，是跨文化交流对话和选择过滤的重要活态典范。①

一、唐代的儒佛交流与会通

佛教自东汉传入中土所呈现出来的长程复杂变迁面相，当然即不断中国化的历史性发展过程。其中经历了魏晋南北朝诸如“唯识学”“般若学”“涅槃学”的长期深入发展，至北宋已有近千年的本土化变迁演化经历，影响广及朝野上下，深入街闾村巷，影响士夫乡民。其前后渊源流变，或许宋儒陆象山概括得最好：“佛入中国，在扬子之后。其事与其书入中国始于汉，其道之行乎中国始于梁，至唐而盛。韩愈辟之甚力，而不能胜。王通则又浑三家之学，而无所讥贬。浮屠老氏之教，遂与儒学鼎列于天下，天下奔走而乡之者盖在彼而不在此也。愚民以祸福归乡之者则佛老等，与其道而收罗天下之英杰者，则

① 无论以智者为代表的天台宗，抑或以贤首为典范的华严宗，当然也包括以慧能为标志的禅宗，严格说都已经是中国化了的宗教，正好能为未来的文明交流与对话提供积极的经验借鉴。

又不在于老而在于佛。……百家满天下，入者主之，出者奴之，入者附之，出者污之，此庄子所以有彼是相非之说也。”① 可见佛教传入东土之后，的确一度主导了中国人的精神思想世界，同时也引发了各种学术流派的长期争论，导致了中国文化巨大全面的调整。如何消化吸收佛教思想资源，以重建儒家道统或学统，当然也就成为困惑唐宋两代儒家知识分子的重大问题。

唐代乃是佛教发展的高潮时期，其得人之盛，甚至压倒了儒学。所谓“儒门淡薄，收拾不住，皆归释氏耳”②，并非一时偶然之虚语。而即使辟佛最有力的韩愈，其所倡导发明的儒家“道统之说”，“表面上虽由孟子卒章之言所启发，实际上乃因禅宗教外别传之说所造成，禅学于退之之影响亦大矣哉！”③ 尽管韩愈主要以儒家道统排佛，目的在于发明先秦儒家固有的经世之学大义，然“道统之说”正中儒家的

① 陆九渊：《陆九渊集》卷二十四《策问》，第 289 页。按，“百家满天下”以下数句，出韩愈《原道》：“佛于晋、魏、梁、隋之间。其言道德仁义者，不入于杨，则入于墨；不入于老，则入于佛。入于彼，必出于此。入者主之，出者奴之；入者附之，出者污之。”当一并参阅。

② 《扪虱新话》：“世传王荆公尝问张文定公曰：‘孔子去世百年生孟子，亚圣后绝无人，何也？’文定公曰：‘岂无？又有过孔子上者。’公曰：‘谁？’文定曰：‘江南马大师，汾阳无业禅师，雪峰、岩头、丹霞、云门是也。’公暂闻意不甚解，乃问曰：‘何谓也？’文定曰：‘儒门淡薄，收拾不住，皆归释氏耳。’荆公欣然叹服。其后语张天觉，天觉抚几叹赏曰：‘达人之论也！’”钱谦益《阳明近溪语要序》亦云：“自有宋之儒者高树坛宇，击排佛学，而李屏山之徒力相撑柱，耶律湛然张大其说，以谓可箴江左书生膏肓之病，而中原学士大夫有斯疾者，亦可以发药。于是聪明才辩之士，往往游意于别传，而所谓儒门澹泊收拾不住者，即于吾儒见之矣。”可证当时一流学者，均在佛不在儒矣。《扪虱新话》之说见胡应麟：《少室山房笔丛》卷四十八《双树幻钞下》，上海书店出版社，1985 年，第 498 页；钱氏之说见《牧斋初学集》卷二十八，上海古籍出版社，1985 年，第 862 页。

③ 陈寅恪：《论韩愈》，《金明馆丛稿初编》，上海古籍出版社，1980 年，第 286 页。

终极关怀与人文智慧，从此遂成为历代儒者自觉维护和发扬光大的文化发展方向。但禅宗的兴盛也愈加反衬出儒家的衰败①，假如无禅宗便很难设想有韩愈道统论的揭出。道统论的揭出，恰好是韩愈仿效禅宗又借此排斥禅宗，希望能振敝起衰、复兴儒学的必然结果。

韩愈的辟佛活动虽然影响一时，实际则另有一层更深的社会文化心理因素在内，即“安史变叛刺激之反应也”②。稍加分析，即不难知道，与唐初三家并重，乃至于有总数达一千三百卷的《三教珠英》之修撰③，僧寺往往成为知识与文化传播的中心，士人并不以释氏之说为非不同，安史之乱后，士人普遍认为“戎狄之乱华，不仅同于地方藩镇之抗拒中央政府”④，故“当时特出之文士自觉或不自觉，其意识中无不具有远则周之四夷交侵，近则晋之五胡乱华之印象”，遂不能不牵连佛教，开始质疑朝野上下重佛轻儒的文化心理现象。只是与韩愈的极力辟佛相较，当时多数学者仍“不敢亦不能因释迦为夷狄之人，佛教为夷狄之法，抉其本根，力排痛斥，若退之之所言所行也”⑤。

但是，即使韩愈的排佛，亦主要着眼于政治社会学的考虑，完全缺乏学理方面的权衡，较诸宋儒为重建心性形上世界，往往能入其室

① 范育《正蒙序》云：“自孔孟没，学绝道丧，千有余年，处士横议，异端间作，若浮屠、老子之书，天下共传，与六经并行，而其徒侈其说，以为大道精微之理，儒家之所不能谈，必取吾书为正；世之儒者亦自许曰，吾之《六经》未尝语也，孔孟未尝及也，从而信其书，宗其道，天下靡然同风，无敢置疑于其间，况能奋一朝之辩，而与之较是非曲直乎哉？”即可见儒衰禅盛的真实历史情景。范说见吕祖谦编：《宋文鉴》，中华书局，1992年，第1284页。

② 陈寅恪：《元白诗笺证稿》，上海古籍出版社，1978年，第145页。

③ 《唐会要》卷三十六：“大足元年（701）十一月十二日，麟台监张昌宗撰《三教珠英》一千三百卷成，上之。初，圣历中，以上御览及文思博要等书，聚事多未周备，遂令张昌宗召李峤……二十六人同撰，于旧书外，更加佛道二教，及亲属姓名方城等部。”

④ 陈寅恪：《元白诗笺证稿》，第145页。

⑤ 陈寅恪：《论韩愈》，《金明馆丛稿初编》，第293~294页。

而操其戈，遂逐渐夺回有关天地宇宙及社会人生问题的发言权，尊王攘夷之对象亦不再牵连已中国化的释迦学说，实有非常明显的阶段性区别。着眼于历史发展的整体全程，则可说佛教之传入中国，在不断融突磨合的过程中，显然只是扩大而非缩小了中国固有多元文化的整体格局，丰富而非消解了中国传统学术思想的历史资源，诚如陈寅恪先生所说："自得佛教之裨助，而中国之学问，立时增长元气，别开生面。"①

与韩愈同时提倡古文的柳宗元，著述名动一时，影响后世甚大，然亦长期浸淫佛教，自谓"余知释氏之道且久，固所愿也"②。或父亲柳镇与梁肃（753—793）乃知交，家学授受渊源必对其有所影响乎？按，梁肃官至皇太子侍读、史馆修撰，然又为天台宗九祖湛然（711—782）之高足，不仅为有唐一代古文大家，同时又是天台佛教理论名家，尝整理天台文献，撰成《删定止观》一书，诚乃兼通儒释的文坛作手。而柳宗元既与梁肃有两代世谊，受贬永州后又与湛然另一再传弟子重巽过从甚密，并盛赞其人"修最上乘，解第一义。无体空折色之迹，而造乎真源，通假有借无之名，而入于实相。境与智合，事与理并"③。故宋僧志磐撰《佛祖统纪》一书，详述天台一宗源流，遂称其为"荆溪旁出世家"。足证其家世与天台人物交涉既多，受佛家义理影响亦颇深。

柳氏一生主张统合儒释，即所谓"真乘法印，与儒典并用，而人知向方"④；强调"佛之道，可以转惑见为真智，即群迷为正觉，舍大

① 转引自吴学昭：《吴宓与陈寅恪》，清华大学出版社，1992年，第11页。

② 柳宗元：《永州龙兴寺西轩记》，《柳河东集》卷二十八，《四部备要》本。

③ 柳宗元：《永州龙兴寺修净土院记》，《柳河东集》卷二十八，《四部备要》本。

④ 柳宗元：《送文畅上人登五台遂游河朔序》，《柳河东集》卷二十五，《四部备要》本。

暗为光明"①。后人因此遂以为其称引"浮图之说，推离还源，合于生而静者，以为不背于孔子。其称大鉴之道，始以性善，终以性善，不假耘锄者，以为不背于孟子。然后恍然有得于儒释门庭之外。涉猎先儒之书，而夷考其行事，其持身之严，任道之笃，以毗尼按之，殆亦儒门之律师也"②。评价不可谓不高。适可见其非但不辟佛，反而以为儒佛能够互补。

李翱亦与韩愈、柳宗元同时，而与韩愈论学最为相得，故乃追随其后推行古文运动，排佛立场与韩愈大体相同。如同韩愈与大颠和尚多有交往一样，李翱亦与尊崇天台之梁肃时有过从，故其之所以重新发明儒家心性论思想，当与受天台理论体系启发关系密切。李翱同时又多与禅门人物接触，可举者如惟俨、道通等，均或多或少对他有所影响，足证其与禅宗的关系较韩愈更为密契深广，故传世典籍多载他的参禅事迹。如《五灯会元》便载他的参禅情形云：

> 李翱刺史问："如何是真如般若？"（崇信）师曰："我无真如般若。"李曰："幸遇和尚。"师曰："此犹是分外之言。"③

具见他之所以参禅，必出于形上超越之关怀，而显然又有所透入，否则便不会直下追问"如何是真如般若"，故义理见地工夫远较韩愈为高。今人评价他在儒学史上的地位，以为可以"奇杰"两字许之。④

① 柳宗元：《永州龙兴寺西轩记》，《柳河东集》卷二十八，《四部备要》本。

② 钱谦益：《阳明近溪语要序》，《牧斋初学集》卷二十八，第862~863页。按，柳宗元曾撰《曹溪第六祖赐谥大鉴禅师碑》，多有赞叹之词，见《柳河东集》卷六《碑》。

③ 普济：《五灯会元》卷七《龙潭信禅师》，中华书局，1984年，第71页。

④ 参阅傅斯年：《性命古训辨证》下卷，商务印书馆，1947年，第16页。

钱谦益更称他“年廿有九参药山，退而著《复性书》，或疑其以儒而盗佛，是所谓疑东邻之井，盗西邻之水者乎”①，然《复性书》虽主“性善情恶”论，倡导儒家的复性工夫，主要发挥《孟子》《中庸》一系的思想，心得发明可谓颇多，但毫无疑问也杂有佛教之说，反映了他受禅宗思想影响既巨且深。②

唐代儒佛之间，互有矛盾冲突，又不断交流融合，二者的磨合交流，涉及广大的社会思想文化领域。即使政治上的排斥，也并未影响学理上的会通，最终则如陆象山所说：“大抵学术有说有实，儒者有儒者之说，老氏有老氏之说，释氏有释氏之说，天下之学术众矣，而大门则此三家也。”③ 上举韩愈、柳宗元、李翱三人，均为同辈学者，他们的儒学立场未必尽皆相同，受佛教影响也有程度大小的差异，但均发挥了学术思想史上承上启下的作用，不可不称为转移风气的关捩人物。尤其韩愈对后世的影响颇大④，故以其为象征性的标志，姑略去各种复杂曲折的社会文化变迁细节不论，则可说由他所率先揭出的“道统论”，发展至宋代遂一变而为系统化的“道学”思想，重建符合儒家“道统”的政治文化新秩序已成为士大夫群体的精神自觉，其间显然有极为清晰的儒学发展的内部理路线索可寻绎，即唐代历史以其为儒学复兴的肇端，亦可分为前后不同的两个时期：“前期结束南北朝相承之旧局面，后期开启赵宋以降之新局面，关于政治社会经济者如此，关

① 钱谦益：《阳明近溪语要序》，《牧斋初学集》卷二十八，第 863 页。

② 宋儒朱熹便直接批评说：“李翱复性则是，云‘灭情以复性’，则非。情如何可灭？此乃释氏之说，陷于其中不自知。不知当时曾把与韩退之看否？”见《朱子语类》卷五十九《孟子九》，第 1233 页。

③ 陆九渊：《陆九渊集》卷二《书》，第 16 页。

④ 《欧阳文忠公文集》卷五十七《赠王介甫》云：“翰林风月三千首，吏部文章二百年。”王安石《临川先生文集》卷二十二《奉酬永叔见赠》云：“他日若能窥孟子，终身何敢望韩公。”虽评价高低未必尽同，然均可见韩氏影响后世甚大。

于文化学术者亦莫不如此。”① 由唐至宋变动调整幅度之大，乃至于有人以“唐宋变革时期”一词来加以总结或概括，以为无论就广度或深度而言，均“堪与后来的清末民初的变动相匹敌”②。而率先重倡儒家“道统”的韩愈，后人也以为实乃开有宋一代风气者。③ 故儒佛交流互动作为时代潮流升降起伏变化的晴雨表，显然也折射出长程历史变革必然引发的思想文化转型的某些面相或特征。佛教传播的过程当然即不断中国化的过程，或可将其譬喻为补充生命必需营养的“输液”。近代以前主要有两次：“印度佛教思想传入中国，是第一次‘输液’。明清之际西方思想传入，是第二次‘输液’。……有这样几次‘输液’的过程，中国文化才得以葆其青春。”④ 也就是说，外来思想传入古代中国引发对话交流，就古代中国规模较大者而言，主要有魏晋以来佛学的兴起及明清之际西方“天文学”的传播⑤，均不是削弱而是强化了中国学术思想的多元性。其中最值得注意的是，佛教在不断“中国化”的过程中，不仅未丧失其自身的学术文化思想个性，反而极大地丰富了其他思想流派的学理内涵，甚至儒家一贯强调的刚强健动的主体自由精神，也由于外来文化因子的不断刺激而获得了空前的高涨。故肯定而非否定现实世界秩序建构的重要，始终都是中国思想世界的主流。这当然是世界文化交流史上的一大奇迹，明显折射出中国文化广大、和平、中正必有的开放性、容摄性特征。从宏观的视域

---

① 陈寅恪：《论韩愈》，《金明馆丛稿初编》，第 296 页。

② 参阅［日］沟口雄三：《中国思想史：宋代至近代》，生活·读书·新知三联书店，2014 年，第 5 页。

③ 近人康有为即明确指出：“开宋一代之风，韩昌黎始。”见氏著：《万木草堂讲义》，《康有为全集》第 2 集，第 287 页。

④ 参阅季羡林：《关于“天人合一”思想的再思考》，《中国文化》1994 年第 9 期。

⑤ 明清之际西方天文学传入中国的具体情况，可参阅［德］弥维礼：《利玛窦在认识中国诸宗教方面之作为》，《中国文化》1990 年第 3 期。

看，即使韩愈、李翱诸人，他们固然一方面激烈抨击释教，以儒家卫道者自居，难免有自固封畛之嫌，但另一方面又出入于释道，多交禅僧朋友，吸收了大量佛教思想资源，说明儒、佛两家在知识权力与正统地位上的争夺尽管十分激烈，但最终仍由扞格矛盾转化为会通交融，显示出历史的诡谲与复杂，实为北宋理学的滥觞，构成了多元化的学术生态格局。儒、道、释三家之间的长期互动互鉴关系，更造就了错综复杂的历史文化变迁面相。而中国人之精神生命世界，殆绝少不为佛教思想浸染，尤其宋明诸大儒为建构自身理论体系，遂不能不对其多有采撷吸收。故欲了解中国历史文化的整体发展变迁趋势，则首先必须摸清三家消长变化的政治文化生态分布格局。

二、北宋理学建构的佛教触媒因素

与唐以前通佛学者多通义学不同，宋代通佛学者则主要通禅学。谈禅成为宋人的一种社会风气，以至于儒家士子聚会亦时有发生。① 北宋诸大儒上接唐人统绪而多有创造性发明，亦有赖于佛教思想资源的旁助。② 不同之处是“北宋时，异才并出，自东汉后，当以北宋为盛”③，如果取唐与宋相较，则可说唐人之学甚粗，宋人之学颇精。事实上，“北宋诸儒实已为自汉以下儒统中之新儒；而北宋之理学家，则尤当目为新

---

① 《河南程氏遗书》卷二《二先生语二上》：“昨日之会，大率谈禅，使人情思不乐，归而怅恨者久之。此说天下已成风，其何能救！”可证士人聚会谈禅，已成社会文化风气。见《二程集》，第 23 页。

② 佛教发展由唐折转入宋，尽管之前尚有天台、唯识、华严、律、净土等宗派的涌现，但大多逐渐式微，唯禅宗一枝独秀，骎骎兴盛，流布天下。故本文言唐以来佛教，则多指禅宗。盖其时禅与儒交涉最为频繁，然时人仍多统称其为释氏。

③ 康有为：《康南海先生讲学记 · 古今学术源流》，《康有为全集》第 2 集，第 111 页。

儒中之新儒”。他们的目的主要是“针对释老而求发扬孔子之大道与儒学之正统”①，遂能系统发扬孔孟学说的内在义理，别开儒学崭新的思想天地。

其中较值得注意者如周敦颐，便称自己是“穷禅客”，曾“师事”鹤林寺僧寿涯，又从禅师习静坐。② 据《鹤林寺志》所载：“宋寿涯禅师，与胡武平（宿）、周茂叔交善。茂叔尤依寿涯，读书寺中，每师事之，尽得其传焉。其后二程之学本于茂叔，皆渊源于寿涯云。”虽不免显得过于夸大，然仍可见相互过从甚密。而《性学指要》谓周氏“初与东林总游，久之无所入。总教之静坐，月余忽有得，以诗呈曰：‘书堂兀坐万机休，日暖风和草自幽。谁道二千年远事，而今只在眼睛头。’总肯之，即与结青松社”③。可见他后来之所以强调“无欲主静”，一生学问都以主静为宗，甚至认为“定之以中正仁义，而主静”乃是证入形上道体④，可为世间“立人极”的重要方法，固然离不开自己的体认工夫，有儒家的渊源脉络可以考述，但也深受禅门超越智慧的启迪，留下了受丛林风气熏染的证据。故钱谦益认为他与后来晚出的朱熹两人，均为“击于禅人而有悟”者⑤。言似略显夸张，却并非毫无道理。

---

① 钱穆：《朱子新学案》，《钱宾四先生全集》，台湾联经出版事业股份有限公司，1998 年，第 18 页。

② 黄宗羲：《宋元学案》卷十二《濂溪学案下》，第 524 页。

③ 黄宗羲：《宋元学案》卷十二《濂溪学案下》，第 514 页。

④ 周敦颐：《太极图说》，《周敦颐集》，第 6 页。按，周氏《通书·圣学第二十》又云：“‘圣可学乎？’曰：‘可。’曰：‘有要乎？’曰：‘有。’‘请闻焉。’曰：‘一为要。一者无欲也，无欲则静虚、动直，静虚则明，明则通，动直则公，公则溥。明通公溥，庶矣乎！”可证“无欲主静”一方面要证入形上本体，返本归“一”；一方面也要依体起用，为人类社会建立“人极”。而证入形上本体的方法，儒佛两家显然可以互通，不必强立门户，妄分封畛。

⑤ 钱谦益：《阳明近溪语要序》，《牧斋初学集》卷二十八，第 863 页。

周敦颐一生学问精粹，均见于《太极图说》《通书》。《太极图说》固然主要取鉴道家人物陈抟的《无极图》，但也参照了释门禅僧的《阿赖耶识图》。[①] 而“《起信论》‘不生不灭与生灭和合，名为阿赖耶识’，与《太极图说》‘无极之真，二五之精，妙合而凝’之义相合”[②]。至于《太极图说》中的宇宙生成论、万物化生论，则与宗密《原人论》的理论构造模式极为相似[③]，但更强调宇宙人生生化不已的刚健大道，显然可视为北宋儒者重新发明儒家圣学的肇端。

程颢、程颐兄弟二人均师从周敦颐，即王夫之所谓“学之兴于宋也，周子得二程子而道著。程子之道广，而一时之英才辐辏于其门”[④]。儒学声势得二程而日益壮大，故学者多推尊其为道学（理学）的创始人。但他们出入释老而返归儒家正学的经历，仍反映了其思想学说来源的广泛。其中影响后世甚大的程颢便曾“泛滥于诸家，出入于老、释者几十年，遂求诸《六经》而后得之……秦、汉而下，未有臻斯理也。……教人：自致知至于知止，诚意至于平天下，洒扫应对至于穷理尽性，循循有序”[⑤]。他的《定性书》云：“所谓定者，动亦定，静亦定，无将迎，无内外。……故君子之学，莫若廓然而大公，物来而顺应。”[⑥] 梁启超即举《六祖坛经》弘忍传法慧能公案为例，以

---

① 参阅张立文：《宋明理学研究》，人民出版社，2002 年，第 113 页。

② 马一浮：《语录类编 · 儒佛篇》，《马一浮集》第 3 册，浙江古籍出版社、浙江教育出版社，1996 年，第 1050 页。

③ 参阅侯外庐等主编：《宋明理学史》，人民出版社，1984 年，第 60 页。

④ 王夫之：《张子正蒙注》，《船山全书》第 12 册，第 11 页。按，刘元卿《诸儒学案》卷一《濂溪周先生要语》称：“程公二子皆倡鸣道学，以继孔孟不传之统，世所谓‘二程先生’者，盖自（濂溪）先生发之也。”（《刘元卿集》，上海古籍出版社，2014 年，第 728 页）可一并参阅。

⑤ 程颢、程颐：《河南程氏文集》卷十一《行状》，《二程集》，第 638 页；又见脱脱等：《宋史》卷四二七《程颢传》，中华书局，1977 年，第 12716～12717 页。

⑥ 程颢、程颐：《河南程氏文集》卷二《书》，《二程集》，第 460 页。

为“程子讲‘物来顺应’，禅宗讲‘心如明镜’，这岂不是一鼻孔出气吗?”① 程子又强调“只心便是天，尽之便知性，知性便知天，当处便认取，更不可外求”；“‘穷理尽性以至于命’，三事一时并了，元无次序，不可将穷理作知之事。若实穷得理，即性命亦可了”②；显然继承了先秦儒家的心性论而有所发挥，体现了证量工夫的高明广大，但也不能说与禅宗的挑激影响毫无关涉，不可避免地折射出儒、道、释三家合一的时代发展新趋势。③

同为理学家的程颢之弟程颐也曾长期禅坐④，时以禅门传道印心法门接引来学者，后人因此以为：“大抵程门诸弟，高者俱从禅学中来。”⑤“昔贤出入老、释，未尝讳言之。”⑥ 唯程颢尝讥佛氏“自谓之穷神知化，而不足以开物成务。言为无不周遍，实则外于伦理；穷深极微，而不可以入尧、舜之道”⑦。他们都强调“静一诚敬”之功的重要，显然仍与释氏有所区别。⑧ 而依据马一浮先生的看法，其所批评的对象，实不过是“小乘之言用以接引下根，故希求福报。朱子《感兴》诗所谓‘西方论缘业，卑卑喻群愚’，此本亦佛所呵斥。若夫大乘，如

---

① 梁启超：《儒家哲学》，第126页。

② 程颢、程颐：《河南程氏遗书》卷二上《二先生语二上》，《二程集》，第15页。

③ 参阅韦政通：《中国思想史》下册，第782~783页。

④ 《河南程氏外书》卷十二《传闻杂记》载：“游、杨初见伊川，伊川瞑目而坐，二子侍立。既觉，顾谓曰‘贤辈尚在此乎？日既晚，且休矣。’及出门，门外之雪深一尺。”可见程氏长期禅坐习静，并有了宗教性的神通体验。

⑤ 聂豹：《答戴伯常》，《聂豹集》卷十，第316页。

⑥ 马一浮：《语录类编·儒佛篇》，《马一浮集》第3册，第1052页。

⑦ 程颢、程颐：《河南程氏文集》卷十一《行状》，《二程集》，第638页。

⑧ 李焘《续资治通鉴长编》卷二三三“熙宁五年五月甲午”条载：“（王）安石曰：‘……臣观佛书，乃与经合，盖理如此，则虽相去远，其合犹符节也。’上（神宗）曰：‘佛，西域人，言语即异，道理何缘异?’安石曰：‘臣愚以为苟合于理，虽鬼神异趣，要无以易。’上曰：‘诚如此。’”

《华严》所言，‘行布’即是‘礼主别异’，‘圆融’即是‘乐主和同’，‘文殊表智’即是‘惟深也，故能通天下之志’，‘普贤表行’即是‘惟几也，故能成天下之务’。彼此印证，固无往而不合也”。他认为儒、释之间，士人相较其同而非一味别其异，真正“于圣贤语言尚能知得下落”，也是一种“返之于《六经》”的方法。遗憾的是，“儒家唯是圆实，理绝偏小，故无小乘权宗之说，在佛氏唯大乘圆教乃可相应也”①。尽管儒家的根本精神不在独善其身而在兼济天下，但即使是其极端鄙夷的所谓小乘学说，就中国佛教内部而言也不能不对之有所批判，褒大（乘）贬小（乘）从来都是中国化的佛教的严正判教立场。例如晚明天台宗大师传灯（1554—1628）就不满韩愈的性三品说，认为他“离性以为三，曰中人可以上下，而上智与下愚不移。……不知夫子之言中人可以上下，而上智与下愚不移者，论才也，非论性也。然亦不独愈之言也，即天下举古今之人而言性，皆杂乎才以言之，是以纷纷而不能一也。韩愈之说又不独此也，甚至于离性以为情，而合才以为性。离性以为情，则饥寒之患，牝牡之欲皆情也，非性也。情而非性，则必以泊然而无为者为性矣。而韩愈每以辟佛老为己任，至于言性，又不觉不知流入于吾教小乘说中，是故其论终莫能通”。足证儒与佛之所以能够互融互通，主要仍在大乘而非小乘之说，双方都出于淑世救人的根本精神诉求，在理论与实践两个方面明显与小乘有所区别。至于马先生谈到的《华严经》，程颐亦与其门人有一段对话涉及：

问：“某尝读《华严经》，第一真空绝相观，第二事理无碍观，第三事事无碍观，譬如镜灯之类，包含万象，无有穷尽。此理如何？”曰：“只为释氏要周遮，一言以蔽之，不过曰万理归

① 马一浮：《语录类编·儒佛篇》，《马一浮集》第3册，第1052页。

于一理也。”又问：“未知所以破佗处。”曰：“亦未得道他不是。”①

“万理归于一理”云云，程颐又概括为“理一分殊”：“《西铭》明理一而分殊，墨氏则二本而无分。分殊之蔽，私胜而失仁；无分之罪，兼爱而无义。分立而推理一，以止私胜之流，仁之方也。无别而迷兼爱，至于无父之极，义之贼也。”② 可见“理一分殊”既然是宇宙天地法则，当然便可以具化为世俗伦理原则。以后持类似看法者，多见于儒家学者。如朱熹就接着程颐的话说：“释氏云：‘一月普现一切水，一切水月一月摄。’这是那释氏也窥见得这些道理。濂溪《通书》只是说这一事。”③ 检读更早的周敦颐的《通书·理性命》，他已明确提到：“是万为一，一实万分。万一各正，小大有定。”朱子据此发挥说：“言万个是一个，一个是万个。盖体统是一太极，然又一物各具一太极。所谓‘万一各正’，犹言‘各正性命’也。”“本只是一太极，而万物各有禀受，又自各全具一太极尔。如月在天，只一而已；及散在江湖，则随处而见，不可谓月已分也。”④ “一”之本义显然即本体即整体即根源，当然可以化现为“多”（万），而可说“一”即“多”（万），“多”（万）即“一”。一方面，一法遍含一切法，站在“一”的立场上看，不能不说万物终归一太极；另一方面，一切法为一法摄，以“多”的方法观，则又不能不说万物各具一太极。足证朱熹

① 程颢、程颐：《河南程氏遗书》卷十八《伊川先生语四》，《二程集》，第195页。

② 程颢、程颐：《河南程氏文集》卷九《答杨时论西铭书》，《二程集》，第609页。

③ 黎靖德编：《朱子语类》卷十八《大学五》，第357页。

④ 黎靖德编：《朱子语类》卷九十四《周子之书》，第2164、2165页。按，《华严经》：“譬如日月住虚空，一切水中皆现影。”

实借用了佛教颇有哲理义涵的“月映万川”妙喻①，以发明由周氏肇端、程颐明确拈出的“理一分殊”之说②，恰好可见不仅程颐曾认真研读过《华严经》，周敦颐亦颇受《华严经》影响，而尤以朱子发挥最多。他们都熟悉华严宗理无碍、事无碍、理事无碍、事事无碍思想，了解其“一”与“多”互摄互融（一即一切，一切即一）的一套理论体系，深知宇宙乃是一个拥有自身内在价值而又相互联系的整体。③

作为中国思想史上一个极为重要的命题，由程颐首先揭出的“理一分殊”说，经杨时（龟山）、李侗（延平）、朱熹等人的发挥，越到后来就越具有形而上和宇宙论的含义，主要得益于《华严经》“竭两端之教”“合于一贯之旨”的方法④，更受到了“理事无碍法界”玄旨的感染⑤，既延续了先秦儒家的核心思想和基本价值，彰显了儒家一贯固有的真精神，又依据佛教理论进行了创造性发挥，开拓了儒学致思的空间范围，说明佛教的不少观点已为儒学消化和吸收，儒与佛已缩小了相互之间的义理差距或立论分歧。

北宋另一大儒张载，早年曾受范仲淹影响，反复研读《中庸》，“虽爱之，犹未以为足也，于是又访诸释老之书，累年尽究其说，知无

---

① 《朱子语类》卷九十四《周子之书》：“郑问：‘理性命’章何以下‘分’字？曰：不是割成片去，只如月映万川相似。”按，“理性命”云云，乃指周敦颐《通书·理性命第二十二》。

② 程颢、程颐：《河南程氏文集》卷九《答杨时论西铭书》，《二程集》，第609页。按，上引周敦颐《通书》“一实万分。万一各正”之说，朱熹以为“便是理一分殊处”。

③ 宇宙间一切事物的相互联系，也可说是遵循互摄性原则、旁通性原则，即华严宗所展示的无碍自在而又圆融无尽的境地。参阅方东美：《华严宗哲学》，台湾黎明文化事业股份有限公司，1981年，第467页。

④ 马一浮：《语录类编·儒佛篇》，《马一浮集》第3册，第1050页。

⑤ 参阅刘述先著，景海峰编：《理一分殊》，第1~2页。

所得，反而求之《六经》”①。可见其最终选择尽管为儒家正学，但佛教思想资源的旁助作用同样不可轻忽。张载特别强调：

> 至诚，天性也；不息，天命也。人能至诚，则性尽而神可穷矣；不息，则命行而化可知矣。学未至知化，非真得也。有无虚实通为一物者，性也；不能为一，非尽性也。饮食男女皆性也，是乌可灭？然则有无皆性也，是岂无对！庄、老、浮屠为此说久矣，果畅真理乎？……浮屠明鬼，谓有识之死，受生循环，遂厌苦求免，可谓知鬼乎？以人生为妄见，可谓知人乎？天人一物，辄生取舍，可谓知天乎？孔孟所谓天，彼所谓道，惑者指游魂为变，为轮回，未之思也。大学当先知天德，知天德则知圣人，知鬼神。今浮屠极论要归，必谓死生转流，非得道不免，谓之悟道可乎？……自其说炽传中国，儒者未容窥圣学门墙，已为引取，沦胥其间，指为大道。其俗达之天下，致善恶、知愚、男女、臧获，人人着信，使英才间气，生则溺耳目恬习之事，长则师世儒宗尚之言，遂冥然被驱，因谓圣人可不修而至，大道可不学而知。故未识圣人心，已谓不必求其迹；未见君子志，已谓不必事其文。此人伦所以不察，庶物所以不明，治所以忽，德所以乱，异言满耳，上无礼以防其伪，下无学以稽其弊，自古诐淫邪遁之词，翕然并兴，一出于佛氏之门者千五百年。自非独立不惧，精一自信，有大过人之才，何以正立其间，与之较是非，计得失。②

可见他主要不满意佛教的“寂灭”或“无生”；以为必回归儒家圣人之道，既重天也重人，天与人均为“道”的流行发用的场域，虽

---

① 吕大临：《横渠先生行状》，《张载集》，第381页。

② 张载：《正蒙》，《正蒙合校集释》，第916~921页。标点略有改动。

人伦日用亦不能不为天理之当然，故必穷理尽性然后可以“至命”，缺少了“下学”便谈不上“上达”，生命存在一日便尽一日之伦理责任①，否则便是乖离儒家经世情怀的有体无用之学。足证与其他理学人物一样，张载虽受释、老影响而仍排斥释、老，即在于其过分地崇无黜有，有违儒家天人一体、有无一致的即超越即存在的人间情怀。而他一生“志道精思，未尝须臾息”，“学者有问，多告以知体成性，变化气质之道”，“关中学者之多，与洛人并”②，显然也与他所受到的影响有关。宜乎程颐称他“《西铭》之为书，推理以存义，扩前圣所未发，与孟子性善养气之论同功”③。王夫之也认为他“上承孔、孟之志，下救来兹之失，如皎日丽天，无幽不烛，圣人复起，未有能易焉者也”④。他“在学术界，开辟力极强大……主张气一元论，由虚空即气的作用，解释宇宙的本体及现象”⑤。但正如朱熹《横渠先生画像赞》所说：“早悦孙吴，晚逃佛老。勇撤皋比，一变至道。”⑥ 显然其也是先从佛教思想阵营中“冲杀”出来，然后才一本儒家立场建构出自己的理论体系的。

三、南宋思想世界的儒佛对话

南宋朱熹乃伊洛学统的发扬光大者，也是集理学之大成的一代历

---

① 陆象山称：“上达下达，即是喻义喻利。”可证从儒家视域看，下学上达的工夫，必然一端联系着形上道体的证入，一端连接着社会伦理责任的承担，二者缺一不可。见《陆九渊集》卷三十五《语录》，第435页。

② 刘元卿：《诸儒学案》卷二《横渠张先生要语》，《刘元卿集》，第773页。

③ 程颢、程颐：《河南程氏文集》卷九《答杨时论西铭书》，《二程集》，第609页。

④ 王夫之：《张子正蒙注》，《船山全书》第12册，第11页。

⑤ 梁启超：《儒家哲学》，第71页。

⑥ 朱熹：《六先生画像赞》，《朱子全书》第24册，第4003页。

史大儒，主要的学术工作是以心、性、理、气、太极等为基本架构，试图对宇宙万物，当然也包括心性本体，做出合理周延的解释，建立了一个颇有综合性特征的理学体系。今人以为他之“在中国，犹西洋中世之 Thomas Aquinas，其功至不可没”①，自孔、孟之后，鲜有出其右者，不啻为“吾国学术史上中古唯一伟人”，“迄今逾七百年，著作议论涉及朱子者何限”②。易言之，有宋一代学术文章之所以灿然可观，当与朱子承上启下之功大有关系。而自元以迄晚近七百年，若论对士人群体影响之大，实也可以称他为孔、孟以后的第一人。③

朱熹的学问进路，主要强调“涵养须用敬，进学在致知”，从而发展出一个心、性、情三分的理论格局，倡导理气二元不离不杂的形上之学。其于“北宋理学”，“不仅汇通周、张、二程四家，使之会归合一。又扩大其范围，及于邵雍尧夫、司马光君实两人，特作六先生画像赞，以康节、涑水与周、张、二程并举齐尊”④。然朱子的世界尽管是以儒学为中心的世界，其基本的身份不能不是士大夫，却未必就没有受到佛教的影响，特别是其早年曾一度热衷于佛学，自谓“某年十五六时，亦常留心于此”；“某旧时亦要无所不学，禅、道、文章、《楚辞》、诗、兵法，事事要学”⑤；“以先君子之余诲，颇知有意于为己之学，而未得其处，盖出入于释老者十余年”⑥，或许因为他“初师屏山籍溪。籍溪学于文定，又好佛老；以文定之学为论治道则可，而道未至。然于佛老亦未有见。屏山少年能为举业，官莆田，接

---

① 转引自《吴宓与陈寅恪》，第 11 页。按，Thomas Aquinas，原书注：“阿奎那（1225—1274），意大利神学家。”

② 钱穆：《朱子新学案》，《钱宾四先生全集》，第 14 页。

③ 参阅刘述先：《对全球在地化问题的反思与回应》，《儒学的当代发展与未来前瞻》，人民出版社，2014 年，第 13 页。

④ 钱穆：《朱子新学案》，《钱宾四先生全集》，第 25 页。

⑤ 黎靖德编：《朱子语类》卷一〇四《朱子一》，第 2358 页。

⑥ 朱熹：《答江元适》，《朱子全书》第 21 册，第 1700 页。

塔下一僧，能入定数日。后乃见了老，归家读儒书，以为与佛合，故作《圣传论》”①。则朱子浸淫佛学义理之深，实与其师徒授受渊源关系密契。无怪乎他早年赴进士考，行箧中唯一所带之书，竟是一本临济宗禅僧大慧的著述《大慧语录》。② 兹说之可靠性虽尚有待深考，然亦可见他对佛教的倾心向慕。③ 尤宜注意者，则为他的《久雨斋居诵经》诗：

端居独无事，聊披释氏书。
暂释尘累牵，超然与道俱。
门掩竹林幽，禽鸣山雨余。
了此无为法，身心同晏如。④

后人据此认为：“彼其所得，固已超然于语言文字，亦岂落宗门之后。”以此推之，则可说“五花开后，狂禅澜倒，扫末流之尘迹，修儒行为箴砭，闷现之间，亦有时节因缘在焉，其微权固未可以语人”⑤。朱子学问得力佛教颇多，尚可举下面一段对答为例：

或问：“万物各具一理，万理同出一原。”（朱子）曰：“一个一般道理，只是一个道理。恰如天上下雨，大窝窟便有大窝窟水，小窝窟便有小窝窟水，木上便有木上水，草上便有草上水。随处

① 黎靖德编：《朱子语类》卷一〇四《朱子一》，第 2357 页。

② 吴之鲸《武林梵志》卷八《宰官护持》：“（朱熹）人少年不乐读时文，因听一尊宿谈禅，直指本心，遂悟昭昭灵灵一着。年十八，从刘屏山游，屏山意其留心举业，搜之箧中，惟《大慧语录》一帙而已。”

③ 参阅陈来：《宋明理学》，辽宁教育出版社，1991 年，第 160 页。

④ 朱熹：《久雨斋居诵经》，《朱子全书》第 20 册，第 231 页。

⑤ 钱谦益：《阳明近溪语要序》，《牧斋初学集》卷二十八，第 863 页。

各别，只是一般。”①

朱熹所要阐明的依然是前述“理一分殊”的道理。但如同“月映万川”之说直接受益于华严一样，他的上述说法则渊源于天台思想。朱熹的说法，主要突出“理一分殊”即本体与现象的关系，强调抽象普遍的“理一”必须落实在具体个别的“分殊”之中，具体个别的“分殊”必然会受到抽象普遍的“理一”的贞定，即使世俗世间的伦理义务或人生责任，也必须受到普遍抽象与特殊个别的双重规约，才有利于人类道德生活及修养工夫即存在即超越的步步展开和落实，然仍不难窥知他设譬取喻的方法，明显因袭天台尊奉的经典——《法华经》，诚乃善用他人之优长以畅己之言说者。

《法华经》的说法经过朱子的创造性转用后，也对后世儒家学者阐发相关理论产生了巨大影响。不妨试举一例，譬如陈淳（1159—1223）在解释“天之所命则一，而人受去何故如彼之不齐”这一问题时，便撰有以下一段极为有趣的长文来加以说明：

> 譬之天油然作云，沛然下雨，其雨则一，而江河受去，其流滔滔，不增不减；溪涧受去，则洪澜暴涨；沟浍受去，则朝盈暮涸。至于沼沚坎窟、盆瓮罂缶、螺杯蚬壳之属受去，或有斗斛之水，或只涓滴之水，或清甘，或污浊，或臭秽。随他所受，多少般样不齐，岂行雨者固为是区别哉？又譬之治一片地而播之菜子，其为播种一也，而有满园中森森成行伍出者，有掷之蹊旁而践蹂不出者；有未出为鸟雀啄者，有方芽为鸡鹅啮者，有稍长而芟去者，有既秀而连根拔者，有长留在园而旋取叶者；有日供常人而羹食者，有为菹于礼豆而荐神明者，有为齑于金盘而献上宾者，

① 黎靖德编：《朱子语类》卷十八《大学五》，第357页。标点略有改动。

> 有丐子烹诸瓦盆而食者；有脆嫩而摘者，有壮茂而割者，有结食成子而研为齑汁用者，有藏为种子，到明年复生生不穷者。其参差如彼之不齐，岂播种者所能容心哉？故天之所命则一，而人受去自是不齐。亦自然之理，何疑焉！①

按，陈淳曾在朱子门下力学不懈，朱子尝“数语人”，以为南来之后，“吾道喜得陈淳”。其于师门虽最晚出，难免“有操异同之见而失之过者”，然“卫师门甚力，多所发明”②。试取《法华经》、朱子及陈氏本人之说稍加比较，细揣上引文字，即不难发现，文中“天油然作云”一段，虽不本自《法华经》，亦必受到朱子影响。至于“治一片地”一段，虽承上半段文字而来，仍可说是陈淳的进一步发挥，乃是在《法华经》、朱子的基础上，层层铺陈、层层推阐、反复论证的结果。一旦“原始察终”，寻流讨源，则可见其皆同出一母本，遵循一理路脉络，都受到了外来佛教的濡染，又都丰富了儒家自身的义理系统。

陈氏秉承师说而多有发明，当然也极为重视“理一分殊”说，认为儒家“亲亲仁民爱物”一贯之思想，也完全可以用“理一而分殊”来作为立论的根据。因为“以天言之，则乾父坤母，民物皆为同胞，与吾亲同此一气体而生，是理一也；然亲也、民也、物也，其亲疏本末亦天然自有个差等处，是分殊也……以人言之，则曰亲、曰仁、曰爱，皆一仁心之所流行贯彻，而所谓仁爱者，不过出于亲，是理一也；然亲者隆于仁爱，仁者止于仁而弗亲，爱者止于爱而弗仁，其亲重亦有等，先亲亲而后仁民，仁民而后爱物，其缓急又有序，是分殊也”。所以，人伦共同体存在着不同的“亲亲仁民爱物”道德实践，是有着来自天道人心深层基础共同具有的“理一分殊”理则的坚强的支持的。

---

① 陈淳：《北溪字义》卷上《命》，中华书局，1983年，第5~6页。

② 黄宗羲：《宋元学案》卷六十八《北溪学案》，第2220、2219页。

用他的话来说就是“此天命人心本然之目，为学依此则为当然之功。理一者，统言其体；分殊者，分言其用。理一所以包贯乎分殊，分殊只是理一中之差等处，非在理一之外也。然于分殊之中所以如是其亲、其仁、其爱，随其用而无不尽者，是又所以全其体而使所性之分无有外，兹又分立而推理一也。理一者，仁也；分殊者，义也。仁者廓然而大公，义者截然而有制。理一而分殊，则仁中有义，其施有差等，而不流于兼爱之泛，分殊而理一，则义贯于仁，其会有宗元，而不梏于为我之私。此所谓体常涵用，用不离体，而非有二物也”①。沿着程朱思想言说的理路，他同样强调儒家本体实践学的基本立场是“理一而分殊”——既在本体论上十分重视“理一”，务必使一己之仁心能够周遍流行和广泛贯彻；又在实践论上极为关注“分殊”，总是依据不同的社会身份和对象角色积极落实各种具有差异特征的伦理德目。可见“理一”必能涵摄“分殊”，“分殊”则不害“理一”，或者说“一本”必开显为“万殊”，“万殊”必会归于“一本”，非特不同于墨家的集体主义，也完全有别于杨朱的个体主义②，甚至较诸“佛氏认着体，墨氏认着用”③，也判然有所区别，乃是一种体用无间、内外合一之学，是有天道人心基础又合情合理的中庸之道。

不过，与朱子稍有不同的是，《朱子语类》《朱子全书》《性理大全书》均未以“命”字另立为一门，而陈氏的《北溪字义》开篇即以“命”立目，则不能不说是“其特色处”④。他之所以这样做，实际乃是要将“理一分殊”理论引入儒家一贯重视的“天命”论说义涵之中，认为“天与命只一理，就其中却微有分别……天以全体言，命以

---

① 陈淳：《北溪大全集》卷八，文渊阁《四库全书》本。

② 参阅刘述先：《“理一分殊”的规约原则与道德伦理重建之方向》，《刘述先自选集》，第505页。

③ 王守仁原著，施邦曜辑评：《阳明先生集要》理学编卷一，第82页。

④ 陈荣捷：《朱子新探索》，台湾学生书局，1988年，第445页。

其中妙用言。其曰‘以理言之谓之天’，是专就天之正面训义言，却包命在其中。其曰‘自人言之谓之命’，命是天命，因人形之而后见”①。显然他正是从“一本万殊”与“理一分殊”互诠互释的价值立场出发，力求为人类的道德实践找到更加坚强可靠的本体论或形上学的深层依据，而一旦采取“一本万殊”的基本立场深入展开分析，则必然更为重视本体实践学不能不大讲特讲的体用关系②，亦即“自一本而万殊，而体用一原也。合万殊而一统，而显微无间也”③。人类的道德实践生活不仅有着“天命”下贯于人生的正当性与合理性，而且其本身亦应成为每一个体有体有用源头活水不断的生命存在方式。实然之理固然重要，当然之理也不可轻忽，二者虽当有所区分，但也可互贯互通，足证他“之所以如此重视命者，盖以其寻觅源头处，穷到理而天理流行，以至于命也。此并非与朱子哲学有殊，盖天命亦朱子所重，只陈淳以之为其思想之中心而已”④。或直接或间接，或明或暗，他与朱子都吸取了大量佛教思想资源，并加以创造性改造，从而强化了自己立论的哲理依据，扩大了儒家义理的言说空间，坚定了道德实践的自我信心，巩固了人伦秩序建构的正当性基础，援佛入儒而又不失儒家基本价值立场，诚可谓善采他人之说而为我所用者。

从陈淳回溯至朱子，后者既然因袭天台立宗经典《法华经》，必然熟悉天台宗学说，并影响其门下学者。牟宗三认为，就佛教传入中国以后的发展而言，天台圆教可代表佛教传入中国以后之“最后的消化”⑤，而以朱子学问的渊博，显然不可能不对其义理系统有所了解和

---

① 陈淳：《北溪字义》卷上《命》，第4~5页。

② 参阅张新民：《天命与人生的互贯互通及其实践取向——儒家“天人合一”观与“知行合一”说发微》，《天府新论》2018年第3期。

③ 陈淳：《北溪字义》，第75页。

④ 陈荣捷：《朱子新探索》，第445页。

⑤ 牟宗三：《佛性与般若》序，台湾学生书局，1977年，第3页。

把握。考乾道九年（1173）至淳熙十年（1183），他曾两次入台州天台县界，并两度主管当地崇道观（后改桐柏宫），均讲学授徒，访贤交友，踪迹遍及当地山山水水，一时从游者甚众，从游者均为地方名流，有大量自撰诗文可供佐证。[①] 崇道观位于天台桐柏山，与天台国清寺（初名天台寺）相距不远。天台山历来有“东土灵山”之誉，国清寺亦被世人尊为“天台祖庭”。历代天台祖师均以《法华经》为宗，遂自成一中国化之佛教宗派。北宋以后“天台与云门旗鼓相当，工力悉敌，复有士大夫周旋其间，故特形其盛”[②]。朱子既有台州生活之经历，以他过人之博学广闻，必曾深入其学之堂奥，当断无疑义。更明白地说，他明显一度受到天台宗影响，不仅精研过《法华经》，读过智顗《法华玄义》《法华文句》《摩诃止观》诸书，深受其“法一”与“分殊”之说的浸染，而且更“改头换面”，巧用其譬喻来阐述儒家“理一分殊”的道理[③]，将佛教经典内容转化并植入了儒家的新语境，只是不经意中仍露出了马脚，未能完全抹去剿袭的痕迹。陈寅恪先生曾明确指出：“宋儒若程若朱，皆深通佛教者。”[④] 信非虚言。朱子好批评其他儒者的学问多有禅学之夹杂，但他自己的思想何尝不同样渗入了大量的佛教文化因子！只是从当时的思想世界的实际看，“‘理一’或易知，而‘分殊’甚难从。禅学在直观真理，故尤重‘理一’，即平等之世界观；儒教在推至赜之理，故尤重‘分殊’，即须会得差别之世界真相”[⑤]。禅宗更加重视

① 参阅严振非：《朱熹与台州》，《东南文化》1990年第6期。

② 参阅陈垣：《中国佛教史籍概论》，中华书局，1962年，第115页。

③ 据赵师夏《宋嘉定姑孰刻本延平答问跋》，朱熹初悟儒家“理一分殊”之旨，乃在早年从延平李侗问学之时，即所谓“延平之言曰：‘吾儒之学所以异于异端者，理一分殊也。理不患其不一，所难者分殊耳。’此其要也”。见《朱子全书》第13册，第354页。

④ 转引自吴学昭：《吴宓与陈寅恪》，第10~11页。

⑤ 谢无量：《朱子学派》，《谢无量文集》第3卷，中国人民大学出版社，2011年，第27页。

“理一”，乃是因为“根本智是理一，差别智是分殊。不从根本上见得，则所见差别未能是当”①。而儒家重视“分殊”，则因为“概以理一而不察乎分之殊，此学者所以流于疑似乱真之说而不自知也”②。何况“言理一而不言分殊，则为墨氏兼爱；言分殊而不言理一，则为杨氏为我。所以言分殊而见理一底自在那里，言理一而分殊底亦在不相夹杂”③。“佛氏之慈出于仁，而至于怨亲不等，流于兼爱，则‘厚于仁者薄于义’之谓也”④，亦为儒家反对。则儒释之间固然不能说毫无相似处，但也存在着极为明显的差别。宋代天台、华严、禅宗三家，虽整体看均自晚唐五代衰微而再次复兴，但亦因其自身的“入世转向”而早已完全中国化，其中禅宗声势骎骎乎如日中天，显然已非其他诸家所能匹敌，也同样出现了盛极之后难为继的历史性困局。朱子则不仅精通禅宗，而且对天台、华严两家亦颇为稔熟，实足以说明无论“宗”或“教”的典籍文献，其均有广泛涉猎或研读，同时又善于将其转化为自身以“天理”为中心范畴的理论建构资源，趁势巩固或强化了儒家在超越世界的思想主导地位和传道发言权。

朱子之所以由佛教折入儒学，如果分析其主要原因，则为受到持守儒家立场的延平李侗的“接引”。这一点似乎也有朱子自己的话可供佐证：“某少时未有知，亦曾学禅，只李（延平）先生极言其不是。后来考究，却是这边味长。才这边长得一寸，那边便缩了一寸，到今销铄无余矣。毕竟佛学无是处。”⑤ 可见他先进入禅学阵营之门，然后才

---

① 马一浮：《语录类编 · 儒佛篇》，《马一浮集》第3册，第1061页。

② 朱熹：《延平答问》附录，文渊阁《四库全书》本；参阅刘述先：《“理一分殊”的规约原则与道德伦理重建之方向》，《刘述先自选集》，第505页。

③ 黎靖德编：《朱子语类》卷九《张子一》，第2268页。标点略有改动。

④ 马一浮：《语录类编 · 儒佛篇》，《马一浮集》第3册，第1050页。

⑤ 黎靖德编：《朱子语类》卷一〇四《朱子一》，第2358页。

返归儒家正学，不能不说是真能“入室操戈”者。[①] 故其学虽与禅学大有区别，但未必就全然迥异。“禅宗不与人说道理，直下要人截断情尘意识……或以一句无义味语塞却人之思路，其方法实是险迫。然学者遭其逼勒，无伎俩可施，忽然转身来，直是廓落自在。非遇上根，决不能受此钳锤，中根之人全不得力，且有因此而发狂者，故儒家不用也。朱子深明此事，料简禅病，分明不差。不知此中甘苦者，自不能不疑其言。”[②] 朱子尽管“以父执事延平”后即有了由禅而儒的巨大思想转向，但仍不能轻下“决裂”或“斩断”的武断性结论。

朱子深知禅学利弊，在工夫论上必然有取有舍，故从禅学角度看，其学说与禅学相同或相似之处亦不胜枚举。但从大根大本处看，朱子之学仍为儒而非禅。诚如清人恽敬（1757—1817）所说：

> 尝观禅有近于朱子“理在气先”之说者，如鲁祖“茶盏在世界前”之言是也；有近于朱子“知在行先”之说者，如仰山“行履在何处”之言是也；有近于朱子之论“性”与“气”者，如赵州“有业识无佛性”之言是也；有近于朱子之论“体”与“用”者，如沩山“有身无用、有用无身”之言是也。此皆议论之时，枝叶波流，偶然相及，非为学之本源，故虽甚近，不可据此谓同于朱子。……朱子之学，其矩度绳尺，与圣人之教皆一辙焉，惟兢兢然，孑孑然，自拔于禅，宁言之实而不敢高，宁言之纡而不敢径，宁言之执而不敢通，遂有与圣人不相似者。敬尝谓朱子本

---

① 赵师夏《宋嘉定姑孰刻本延平答问跋》：“文公领簿同安，反复延平之言，若有所得者，于是尽弃所学而师事焉。”可证朱子确有一由禅而儒的思想变化发展过程，其中的关捩转折则为从延平执礼问学。见《朱子全书》第 13 册，第 354 页。

② 马一浮：《尔雅台答问续编》，《马一浮集》第 1 册，第 639 页。

出于禅而非禅，力求乎圣而未尽乎圣，盖此故也。①

儒学回应佛教的挑战，重建自身的形上世界，争夺终极性超越精神方面的发言权，虽有意区分相互之间的畛域，但毕竟同样涉及身心性命，面对共同的生存世界，同样关心浑然一体的形上大道，遂不能不有相似或重合之处，这样也就不能遽断朱子之学为禅学。但这并非就意味着要否定佛教对朱子的影响，也不能说禅学就毫无正面的思想支援作用，所谓“本出于禅而非禅，力求乎圣而未尽乎圣”，当是颇为公允的持平之论。而纵观朱子一生之学问，则可说是“理学中之最细密者，所谓物之表里精粗无不到，身之全体大用无不明，是以《宋元学案》谓先生之学，全体大用兼综条贯，表里精粗交底于极也。由此则所以朱子之学后人谓之迂阔，后人病其支离也，是岂朱子之迂阔支离耶，殆未之深察可厥申其说”②。

与其他儒者一样，朱子后来对佛教多有批评，主要的原因仍在佛教的“自私”③。不妨再举一段他与学生的对答：

问：“明德而不能推之以新民，可谓是自私?”（朱子）曰：“德既明，自然是能新民，然亦有一种人不如此，此便是释、老之学。”④

在朱子看来，“佛说万理俱空，吾儒说万理俱实”。这一差别本质

---

① 恽敬：《大云山房文稿二集》卷一《姚江学案书后二》，《四部丛刊》本。

② 汤用彤：《理学谵言》，《理学·佛学·玄学》，第26页。

③ 参阅张新民：《朱子“去恶全善”思想的本体论与工夫论》，《孔子研究》2002年第4期。

④ 黎靖德编：《朱子语类》卷十七《大学四》，第339页。标点略有改动。

上也可将前者归结为“自私”，因为“从此一差，方有公私、义利之不同”①。尽管他的批评不无道理，甚至直接指出了佛教的根本不足，但严格说佛教仍有“了义、不了义之辨。大凡儒家所斥，皆是不了义教，若了义教所示，一真法界无一法非真，此与万理俱实又何能异？……真不昧，便是万理皆实，法法皆真矣”②。可见他固然以格物穷理为根本，一生精力均用于弘扬儒家正学，即使强调心的虚灵明觉及其全体大用，也示明必须扩充德性生命本来固有之理，目的在于将心性本体之理与宇宙天地之理合为一体，从而开出人类社会生活不可或缺的道德实践活动。③ 与后来晚出的阳明一样，尽管朱子的整个思想世界及其方法路径完全是儒家的，却未必就没有受到禅宗的影响，甚至儒与释之交涉融突亦可通过他一生心路历程而窥知。简单地概括，则可说他一方面大量吸收了佛教思想资源以重建儒家下学上达的哲学体系，反映了援佛入儒的时代发展新潮流，一方面又严格区分儒、佛之间的疆界或畛域，极力将已为佛教垄断的思想权力资源转化为儒家学术阵营不可或缺的重要内容。

与朱子同时的陆象山，历来有人疑其近禅或其学根本就是释氏之学。④ 原因是其学以“事心”为主，能够“直趋本根”⑤，而讥朱子之学“支离”，强调“念虑之不正者，顷刻而知之，即可以正。念虑之正者，顷刻而失之，即为不正。有可以行迹观者，有不可以行迹观者。必以行迹观人，则不足以知人。必以行迹绳人，则不足以救人。”⑥ 其

---

① 黎靖德编：《朱子语类》卷十七《大学四》，第 340 页。

② 马一浮：《语录类编 · 儒佛篇》，《马一浮集》第 3 册，第 1049 页。

③ 参阅张新民：《朱子“去恶全善”思想的本体论与工夫论》，《孔子研究》2002 年第 4 期。

④ 参阅劳思光：《新编中国哲学史》第三卷上，第 298 页。

⑤ 朱熹：《答吕子约》，《朱子全书》第 22 册，第 2190 页。

⑥ 杨简：《象山先生行状》，《陆九渊集》卷三十三《谥议》，第 389 页。

说目的是透过心性论以凸显人的主体精神，故尤其强调“发明本心”的重要，遂与佛教心性论多有相似之处，也最接近禅宗的“明心见性”说。他同时又主张以简易的“格心”方法，取代朱子较为支离的“格物”手段，显然也大不同于程朱一系多关注天道观笼罩下的人生社会的解决出路问题，从而形成了儒学内部差异很大的两套形上理论体系。故宋代儒学自象山出，遂与朱子并埒分垒，形成二水分流的两派，即通常所谓心学与理学两大阵营。如果说道学兴盛于两宋，朱子乃其学之集大成者，虽受佛教影响而又极力辟佛，或可称其学为“道化之儒学”；那象山则为心学之开创者，释氏濡染其思想既深且巨，其宗教态度亦相对开放包容，则似可称其人为“佛化儒家，以禅论道者之领袖”，“乃理学之禅者”①。但朱子多论“性”，象山则少谈“性”，故梁启超曾比较二人，认为“九渊生平不喜谈玄。平常人说陆派谈玄，近于狂禅，这个话很冤枉。其实朱派才谈玄，才近于狂禅”②。“性”关涉形上超越之本体世界，先秦原始儒家甚少系统讨论，宋人受佛教挑激遂不能不有所回应，梁氏以此作为是否“近禅”的判断标准，显然不无道理。梁氏又说：

> 朱陆两家都受禅宗影响。朱子释“明德”说：“明德者，人之所得乎天，而虚灵不昧，以具众理而应万事者也。”所谓虚灵不昧，以应万事，即明镜拂拭之说。陆子称“圣贤之学，心学而已矣”，又即禅宗“即心是佛”之说。据我看来，禅宗气味，陆子免不了，不过朱子更多。陆子尝说“心即理”“明本心”“立其大者”，大部分还是祖述孟子“求其本心”“放其良心”的话。所以说孟子与孔子相近，象山是孟子嫡传。象山不谈玄，讲实行，没

---

① 南怀瑾：《禅海蠡测》，复旦大学出版社，1997年，第244、266页。

② 梁启超：《儒家哲学》，第111页。

有多少哲学上的根据。①

所谓“明镜拂拭之说”，典出《六祖坛经》，即禅宗五祖弘忍门下神秀之偈语：“身是菩提树，心如明镜台，时时勤拂拭，莫使有尘埃。”② 而“没有多少哲学上的根据”云云，则是象山与朱子特别是晚出的王阳明比较得出的结论。如果衡以先秦孔、孟的生命智慧，则象山及后来的阳明，似较诸程、朱一系，更具有实践化的价值诉求，亦更多与先秦儒家有相合契应之处。他们的精神灵魂或价值立场，尽管与程、朱一系存在着差异，但从儒、释、道三家的整体文化生态格局展开分析，显然都仍是儒家而非佛教的。

从佛教的整体历史发展看，南北朝时期佛教从“般若学”到“涅槃学”学术发展路径的历史性转向，实际即为本体论折入心性论从而不断扩大或深化其思想体证或言说范围的过程，最终则有以“明心见性”为根本旨趣的完全中国化的禅宗的产生。佛教不断中国化的长足发展过程，显然也折射出中国思想世界变迁的某些精神诉求。宋儒作为中国文化精神的托命人，或多或少亦会受到禅宗思想的濡染，最具典范意义者即为象山融会儒释而自成一家之言的做法。不妨试看象山与朱季绎的一段对话，即可看出他对佛学的认同态度与价值立场：

朱（季绎）云：“近日异端邪说害道，使人不知本。”（象山）先生云：“如何？”朱云：“如禅家之学，人皆以为不可无者，又以谓形而上者所以害道，使人不知本。”先生云：“吾友且道甚底是本？又害了吾友甚底来？自不知己之害，又乌知人之害？包显道

① 梁启超：《儒家哲学》，第 126 页。

② 慧能著，郭朋校释：《坛经校释》，中华书局，1983 年，第 12 页。

常云：‘人皆谓禅是人不可无者。’今吾友又云‘害道’，两个却好缚作一束。今之所以害道者，却是这闲言语。”①

具见象山以为真正害道者，乃在自己的执着，亦即所谓的“闲言语”，当然也可说成是变相表现出来的“利己之心”，或必须对治的“习气”。象山之学，“少而慕古，长欲穷源，不与世俗背驰而非，必将与圣贤同归而止”②，遂能以“尊德性”为学问宗旨，“先立乎其大，而后天之所以与我者，不为小者所夺。夫苟本体不明，而徒致功于外索，是无源之水也”③。与后来晚出的王阳明一样，象山在证道工夫进路上似更接近禅宗，同时也常以禅家机锋接引学人④，而大有别于朱子的“格物穷理”说。特别是“朱子言性即理，象山言心即理。此一言虽只一字之不同，而实代表二人哲学之重要的差异”⑤。言“性即理”显然更突出理的普遍性，言“心即理”当然更重视人的主体性，二者的确在工夫进路上大有区别，故象山之学遂多招崇朱或述朱者之讥诋，以致攻毁他为“狂禅”⑥。其实象山的学问乃是“因读《孟子》而自得之于心”⑦，故最强调验之身心，切己受用。象山一生均未放弃儒家修己治人的道德实践工夫，这种工夫亦最能转化为活泼挺拔的人格风姿。而无论朱子或象山，纵观两宋学术渊源流变，均不能不如明代大儒黄绾所说：“宋儒之学，其入门皆由于禅：濂溪、明道、横渠、象山则由

---

① 陆九渊：《陆九渊集》卷三十五《语录》，第437页。

② 陆九渊：《陆九渊集》卷三十六《年谱》，第485页。

③ 黄宗羲：《宋元学案》卷五十八《文安陆象山先生九渊》引，第1885页。

④ 参阅《陆九渊集》卷三十六《年谱》象山与杨简有关本心的机锋对答。

⑤ 冯友兰：《中国哲学史》，江苏凤凰文艺出版社，2021年，第773页。

⑥ 如朱子便指出：“近闻陆子静言论风旨之一二，全是禅学，但变其名号耳。”见朱熹：《答吕子约》，《朱子全书》第22册，第2191页。

⑦ 陆九渊：《陆九渊集》卷三十六《年谱》，第498页。

于上乘；伊川、晦庵则由于下乘。”① 足证他们的借鉴程度深或浅，态度为否定性吸收或批判性肯定，均免不了与禅宗有所交涉，必多方面地受其影响②，以至于我们可以大胆地断言：假若不经过佛教思想精神的洗礼，便难以有宋代儒家哲学体系的重建。佛教固然高明超拔，儒家也卓荦高迈，经过长久的历史性的融突磨合之后，两家已显得愈来愈接近。

四、唐宋儒佛合流的历史发展趋势

唐代佛教得以繁荣发展的一个重要原因，便是士大夫作为一股极为重要的力量参与了其中。③ 而佛教与儒学由唐入宋长期融突磨合的过程，显然即宋代新儒家哲学体系建构与完善的过程，不仅催生了诸如濂、洛、关、闽一类的学派，而且最终完成了儒学义理化和系统化的工作。或许陈寅恪先生的表述概括得最为精当准确：

> 佛教流布，实为世界文明史上，大可研究者。佛教于性理之学 Metaphysics 独有深造。足救中国之缺失，而为常人所欢迎。惟其中之规律，多不合于中国之风俗习惯。故昌黎等攻辟之。然辟之而另无以济其乏，则终难遏之。于是佛教大盛。宋儒若程若朱，皆深通佛教者，既喜其义理之高明详尽，足以救中国之缺失，而又忧其用夷复夏也。乃求得而两全之法，避其名而居其实，取其珠而还其椟。采佛理之精粹以之注解四书五经，名为阐明古学，

---

① 黄绾：《明道编》卷一，中华书局，1959 年，第 12 页。

② 参阅久须本文雄：《宋代儒学の禅思想研究》，日本日进堂书店，1980 年。

③ 参阅赖永海主编：《中国佛教通史》，江苏人民出版社，2010 年，第 244~313 页。

实则吸收异教。声言尊孔辟佛，实则佛之义理，已浸渍濡染。与儒教之宗传，合而为一。此先儒爱国济世之苦心，至可尊敬而曲谅之者也。故佛教实有功于中国甚大。而常人未之通晓，未之觉察，而以中国为真无教之国，误矣。……今人以宋元为衰世，学术文章，卑劣不足道者，则实大误也。①

由此可见，佛教对宋代儒学复兴运动的影响是巨大而深刻的，缺少了佛教在义理层面上的微妙而深刻的挑激，便很难设想宋儒能建构起如此系统深邃的哲学思想世界，也难以设想能产生自先秦以来如此罕见的最具有生机活力的第二期儒学复兴发展运动。清儒戴东原曾有言云：

宋以前孔孟自孔孟，老释自老释，谈老释者高妙其言，不依附孔孟。宋以来孔孟之书尽失其解，儒者杂袭老释之言以解之。于是有读儒书而流入老释者，有好老释而溺其中，既而触于儒书，乐其道之得助，因凭借儒书以谈老释者。对同己则共证心宗，对异己则寄托其说于《六经》、孔孟，曰："吾所得者圣人之微言奥义。"而交错旁午，屡变益工，浑然无罅漏。②

儒家自先秦以来的发展，宋代显然是一大分水岭。而佛教挑激旁助之功，迹亦至显至著。无怪乎陈寅恪先生要特别借用佛教经典"唯以一大事因缘故出现于世"之说，强调"中国自秦以后，迄于今日，其思想之演变历程，至繁至久。要之，只为一大事因缘，即新儒学之

---

① 转引自吴学昭：《吴宓与陈寅恪》，第10~11页。

② 戴震：《东原文集》卷八《答彭进士允初书》，《戴震全书》第6册，第353页。标点略有改动。

产生，及其传衍而已”①。质言之，宋代实乃儒家发展承上启下的一大枢纽时期，学者一方面吸收了大乘佛教特别是禅宗的心性论思想，建立了一套全面完整的道德形上学体系，一方面又发挥了自身传统固有的治国平天下的学说，始终未尝改变修己治人的经世性格。既可概括其为“内圣外王”之学，亦不妨许以“极高明而道中庸”之评语。佛教心性论与政治学之间的冲突或矛盾，在儒家学者看来恰好可以高度整合或统一。宋代以后儒家内部尽管派别纷争不断，且始终难以折中调和以归一是，然仍“以祖述尧舜禹汤、文武周公、孔孟之言，为圣贤授受一贯之心学，阐明仁义之说，演绎心性之际，为远承先圣之道统。与历来儒者唯知讲经注疏之因袭风气，大相径庭。其中思想之嬗变，学说之创获，探其蛛丝马迹，颇多耐人寻味之处。而其启导后世道统之争，门户之战者，当非其初心所及也”②。儒、道、释三家鼎立之文化生态格局遂于焉而得以成立。而三家之中，儒家实已上升为主体，释道两家则逐渐退居为辅助。

与儒学经过外来佛教的浸染而得以迅速发展同步，佛教顺应新的文化生存环境而不断儒化也成为一种历史趋势。③ 二者“相摩相荡”，

---

① 陈寅恪：《冯友兰中国哲学史下册审查报告》，《金明馆丛稿二编》，上海古籍出版社，1980 年，第 250 页。

② 南怀瑾：《禅海蠡测》，第 243 页。按，朱陆异同乃是长期争论的问题，然无论尊朱或崇陆，均属儒学内部方法论的争论，诚可谓道并行而不相悖，圣学之传不必一人，门户之争可以休矣。

③ 早在佛教传入中国初期，即在学者汉译佛经的过程中，内含在儒家思想中的不少伦理观或价值观，便已通过译文，渗入了汉译佛经文本之中，揭开了佛教儒化的历史性进程。参阅［日］中村元：《儒教思想对佛典汉译带来的影响》，《世界宗教研究》1982 年第 2 期；任继愈：《从佛教到儒教——唐宋思潮的变迁》，《中国文化》1990 年第 3 期。

互摄互涵，遂“变老、释之貌为孔、孟、程、朱之貌”①，当然就不能不沟通交融，形成错综复杂的结构关系。倘若着眼于中国整体长程历史，则可说自魏晋以来，“玄学弊在蹈虚，义学救之，剖析入微，而完全落于语言文字。禅学出而空之，扫荡一切，而卤莽承当者误认人欲为天理，弊病更大。于是理学出，一切都是实理，诚识禅学之病也。惟禅学之为人铲除己见，干干净净，儒家视之，终觉有逊色耳”②。而禅宗一方面借助儒家学说来丰富自己的思想内容，一方面又反过来发挥了推动儒学更新发展的作用。其中最宜注意者，即“南北朝后期及隋唐之僧徒亦渐染儒生之习，诠释内典，袭用儒家正义义疏之体裁……新禅宗特提出直指人心、见性成佛之旨，一扫僧徒烦琐章句之学，摧陷廓清，发聋振聩，固吾国佛教史上一大事也”③。所谓“直指人心、见性成佛”，当然即意味着从经典的束缚中解放出来，本质上也是人的觉悟的一种方法，不能不称其为佛教史上革命式的转型。韩愈受新禅宗的启发，遂不满孔颖达、贾公彦等人注经之方法，而一扫章句之烦琐，开“《春秋》三传束高阁，独抱遗经究终始”之学风。故延至两宋，“洛闽继起，道学大昌，摆落汉唐，独研义理，凡经师旧说，俱排斥以为不足信”④。其他如宋“胡瑗之于《易》与《洪范》，孙复之于《春秋》，李觏之于《周官》，此等皆元气磅礴，务大体，发新义，不规规于训诂章句，不得复以经儒经生目之”⑤。治经规模显然已与汉儒大不相同，均明显上承韩愈之余绪而又大加发挥。当然，从

---

① 戴震：《东原文集》卷八《答彭进士允初书》，《戴震全书》第 6 册，第 359 页。

② 马一浮：《语录类编 · 四学篇》，《马一浮集》第 3 册，第 959 页。

③ 陈寅恪：《论韩愈》，《金明馆丛稿初编》，第 243~244 页。

④ 永瑢等：《四库全书总目》卷一，第 1 页。标点略有改动；参阅张新民：《中华典籍与学术文化》，广西师范大学出版社，1998 年，第 261~278 页。

⑤ 钱穆：《朱子新学案》，《钱宾四先生全集》，第 12 页。

其积极面看，也可说宋儒“为学贵创获而不以墨守传注为贤，务实践而亟以驰逞虚玄为戒”①，但就消极面言，则自此以后，“汉学、宋学两家互为胜负，夫汉学具有根柢，讲学者以浅陋轻之，不足服汉儒也；宋学具有精微，读书者以空疏薄之，亦不足服宋儒也”②。汉学与宋学的治经取向，始终存在着难以调和的差别，固然不能不受到内部学术典范转移发生学机制的牵引，但外部禅宗力量的挑激渗透作为一大历史原因，显然也决不可轻忽。为了更好地说明问题，不妨再补充一段黄百家的看法：

> 孔、孟而后，汉儒止有经传之学，性道微言之绝久矣。元公（周敦颐）崛起，二程嗣之，又复横渠诸大儒辈出，圣学大昌。故安定、徂徕卓乎有儒者之规范，然仅可谓有开之必先。若论阐发心性义理之精微，端数公元之破暗也。③

百家乃黄宗羲之子，他生活的时代心学已开始式微，文中提及的胡瑗（安定）、石介（徂徕）诸人可暂不置论，但其称赞周敦颐“阐发心性义理之精微”显然无任何夸大溢美的意图。由汉儒“经传之学”一变而为“性道微言”之学，固然主要由于周敦颐、二程、张载诸大儒的相继崛起和阐发倡导，但未尝就不是吸收或消化了大乘佛教与禅宗心性论思想的结果。最终则引起了儒家思想世界的巨大调整，从而形成了与汉儒章句训诂大有区别的又一历史发展新阶段，称为“圣学”重新大昌时期固然颇有深意，视为儒学的第二期复兴运动当也十分贴切。足证儒释两家在不知不觉的震荡磨合的过程中，实早已形成了互

---

① 熊十力：《十力语要》，《熊十力全集》第4卷，第140页。

② 永瑢等：《四库全书总目》卷一，第1页。标点略有改动。

③ 黄宗羲：《宋元学案》卷十一《濂溪学案上》，第481页。

馈互益的思想动态新格局，显示了各自颇有时代个性特征的学术文化新形态，体现了自唐入宋中国固有传统变革调整的历史发展新形势。禅宗在不断儒化的同时，又用包裹了禅宗内容的儒家形式，发出辐射性的助缘作用，乃至于开启了宋明儒者包括治经在内的学问取向的新途径，显然也是颇值得注意的人类文化交流融合的历史典范或文化现象。

佛教的儒家化发展过程并非肇端于宋代。早在陈、隋间智𫖮初创天台宗时，便早已注意争取儒家士大夫的认可，即所谓“智者之为道也，广大悉备，为其徒者自尊信之，未足以信于人，惟名儒士夫信而学焉，则其道斯为可信也”①。由智者以迄明智法师，天台宗的确也凝聚了一大批儒家士大夫学者，不仅智者之道影响深远广大，而且天台宗亦成为最早中国化且影响颇大的佛教宗派。② 故稍后唐代华严宗五祖宗密撰《原人论》，便明白指出：“孔、老、释迦皆是至圣，随时应物，设教殊途。内外相资，共利群庶。”③ 儒、道、释三家设教的方法尽管存在差异，但惩恶劝善的目的论归宿则没有什么不同。北宋天台宗僧人知礼（960—1028）则接续隋唐以来历代祖师宗风，也强调“凡立身行道，世之大务。虽儒释殊途，安能有异？必须先务立身，次谋行道。……此外宜览儒家文集，博究五经雅言，图于笔削之间，不堕凡鄙之说”④。他们的看法均反映了文化调整和发展的新趋势。其中最值得注意者，则为自禅宗六祖慧能（638—713）以

---

① 志磐：《佛祖统纪》卷十五《明智立法师法嗣》，《四库全书存目丛书》本；参阅陈垣：《中国佛教史籍概论》，第115页。

② 明智名中立，乃天台宗山家派广智一派的传人，传法活动亦多得士大夫之认同。相关事迹可参阅黄夏年：《宋代栖心的明智中立法师考》，《觉群·学术论文集》，宗教文化出版社，2005年，第397~405页。

③ 宗密：《原人论》，《大正藏》卷四十五，日本大正一切经刊行会，1979年，第710页。

④ 知礼：《四明付门人矩法师书》，《大正藏》卷四十六，第904页。

后，举凡禅门宗匠言心性，便多舍“佛性”而径称“自性”“本性”或“自心”“本心”，特别强调“直指人心，见性成佛”，极大地凸显了绝对主体性及自证自悟工夫的重要性，直下贞定人人均有通向圣域的本体善根。[①] 按照韦政通先生的看法，尽管禅者意识形态仍是佛教的，但已与孟子的性无不善说极为接近，当然也就难以与儒家产生原则性的差别，成为中国人最能接受的宗教文化形态，以至于唐代兴起的几大宗教流派均相继衰微，而禅宗独能兴盛一时并传之久远。[②]

严格地说，理学固然为医时救弊而出，代表了中国文化的正统主脉，但尺短寸长，佛教未必就毫无哲学义理上的长处，两者均无不朝着中国化的发展方向转化。其中最突出者仍为禅宗的入世转向，最早可见于唐代慧能的《无相颂》：“法元在世间，于世出世间，勿离世间上，外求出世间。”[③] 由唐入宋，随着儒学的复兴与佛教的式微，为了减轻儒学对佛教批判所造成的压力，争取更多的社会认同资源，大乘佛教特别是禅宗的入世转向更为明显，世俗化实际已汇为一个时代的潮流，主动向儒学靠拢遂成为多数僧人的策略性选择，“佛法不异世间法，世间法不异佛法”亦变为不证自明的共识，此岸与彼岸的紧张或对抗暗中已消解殆尽。世俗世间的日常生活，根本就不与出世法的修行矛盾扞格：“茶里饭里，喜时怒时。净处秽处，妻儿聚头处，与宾客相酬酢处，办公家职事处，了私门婚嫁处，都是第一等做工夫，提撕警觉底时节。”（《临安府径山宗杲大慧普觉禅师语要上》）“运水搬柴，无非妙用”，稍加延伸发展，当然可说一切世俗社会生活，随处皆可显

① 参阅张新民：《“猖獠作佛”公案与东山禅法南传——读敦煌写本〈六祖坛经〉札记》，《中华文史论丛》2005年总第80辑。

② 参阅韦政通：《中国思想史》，第532~534、651页。

③ 慧能著，郭朋校释：《坛经校释》，第72页。按，上引四句，其他通行本均改作：“佛法在世间，不离世间觉；离世觅菩提，恰如求兔角。”

示真常妙道，更遑论以忠孝之心事君事父!① 故儒家忠孝爱国之仁心，亦时常见诸禅门人物论说中。譬如北宋契嵩禅师（1007—1072）就认为儒家固然讲“孝”，但佛教未尝就不可以有类似的主张，只是佛教的“孝”“追父母于既往，则逮乎七世；为父母虑其未然，则逮乎更生。虽谲然骇世，而在道然也”；以佛教的轮回多生说来看“孝”，则“孝”的时空范围似较儒家更广大。因而儒佛两家在“孝”的问题上不仅没有冲突，反而正好可以相互补充。妥当的办法是“以儒守之，以佛广之，以儒人之，以佛神之”②，才能真正做到相得益彰。这显然是立足于佛教立场的重新解读，暗中藏有应对儒家士子批评佛教背离人伦常情的历史背景，却充分肯定了“孝”的世俗价值，反映了“明儒释之道一贯”的基本文化立场。③

“孝”与“忠”均为儒家建构伦理世界的中心价值，认同儒家所倡导的代表家庭伦理价值的“孝”，必然就会将其范围延伸至体现国家伦理价值的“忠”。即使两晋南北朝时释、道两家占据了中国人思想信仰世界的中心，儒家消歇低落至极为次要的边缘，然“转有不如佛道二教者……士大夫号称旷达，而夷考其实，往往笃孝义之行，严家讳之禁。此皆儒家之教训，固无预于佛者之玄风者也”④。故契嵩认同儒家所提倡的“孝”的价值，并将其推廓至更广大的“三世”范围，决非一时之偶然；宋大慧宗杲禅师（1089—1163）继起，则在“孝”的价值之外，进一步强调“忠”的价值的重要：“予虽学佛者，然爱君忧国之心，与忠义士大夫等，但力所不能而年运往矣！喜正恶邪之

---

① 参阅任继愈：《从佛教到儒教——唐宋思潮的变迁》，《中国文化》1990年第3期。

② 契嵩：《孝论》，《大正藏》卷五十二，第660、661页。

③ 陈舜俞：《镡津明教大师行业记》，《大正藏》卷五十二，第648页。

④ 陈寅恪：《冯友兰中国哲学史下册审查报告》，《金明馆丛稿二编》，第251页。

志，与生俱生。永嘉所谓‘假使铁轮顶上旋，定慧圆明终不失’，予虽不敏，敢直下自信不疑！”① 虽为一代宗匠，证量工夫非常人可比拟，然亦不忘世间关爱，时时流露人文悲情，始终认同儒家忠义爱国价值，力图调和世间法与出世法的矛盾，化解儒家经世之学与佛教出世之学的冲突。② 这也可说是不坏世间相而求实相，不仅圣凡不二、僧俗不二，而且儒佛亦可不二，世间法与出世法亦当不二。两宋时期士大夫谈禅蔚然成风，原因固然是多方面的，但也与佛教的儒学化与世俗化的转向有关，根本就不存在非此即彼价值选择上的剧烈冲突和困难。

当然，接受儒家思想以改造自身，朝着世俗化方向转型，力图将世间法与出世法打成一片的，决非仅限于禅宗一家。例如宋天台宗山外派僧人智圆（976—1022），便曾自号“中庸子”，亦主动调和儒释两家之说。而他自号“中庸子”，则是因为儒家经典《中庸》不仅可以与龙树的中道之义互诠互释③，而且与大乘佛教教义相较也颇为接近相通，所以他又特别告诉人们：“儒乎释乎，其共为表里乎！故夷狄之

---

① 蕴闻：《大慧普觉禅师语录》，《大正藏》卷四十七，第 912 页。

② 马一浮认为：“出世之说，在佛家亦是权教说法，意在破人执着。《坛经》三十六对，对执有者则说空，及其执着空无，则又为之说有，总非究竟了义。说到究竟了义，惟是一真法界，无世间可出，空即是有，有即是空也。世有视寂灭为可畏，而引为佛家诟病者，皆由不解之故。寂灭并无可怖，孔子所谓‘寂然不动’，《西铭》所谓‘殁吾宁也’，皆此境界。‘宁’字下得好。”《坛经》乃禅门极为重要之经典，本即佛教中国化的产物。从“究竟了义”看，冲突只是相互格义过程中的暂时现象，二者所异则不胜其所同，最终仍以彼此融合为主流现象。见马一浮：《语录类编 · 儒佛篇》，《马一浮集》第 3 册，第 1052 ~ 1053 页。

③ 龙树所撰《中论》对后世影响颇大，其中之“三是偈”云：“众因缘生法，我说即是无。亦为是假名，亦是中道义。”诚可谓真谛与俗谛不二、世法与出世法一体。见《大正藏》卷三十，第 33 页。

邦，周礼之道不行者，亦不闻行释氏之道也。”① 具见他认为人间秩序的建构固然离不开儒家，然佛教未必就不可以参与其中。“修身”与“治心”尽管有一外一内的分别，但毕竟可以统合为完整的一体，因而儒与释不仅“言异而理贯”，而且根本就互为表里，否则就走入了非此即彼的极端，有违“中庸”或“中道”的大义。说明无论是儒还是释，由唐入宋，都出现了明显的入世转向，以至于原先的深沟巨壑也在不知不觉中得到了调和式的解构。

进一步分析，则可说大乘佛教尽管在彻底中国化的过程中，已发生了明显的入世转向，即所谓儒、道、释三家“本同而末异，其于训民治世，岂不共为表里？”② 但佛教毕竟以出世法为根本究竟，世间法则只居第二义的位置③，即使不断儒化的发展趋势十分明显，“方外”的色彩越来越淡薄，却始终以既“契理”又“契机”的方式保持自己的活泼生命创造力，基本精神仍与可视为其母体的印度佛教契合一致，并未丧失自身宗教的个性和特征，遂形成了中国文化特有的多元学术生态和谐相处格局。其中尤宜注意者，即“印度的般若智慧与中国人寻求解脱的愿望绝妙地结合在一起所产生的禅”④，经过儒家思想长时间的洗礼，就世俗的价值立场而言，两方已极为接近，适足以说明“释迦之教义，无父无君，与吾国传统之学说，存在之制度，无一不相冲突。输入之后，若久不变易，则绝难保持。是以佛教学说，能于吾国思想史上，发生重大久远之影响者，皆经国人吸收改造之过程。其忠实输入不改本来面目者，若玄奘唯识之学，虽震动一时之人心，而

---

① 智圆：《中庸子传》，《闲居编》卷十九，《续藏经》第56册，第894页。

② 智圆：《谢吴寺丞撰闲居编序书》，《闲居编》卷二十二，《续藏经》第56册，第899页。

③ 《大般涅槃经》卷二十七《师子吼菩萨品》：“佛性者名第一义空，第一义空名为智慧，所言空者不见空与不空……中道者名为佛性。”

④ ［日］镰田茂雄：《禅思想的形成和发展》，《中国文化》1992年第6期。

卒归于消沉歇绝”①。与儒家之援佛入儒、假佛释儒一样，佛教也在援儒入佛，依儒说佛。二者“交错旁午，屡变益工，浑然无罅漏”，显然已是无可改变的历史事实。“禅师兼通儒学，以佛理说《中庸》《周易》及《老》《庄》之学者，著述颇多。而佛学说理，采用名言，多有取于儒书，固皆参研启发互资证明。儒者参禅，一变而有性理之学产生，实亦时会使然”②，以至于清代颇有排佛倾向的戴东原，亦不能不大加感慨：“在程朱先入于彼（佛教），徒就彼之说转而之此（儒家），是以又可转而之彼……我（儒家）之言，彼皆得援而借之，为彼树之助。以此解经，而《六经》、孔、孟之书，彼皆得因程、朱之解，援而借之为彼所依附。”③ 其说虽不免门户之见太深，仍足以说明儒与佛的相互涵化已是屡见不鲜的历史现象，只是儒家学者虽暗中多取之用之，发为言辞则往往攻之辟之，依据相辅相成的辩证大法，亦未必就无助于对方的发展。也就是说，“士夫赞之能致其光大，士夫毁之亦能致其光大也，特患人置之不论不议之条耳”④。从此以后，无论儒者谈禅或释氏评儒，即使彼此之间互有责难批评，乃至于时见攻击讥诋，均难以摆脱互融互鉴的整体历史发展走向。一切因时代气运变化而引发的异同之见，亦不能代替一个民族长期尊闻而行的生命实践工夫。诚如任继愈先生所说：“从佛教到儒教，看似不同教义教理的变换，事实上这两家是接着讲的，讨论的问题是衔接的，思想发展的深度是逐步加深的，形式上、文字上有攻击，实质上是一贯的。因为儒教和佛教都是中国哲学，有继承关系，有内在

① 陈寅恪：《冯友兰中国哲学史下册审查报告》，《金明馆丛稿二编》，第251页。

② 南怀瑾：《禅海蠡测》，第264页。

③ 戴震：《东原文集》卷八《答彭进士允初书》，《戴震全书》第6册，第355页。

④ 陈垣：《中国佛教史籍概论》，第115页。

联系。”①

儒佛两家是“接着讲的”，如果换成前面提到的唐宋变革运动的观照视域，则不难看到，就思想文化的深刻变化而言，则先有新禅学的产生，然后才有新道学的出现，是禅宗率先发动了革命性的入世转向，儒家才闻风继起取得了自身突破性的大发展。佛教对儒学的影响实际已非挑战刺激或泛泛吸收所能说明，而是在理论形态和方法论上，特别是在心性论和形上学两个方面，均直接成为儒家必须认真面对的思想文化资源，最终则通过后者创造性的转化和发展，成就了自身第二期的蓬勃复兴运动。因而从唐宋变革的整体格局看，尽管儒释两家均在其中不可或缺，不能不视为最深层的内在精神动力资源，但相对而言，佛教仍有启发或引领的先驱式地位。② 宋儒立论的核心概念或价值固然主要来自先秦原始儒家，但也决非单线条地“遥续”孔孟道统的谱系，而是另有一条吸收转化佛教思想资源的“复线”，否则便难以设想其庞大理论体系大厦的建构。说明中国文化及其相应的哲学思想，不仅是在融合的精神中不断孕育和发展的，同时更具有充分发挥高层次心灵或宗教性终极力量的巨大能力，实乃代表了人类最高的生命智慧的创造成就。无论外来的佛教或本土的儒学与道教，双方都因为新的成分的渗入而发生了巨大的变化。儒、道、释三家作为一种人人均能共学共享的学术文化资源，尽管自唐迄宋各自的势力大小并不平衡，主与次的地位区分也十分明显，但都随着世运的起伏升降而发展跃动，都是以阳明为代表的明代心学横空出世的历史性触媒因素③，都壮大而

---

① 任继愈：《从佛教到儒教——唐宋思潮的变迁》，《中国文化》1990 年第 3 期。

② 参阅韦政通：《中国思想史》下册，第 650~655 页。

③ 沈曾植《海日楼札丛》卷六：“自南宋迄元，和合三教，艺林盛播，知南北道宗，学说之流传广矣。”可证宋元以来儒、道、释三家的共同发展为阳明心学学派的产生提供了必要的历史条件。

非削弱了儒学自身的学脉系统。特别是三家都以道体的存在为终极托付，展开了程度不同的创造性的理论言说，都有不断丰富的学术价值和理论意义，都描绘了多种思想形态交融互补的灿烂文明画卷①，当然也就值得学者继续以“预流”的方式参与其中，从而再次催生出未来学术发展有主有次、多元并存的繁荣发展新局面。

① 儒学固然为中华文教系统之核心，但释、老二家辅助之功亦不可掩，三家之说均以见道证体为根本究竟，做到体一用别，相辅相成，才有可能绽开出璀璨的人类文明之花。

第七章：心学思想世界的建构与拓展

——以王阳明整合儒佛思想资源的学术活动为中心[①]

王阳明乃是继孔子、孟子、朱子之后，在中国思想文化史上发出巨大声光电响的人物。其在中国思想史上的地位，完全可与朱子并埒。而分析传统中国思想世界的特点，则必然涉及儒、道、释三家。三家都极为关注生命存在的意义，都以形上本体的证入为终极诉求[②]，都在寻找对治人类生存病症的有效方案，都以人类的拯救或安身立命为究竟归宿。其中最为突出者即王阳明的龙场悟道，乃是儒学发展史上最具典范意义的思想性事件。阳明哲学可说是传统心灵哲学集大成的典范，尽管当视为直承孟子学说的儒家正脉，但也受到释老等多方面思想资源的影响，值得认真厘清其前后渊源流变，以说明东方形上哲学体用一源的智慧取向与方法论特点。

王阳明承宋代儒学余绪而起，一方面延续象山学术精神发展方向，一方面又多有自己的系统发明或创辟，不能不说是代表了朱子之后的又一思想发展高峰，遂使陆王心学与程朱理学俨然成为中国思想史上的两大儒家派别，而在理学之外另开出一派崭新的心学文化天地，建

---

① 本文乃笔者于2014年12月16日至18日赴缅甸出席“中、缅、印佛法研究、合作与未来发展国际学术论坛”的主旨演讲论文，曾刊载于《阳明学研究》创刊号，中华书局，2015年。收入本书时略有补充。

② 关于形上本体之表述，儒、道、释三家之用词各有不同，依体起用后之向度亦有很大差异；而儒家由先秦至宋明，更有一个逐渐发展的过程，最终则建立了一个完整的形上义理世界。故此处言形上本体之证入，乃是一种理想型的归类或概括。

构或拓展了传统中国心学的思想世界。不过，阳明与朱子“宗旨各殊，持端自异，然说到极处，无非希圣希天，譬之狙栗，朝三暮四，朝四暮三，其名不同，其实则一”①。他们的学问路径尽管差异很大，但毕竟同属儒家阵营，都为孔、孟以降的大道正学。我们可以凭借“心”来彰显朱子所强调的“理”，也能够依据“理”来发明阳明所重视的“心”，二者之间不但不存在必然的对抗或冲突，反而有可能经过辩证与综合获得新的创造性发展。

一、踏上儒家正学的早期心路历程

王阳明生活的时代，正是儒学发展承两宋余绪，正在酝酿新的变化，以儒为主、以释老为辅、“三教合一”已成为历史潮流的时代，最终则经阳明登高一呼，遂出现心学盛极一时的状况。纵观宋明诸大儒证入道体者，虽有或深或浅的不同，但多得力于禅门思想资源的濡染，当也是不可否认的事实。特别是明代“之谈学者，新会之主静，河津之藏密，固已别具手眼。至于阳明、近溪，旷世而作，剖性命之微言，发儒先之秘密，如泉之涌地，如风之袭物，开遮纵夺，无施不可。人至是而始信儒者之所藏，固如是其富有日新，迨两公而始启其扃鐍，数其珍宝耳”②。具见阳明及其门下学人，虽然主要固守或传播儒家学说，但就证道方法与接人手段而言，仍明显具有禅宗的不少风格特点，足以显示已完全中国化的禅宗，也是儒学发展的一大重要因素，无论佛教的儒化或儒学的佛化，都是相互之间交流对话的必然结果，而儒学则在积极吸收消化对方思想资源的同时，不断以新的生命形态开拓出新的发展空间和道路。

---

① 汤用彤：《理学谵言》，《理学·佛学·玄学》，第11页。
② 钱谦益：《阳明近溪语要序》，《牧斋初学集》卷二十八，第863页。

与宋代以来儒家理学的众多前辈一样，阳明早年亦曾出入于释老二氏，修习过天台止观法法门①，受到禅宗多方面的影响。阳明弟子钱德洪总结老师早年的心路历程，便以“三变”之说加以总结概括：

> 少之时，驰骋于辞章；已而出入二氏；继乃居夷处困，豁然有得于圣贤之旨：是三变而至道也。②

钱氏所谓“已而出入二氏”，再据与阳明大致同时的湛甘泉“溺于佛氏之习”之说③，以及后来晚出的黄宗羲“出入于佛、老者久之”等看法④，都足以证明阳明早年曾一度精研过释老思想。至于阳明本人晚年的说法，则更提供了直接可靠的证据：

> 守仁早岁业举，溺志词章之习，既乃稍知从事正学，而苦于众说之纷扰疲疬，茫无可入，因求诸老、释，欣然有会于心，以为圣人之学在此矣！⑤

可见钱、湛、黄三家之说，均有事实可作依据。而自宋以迄明代，所谓“出入于释老”二氏之学，无论濂、洛、关、闽，当然也包括象山、白沙，其实都是他们共同的文化语境遭遇。稍有不同者，则为至

---

① 王阳明《别方叔贤》：“道本无为只在人，自行自住岂须邻？坐中便是天台路，不用渔郎更问津。”见《王阳明全集》，第722页。

② 钱德洪：《刻文录叙说》，《王阳明全集》，第1574页；又见《钱德洪语录诗文辑佚》，《徐爱　钱德洪　董沄集》，第184~189页。

③ 湛若水：《阳明先生墓志铭》，《王阳明全集》，第1401页。

④ 黄宗羲：《明儒学案》卷十《文成王阳明先生守仁》，第180页。

⑤ 王阳明：《朱子晚年定论序》，《王阳明全集》，第127页。

唐宋盛极一时之后，“有明中叶，佛教式微已极，万历而后，宗风复振，东南为盛，西南亦被其波动”。故明代佛教声势虽远不及唐宋，但从传播范围看，则不能不说波及面越来越广。盖僧徒“往往一瓢一笠，即可遍行天下。故凡政治势力未到之处，宗教势力恒先达之”①。而佛教中国化之程度，亦较前更为明显。如与唐宋诸大儒相较，则阳明对佛教义理的把握，似更能深入其神髓，当然就能够多方面吸收取鉴，并凭借其罕见的“性智”直觉眼光②，助力自己颇有创造性特征的学风，重建儒家精密系统的心学形上学，从而再塑民族文化精神，开出一时代的文化发展方向。

与“两宋诸贤何尝不与诸禅德往复，但谓有资于彼，事则不然”不同③，阳明从不讳言自己曾受到佛教思想的影响，对佛教明显具有更多的发自内心生命境界的了解。《传习录》载他与萧惠的对话：

> 萧惠好仙、释，先生警之曰：“吾亦自幼笃志二氏，自谓既有所得，谓儒者为不足学。其后居夷三载，见得圣人之学若是其简易广大，始自叹悔错用了三十年气力。大抵二氏之学，其妙与圣人只有毫厘之间。汝今所学乃其土苴，辄自信自好若此，真鸱鸮窃腐鼠耳！”惠请问二氏之妙。先生曰：“向汝说圣人之学简易广大，汝却不问我悟的，只问我悔的！”惠惭谢，请问圣人之学。先生曰：“已与汝一句道尽，汝尚自不会。”④

---

① 陈垣：《明季滇黔佛教考》，河北教育出版社，2000 年，第 234、358 页。

② “性智”一词，乃借用熊十力之说，主要指真正觉悟自己本心本性的直观的本体的智慧，而与认识论意义上的理性或经验的“量智”大有区别。参阅熊十力：《新唯识论》，中华书局，1985 年，第 36~37 页。

③ 马一浮：《〈圣传论〉序》，《马一浮集》第 2 册，第 35 页。

④ 王阳明：《传习录上》，《王阳明全集》，第 36~37 页。

阳明先称“幼笃志二氏”之学，再云“错用了三十年气力”，可见他浸淫于禅学及道教思想世界之中，的确是既深且久。类似的说法，亦见他的《长生》：

长生徒有慕，苦乏大药资。
名山遍探历，悠悠鬓生丝。
微躯一系念，去道日远而。
中岁忽有觉，九还乃在兹。
非炉亦非鼎，何坎复何离；
本无终始究，宁有死生期？
彼哉游方士，诡辞反增疑；
纷然诸老翁，自传困多歧。
乾坤由我在，安用他求为？
千圣皆过影，良知乃吾师。①

虽为诗之言说，然仍可见他曾一度向往仙家之道，修炼过道家的长生不死之术。钱德洪说他“学静入于阳明洞，得悟于龙场，大彻于征宁藩”②，可见他一度在绍兴会稽山的阳明洞，修习老、释两家入静的证道工夫，其重要性在熟悉阳明思想的钱氏看来，甚至堪比龙场顿悟和征宁藩大彻。类似的看法亦见于高攀龙，他将“亭前格竹”“阳明洞习静”“龙场悟道”三件事联系在一起说：

乃因一草一木之言，格及官舍之竹而致病，旋即弃去。则其

---

① 王阳明：《长生》，《王阳明全集》，第 796 页。

② 钱德洪：《上国游序》，《王阳明全集》，第 1038 页；又见《钱德洪语录诗文辑佚》，《徐爱　钱德洪　董沄集》，第 204 页。

> 格致之旨，未尝求之，而于先儒之言，亦未尝得其言之意也。后归阳明洞习静导引，自谓有前知之异，其心已静而明。后谪龙场，万里孤游，深山夷境，静专澄默，功倍寻常，故胸中益洒洒，而一旦恍然有悟，是其旧学之益精，非于致知之有悟也。特以文成不甘自处于二氏，必欲篡位于儒宗，故据其所得，拍合致知，又妆上格物，极费工力，所以左笼右罩，颠倒重复，定眼一觑，破绽百出也。①

高氏将“阳明洞习静”看成是“亭前格竹”与“龙场悟道”的中间过渡，显然是意识到了其意义的重大。他认为在龙场大彻大悟的王阳明，只能说是“旧学之益精”，其说不过是杂糅了释老两家之学的再深化或再发展，依然未能真正透悟《大学》“格物致知”之旨。因此，龙场悟道之后，仍不能不牵强附会，费尽心力，凑成新说，以实现“篡位于儒宗”的目的。然而揆以龙场悟道的前后经历，即不难发现，阳明始终都在与朱子对话，无论反复研读朱子之书或实践性地“格竹”，都是在身体力行地从事宋儒所提倡的“穷理”活动。王龙溪说他“为晦翁格物穷理之学，几至于殒”②，显然决非一时偶发之虚语。钱德洪强调龙场大悟“省然独得于圣贤之旨”③，王龙溪也认为“再变而所得始化而纯”④，都足以说明阳明尽管受到各种思想资源的挑激，但最终仍决定性地返回了儒家正学。他之所以揭出与朱子有别的“格物致知”新说，乃是在“理悟”“证悟”即义理与实践两个方面痛下工夫的结果。缺少了实践上的各种试错和纠偏，就断然不可能有后来龙场惊天动地般的彻悟。只是他的工夫早已不是当年“格竹”时向外部

---

① 黄宗羲：《明儒学案》卷五十八《忠宪高景逸先生攀龙》，第1427页。
② 王畿：《滁阳会语》，《王畿集》卷二，第33页。
③ 钱德洪：《刻文录叙说》，《徐爱　钱德洪　董沄集》，第189页。
④ 王畿：《滁阳会语》，《王畿集》卷二，第33页。

分殊繁芜的事物求理，而是逆向反观式地向可以统摄众多分殊事物的心性本体求理。湛甘泉是与阳明同时而年稍长的儒学人物，二人学问路径尽管不尽相同，但他仍认为“阳明公初主格物之说，后主良知之说；甘泉子一主随处体认天理之说，然皆圣贤宗指也。而人或舍其精义，各滞执于语言，盖失之矣！”① 作为一种人死之后的盖棺之定论，不能不说是发自肺腑的信实之言。

不过，高氏的话虽然掺杂不少偏见，但仍清楚地提示我们：阳明龙场悟道受益于释老之学的确颇多，即使是对与朱子有别的“格物致知”义涵的重新解读，也不能说毫无佛教影响的痕迹；只是从儒学内部发展的整体脉络看，释老之学始终都只能是一种旁助的思想资源。面对时代的各种挑战，尤其是僵化了的朱子学解决不了的众多难题，阳明的创造性解读不是削弱而是维护了儒家经典的正统地位，与朱子的分歧也不是缩小而是扩大了儒家思想发展的广袤空间。②

根据上引《长生》“中岁忽有觉”的说法，阳明“中岁”以后，便已自觉到释老之非，并主动加以放弃。考其具体时间，则当在“游九华归，筑室阳明洞中。泛滥二氏学，数年无所得”之后③，即《王

---

① 湛若水：《湛甘泉先生文集》卷三十一，第 1832 页。

② 清儒朱一新认为：“有物斯有事。凡事必有至当不易之理，私意间之，则理为欲蔽，而处事接物，不得其当，格物者格此也，穷理者穷此也。司马温公训‘格物’为‘废格外物’，其意亦在去私。阳明之‘格不正以归于正’，意亦略同。然必明乎理之是非，而后知何者为善，何者为恶，辨之不精，认贼作子，未有不受其害者。”即由阳明上溯至温公（司马光），他们各自创发己说，不仅丰富了经典诠释的义涵，而且扩大了儒家话语言说的空间，显示了不断赓续发展的文化传统，可视为上述结论的一个显豁例证。朱说见朱一新：《无邪堂答问》卷四，中华书局，2000 年，第 146 页。

③ 张廷玉等：《明史》卷一九五《王守仁传》，中华书局，1974 年，第 5168 页。

阳明年谱》所云“渐悟仙、释二氏之非”①，时年恰值三十一岁。然未几即遭受刘瑾之难，虽在流离跋涉途中，却初步证到了空性②，遂为龙场悟道准备了前提条件。诚可谓“趣真者颠沛于观空，徇物者沦胥于有取，情计之蔀不祛，智照之明不作，哲人之忧也”③。最终则经历了龙场九死一生的大彻大悟，踏上了迈向圣境的“不归之路”，并以良知学说为生命安顿的终极归宿，再次创造性地发展了儒家的心性之说。

二、政治压力环境下的学术策略主张

但是，阳明为什么一方面用“悔”与“悟”两种说法，以表示自己的生命信仰归宿依然与释、道两家有很大区别，一方面又强调释、道两家与儒学，其妙“只有毫厘之间”，仍始终对其保持了解之同情，并未自封畛域而对其完全否定呢？

要准确回答上面的问题，或许必须摸清两方面的原因。一方面，儒家在形上道体的活泼起用问题上，始终不舍离人必须存在于其中的现实世俗世界，希望以人文化成的方式来达致道德生活与文

---

① 《王阳明年谱》“弘治十五年壬戌”条，《王阳明全集》，第 1225 页。

② 早在赴龙场之前，阳明便在长期习定的过程中，“内照形躯如水晶宫，忘己忘物，忘天忘地，与空虚同体，光耀神奇，恍惚变幻，似欲言而忘其所以言，乃真境象也”（《滁阳会语》引王阳明言，《王畿集》卷二，第 33 页）。而在赴龙场路途中，他又有“险夷原不滞胸中，何异浮云过太空”之诗句（《泛海》，《王阳明全集》，第 684 页），即以“太空”隐喻心体，“浮云”暗示往来于心中的杂念，足以证明他已初步证到了空性。参阅张新民：《儒家生死智慧的超越性证取与突破——王阳明龙场悟道新论》，《贵州师范大学学报》2015 年第 1 期。

③ 马一浮：《新唯识论序》，《中国现代学术经典·马一浮卷》，河北教育出版社，1996 年，第 677 页。

化秩序的展开或建构，从而由个体的“善”通往社会的“善”，并最终实现天下的“善”，乃至于有一充分彰显“理”与“善”价值的大同社会的设计或安排；佛教虽未必就完全否定现实世界①，但与儒学比较，二者始终存在很大的差距或不同。另一方面，王阳明曾明言“圣人之学，心学也。学以求尽其心而已”，但问题是“禅之学与圣人之学，皆求尽其心也”②，二者既然都同为心学，当然也就容易授官方正统程朱之学者以口实，攻击讥诋阳明所倡导的心学为禅学。特别是伊川强调“天有是理，圣人循而行之，所谓道也。圣人本天，释氏本心”③。而阳明则将外在之天理收摄为内在本心之理（心即理），虽发明孟子一系固有的心性论，如白沙所说“往古来今几圣贤，都从心上契心传”④，更加彰显了人的自觉自证能力，极大地突出了人的主体地位与超越可能，但与尊朱崇朱者更重视“天有是理”，十分强调与客观外在的形上系统有关的“理”或“义”相较，即使在儒学内部，阳明之学也自成与其他大有区别的另一思想体系，当然就容易遭人错认误判为儒家外部的非

① 佛教在不断中国化的过程中，就大乘佛教与禅宗而言，也在世间法与出世法之间采取了一种中道的立场，从而不仅将“出世间法”转化成了“不离世间觉”，而且也产生了建立人间净土的思想，故文中遂以“未必就完全否定现实世界”为说。

② 王阳明：《重修山阴县学记（乙酉）》，《王阳明全集》，第256、257页。

③ 程颢、程颐：《河南程氏遗书》卷二十一下《伊川先生语七下》，《二程集》，第274页。按，伊川的说法，后来遭到戴东原的激烈批判：“夫人物，何者非本之天乎，岂得谓心必与天隔乎，彼（释氏）可起而争者也。苟闻乎此，虽愚必明，虽柔必强。扩而充之，何一非务尽其心以能尽道。苟自以为是而不可与入尧、舜之道，虽言理、言知、言学，皆似而非，适以乱德。”此说似亦可参。见戴震：《东原文集》卷八《答彭进士允初书》，《戴震全书》第6册，第355页。

④ 陈献章：《次韵张廷实读伊洛渊源录》，《陈献章集》卷六《七言绝句》，第645页。

同质的禅学①，遂不能不将自己与释氏共有的心学的“毫厘之差”有意放大，目的则在于争取更多的正统性合法思想资源，减轻官方意识形态有形无形的巨大压力。②

阳明之说，即在当时便已有人批评：“立说太高，用功太捷，后生师传，影响谬误，未免坠于佛氏明心见性、定慧顿悟之机。”阳明的回答是：“区区‘格致诚正’之说，是就学者本心日用事为间，体究践履，实地用功，是多少次第、多少积累在，正与空虚顿悟之说相反。”可见即使在心学传播的初期，“闻者见疑”的情况已不少，诋垢责难的人必更多。阳明所谓“闻者本无求为圣人之志，又未尝讲究其详，遂以见疑，亦无足怪”③，显然即一佐证。或许清代学者距离宋明两代已远，他们的观察也较为客观可靠，不妨具引四库馆臣之说如下：

---

① 黄宗羲便曾比较阳明与释氏之说云：“或者以释氏本心之说，颇近于心学，不知儒释界限只一理字。释氏于天地万物之理，一切置之度外，更不复讲，而止守此明觉；世儒则不恃此明觉，而求理于天地万物之间，所为绝异。然其归理于天地万物，归明觉于吾心，则一也。向外寻理，终是无源之水，无根之木，总使合得本体上，已费转手，故沿门乞火与合眼见暗，相去不远。（阳明）先生点出心之所以为心，不在明觉而在天理，金镜已坠而复收，遂使儒释疆界渺若山河，此有目者所共睹也。”施邦曜也明确提到：“儒与佛俱向心上问消息，但佛只说个明心，不知穷理，便归空寂。儒者只是能穷理，不越一心，而万物皆备，参赞事业，俱本于一心。《大易》云：穷理尽性，以至于命。学者舍穷理亦何事哉！”他们都极力厘清儒释之间的区别，但二者既然都以心为工夫的下手处，心乃是自证自悟的前提根本，则彼此之间相似处仍多，故借讥禅而攻阳明心学，实为情理中必有之事。黄说见黄宗羲：《明儒学案》卷十《文成王阳明先生守仁》，第 181 页；施说见《阳明先生集要》理学编卷一，第 57 页。

② 清人朱彝尊云：“阳明子功烈气节文章，皆居第一，时多讲学一事，为众口所訾。善夫西坡先生之言也，曰：‘阳明以讲学故，毁誉迭见于当时，是非几混于后世，至谓其得宁邸金，初通宸濠，策其不胜而背之，此谤毁之余唾，不足拾取。’斯持平之论乎！”可见阳明所承受之压力，主要来自政治与学术两个方面。朱说见《和大司马白严乔公诸人送别》，《王阳明全集》，第 1215 页。

③ 王阳明：《传习录中》，《王阳明全集》，第 41 页。

> 托克托等修《宋史》，以《道学》《儒林》分为两传。而当时所谓道学者，又自分二派，笔舌交攻。自时厥后，天下惟朱陆是争，门户别而朋党起，恩仇报复，蔓延者垂数百年。明之末叶，其祸遂及于宗社。惟好名好胜之私心不能自克，故相激而至是也。圣门设教之意，其果若是乎?①

具见无论阳明生前或身后，儒家内部的纷争始终都很激烈，而“明代中叶，朱子之理学已成正统。元仁宗皇庆三年（1314）科举考试明经四书五经以程朱之注为主。明初巨儒如曹端……皆恪守程朱矩矱，特别重敬。其时象山曾以尊德性对朱子道问学之心学，后继无人，早已不振。其心即理之哲学系统已为朱子性即理之哲学系统所掩蔽。凡趋陆者便指为禅，便指为背朱。阳明即在此风气之中产生”②，故终其一生，恰好正是是非议论的核心对象。尤其阳明揭出良知之教后，更以为“自孔孟既没，此学失传几千百年。赖天之灵，偶复有见，诚千古之一快，百世以俟圣人而不惑者也”③，明显认为自己已得圣人千古不传之秘，完全可以直追孔孟，如横空出世般肩荷圣学道统，势必引起视程朱为正统的学者特别是官学势力的猜忌或攻击，径直斥之为异端并将其学说打成禅学。④ 加上其立德、立功、立言，乃古今罕见的真三不朽者，即所谓“起东南倡学，继往开来；得未曾有，而以其学见

① 永瑢等：《四库全书总目》卷九十一，第769页。

② 陈荣捷：《从朱子晚年定论看阳明之于朱子》，《王阳明传习录详注集评》附录，台湾学生书局，1983年，第437页。

③ 王阳明：《书魏师孟卷（乙酉）》，《王阳明全集》，第280页。

④ 朱彝尊《曝书亭集》卷三十五《道传录序》曾提到：“顾科举行之久矣，言不合朱子，率鸣鼓百面攻之。”即可见面对程朱理学垄断天下的政治文化格局，阳明另创突破性的新说必然承受巨大的压力。官方迟至万历初年始解除禁锢心学之令，亦足以说明与程朱理学有别的陆王心学乃是在政治权力的高压与排斥之下，才渐次发展壮大并风行天下的。

之匡朝定国，靖大难，建大功，亦得未曾有。盖明兴二百年来一人也。然先生之学，如暗室一灯，而同事者疑其学；先生之功，如擎天一柱，而当事者忌其功”，而“先生之忠肝义胆，伟略殊勋，虽善妒者不能掩其蛾眉。独学问未易窥测，犹有坚白同异之疑，甚有诋先生为伪学者”①，即使不疑其功或才者，亦往往疑其学。② 尤其朱子之学长期占据中心位置，阳明之学不过异军突起，“宗姚江者，必诎考亭；宗考亭则疑姚江，疑其学且甚于疑其功”③。然以阳明的聪敏观察和睿智判断④，显然不可能不对官方正统压力及怀疑猜忌者抱持清醒的认识，必然会以主动的姿态积极回应或防范。⑤ 阳明自己便有言云：

> 圣人既没，心学晦而人伪行，功利、训诂、记诵辞章之徒纷沓而起，支离决裂，岁盛月新，相沿相袭，各是其非，人心日炽

---

① 颜继祖：《阳明先生集要序》，《阳明先生集要》，第 8 页。

② 胡松《刻阳明先生年谱序》：“人有恒言：真才固难，而全才尤难也。若阳明先生，岂不亶哉其人乎？方先生抗议忤权，投荒万里，处约居贫，困心衡虑，茕然道人尔。及稍迁令尹，渐露锋颖矣，未几内迁，进南太仆若鸿胪，官曹简暇，日与门人学子讲德问业，尚友千古。人皆哗之为禅。后擢佥副都御史，至封拜，亦日与门人学子论学不辍，而山贼逆藩之变，一鼓歼之。于是人始服先生之才之美矣。虽服先生之才，而犹疑先生之学，诚不知其何也。”可证即使不疑其才或功者，亦多疑其学。胡序见《王文成公全书》，第 1557 页。

③ 王志道：《阳明先生集要序》，《阳明先生集要》，第 5 页。标点略有改动。

④ 《明史》卷一九五《王守仁传》“守仁天姿异敏”云云，当是可靠的纪实之笔，具见其必有超常之智慧和能力。

⑤ 钱德洪《王阳明年谱》“正德四年己巳”条载阳明龙场悟道后，“始论知行合一。始席元山书提督学政，问朱陆同异之辨。先生不语朱陆之学，而告之以其所悟。书怀疑而去。明日复来，举知行本体证之《五经》诸子，渐有省”。可见他“不语”时人关注的朱陆异同，或即有意避开是非争论的一种策略性选择。见《王阳明全集》，第 1229 页。又历代攻击阳明为禅者甚多，其中最突出者即王夫之“阳儒阴释诬圣”说。见王夫之：《张子正蒙注》，《船山全书》第 12 册，第 10 页。

而不复知有道心之微。间有觉其纰缪而略知反本求源者，则又哄然指为禅学而群訾之。呜呼！心学何由而复明乎！①

所谓“哄然指为禅学而群訾之”云云，适可见阳明倡导心学所承受的巨大压力。特别是相当一部分尊崇朱学者，甚至认为“自考亭（朱熹）以还，斯道已大明，无烦著作，直须躬行”②，阳明自成与朱子有别的一套系统，当然就极有可能随时无端受谤。而动辄即对非官方的学说扣以“禅学”的罪名，显然也是儒学内部排除“异端”的一种做法③，故阳明所承受的压力不仅来自士大夫群体内部，同时当也杂有朝廷上下权力世界的声音。

由此可见，阳明一方面坚信自己的“良知之说，已将学问头脑说得十分下落，只是各去胜心，务在共明此学，随人分限，以此循循善诱之，自当各有所至”，一方面又担心“若只要自立门户，外假卫道之名，而内行求胜之实，不顾正学之因此而益荒，人心之因此而愈惑，党同伐异，覆短争长，而惟以成其自私自利之谋，仁者之心有所不忍也”④，当是依据客观的现实感受，承受巨大的精神压力，乃至于压力

---

① 王阳明：《重修山阴县学记（乙酉）》，《王阳明全集》，第257页。

② 张廷玉等：《明史》卷二八二《薛瑄传》，第7229页。

③ 阳明之说即在其生前，便已遭到顾东桥、罗整庵等人的质疑，而陈建《学蔀通辨》“以佛与陆王为学之三蔀，分前编、后编、续编、终编”（《四库全书总目》卷九十六，第813页），痛诋其为禅学，几同于毒詈，似最为激烈。而所谓“自阳明王氏倡为良知之说，以禅之实而托儒之名”（陆陇其《三鱼堂文集》卷二《学术辨上》），显然也代表了一部分人的共识。后人认为诸如陈建一类的谩骂，“甚觉无聊，自称程朱，实于程朱没有什么研究。有时捏造事实，攻击人身，看去令人讨厌，然在学术史上不能不讲。因为明目张胆攻击王学，总算他有魄力。清初假程朱一派侈言道学，随声附和，用陈建的口吻攻击王学者颇多”（梁启超：《儒家哲学》，第81~82页）。足证无论阳明生前或身后，服膺其学者固然不少，攻之者亦颇夥，均可见其影响之既深且大。

④ 王阳明：《寄邹谦之五（丙戌）》，《王阳明全集》，第207页。

长久积蓄于心中而不能不发的议论。足证表面的儒与释的学术性区别分判，暗中也受到了外部政治力量的制约或牵引。阳明之所以突出儒与佛的“毫厘之差”，一部分的原因当缘于学术之外的政治压力。曩昔陈寅恪先生为《明季滇黔佛教考》撰序，曾感慨“世人或谓宗教与政治不同物，是以二者不可参互合论，然自来史实所昭示，宗教与政治，终不能无所关涉”①。佛教一类的宗教尚且如此，儒家心学又何能例外！

三、形上旨趣的展开与落实

不过，阳明早年的“笃志二氏”，主要仍源于他对形上本体的好奇探问或关怀冲动，当然也可说成是对证入道体的生命渴望或心理焦虑。② 这显然也是他踏上人生“求道”心路历程极为重要的一环，成为他后来龙场大彻大悟不可或缺的因素。《王阳明年谱》载龙场悟道之前，他三十岁时“奉命审录江北”之事云：

> 先生录囚多所平反。事竣，遂游九华，作《游九华赋》，宿无相、化城诸寺。是时道者蔡蓬头善谈仙，待以客礼请问。蔡曰：“尚未。”有顷，屏左右，引至后亭，再拜请问。蔡曰：“尚未。”问至再三，蔡曰：“汝后堂后亭礼虽隆，终不忘官相。”一笑而别。闻地藏洞有异人，坐卧松毛，不火食，历岩险访之。正熟睡，先生坐傍抚其足。有顷醒，惊曰：“路险何得至此！”因论最上乘曰：“周濂溪、程明道是儒家两个好秀才。”后再至，其人已他移，故后有会心人远之叹。③

---

① 陈寅恪：《明季滇黔佛教考》序，《明季滇黔佛教考》，第235页。

② 参阅张新民：《阳明精粹·哲思探微》，第13~15页。

③ 《王阳明年谱》“弘治十四年辛酉”条，《王阳明全集》，第1225页。

阳明之"笃志二氏"，上述文字最能清楚说明。但即使如此，他之所以踏上儒家成圣的"不归路"，仍多得力于方外之士的提示。所谓"周濂溪、程明道是儒家两个好秀才"，对阳明来说，显然具有未来人生方向该如何发展的点拨作用，我们决不可随意放过，否则后面的"会心人远之叹"，便根本无从着落。至于儒与释两条道路究竟孰去孰从，"终不忘官相"的阳明难选择释教的道路，根本的原因则是"儒者为学目的，学究天人之际，而以立人极（人本位）为宗；故学须致用，用世而以人文政教，为儒者之务；故以'诚意''正心''修身''齐家''治国''平天下'为入世准绳。佛学目的，以学通天人造化，但初以立人极为行道镃基，终至于超越人天，出入有无之表，应物无方，神变莫测。故以佛之视儒者，犹为大乘菩萨道中人；而以儒者视佛，则为离世荒诞者矣"①。可见阳明选择的正是一条"立人极"（人道之标准原则）的儒者成圣之路，最终则以"三不朽"垂为世间楷模。只是到了晚年，特别是"天泉证道"之后，他才表现出更多"出入有无之表"的行为特征，明显地以儒家"有"的立场，包容了禅宗"无"的智慧②，标志着儒学又一飞跃式的发展，弥补了既往学者难以"超越人天"的不足，显示出"凤皇翔于千仞"的卓荦人格风姿③。

不过，"蔡蓬头"有似预言的"终不忘官相"，说明早在龙场悟道之前，阳明的人生发展方向尽管最终选择的是儒家成德成圣的道路，却并不意味着他就放弃了对释、道两家学术思想资源探究的兴趣。他用形上生命体验的方式，主动对各家各派的思想做出选择，甚至龙场大彻大悟之后，他已完全返归儒家正学，但从自己内在精神生命的深

① 南怀瑾：《禅海蠡测》，第 264 页。

② 参阅张新民：《阳明精粹 · 哲思探微》，第 195~199 页。

③ 钱德洪：《刻文录叙说》，《王阳明全集》，第 1576 页。

度体验出发，其仍对佛教义理抱持欣赏、理解的态度。不妨试看他的《送日东正使了庵和尚归国序》一文的说法：

> 世之恶奔竞而厌烦拏者，多遁而之释焉。为释有道，不曰清乎？挠而不浊，不曰洁乎？狎而不染，故必息虑以浣尘，独行以离偶，斯为不诡于其道也。苟不如是，则离皓其发、缁其衣、焚其书，亦逃租徭而已耳，乐纵诞而已耳，其于道何如耶！今有日本正使堆云桂悟字了庵者，年逾上寿，不倦为学，领彼国王之命，来贡珍于大明。舟抵鄞江之浒，寓馆于鄞。予尝过焉，见其法容洁修、律行坚巩，坐一室，左右经书，铅朱自陶，皆楚楚可观，爰非清然乎！与之辨空，则出所谓预修诸殿院之文，论教异同，以并吾圣人，遂性闲情安，不哗以肆，非净然乎！且来得名山水而游，贤士大夫而从，靡曼之色不接于目，淫哇之声不入于耳，而奇邪之行不作于身，故其心日益清，志日益净，偶不期离而自异，尘不待浣而已绝矣。①

该文撰成于正德八年（1513），时距龙场悟道已有四至五年，阳明刚升南京太仆寺少卿，归越途中畅论“《大学》宗旨。闻之踊跃痛快，如狂如醒者数日，胸中混沌复开。仰思尧、舜、三王、孔、孟千圣立言，人各不同，其旨则一”②，与朱子有别之心学思想已开始扩大其传播范围。但我们读了《送日东正使了庵和尚归国序》一文，可知是时他依然对佛教的超越智慧十分欣赏。唯该文原未被收入阳明集中，《王阳明年谱》亦只字未提，揣其个中原因，不能不说是为了避免遭人攻

---

① 《送日东正使了庵和尚归国序》原载日本明德出版社 1970 年版《阳明学入门》，又收入《王阳明全集》卷三十二《补录》。

② 《王阳明年谱》“正德七年壬申”条，《王阳明全集》，第 1235 页。

诋，防范有违圣学宗旨非议，从而尽可能地减轻外部世界学术与政治的双重压力。文中的“恶奔竞而厌烦拏”云云，明显是不满官方朱学的烦琐，痛恨以之为敲门砖而竞相奔趋的做法。尽管他也对理想中的佛教与现实中的佛教做了必要的区分，但从“为释有道”等一系列概括性的评语看，他对佛教所抱持的态度仍不能不说是积极正面的。阳明一生与僧人交往颇多，了庵和尚不过只是其中之一。所谓“心清”“志净”的赞叹，亦可见他对真修行人的尊重或肯定。这一切都源于他由“性智”开出的对道境的深邃观察和判识，即使立足于儒家的世间法价值立场，也必有其对形上超越世界彻上彻下的契入或体悟，遂能对外显的人格形态发出认同性的赞叹。

龙场悟道之后的王阳明，虽然以儒家的精神发展方向为终极皈依，但也清楚地看到了儒、道、释三家在形上道体上的根本一致①，对禅宗的本体智慧有着深刻的把握和了解。《传习录》载阳明与门人王嘉秀的问答说：

> 王嘉秀问：“……仙、佛到极处，与儒者略同，但有了上一截，遗了下一截，终不似圣人之全；然其上一截同者，不可诬也。后世儒者，又只得圣人下一截，分裂失真，流而为记诵词章，功利训诂，亦卒不免为异端。是四家者终身劳苦，于身心无分毫益。视彼仙、佛之徒，清心寡欲，超然于世累之外者，反若有所不及矣。……鄙见如此，先生以为何如?”先生曰：“所论大略亦是。但谓上一截，下一截，亦是人见偏了如此。若论圣人大中至正之

---

① 笔者所谓形上道体之一致，乃是指言语道断、远离分判而又可默契证悟、体验妙解之形上道体，而一旦对道体展开言说，三家安立之名相则显然各有差异。至于三家之如实妙有（佛）、自然（道）、生生流行（儒），虽就道体的展开而言仍各有区别，但未必就不可以相融而不冲突。道体本身之一致与道体展开或涵盖内容之差异，乃是讨论儒、道、释三家异同的一大关键。

> 道，彻上彻下，只是一贯，更有甚上一截，下一截？'一阴一阳之谓道'，但仁者见之便谓之仁，知者见之便谓之智，百姓又日用而不知，故君子之道鲜矣。仁智岂可不谓之道？但见得偏了，便有弊病。"①

师生之间的所问所答，诚可谓机应自然。圣人之学彻上彻下，内外上下一概打通，所谓"上一截""下一截"的区分，不过是一种方便之"权说"而已。但"上一截同者，不可诬"的看法，阳明始终没有直接否定，反倒出以"所论大略亦是"之言，表示大体能够认可。因此，针对如何通过工夫证入本体，然后再凭借本体开出大化流行的世界的问题，他又特别强调："虽小道必有可观，如虚无、权谋、术数、技能之学，非不可超脱世情。若能于本体上得所悟入，俱可通入精妙。但其意有所着，欲以之治天下国家，便不能通，故君子不用。"② 可见儒家"大中至正""彻上彻下"的道境及与之相应的工夫，并非要否认无差别相的形上本体（无体之体）世界，只是在"下学上达"之后，尚要在无执无着的本体境域中，展开人类历史文化与政治秩序的建构工作。就人修道、证道、行道的过程而言，诸如虚无、权谋、术数、技能等小道之学，倘真能悟入精微绝妙的道体，又能在起用上无执无着，则必有裨于人文化成的儒家事业，又何尝不可取之以为我用！

四、禅宗思想资源的批判性吸收

如果要进一步了解阳明对佛教超越精神持何态度，则当细读他与

---

① 王阳明：《传习录上》，《王阳明全集》，第 18 页。
② 《传习录拾遗》，《王阳明传习录详注集评》，第 409 页。标点略有改动。

陆原静的往来书信。盖陆原静尝致书阳明求教，谈到“佛氏‘于不思善不思恶时认本来面目’，与吾儒‘随物而格’之功不同”时，阳明曾明确回答他说：

> “不思善不思恶时认本来面目”，此佛氏为未识本来面目者设此方便。“本来面目”即吾圣门所谓“良知”。今既认得良知明白，即已不消如此说矣。“随物而格”，是“致知”之功，即佛氏之“常惺惺”，亦是常存他本来面目耳。体段工夫，大略相似。但佛氏有个自私自利之心，所以便有不同耳。今欲善恶不思，而心之良知清静自在，此便有自私自利，将迎意必之心，所以有“不思善、不思恶时用致知之功，则已涉于思善”之患。孟子说“夜气”，亦只是为失其良心之人指出个良心萌动处，使他从此培养将去。今已知得良知明白，常用致知之功，即已不消说夜气；却是得兔后不知守兔，而仍去守株，兔将复失之矣。欲求宁静欲念无生，此正是自私自利，将迎意必之病，是以念愈生而愈不宁静。良知只是一个良知，而善恶自辨，更有何善何恶可思？良知之体本自宁静，今却又添一个求宁静；本自生生，今却又添一个欲无生；非独圣门致知之功不如此，虽佛氏之学亦未如此将迎意必也。只是一念良知，彻头彻尾，无始无终，即是前念不灭，后念不生。今却欲前念易灭，而后念不生，是佛氏所谓断灭种性，入于槁木死灰之谓矣。①

“不思善不思恶时认本来面目”，典出《六祖坛经·行由品》：“不思善，不思恶，正与么时，那个是明上座本来面目。”《六祖坛经》载惠明当下闻言，即有彻悟。所谓“本来面目”，隐喻或象征人人皆有的

① 王阳明：《答陆原静书》，《王阳明全集》，第67页。

本来“自性”。六祖慧能又特别强调以“无念为宗、无相为体、无住为本”，无念即“于念无念”。

与“本来面目”类似，“常惺惺”也是禅门大德常用的隐喻性说法，主要是指心体的清明不昏昧，即如儒家学者阳明也认为是“常存他本来面目”，即“自性”的一种重要方法。从根本上说，“湛一是寂，常惺是照。寂而常照是心之本体，即性也。只缘散乱故昏昧，本体隐而不见。才收敛，则昏散之病祛而本体渐显，故敬是最要工夫。由释氏言之，即谓修持法门”①。而在阳明之前，朱子便已提到：“但因其良心发现之微，猛省提撕，使此心不昧，即是做工夫底本领。本领既立，自然下学而上达矣。”② 所谓“使此心不昧”云云，即“常惺惺”的另一种表述。只是从朱子的儒学立场出发，根本的工夫仍在主敬，因为“敬是工夫，由此工夫复其本体，故谓‘成始成终，只是一敬’”③。因而朱子又特别强调“若是敬时，自然主一无适，自然整齐严肃，自然常惺惺，其心收敛不容一物”，而一旦“整齐严肃，此心便存，便能惺惺。若无整齐严肃，却要惺惺，恐无捉摸，不能常惺惺矣”④。可见即使在朱子看来，“常惺惺”也是与主敬有关，而又牵连“整齐严肃”的“吃紧”方法。这一看法当然引起了后来倡导朴学的戴东原的不满，所以他特别批评朱子：“复归释氏，反用圣贤言语指其所得于释氏者。”⑤ 而阳明则较朱子更进一步，直接将自己所提倡的“致知”之功等同于佛氏的“常惺惺”方

① 马一浮：《语录类编·儒佛篇》，《马一浮集》第 3 册，第 1049 页。

② 朱熹：《与何叔京书》，《宋元学案》卷五十八《象山学案》“宗羲案”，第 1887 页。

③ 马一浮：《语录类编·儒佛篇》，《马一浮集》第 3 册，第 1049 页。

④ 黎靖德编：《朱子语类》卷十七《大学四》，第 332 页。标点略有改动。

⑤ 戴震：《东原文集》卷八《答彭进士允初书》，《戴震全书》第 6 册，第 35 页。

法，认为二者“体段工夫，大略相似”，意在保持心体的“虚灵不昧”①，以证取所谓“本来面目”。而“本来面目”既为人人皆有的“自性”，“自性”实即《中庸》“天命之谓性”的“性”。“性”作为一种先验固有的形上存在，本来就远离一切后天经验的烦恼或污染，当然就可以称其为“本来面目”，以提示人们自觉自证而不必再假外求。

与朱子不同的是，阳明在肯定“常惺惺”与“随物而格”作为证取本体的工夫或手段，其相互之间并无本质的区别的同时，也一本其心学立场，对“本来面目”做了儒家心学化的处理：“心者身之主也，而心之虚灵明觉，即所谓本然之良知也。”② 因而在他看来，“本来面目”实即他所谓的“良知”，只是后者在起用上更容易联系儒家所强调的人伦道德生活，一旦体认得清楚明白，便可不必再提前者。“不思善不思恶”，并非不区分善与恶，而是“恶”固然不应成为人的束缚，“善”亦不能变为人的刻意造作。诚如施邦曜所说：“自私自利，将迎意必，俱是急于求善之念。大贤以下亦不能免。原宪克伐怨欲不行，可以为仁之问，即受此累。孔子告之曰：‘仁则吾不知也。’只是教他着力于难，何必计较，此是仁，欲其去此累也。若颜子之克复，则无是矣。”③ 只有“不将不迎”④，做到“毋意，毋必，毋固，毋我”⑤，亦即通过

① 《传习录上》：“虚灵不昧，众理具而万事出。心外无理，心外无事。”见《王阳明全集》，第 15 页。

② 王阳明：《答顾东桥书》，《王阳明全集》，第 47 页。又牟宗三谓：“常惺惺始能端本澄源，亦是立诚。诚即是天理之中，除此之外更无个中。”当一并参考。见牟宗三：《良知与中和》，《阳明精粹・名家今论》，第 63 页。

③ 王守仁原著，施邦曜辑评：《阳明先生集要》理学编卷三，第 178 页。

④ 《庄子・知北游》：“颜渊问乎仲尼曰：‘回尝闻诸夫子曰：无有所将，无有所迎。回敢问其游。’仲尼曰：‘……圣人处物不伤物。不伤物者，物亦不能伤也。唯无所伤者，为能与人相将迎。’”

⑤ 《论语・子罕》：“子绝四：毋意，毋必，毋固，毋我。”

“不思善不思恶”的无执无滞的究竟工夫，才能直证形上本体。而证取形上本体后，又不能守着本体之“清静自在”，以为一切均可以不顾，否则即“自私自利”，即“将迎意必之心”，即意味着有执有碍。只有克服了人的一己私欲，才能真正彰显心性本体，开展以良知为动力资源的道德实践活动，维护人的存在尊严。因此，阳明对“执染”的警惕与批判不可谓不严，而证入形上本体本质上即为破执去染的过程，即使“不思善不思恶时用致知之功”，只要有一毫“人为”杂入其中，亦会成为生命境界的束缚，不自觉中便已构成“思善”“思恶”的人生大患了。

五、儒家尽心之学的充量发挥

除“本来面目”“常惺惺”外，阳明尚提到孟子的“夜气”说。按，《孟子·告子上》：“其所以放其良心者，亦犹斧斤之于木也。旦旦而伐之，可以为美乎？其日夜之所息，平旦之气，其好恶与人相近也者几希，则其旦昼之所为，有梏亡之矣。梏之反复，则其夜气不足以存，夜气不足以存，则其违禽兽不远矣。人见其禽兽也，而以为未尝有才焉者，是岂人之情也哉！”后人以为养性当重阳明所说的“良知”，养气则不能不关注孟子强调的“夜气”。其实在阳明看来，孟子的“夜气”说固然重要，乃是“收放心”不可忽视的工夫，但“致良知”的工夫已涵盖了“存夜气”的方法，故既已“知得良知明白，常用致知之功”，则“存夜气”作为工夫论的目的已经达到，自然就不必过多突出。① 否则一旦目的与手段错位，着眼于工夫而遗弃了本体，便难免

① 《传习录下》：“良知在夜气发的，方是本体，以其无物欲之杂也。学者要使事物纷扰之时，常如夜气一般，就是通乎昼夜之道而知。”亦可视为阳明以良知工夫论解释《孟子》“夜气”说的一种补充。见《王阳明全集》，第106页。

“得兔后不知守兔，而仍去守株，兔将复失之矣”。故江右王门学者罗洪先（1504—1564）遂一本阳明良知之说，以为“培养一段工夫”既然不可轻忽，则“夜气苟得其养，无物不长。所以须养者，缘此心至易动故也。……扩充不在四端后，却在常无、内交、要誉、恶声之心，所谓以直养也。养是常息，此心常如夜之所息，如是则时时可似乍见与平旦时，此圣贤苦心语也。‘良知’二字是阳明公特地提出，令人知圣贤不远，方有下手处。然上面添一‘致’字，便是扩养之意。又良知‘良’字，乃是发而中节之和，其所以良者，要非思为可及，所谓不虑而知，正提出本来头面也”①。他在阳明的基础上继续发挥夜气说，强调其作为工夫论的重要性。但所谓“本来头面”实即“本来面目”，则作为工夫论的夜气说仍须从属于心性本体论，以尽心知性知天为根本目的，完全可以为良知或致良知说涵盖。

由此可见，无论禅宗的“本来面目”，抑或儒门的“良知”，尽管用语不同，实质都离不开不可言说的形上世界，都以证入如如自然的真实道体为究竟。而道不可说，根本就无任何人为着力处，亦非任何语言能够“挂搭”，又何有儒释道三家的分别？故阳明以“大略亦是”来回答儒、释、道三家“上一截同者，不可诬也”之说，的确并非一时敷衍漫应之语。② 诚如晚近鸿儒马一浮所说：“不明乎道，何名为儒。苟曰知性，何恶于禅。儒与禅皆从人名之，性道其实证也。”③ 熊十力也特别强调：“东方学术，无论此土儒道及印度释宗，要归见体，此无疑义。”④ 相对不可说的即整体即本体的道体而言，“儒佛等是闲

---

① 罗洪先：《与尹道舆》，《罗洪先集》卷七，第 251 页。

② 参阅张新民：《王阳明“四句教”探释》，《贵州文史丛刊》1997 年第 4 期。

③ 马一浮：《〈儒林典要〉序》，《马一浮集》第 2 册，第 30~31 页。

④ 熊十力：《论量智、性智及玄学方法》，《现代新儒学的根基：熊十力新儒学论著辑要》，中国广播电视出版社，1996 年，第 290 页

名，心性人所同具。古来达德，莫不始于知性，终于尽性。……唯知性而后能率性，率性而后能践形，践形而后能尽性”①。现象界一切分殊差异的存在，或者说各种纷纷纭纭“不齐”的现象，一旦返回其根源处的形上本体，都可由“道通为一”的显象式差异化归为“齐物”式的道体存在状态。这是从下往上“知性”而证道，当然也可反过来，从上往下以“尽性”，从而开显道体，走出一条由“尽性”而“率性”而“践形”的实践路径，在分殊差异的现象界实现生命的价值，承担“天命之谓性”不可推卸的人生责任。而无论向上或向下两条路径，最终都是本体与现象不二，“理一”与“分殊”合一，形上与形下一体，依然是天地人我万物通而为一。就人的存在世界而言，无论道的证悟或道的开显，其间尽管可能有不少错综复杂的环节，但一切都以其主动自觉的实践活动为根本，不能不说是始于“尽性”又复归于“尽性”。

但是，无论起点或终点的“尽性”，从儒家的视域看，显然都是“参赞化育”的过程，其动力资源的活泉即为与道合一的本心本性。因此，形上本体并非“死体”而是“活体”，如同“知性”证入本体以后尚要“尽性”一样，“悟道”之后则要“行道”，因而“率性践形”的生命实践工夫尤为重要②，否则便谈不上形上与形下互贯互通的“尽性”，也难以成就世间与出世间打成一片的“行道”。所以阳明又反对“欲求宁静欲念无生”，认为这“正是自私自利，将迎意必之病，是以念愈生而愈不宁静”，实即唯识学所谓“藏识恒转如暴流”。严格地说，包括阳明在内的多数儒家学者，他们的辟佛本质上都“只就其小乘权教一边说，如去人伦，怖生死，求福报，此殊悖于圣人，自是偏小卑陋之说，不可以是为佛法。若其大乘实教圆顿之义，岂复有别？

① 马一浮：《尔雅台答问补编》卷二《答吴希之》，《马一浮集》第1册，第743页。

② 谈到实践问题就必须引进历史性的维度，不能不涉及生活世界的场域，惜阳明较少论及此类问题，显然是一大历史遗憾。

先儒容有察之未精者，不可以耳为目也”①。

当然，阳明尽管对佛教多有批判，其学究竟是儒是禅，历来议论纷纭，莫衷一是，誉者难免言过其实，毁者则多损其真。特别是入清以后，讥诋其学为禅者弥多，毁者甚至主张其不再从祀孔庙。清儒恽敬有鉴于此，遂有为阳明抱不平之言云：

> 阳明先生之学，是非可得而微辨焉。若以从祀言之，圣人之门岂若是之小哉！……若达磨所言“净智妙圆，体自空寂”，大鉴所言“真如自性起念，六根虽有见闻觉知，不染万境，而真性常自在”，此皆本源之言，与阳明先生良知之说无异。故先生之学不得不谓之禅。然而有与禅异者，亦言“戒慎恐惧”，亦言“慎独”，亦言“礼”，亦言“仁义”，亦言“孝弟”，此则其异者耳。……夫圣人之道，固极其正者也，异端不得而混之，然其大则如天地之持载覆帱焉。冉有、宰我之过，后人为之，宋儒所必摈也，而以言语、政事为高弟子；曾子明孝道，其后有吴起；子夏好论精微，其后有庄周；七十子之徒有颜子骄、施子恒、琴子张诸人，若是则圣人及门固非若一人之言，一人之行者，岂得谓圣门之杂哉？天地之道固如是也。今观浮图之有功力者，盖异于众人矣，况其精大者乎？是故释迦、达磨、大鉴诸人，苟世与孔子相及，当有所以待之者。而谓高朗博大如阳明先生，必不收录在弟子之列，此敬之断不敢信者也。②

恽敬是因为有人深斥阳明为禅，欲废其从祀孔庙，才说出上面一番话的。毫无疑问，他显然以阳明为孔孟道统正脉，赞成其从祀孔庙，

① 马一浮：《语录类编·儒佛篇》，《马一浮集》第3册，第1058页。

② 恽敬：《大云山房文稿二集》卷一《姚江学案书后二》，《四部丛刊》本。

尽管他对阳明及其后学也多有批评。[①] 他以阳明为孔孟道统正脉的理由是：阳明的良知说的确与禅宗初祖达摩、六祖慧能的“净智妙圆体自空寂”“真如自性起念，六根虽有见闻觉知，不染万境，而真性常自在”之说无有差别，但二者的相同仍是“上一截”或“本源”处的略同，一涉及“下一截”或工夫论，如阳明所一再强调的“戒慎恐惧”“慎独”“礼”“仁义”“孝弟”诸说，二者的差异立刻凸显，阳明是儒是禅的学派立场归宿，亦不难判断或定位。倘若因为阳明借鉴了佛教的思想资源，即所谓“疑其以儒而盗佛”，则不过是“疑东邻之井，盗西邻之水”而已[②]，根本就看不到儒佛之间本来就同质的一面，遗忘了心同理同乃是人类能够沟通的根本前提，似又不免门户之见太过，偏执一端而丢失了全体。

六、无执无着的人格生命形态

值得注意的是，前引阳明所说的“其妙与圣人只有毫厘之间”，即儒佛之间在道体起用上颇为细微的一点差别，犹如“喜马拉雅山一点雨，稍微偏东一点，可到太平洋去，稍微偏西一点，可到印度

---

① 恽敬针对王门后学的批评，主要是其好立新义，而论其肇始，阳明亦有责任，盖明儒“尝立一义以动天下，其才力不及者，亦必于师说少变焉，如止修诸人是矣。而开其始者，阳明先生致良知之说也。夫言‘致’则不得为良，言‘良’则不得为致，致良知之义岂可立哉！孟子兼良能言之，爱敬即能也。阳明先生去良能言之，良知之义亦不可立矣。于是一变而为良知即未发之中，未发岂有知耶？再变而为良知即天理，天理岂有知耶？及无端自言之，则曰‘人心灵明’而已，是良知不能该良能矣。不能该良能，必不能该性与情也。又无端自言之，则曰‘是非之心’而已，是良知不能该恻隐、羞恶、辞让矣。不能该恻隐、羞恶、辞让，必不能该性与情也。其后及门更多支骈，互相矛盾，皆由于此”。见《大云山房文稿二集》卷一《姚江学案书后一》，《四部丛刊》本。

② 钱谦益：《阳明近溪语要序》，《牧斋初学集》卷二十八，第 863 页。

洋去”①。则儒、释二家在“体”上固然难以做出任何分判，但“用”上的任何细微差异，一旦化为社会生活的具体实践，则必然表现为极大的差异，显象为各不相同的行为事相，儒与禅的分别亦不难从中清晰“料简”。阳明对此实早已有清楚的认识：

> 夫禅之学与圣人之学，皆求尽其心也，亦相去毫厘耳。圣人之求尽其心也，以天地万物为一体也。吾之父子亲矣，而天下有未亲者焉，吾心未尽也；吾之君臣义矣，而天下有未义者焉，吾心未尽也；吾之夫妇别矣，长幼序矣，朋友信矣，而天下有未别、未序、未信者焉，吾心未尽也。吾之一家饱暖逸乐矣，而天下有未饱暖逸乐者焉，其能以亲乎？义乎？别、序、信乎？吾心未尽也；故于是有纪纲政事之设焉，有礼乐教化之施焉，凡以裁成辅相、成己成物，而求尽吾心焉耳。心尽而家以齐，国以治，天下以平。故圣人之学不出乎尽心。禅之学非不以心为说，然其意以为是达道也者，固吾之心也，吾惟不昧吾心于其中则亦已矣，而亦岂必屑屑于其外；其外有未当也，则亦岂必屑屑于其中。斯亦其所谓尽心者矣，而不知已陷于自私自利之偏。是以外人伦，遗事物，以之独善或能之，而要之不可以治家国天下。盖圣人之学无人己，无内外，一天地万物以为心；而禅之学起于自私自利，而未免于内外之分；斯其所以为异也。今之为心性之学者，而果外人伦，遗事物，则诚所谓禅矣；使其未尝外人伦，遗事物，而专以存心养性为事，则固圣门精一之学也，而可谓之禅乎哉！世之学者，承沿其举业词章之习以荒秽戕伐其心，既与圣人尽心之学相背而驰，日骛日远，莫知其所抵极矣。有以心性之说而招之

---

① 熊十力：《十力语要》，上海书店出版社，2007 年，第 257 页。

来归者，则顾骇以为禅，而反仇雠视之，不亦大可哀乎！①

阳明讲心，禅宗亦讲心，无论宇宙论、本体论、心性论、人生论，两者的哲学都以虚明灵觉之心为出发点，都有高明超越的一面，都关心“人类的存在以及真正的自由这样一些问题”，都要“使人类觉悟到自身主体实际上处在‘无我’的状态”②，遂难免有相似之处，亦都可统称为心灵（精神或生命）哲学。③但阳明的“尽心知性”与禅宗的“明心尽性”，一落入形下生活的实践界，转化为对治人生社会病象的医救药方，便显然会在实际社会生活中产生很大的分疏。如果稍加比较则可说，一则强调家国天下关怀，不能不担负家国天下伦理责任，必须将心中之理外化为道德实践的具体行为，积极从事人间秩序的建构工作；一则放弃家国天下关怀，根本就不担负家国天下伦理责任，未必就能将心中之理与外在的道德实践活动打成一片，从来都无意于人间秩序的建构工作。前者可说是内外合一之说，所得当为道之整体大全，是至大至公的人生情怀；后者则为务内遗外之言，所得虽多而丢弃亦大，难免陷入自私自利之偏狭。熊十力先生曾强调：“儒者有二道焉，曰兴礼乐，曰本天下为公之道，以立制度。是二者，皆所以发扬人类周通万物之知，以弘济天下，而无往不利者也。”④以此为分析判识根据，观察阳明一生思想基本取向，其对佛教的批判，主要仍集中在儒家实现其价值理想必须依托之纲常伦理上。而儒家纲常伦理之所以长期得以保持，则不仅取决于诸如阳明一类的士人的自觉维护，同时也有赖于社会经济文化制度之绵延赓续。中国历史上“亦尝有悖

① 王阳明：《重修山阴县学记（乙酉）》，《王阳明全集》，第257~258页。

② ［日］镰田茂雄：《禅思想的形成和发展》，《中国文化》1992年第6期。

③ 参阅张新民：《多元化精神教育应成为第一义教育——就传统心学的现代意义答客问》，《阅江学刊》2010年第6期。

④ 熊十力：《原儒》，《熊十力全集》第6卷，第461页。

三纲违六纪无父无君之说，如释迦牟尼外来之教者矣，然佛教流传播衍盛昌于中土，而中土历世遗留纲纪之说，曾不因之以动摇者，其说所依托之社会经济制度未尝根本变迁，故犹能借之以为寄命之地也”①。

因此，阳明一生对人间社会秩序建构活动的关怀，立德、立功、立言三不朽行履事迹，以及可以作为人生托命之论的心学的兴起，恰好反差式地凸显了另有终极归宿的禅宗的衰颓。良知学说不仅为救疗个人沉沦颓堕的警醒药方，同时也是激活人间道德精神的思想资源，均足以说明阳明是儒而非禅，否则便缩小了圣学雍容恣肆的思想文化天地，忽略了道统绵延光大必有的托命人，不符合儒家所强调的“持载覆帱”的天地精神，遗忘了超脱俗谛桎梏也是圣门重要的人格理想追求。或许还是阳明自己的话说得最好，不妨再读他与门人张元冲的一段对话：

> 张元冲在舟中问：“二氏与圣人之学所差毫厘，谓其皆有得于性命也。但二氏于性命中著些私利，便谬千里矣。今观二氏作用，亦有功于吾身者，不知亦须兼取否？”先生曰：“说兼取，便不是。圣人尽性至命，何物不具，何待兼取？二氏之用，皆我之用：即吾尽性至命中完养此身谓之仙；即吾尽性至命中不染世累谓之佛。但后世儒者不见圣学之全，故与二氏成二见耳。譬之厅堂三间共为一厅，儒者不知皆吾所用，见佛氏，则割左边一间与之；见老氏，则割右边一间与之；而已则自处中间，皆举一而废百也。圣人与天地民物同体，儒、佛、老、庄皆吾之用，是之谓大道。二氏自私其身，是之谓小道。”②

---

① 陈寅恪：《王观堂先生挽词并序》，《中国现代学术经典·陈寅恪卷》，河北教育出版社，2002 年，第 846 页。

② 《王阳明年谱》“嘉靖二年癸未”条，《王阳明全集》，第 1289 页。

稍晚于阳明的佛教天台宗大师传灯也强调“道该儒释，理别偏圆。各有攸归，曷容概与”①，与阳明“儒、佛、老、庄皆吾之用，是之谓大道”之说颇为接近。只是从阳明的“圣学”视域出发，儒家思想广袤无垠，完全可以涵盖佛、老二家，统摄世间各种学问，一概取之以为我用，而不必将“尽性至命”切于身而不染世累一类学问尽皆拱手送给他人。可见阳明乃是要用儒家思想来吸收融合而非拒斥对抗佛老两家，其心志胸量较其他同时或先后的儒者都显得更加宽广宏大。

七、彻上彻下贯通合一的学问境界

与其他真正的儒者一样，阳明也不愿意纯粹沉浸在自己的精神世界之中，只是做一个思辨的隐居的旁观者。更重要的是他要将个人的良知本体之善引入人类社会生活，做一个积极参与人间秩序建构工作的行动者，在变化自己生命内在气质的同时，也改造外部的客观世界。他的“知行合一”说“知是行的主意，行是知的功夫；知是行之始，行是知之成”②，显然也是以道德的真实感为前提，兼顾人生必有的“知”与“行”两方面而立论，以确保人类道德实践生活的有效和可能，力求真正做到“内圣”与“外王”的完整性圆融统一。而他晚年应机施教，主要倡导良知学说，实为对孟子“性善”论的再发展，遂使工夫、境界浑然一体，道德实践的诉求更为突出。因此，阳明对佛教的批判，与其说是针砭大乘圆融教义及其慈悲精神，不如说是不满现实佛教不断世俗化过程中所滋生的流弊或病象。除了与禅宗六祖惠能一样，主张以“无念”的方法契入本体之外，阳明实际也积极倡导“无住”与“无相”工夫的重要性。他将佛教误读为守住形上“清静

---

① 传灯：《性善恶论》，福建莆田广化寺印刷本。

② 王阳明：《传习录上》，《王阳明全集》，第4页。

自在”本体便一切不管即“自私自利”，不知最重要的仍是在工夫论上彻底斩断“意根”，即使“藏识”亦当彻底舍弃，佛教救世的精神仍以自利利他为究竟。阳明又说：

> 圣人致知之功至诚无息，其良知之体皦如明镜，略无纤翳。妍媸之来，随物见形，而明镜曾无留染。所谓情顺万事而无情也。无所住而生其心，佛氏曾有是言，未为非也。明镜之应物，妍者妍，媸者媸，一照而皆真，即是生其心处。妍者妍，媸者媸，一过而不留，即是无所住处。①

“无所住而生其心”出自《金刚经》，《六祖坛经》载五祖弘忍为慧能说《金刚经》，至“应无所住而生其心”处，慧能言下大悟“一切万法不离自性”，并云：“何期自性本自清净，何期自性本不生灭，何期自性本自具足，何期自性本无动摇，何期自性能生万法。”阳明之所以引用其说，固然可能直接得自《金刚经》，但更有可能辗转得自《六祖坛经》，反映了他的心学思想的形成的确与禅宗有甚深的渊源关系。② 阳明深得佛家“无住”妙义，又结合自己深邃的生命体验，遂以明镜取譬清净心体，而冠以颇有儒家价值向度的“良知”之名，以为良知之直觉慧照，即如大圆明镜之照物，物来即现，物去即寂——如从良知本体的起用流行看，便是“妍者妍，媸者媸，一照而皆真”，当然就是《金刚经》所说的“是生其心处”；倘从良知本体的绝待超越观，则为“妍者妍，媸者媸，一过而不留”，显然即为《金刚经》

---

① 王阳明：《答陆原静书》，《王阳明全集》，第 70 页。

② 阳明尝有《山僧》云：“岩下萧然老病僧，曾求佛法礼南能。论诗自许窥三昧，入圣无梯出小乘。高阁松风飘夜磬，石床花雨落寒灯。更深月出山窗曙，漱齿焚香诵《法》《楞》。”反映他极为熟悉慧能事迹，明了禅宗核心大义。见《王阳明全集》，第 764 页。

所说的“无所住处”。

禅宗六祖以“无住为本”，强调本体与工夫互贯互通的重要性，一如宋儒区分“气质之性”与“天命之性”一样。与此相应，阳明虽不讲“别处受生”，不提生死轮回，但比较儒家的“将迎意必”与佛教的“无念”之“念”，作为一种由本体直接开出的工夫论，他认为二者均极为重要，都是入道的必备法门，根本就与本体不一不二。因而他又特别强调良知说与良知工夫：“只是一念良知，彻头彻尾，无始无终，即是前念不灭，后念不生。”不同处则为与佛家相较，儒家多讲“生”而少讲“死”，更强调“生生之德”或“生生之道”的重要，更突出“圣人致知之功至诚无息”积极力量的不可或缺，从而也更显得刚健有力，更强化了作为主体的人的自强不息精神。所以他在无执无着的意义脉络下，也十分认同禅门“无住”的重要性，但同时又在“收摄凝定”的语义逻辑上，否定了“无住”存在的必要，以为“前念易灭，而后念不生，是佛氏所谓断灭种性，入于槁木死灰之谓”，依然在儒、佛之间做了工夫论上大同小异的分判。① 阳明试图在形上世界消泯儒、道、释三家的界线，但依然在形下世界为三家切割出各自的畛域，尽管他对佛教误读误解的现象诚可谓屡见而不一见；包括“断灭种性”一类问题即使在佛教内部也有所防范和警惕。

然而即使如此，我们仍不难发现，“无念”“无住”虽为禅宗即体即用悟道、行道的重要工夫法门，而阳明实际早已将其视为重要的思想资源，积极主动地加以借鉴吸收，不但纳入了他的良知与致良知学说体系之中，而且显示了儒者无有一物存于胸中的超迈妙境。后来晚出的王夫之曾激烈批评阳明：“至姚江之学出，更横拈圣言之近似

---

① 湛若水认为“心求中正便是天理……然亦须达得天理乃可中正，而不达天理者有之矣。释氏应无所住而生其心是也，何曾达得天理”。其与阳明一样，也对《六祖坛经》的“无住”有所批判，显示了自己的儒家立场。可一并参阅。见湛若水：《湛甘泉先生文集》卷八《新泉问辨录》，第394页。

者，摘一句一字以为要妙，窜入其禅宗，尤为无忌惮之至。”① 虽持论不免过于偏激或苛刻，且未见阳明在家国天下关怀上与禅宗的分疏，但也可见阳明的确借用了大量佛教思想资源，以重建儒门的心性形上学与工夫系统。无怪乎任继愈先生认为“由禅到儒只差一小步”，后者是按照前者的思维方式、宗教修养方式向前发展的，表面看教义教理不能不有所转换，实际“两家是接着讲的”②，相互之间有着内在的逻辑联系。宋儒导夫先路是如此，阳明发扬光大更是如此。

当然，从阳明的良知学说视域看，尽管“上一截”殊难有儒、佛之间的区分，但“下一截”的确存在精神发展方向上的不同；尽管佛教的“清净真心”与阳明的“良知”并无本质上的不同，上下互贯互通的取向为两家共有，但从体用一源（“彻上彻下”）、大中至正一贯之道的立场出发，阳明仍始终只大讲“良知”而绝少论及“清净真心”，甚至根本不愿在“上一截”与“下一截”之间做出过多区分，明显地在言说的架构上有意淡化了佛教的色彩而突出了儒家的向度。“良知”在他看来既能“无所住”，又能“生其心”，不仅在“体”上无一尘能为其“纤翳”，而且在“用”上也无一物作得其障碍，当然也就同时涵盖了超越界与现实界，联结了“上一截”与“下一截”，完全能够彻上彻下，将形上、形下两个世界无罅无隙地打成一片。

八、儒者必有的人间秩序关怀

阳明以“情顺万事而无情”与“无所住而生其心”互训互释，

① 王夫之：《俟解》，《船山全书》第12册，第489页。

② 任继愈：《从佛教到儒教——唐宋思潮的变迁》，《中国文化》1990年第3期。

使佛教思想儒家化，显然也反映了儒、佛之间的互动与交流，折射出儒、释、道三家趋同性发展的历史大方向。而阳明所引者本为程明道之言："天地之常，以其心普万物而无心；圣人之常，以其情顺万事而无情。"① 兹说显示了儒家廓然大公、物来顺应的人文主义情怀②，故历来引用者甚多，解释者亦不少。阳明当然也有自己的解读："情顺万事而无情，只谓应物之主宰，无滞发于天理不容已处。"③ 可见情之当有即有，当无即无，一皆顺应自然，而无有一毫滞碍。《传习录》载：

> 问："知譬日，欲譬云，云虽能蔽日，亦是天之一气合有的，欲亦莫非人心合有否？"先生曰："喜怒哀惧爱恶欲，谓之七情。七者俱是人心合有的，但要认得良知明白。比如日光，亦不可指着方所；一隙通明，皆是日光所在，虽云雾四塞，太虚中色象可辨，亦是日光不灭处，不可以云能蔽日，教天不要生云。七情顺其自然之流行，皆是良知之用，不可分别善恶，但不可有所着；七情有着，俱谓之欲，俱为良知之蔽；然才有着时，良知亦自会觉，觉即蔽去，复其体矣！此处能勘得破，方是简易透彻功夫。"④

具见"七情"作为良知发用必有的现象，重要的是顺其自然而

---

① 程颢、程颐：《河南程氏文集》卷二《答横渠张子厚先生书》，《二程集》，第460页。

② 戴东原曾比较明道与阳明两家上述说法，认为"程子说圣人，阳明说佛氏"，可见阳明较明道，其说佛教色彩似更明显。戴说见戴震：《东原文集》卷八《答彭进士允初书》，《戴震全书》第6册，第359页。

③ 《传习录拾遗》，《王阳明传习录详注集评》，第408页。

④ 王阳明：《传习录下》，《王阳明全集》，第111页。

流行。值得强调的是，儒家所谓的“情”本出于廓然大公，无论任何时候都不可有执着。从儒家的视域看，良知的流行发用本身即破除执着的关键根本：“心无所用，则为死灰，不能经世，才欲用时，便起烦扰。用不用之间，何处着力？日月有明，容光必照，变化云为，往来不穷，而明体未尝有动，方不涉意象，方为善用其心。”① 足证破除执着的目的，乃是更好地确保良知的发用流行，而良知的发用流行即意味着儒家所重视的道德实践动力资源的永不枯竭，人的道德主体精神的一派生机盎然。

如前所述，除“无念”“无住”之外，《六祖坛经》又特别强调“无相”的重要。阳明亦同宗门大德一样，极力强调“无相”的重要性。不妨试看阳明本人的说法：

> 仙家说到虚，圣人岂能虚上加得一毫实？佛氏说到无，圣人岂能无上加得一毫有？但仙家说虚从养生上来，佛氏说无从出离生死苦海上来，却于本体上加却这些子意思在，便不是他虚、无的本色了，便于本体有障碍。圣人只是还他良知的本色，更不着些子意在，良知之虚，便是天之太虚；良知之无，便是太虚之无形。日月风雷山川民物，凡有貌象形色，皆在太虚无形中发用流行，未尝作得天的障碍。圣人只是顺其良知之发用，天地万物俱在我良知的发用流行中，何尝又有一物超于良知之外能作得障碍？②

如同宋儒横渠以为“性通极于无，气其一物尔”③，明儒白沙强调要“常令此心在无物处”一样④，阳明也以“太虚”妙喻良知本体，

---

① 王畿：《三山丽泽录》，《王畿集》卷一，第 10 页。
② 王阳明：《传习录下》，《王阳明全集》，第 106 页。标点略有改动。
③ 张载：《正蒙》，《正蒙合校集释》，第 924 页。
④ 陈献章：《与湛民泽》，《陈献章集》卷二《书》，第 192 页。

均为大彻大悟之语，而表现出儒家特有的“无”的智慧。无怪乎王夫之后来径直认为：“王龙溪、钱绪山天泉传道一事，乃摹仿慧能、神秀而为之，其‘无善无恶’四句，即‘身是菩提树’四句转语。”① 尽管王氏所说之两件学术史大事，实则分属儒门与禅宗两家不同的公案，“摹仿”之说未免稍嫌牵强附会，但毕竟又有惊人的相似之处，或许均为“无”的形上智慧的开显，说明儒、道、释三家虽在人间世态的对治与超越的问题上大相径庭，但又都可以统摄于以“无”为体的形上意义的道学之下。只是考虑到世间中下“根器”的人较多，阳明又特别强调“人有习心，不教他在良知上实用为善去恶功夫，只去悬空想个本体，一切事为俱不着实，不过养成一个虚寂。此个病痛……不可不早说破”②。可见工夫论意义上的“致良知”，在阳明看来也极为重要。故其“致良知大体，并非如佛说顿教，全无工夫，所言善便存，恶便去，何等痛切，并非谓一识良知便可放纵，不惟需知良知，并需知致良知，尤需时时知致良知也。王门之每不如宋儒之循循规矩者，抑亦不为时时为克己工夫耳”③。至于“不着些子意”，即无有任何的人为造作，廓然大公而又一派自然，一切均本于人伦物理之当然，必然就是毫无任何执着。阳明巧以太虚说良知，同时又比较释、道两家，一方面突出了良知之“体”虚寂无形，本来就无执无染的特征；一方面则强化了良知之“用”周遍流行，必然能够无障无碍的功能。④ 诚可谓明体而达用，依用而显体。特别是从体用无间的立场看，则可

---

① 王夫之：《俟解》，《船山全书》第 12 册，第 488 页。

② 王阳明：《传习录下》，《王阳明全集》，第 118 页。参阅王畿：《天泉证道纪》，《王畿集》卷一，第 1~2 页。

③ 汤用彤：《理学谵言》，《理学·佛学·玄学》，第 2~3 页。

④ 参阅张新民：《儒家圣人思想境域的正法眼藏——王阳明的良知与致良知学说及其现代意义》，《王阳明的世界——王阳明故居开放典礼暨国际学术研讨会论文集》，浙江古籍出版社，2008 年。

说儒家坚持父子、君臣、夫妇人伦大义，较诸佛教的出家修行而不担负人伦责任，反而是更显得不着相："佛怕父子累，却逃了父子；怕君臣累，却逃了君臣；怕夫妇累，却逃了夫妇；都是为个君臣、父子、夫妇着了相，便须逃避。如吾儒有个父子，还他以仁；有个君臣，还他以义；有个夫妇，还他以别：何曾着父子、君臣、夫妇的相？"① 阳明的说法不能说毫无道理，尽管佛教强调"先遣我、人相？儒者只言己私，不加分析，不如佛氏加以推勘，易于明瞭"②，而"去相"的目的只在"破执"，未必就是根本否定人间伦理。但他的良知与致良知说仍体现了"圣人大中至正之道，彻上彻下，只是一贯"，所谓"上一截""下一截"，不过只是方便权说而已。在这一意义脉络下，阳明当然只能是儒而非禅。阳明的《门人王嘉秀实夫萧琦子玉告归书此见别意兼寄声辰阳诸贤》即可证明：

> 王生兼养生，萧生颇慕禅；迢迢数千里，拜我滁山前。吾道既匪佛，吾学亦匪仙。坦然由简易，日用匪深玄。始闻半疑信，既乃心豁然。譬彼土中镜，暗暗光内全；外但去昏翳，精明烛媸妍。世学如剪彩，妆缀事蔓延；宛宛具枝叶，生理终无缘。所以君子学，布种培根原；萌芽渐舒发，畅茂皆由天。秋风动归思，共鼓湘江船。湘中富英彦，往往多及门。临岐缀斯语，因之寄拳拳。③

《王阳明年谱》载"王嘉秀、萧惠好谈仙佛"，阳明尝警之曰："……二氏之学，其妙与圣人只有毫厘之间，故不易辨，惟笃志圣学者

① 王阳明：《传习录下》，《王阳明全集》，第 99 页。

② 马一浮：《泰和宜山会语 · 去矜上 · 续义理名相五》，《马一浮集》第 1 册，第 91 页。

③ 王阳明：《王阳明全集》，第 732~733 页。

始能究析其隐微。"① 具见他接引来学，尽管可能借用禅宗的方法以破其执着，但更根本的仍是培养善根，澡雪精神，助发生机，使其步入儒家圣境，诚可谓"大匠不为拙工改废绳墨，羿不为拙射变其彀率"(《孟子·尽心上》)。只是贤者固然需要教以上达之法，中人亦有必要通过点化而寡过，一皆以生命"自得"之学为目的，阳明始终未放弃家国天下秩序建构之关怀，不但没有屈己道而就禅学，反而以心学的独特方法发展了儒家一贯之学说。

有必要强调的是，"上一截""下一截"的划分，虽仅为方便权说，但阳明对佛教的批判性扬弃，仍主要集中在"下一截"；一涉及"上一截"，他依然表现出对佛教的欣赏或好感。如前面提到的良知本体本自宁静，本自生生，如果头上安头，床上架床，宁静之上添一个"求宁静"，生生之上加一个"欲无生"，他认为便是滞碍，便是执着，"非独圣门致知之功不如此，虽佛氏之学亦未如此将迎意必也"。可见他的确通过"上一截"的真实证量工夫，吸收了大量佛教的思想资源，打破了儒、道、释三家形上道境的长期认知隔阂，表现出惊人的超越智慧。故对心学多有不满的戴东原遂据此批评说："阳明尝倒乱《朱子年谱》，谓朱、陆先异后同。陆、王，主老、释者也；程、朱，辟老、释者也。"② 具见与程朱一派的理学系统相较，陆王的心学体系与佛教的关系更为契应。而阳明较诸象山，似更具有综合发展的时代特征。其实无论吸收或批判佛教思想资源，都必须以熟悉其学说为前提，如果"不涉其藩，不登其堂，不入其室，岂可以断其是非得失之分数哉"③。则阳明之出入二氏，固然不能据此遽断其为禅，否则便是依其

---

① 《王阳明年谱》"正德九年甲戌"条，《王阳明全集》，第1237页。

② 戴震：《东原文集》卷八《答彭进士允初书》，《戴震全书》第6册，第359页。

③ 恽敬：《大云山房文稿初集》卷三《五宗语录删存序》，《四部丛刊》本。

始而论其终，借其末而评其本，但也不能说佛教思想就对他毫无影响，忘记了“三教合一”自唐宋以迄元明始终是历史发展的主要潮流，阳明即为此潮流中的有力推动者，代表了儒学发展的又一历史变动新趋势。至于“无念”“无住”“无相”之说，虽在禅宗早已成为一种广泛流行的修行证悟方法，其一旦被吸收纳入良知与致良知学说系统之中，便极大地丰富了儒家义理体系的具体内涵，扩大了儒家形上探问的存在可能空间，弥补了儒家形上智慧长期显得不足的缺憾，推动了儒学形上世界建构工作的积极开展。

九、孔孟道统的继承与发扬

严格地说，儒、道、释三家的历史性辩证综合发展，通过阳明一生经历及其思想境界的个案例证，显然不难了解其早已成为一大时代主题，三家始终均在朝着融通一致的方向发展。纵观儒、释、道三家学术思想融通会合发展的全程，则可说：“二千余年间，迹虽相距，理常会通；外则各呈不同之衣冠，内容早已汇归一途，共阐真理。尝谓三家学术，论其端绪，则各有偏重。所谓偏重者，第言其入门途径之所取尚，非谓整体皆然。如儒家则偏重伦理，留心入世，善则有侠气，弊易入霸道。佛家则偏重心理，志求解脱，善则无可非议，弊则流于疏狂，而皆以心法入门，超拔精神进于‘形而上’者。道家则偏重生理，从形质入门，善则出神入化，弊则易落私吝，而亦终外形器，而达‘形而上’者。入门方法既有不同之等差，故为学为道之始，不期然而见偏重之异迹，及其终皆归于道。佛说‘一切贤圣，皆以无为法而有差别。’旨哉言乎！‘会万物于己者，其唯圣人乎！’故为学为道之极致，皆以‘无缘慈’‘同体悲’而兴‘民胞物与’之思，此皆三家之同一出发点也。”① 至于明清

---

① 南怀瑾：《禅海蠡测》，第 268 页。

嬗递之后，王夫之、戴东原等学者多有针砭王门弊端过激之语，表面均将矛头直指王阳明，暗中则多非议心学为末流，究其根本原因，则不难看到，“阳明点明良知，人人现在，一反观自得，则作圣有方，所谓致良知者，诚不刊之论点。顾后之学者，各师其意，失其真，以玄理高尚，妄相揣测，求见本体，遁入清谈，反远事理，则不若穷理格物之训，先知后行矣”①。然阳明“知行合一”“致良知”之说影响既深且巨，非特鞭辟入里，能得人心之真际，而且开辟价值方向，诚乃千古不磨之良言。惜王门后学分化极为错综复杂，贡献殊多，流弊亦大，见仁见智的看法，不能不说屡见不鲜。② 其中如王龙溪，曾“亲承阳明末命，其微言往往而在。象山之后不能无慈湖，文成之后不能无龙溪”。其人非特发明阳明之学颇多，而且境界亦非流俗所能窥知，然历来訾议者颇多，毁损者亦不少，原因则多以为其学乃禅而非儒，持论不可谓不苛严。即使黄宗羲看法较为公允，然亦不能不有微辞：“良知既为知觉之流行，不落方所，不可典要，一着功夫，则未免有碍虚无之体，是不得不近于禅。流行即是主宰，悬崖撒手，茫无把柄，以心息相依为权法，是不得不近于老。虽云真性流行，自见天则，而于儒者之矩矱，未免有出入矣。”③ 显然欲了解阳明或龙溪，当首先发见道体之宏意，然后工夫久久熟透之后，真在形上本体有所悟入，生命固有的性智从此得以自然流出，才有足够的与其同处于一境界的发言权，而知“阳明之学确是儒家正脉，非袭自禅师”④。所谓“非袭自禅师”云云，即全靠实践性的自悟自证，遂有意承接孔孟正脉，光大儒学正统，而非仅拾人牙慧，徒自炫虚，不仅后人必多有批评，而且阳明学脉中人亦未必不引以为耻。

---

① 汤用彤：《理学谵言》，《理学·佛学·玄学》，第 2 页。

② 参阅张新民：《阳明精粹·哲思探微》，第 215~244 页。

③ 黄宗羲：《明儒学案》卷十二《郎中王龙溪先生畿》，第 239~240 页。

④ 熊十力：《十力语要》，《熊十力全集》第 4 卷，第 394 页。

尚需注意的是，后世学者往往以“浮轻不戢，好高自大”为依据①，由王门后学之偏颇而罪及阳明，进而严判程朱、陆王畛域，以为其中必有一正一偏，实则争夺正统话语权力，遂将阳明之学打为儒门之外的禅学，则未免意气太过，门户之见太深，有失公正，欠缺客观。其实无论朱子或阳明，他们的世界显然都是以儒学为中心的世界，他们基本的身份当然也是士大夫，或者说他们都是传统士大夫中不世出的卓绝伟才，学问取向都为“希圣希天”之学，都强化了中国文化成德的发展方向，发挥了重塑中华民族精神的作用。儒者的身份与士大夫的身份，完全是可以在他们的身上打成一片的。心学、理学作为儒学内部不同的学派，恰好能够发挥互补的作用。② 钱谦益以阳明及泰州学派代表人物罗近溪为例，盛赞他们不仅针对人类问题，剖析了人生应有的存在状态，更重要的是直承儒家道统，抉出了形上哲学的秘密③，实为公允之论。而晚明大儒刘

---

① 汤用彤：《理学谵言》，《理学·佛学·玄学》，第2页。

② 刘宗周撰《重刻王阳明先生传习录序》一文，便力辩阳明之学非禅而与孔、孟、程、朱一脉相承，其言曰：“（阳明）先生所病于宋人者，以其求理于心之外也。故先生言理曰‘天理’，一则曰‘天理’，再则曰‘存天理而遏人欲’，且累言之而不足，实为此篇真骨脉。而后之言‘良知’者，或指理为障，几欲求心于理之外矣。夫既求心于理之外，则见成活变之弊，亦将何所不至乎？夫良知本是见成，而先生自谓从万死中得来，何也？亦本是变动不居，而先生云能戒慎恐惧者，是又何也？先生盖曰‘吾学以存天理而遏人欲’云尔，故又曰‘良知即天理’，其于学者直下顶门处，可为深切著明。程伯子曰：‘吾学虽有所受，然天理二字却是自家体认出来。’至朱子解‘至善’，亦云‘尽乎天理之极而无一毫人欲之私’者，先生于此亟首肯。则先生之言，固孔、孟之言，程、朱之言也。而一时株守旧闻者，骤诋之曰禅。后人因其禅也而禅之，转借先生立帜。自此大道中分门别户，反成燕、越。而至于人禽之几，辄喜混作一团，不容分疏，以为‘良知’中本无一切对待。由其说，将不率天下而禽兽食人不已。甚矣！先生之不幸也！”其说当值得重视。刘说见《刘宗周全集》第4册，第30~31页。

③ 参阅钱谦益：《阳明近溪语要序》，《牧斋初学集》卷二十八，第863页。

宗周的话亦说得很好，兹不嫌冗赘，具录如下：

今之言佛氏之学者，大都盛言阳明子，止因良知之说于性觉为近，故不得不服膺其说，以广其教门，而衲子之徒亦浸假而良知矣。呜呼！古之为儒者，孔、孟而已矣，一传而为程、朱，再传而为阳明子，人或以为近于禅；即古之为佛者，释迦而已矣，一变而为五宗禅，再变而为阳明禅，人又以为近于儒，则亦玄黄浑合之一会乎？而识者曰："此殆佛法将亡之候，而儒教反始之机乎？"孟子曰："逃墨必归于杨，逃杨必归于儒。"今之言佛氏学者，既莫不言阳明子，吾亦言阳明子而已矣。譬之出亡之子，犹识有父母，一面时时动其痛痒，则父母固得而招之，自祢而上，益恍惚矣。阳明子者，吾道之祢也。今之言佛氏之学者，招之以孔、孟而不得，招之以程、朱，而又不得，请即以阳明子招之。佛氏言宗也，而吾以阳明之宗宗之；佛氏喜顿也，而吾以阳明之顿顿之；佛氏喜言功德也，而吾以阳明之德德之，亦曰良知而已矣。孟子曰："无是非之心，非人也。"夫学者而不知有良知之说则已，使知有良知之说，而稍稍求之，久之而或有见焉。则虽口不离佛氏之说，足不离佛氏之堂，而心已醒而为吾儒之心，从前种种迷惑一朝而破，又何患其不为吾儒之徒乎？此仆之所以诵言阳明子而不容已也。

夫道者，天下之达道，而言道之言，亦天下之公言也。孔、孟言之而不足，则程、朱言之；程、朱言之而不足，则阳明子言之；阳明子言之而不足，则后之人又有言之者。但不许为佛氏之徒所借言，而苟其借之，而足以为反正之机，则吾亦安得不因其借者而借之，以一伸吾道之是乎？孟子曰："杨、墨之道不息，孔子之道不著。"仆亦曰："阳明子之道不著，佛、老之道不息。"道阳明之道，言阳明之言，且独言其异同于朱子之言，殆亦以发明

> 朱子之蕴，善继朱子之心，以求不得罪于孔、孟焉而止耳。①

程朱与陆王治学路径固然有差异，然所异仍不胜其所同。他们都一方面上溯先秦原始儒家，继承了孔孟学说的精义妙蕴，一方面又回应时代的各种挑战，对孔孟学说做出了有本有源的创造性发展。他们前前后后，扬波激浪，更使儒学思想天地蔚为大观，形成了可圈可点的儒学发展史。面对时代的挑战，他们做出不同的积极回应，思想行为必然大有差异，而沿波寻源，由宋明上溯先秦，其相互之间又有精神本质上的一致。就阳明而论，如果比较程朱与禅学，则当然远离禅学，接近程朱。

继刘宗周之后，力辩阳明廓然圣路，非禅而为儒者，尚有其弟子黄宗羲。不妨再详引其说，以见阳明实乃不世出的一代大儒：

> （阳明）先生承绝学于词章训诂之后，一反求诸心……自孔孟以来，未有若此之深切著明者也。特其与朱子之说，不无抵牾，而所极力表章者乃在陆象山，遂疑其或出于禅。禅则先生固尝逃之，后乃觉其非而去之矣。夫一者诚也，天之道也；诚之者明也，人之道也，致良知是也。因明至诚，以人合天之谓圣，禅有乎哉？即象山本心之说，疑其为良知之所自来，而求本心于良知，指点更为亲切。合致知于格物，工夫确有循持，较之象山混人道一心，即本心而求悟者，不犹有毫厘之辨乎？先生之言曰："良知即是独知时。"本非玄妙，后人强作玄妙观，故近禅，殊非先生本旨。至其与朱子抵牾处，总在《大学》一书。朱子之解《大学》也，先格致而后授之以诚意；先生之解《大学》也，即格致为诚意，其于工夫似有分合之不同，然详二先生所最吃紧处，皆不越慎独一关，

---

① 刘宗周：《答胡嵩高朱绵之张奠夫诸生》，《刘宗周全集》第 3 册，第 349～350 页。

则所谓因明至诚，以进于圣人之道，一也。故先生又有朱子晚年定论之说。夫《大学》之教，一先一后，阶级较然，而实无先后之可言，故八目总是一事。先生命世人豪，龙场一悟，得之天启，亦自谓从《五经》印证过来，其为廓然圣路无疑。特其急于明道，往往将向上一几，轻于指点，启后学躐等之弊有之，天假之年，尽融其高明卓绝之见而底于实地，安知不更有晚年定论出于其间？而先生且遂以优入圣域，则范围朱、陆而进退之，又不待言矣。先生属纩时，尝自言曰："我平生学问，才做得数分，惜不得与吾党共成之。"此数分者，当是善信以上人，明道而后，未见其比。①

阳明与朱子，工夫进路确有不同，但吃紧处均为"慎独"，则又少有差异。而最重要者，则为二人均以"优入圣域"为终极诉求，显示了儒者特有的超越情怀，树立了儒学发展史上的典范，再造了中华民族刚健自强的精神，当为中国思想史上遥相呼应的两座高峰。阳明龙场悟道之后，救人情急，明道心切，往往将"向上一几"轻易说破，而后人不解师门之说，实乃百死千难方有所得，即使中夜宛如"天启"般大彻大悟，亦默记《五经》以作印证②，遂多轻视实地工夫，遗忘"事上磨炼"，乃至于玩弄光影，流入空疏一途，不仅导致阳明本人近禅之讥诋，而且门下学风亦难免"躐等"之弊病，当也是无可争辩的客观事实。③ 但无论如何，阳明不仅在完整的思想系统上，"哲学上的

---

① 黄宗羲：《明儒学案》，第6~7页。标点略有改动。

② 《王阳明全集》卷三十三《王阳明年谱》载阳明在龙场期间，尝"日夜端居澄默，以求静一……因念：'圣人处此，更有何道？'忽中夜大悟格物致知之旨，寤寐中若有人语之者，不觉呼跃，从者皆惊。始知圣人之道，吾性自足，向之求理于事物者误也"。又邵廷采《思复堂文集》卷一《明儒王子阳明先生传》："居龙场三年，动忍增益，中夜得致知格物之旨，默证《五经》无不合，著《五经臆说》。"

③ 参阅张新民：《阳明精粹·哲思探微》，第215~253页。

根据”较象山“比较多些”，而且“诚意”“致良知”一类的说法，均“有哲学上的心物合一说以为根据”，而且“下手的功夫既然平易切实，不涉玄妙”，因而他的“知行合一说能够成立，能够实行。而知行合一说又是阳明学说的中心点。他思想接近原始儒家，比程朱好；他根据十分踏实圆满，比象山素朴”，“心体问题，到王阳明真到发挥透彻，成一家言，可谓集大成的学者”①。

程朱与陆王之间，有异有同，历来或出或入，往来于二家者，人数始终不少，争议亦颇多。然较诸“稍有异同，即诋之为离经畔道，时风众势，不免为黄芽白苇之归”者，则一本至公至正之仁心，力求双璧辉映，而又能折衷一是者，无论衡之以其人其书，从来都是人数寥寥。学术路径虽可千差万别，终必以见道为根本依归，犹如蹊万径，无一不可适国，倘得一道以入，则完全可以类推，不仅能够通达其余，同时足可执一驭万。而“道犹海也，江、淮、河、汉以至泾、渭蹄跨，莫不昼夜曲折以趋之，其各自为水者，至于海而为一水矣。使为海若者汱然自喜，曰：‘咨尔诸水，导源而来，不有缓急平险、清浊远近之殊乎？不可谓尽吾之族类也，盍各返尔故处！’如是则不待尾闾之泄，而蓬莱有清浅之患矣。今之好同恶异者，何以异是？”② 因而如何整合其固有思想资源，继续辩证综合地创造发展，俾能发扬光大前哲道统命脉，仍为一个尚未完全解决的时代课题。黄宗羲感慨天未假阳明以年，加上其半生戎马倥偬，学问抱负实未完全尽展，否则其说必能更臻圆融究竟，虽一派高明卓绝，又无处不脚踏实地，乃至于嘉惠天下，“范围朱、陆而进退之”。

不过，黄氏之言显然足以提示我们，即使阳明所建构或拓展的心学世界代表了一个时代难以企及的高峰，但也有继续丰富、充实、完

---

① 梁启超：《儒家哲学》，第126~127页。

② 黄宗羲：《明儒学案》，第7页。标点略有改动。

善和发展的必要，最终则重新激活人类至真、至善、至美的心性资源，引领每一个体均朝着无限开放和最大化实现自我价值的方向健康前行，每一高尚的心灵都如太阳的光辉熠熠燃烧，从而形成既有传统源头活水，又能对治时代病症的颇具典范意义的新心学。笔者之所以撰兹篇，亦兼有此微意，而非仅接着阳明讲，故甚望同道诸君努力焉。

下编　心学思想的产生与致良知实践

第八章：论王阳明实践哲学的精义

——以心学的发生学形成过程为中心线索①

笔者过去曾在不同的场合谈到，“龙场悟道”既是王阳明一生思想发展最重要的飞跃性转折时期，也是中国哲学史上最具震撼性的生命顿悟事件。② 今人应该针对“龙场悟道”展开多方面的解读，则是因为可以从中了解到东方体验哲学的不少特征，看到生命成长和不断超越的具体路径或方法，领悟本体实践智慧的重大意义及价值。中国几千年文明的不断发展和丰富，尤其儒、释、道三家思想的长期交融与传承，严格说都离不开生命本体的实践性智慧；即使文明的构成要素是多方面的，但如果缺少了本体实践智慧的积极参与，亦会显得一片苍白或黯淡。③ 面对充足而普遍的既往思想资源，只有本着同情了解的

---

① 本文乃笔者近年应复旦大学、上海交通大学、中共上海市委组织部、中国艺术研究院、山东尼山书院等多家单位的邀请，针对不同的对象进行学术演讲，根据录音整理的部分文稿，未必尽妥。原载《浙江社会科学》2018 年第 7 期，此文多有删节。本文为完整版。

② 参阅张新民：《思想史上的惊雷——王阳明龙场悟道简论》，《王学之旅》，贵州民族出版社，2009 年；《论王阳明龙场悟道的深远历史影响——以黔中王门为中心视域的考察》，《教育文化论坛》2010 年第 1 期；《迈向艰难曲折的圣学之路——王阳明早期心路历程研究》，《阳明学刊》第 8 辑，贵州大学出版社，2016 年。

③ 金岳霖先生曾指出：“中国思想中最崇高的概念似乎是道。所谓行道、修道、得道，都是以道为最终的目标。”王阳明“龙场悟道”及其悟前悟后的人生经历，恰好为我们提供了一个求道、修道、悟道、得道、行道的典范，突出地体现了东方文化特有的本体实践智慧。金氏之说见氏著：《论道》，商务印书馆，1987 年，第 16 页。

态度，展开积极认真的批判和深刻广泛的借鉴，才能更好地扩大民族集体生存发展必需的认知空间，强化社会生活不可或缺的价值判断依据，从而减少盲目行路的失误可能，催生各种有裨于社会进步和发展的新型思想，提高能够维护人类生命尊严与自由的智慧能力。王阳明龙场大彻大悟之后，由其一手开创的心学时代，本身就是融会了儒、释、道三家思想资源的结果，反映了中国文化特别是儒家思想内部创造发展的能力，充满了生命体验及本体实践的无穷智慧魅力。

生命本体实践学工夫，在王阳明心学系统中占有极重要的地位。例如，他“与黄绾、应良论圣学久不明”的原因时，便特别强调：“凡人情好易而恶难，其间亦自有私意气习缠蔽，在识破后，自然不见其难矣。古之人至有出万死而乐为之者，亦见得耳。向时未见得里面意思，此功夫自无可讲处，今已见此一层，却恐好易恶难，便流入禅释去也。”其既突出了亲证亲历直入生命本体，又突出了依体活泼发用流行，不仅要“明明德”，也要“亲民”，内外兼顾并重，浃然合为一体，才谈得上是严格意义上的“实践之功”①。他认为人应该如此：“各自且论自己是非，莫论朱、陆是非也。以言语谤人，其谤浅，若自己不能身体实践，而徒入耳出口，呶呶度日，是以身谤也，其谤深矣。凡今天下之论议我者，苟能取以为善，皆是砥砺切磋我也，则在我无非警惕修省进德之地矣。昔人谓：‘攻吾之短者是吾师。’师又可恶乎？”② 这也无非在批评“入耳出口”玩弄光影的轻浮，肯定“身体实践”自证自得的必要，以为人必须在身心上用功，有一套心性体认的方法，但也不能忽视“事上磨炼”的工夫，即“不论语默动静，从人情事变彻底练习，以归于元。譬之真金为铜铅所杂，不遇烈火烹熬，

① 《王阳明年谱》“正德五年庚午”条，《王阳明全集》，浙江古籍出版社，2011年，第1237页。

② 王阳明：《启问道通书》，《王阳明全集》，第66页。

则不可得而精”①。显然人不能离开社会化的躬行实践过程，这是一种“修身”必兼及“行事”的学问，但又时时不忘生命的“归元”或“证体”，表现出阳明心学特有的生命体验精神，反映了儒家学者突出的本体实践智慧。

阳明弟子钱德洪曾总结师门的施教方法：一方面认为“先生立教皆经实践，故所言恳笃若此”；一方面也担心“自揭良知宗旨后，吾党又觉领悟太易，认虚见为真得，无复向里着已之功矣”。因此他以为不能悬在口头空讲良知话头，必须强化向内体认心性的实践化工夫，否则“吾党颖悟承速者，往往多无成，甚可忧也”②，最终则不过是“议拟仿象”，“只做得一个弄精魄的汉”而已③。《传习录》载徐爱“因旧说汩没，始闻（阳明）先生之教，实是骇愕不定，无入头处。其后闻之既久，渐知反身实践，然后始信先生之学为孔门嫡传，舍是皆傍蹊小径、断港绝河矣”④。可见心学系统中的工夫之所以显得重要，当然首先是必须“反身实践”，“使之实体诸心，以求自得”⑤，即真正在心性证悟上踏实用力，同时也不能不“在事上磨，方立得住，方能‘静亦定，动亦定’”⑥，不能将心性工夫与事上磨炼打成两橛。人固然需要凭借心性证悟的工夫来自觉生命的价值，但更重要的则是通过社会化的实践活动来展示人生的意义。王阳明便曾明确告诫学人：“昔者孔子在陈思鲁之狂士。世之学者，没溺于富贵声利之场，如拘如囚，而莫之省脱。及闻孔子之教，始知一切俗缘皆非性体，乃豁然脱落。但

① 王畿：《留别霓川漫语》，《王畿集》卷十六，第466页。

② 《王阳明年谱》“正德五年庚午”条，《王阳明全集》，第1238页。

③ 王阳明：《与杨仕鸣》，《王阳明全集》，第199页。

④ 王阳明：《传习录上》，《王阳明全集》，第12页。

⑤ 徐爱：《横山遗集》补遗《〈传习录〉序》，《徐爱　钱德洪　董沄集》，第90页。

⑥ 王阳明：《传习录上》，《王阳明全集》，第14页。

见得此意，不加实践，以入于精微，则渐有轻灭世故，阔略伦物之病。虽比世之庸庸琐琐者不同，其为未得于道一也。”① 具见证入性体固然是工夫，必然有助于契入与人生相应的本体真实，但入世实践亦何尝不是重要工夫，真正的人生价值必须落实在现实的社会生活之中。“体用一源也，知体之所以为用，则知用之所以为体者矣。虽然，体微而难知也，用显而易见也。”②“体”作为“隐蔽的序”固然难以为人知，但仍可以通过“用”的方式，开显为“显象的序”而为人见，形成“体用一源”的密契关系。因此，只有在“体”与“用”两方面都下足实践的工夫，不仅因体以显其用，同时也因用而见其体，即在竭尽一己之性命以实现生命价值的同时，尚有必要真切地体认天地万物的存在价值。王阳明“龙场悟道”及其心学思想的形成与发展，恰好为我们提供了一个难得的心路历程成长升华的典型个案，足以揭示“心性体认”与“事上磨炼”两头工夫双管齐下实践精义的重要。

一、“龙场悟道”的本体论实践意义

“龙场悟道”发生在明正德三年（1508），以王阳明入黔为时间标志，当是中国思想史叙事结构中颇值得纪念的历史性时刻。而在此之前，王阳明得罪朝廷权贵，先是受廷杖被打入大牢，以“直节”受到世人称誉，接着受到贬谪处罚，经过千辛万苦的跋涉，终于躲脱宦官一路派人追杀的生死险境，到达了他的谪居地——贵州龙场（今贵州修文），当了一名龙场驿丞，开始酝酿并形成自己的心学体系，遂将儒门心法推至又一高峰，世人乃以其与陆象山并称，视为与程朱理学有

① 《传习录拾遗》，《王阳明传习录详注集评》，第416页。标点略有改动。
② 王阳明：《答汪石潭内翰》，《王阳明全集》，第159页。

别的陆王心学学派。

如同哲学家的思想发展不能脱离其生平际遇一样，王阳明的大彻大悟也与他在龙场的生存处境有关。试读他在龙场驿任上的诗作，或许就可一窥他当时的心境：

投荒万里入炎州，却喜官卑得自由。
心在夷居何有陋？身虽吏隐未忘忧。
春山卉服时相问，雪寨蓝舆每独游。
拟把犁锄从许子，谩将弦诵止言游。①

龙场当时的自然环境十分恶劣，是与中原文化差异很大的彝族土司统治区。然而在感受政治迫害及人生厄运的同时，他也呼吸到了朝廷体制外的另一种清新空气，获得了官场周旋之外的另一种难得的生命体悟。面对九死一生的生存处境，是积极主动地应对，还是消极被动地倒下？他要战胜的不仅是外部的生存困境，更重要的是内部的消极自我。能够经历各种重大苦难折磨，如孟子所说真能做到“动心忍性，曾益其所不能”者，或许只有少数严格意义上的豪杰之士，而对于王阳明来说仍是一次严峻的考验。正是面对各种艰难困苦的考量，他才表现出极大的存在勇气——一种源自深邃生命体验的本体论的勇气；开发出无尽的心性力量——一种从本然心性沛然涌出的价值理想力量。因而他一方面根据当地风俗来开化教导民众，实现了汉彝之间的和睦相处，化解了不少地方的危机或矛盾；一方面他也对生命存在的价值与意义不断进行反思和追问，无论思想和精神都有了深邃的感悟，开始形成并传播自己的心学思想。他在“居夷”期间留下了大量的诗歌创作，写下了《五经臆说》《教条示龙场诸生》等多篇撰述，

① 王阳明：《龙冈漫兴五首》，《王阳明全集》，第741页。

同时又依据自己的生命体验对儒家经典展开了多方面的诠释，提出了“心外无物”“心外无理”“知行合一”及后来的“致良知”等一系列哲学命题，形成了一套崭新的经典解读系统和完整的施教方法[①]，继朱子学之后再一次开辟了儒学内部学派，为沉闷的官学氛围注入了强劲的新鲜思想空气，丰富了固有意识形态的具体内容，当然也强化了中国文化一贯固有的道德实践的发展方向，在中国思想史上发出了巨大的声光电响，形成了心学与理学二水分流的局面，史称“龙场悟道”。

王阳明的心路跋涉历程，大体以贵州“龙场悟道”为坐标，可分为前期与后期两个既有区别又相互联系的阶段。也就是说，作为心学运动整体发展的空间坐标，他的思想是以龙场为起点不断扩大其传播范围的；作为个人心路历程不断变化升华的时间坐标，“龙场悟道”则将他的一生分为两个明显有别的思想发展阶段。后人称他“以心得定指归，力排众论，一时群彦闻风景从，借以端圣学之宗传，不流二氏”[②]，以至于“弟子盈天下”[③]，显然并非夸大虚饰之言。他以讲学的方式不断扩大心学传播的空间范围，实际上也是不断升华和完善自己的理论体系的过程。心学传播的空间坐标与个人思想发展的时间坐标是重叠的，从中正好可以看出“龙场悟道”的历史意义是何等的重大！

当然，以“龙场悟道”为时间坐标，将王阳明一生分成两个阶段，就个人的完整生命历程而言只能是相对的，因为他的思想发展始终都是道德主体不断实践的过程，缺少了前一阶段的思想准备就谈不上后一阶段的思想升华，抹去了后一阶段的思想升华也看不出前一阶段思想准备的价值意义。如果说前一阶段是“求道”，即不断追问生命存在

---

① 参阅张新民：《经典世界的心学化解读——以王阳明龙场悟道与〈五经臆说〉的撰写为中心》，《南京师范大学学报》2016 年第 3 期。

② 陈锦：《勤余文牍续编》卷一《王文成公弟子拟祀记》，清光绪四年（1878）刻本。

③ 张廷玉等：《明史》卷一九五《王守仁传》，第 5169 页。

的真谛，寻找成圣成贤的本体论依据，也可说是从工夫证入形上超越的本体，挺立起卓荦超越的人格风姿；那么后一阶段就是“行道”，即帮助他人如同自己一样悟道，也可说是从本体开出经验的具体的工夫，实践性地旁助他人同样证入本体，成就每一个人的道德主体人格。总结他一生前后两个思想发展阶段，无论是从工夫证入本体，抑或从本体开出工夫，都可说本体与工夫一体不二，表现出一种本体实践的殊胜智慧。而“开悟”正是本体与工夫圆融一体绽放出来的智慧花朵，是下学上达久久工夫成熟后必有的行为现象，说明作为充分条件的外缘挑激和磨炼固然十分重要，经验与现实乃是境界升华的重要前提，但作为必要条件的生命本体的存在及其开显才是更为“吃紧”的根本因，经验与现实从来都限制不了境界的升华。

“龙场悟道”对王阳明个人生命的影响，他自己曾有过明确的表述：“吾亦自幼笃志二氏，自谓既有所得，谓儒者为不足学。其后居夷三载，见得圣人之学若是其简易广大，始自叹悔错用了三十年气力。”① 可见他真正步入儒家圣学正途，是在龙场“居夷三载”期间。这一点也是当时及后世学者的共识。如王门弟子王龙溪便说：“阳明先师崛起绝学之后，生而颖异神灵，自幼即有志于圣人之学。盖尝泛滥于辞章，驰骋于才能，渐渍于老释，已乃折衷于群儒之言，参互演绎，求之有年，而未得其要。及居夷三载，动忍增益，始超然有悟于良知之旨。无内外，无精粗，一体浑然，是即所谓未发之中也。”② 因此，“龙场悟道”之前，他尽管曾一度泛滥于辞章，出入于释老，但更重要的是对朱子官学的不断突围，从而通过自我扬弃的方式实现了自我生命的革命性转变与飞跃式发展，并创造性地形成了自己的心学体系，终极目的则是客观如实地步入儒家学者所一贯向往的“圣境”。可见在“变”之中

① 王阳明：《传习录上》，《王阳明全集》，第40页。

② 王畿：《阳明先生年谱序》，《王畿集》卷十三，第340页。

仍有其“不变”者，“不变”的是成圣成贤的终极目的，“变”的是不断探寻和调整着的方法。在龙场大彻大悟之后，他也有“教之三变”，乃是依据本体“契理契机”地灵活调整或改变施教的方法，实现本体与方法无间无隔的良性循环式互动，从而使异化的个体不再继续受到虚假自我的任何欺瞒，能够以“解蔽”的方式重返生命之中本来即有的纯粹性真实。能“变”的乃是旁助他人同样悟道的方法，“不变”的则是方法背后可以活泼起用的恒常生命本体。正是“不变”的终极目标所激发出来的存在勇气和精神动力，以及悟道之后依体起用的生命睿智与仁爱情怀，推动他始终朝着自己认定的理想世界前行。召唤他不断向上翻转超越的，显然即他后来明确点出的“致良知”实践工夫，是良知沉默而又响亮的声音催逼他永远行走在追寻和践履真知的生命旅途之上。他的思想天地的每一次变化都是对先前固有经验的调整和升华，是方法与本体或本体与方法不断实践化互动及动态化发展的必然结果。

不过，“龙场悟道”更是中国学术思想发展的一个重要里程碑。前人称他“起东南倡学，继往开来，得未曾有”①，其实无论悟道或讲学，真正的起点仍应在贵州龙场，即所谓“龙场大悟，提‘致良知’三字，为作圣真诀，虽曰‘颜子复生’，不亦可乎”②。如果以“龙场悟道”为历史坐标，便不难看到，传统思想世界主要以朱子学为正统，士人学子无不在朱子思想的笼罩下读书治学③，“龙场悟道”后阳明强调“格物”的工夫只在身心上做，“是去其心之不正，以全其本体之

---

① 颜继祖：《阳明先生集要序》，《阳明先生集要》，第 8 页。

② 蕅益大师：《灵峰宗论》，北京图书馆出版社，2005 年，第 331 页。

③ 康有为认为“朱子之学，二千年来皆朱学”，虽不免夸大，然亦可见其影响之大。而欲求有所突破，则非具大智大勇者不能为。康说见康有为：《万木草堂讲义》，《康有为全集》第 2 集，第 287 页。

正”，“天理即是‘明德’，穷理即是‘明明德’”①，而“身家国天下之本，有不在于吾心者乎？谓之曰心，有何形状？非以其虚灵之知乎？”② 表现出一种生命本体的实践性智慧，实际即另开辟出了一条与朱子“向外求理”不同的心学思想发展新路径。用王阳明的话来讲就是“后世不知作圣之本是纯乎天理，却专去知识才能上求圣人。以为圣人无所不知，无所不能，我须是将圣人许多知识才能逐一理会始得。故不务去天理上着功夫，徒弊精竭力，从册子上钻研，名物上考索，形迹上比拟，知识愈广而人欲愈滋，才力愈多而天理愈蔽”③。因而他冒着挑战官学权威的巨大压力，一反人云亦云、积弊已深的思想舆论局面，以极大的勇气在儒学内部开辟出一个心学思想的新天地。他的弟子后来形成了不同的心学学派，心学与理学也产生了双峰并峙的文化景观。而心学思想最重要的特点即极大地突出了人的主体性精神，主体的人无论就本体论或实践论而言，从此在中国人的思想言说系统中占据了更为中心的地位，即使他后来讲“知行合一”“致良知”等，实际都是依据自己深邃的生命存在体验和客观现实观察，紧扣人的主体性及其道德实践来展开的思想言说。人的心性本体及其行为实践本来即与天地万物的运作节律生息相通，当然不能不在天地万物的创生化育过程中来为自己定位，同时也要自觉生命的价值及其实践活动的重要，只能服从内在的实存生命的真理而非外在的异化了的官学权威。他的理论主张明显有着冒犯官方权威朱子学的危险，不能不具有思想启蒙的重大历史意义。

王阳明的心学讲人的存在应该回归本来固有的真实存在状况，即“知”与“行”的统一，而作为一种生命的本体智慧与本体实践方法，

---

① 王阳明：《传习录上》，《王阳明全集》，第 7 页。

② 王时槐：《友庆堂存稿》卷十《刻大学古本跋》，《王时槐集》，第 238 页。

③ 王阳明：《传习录上》，《王阳明全集》，第 31 页。

其倡导“知行合一”的根本目的，也“无非欲人言行必顾，弗事空言”①，“使学者自求本体，庶无支离决裂之病”②，不仅高扬了人的主体精神，而且亦有对治伦理失范的重大时代意义。至于透过良知的最大化彰显或流行发用来突出人的主体性，当然也是以救心的方法来救世的重要学问，是针对社会弊病开出的救弊补偏的对治药方，充满了强烈的现实批判精神：“今世士夫计逐功名甚于市井刀锥之较，稍有患害可相连及，辄设机阱，立党援，以巧脱幸免。一不遂其私，瞋目攘臂以相抵捍钩摘，公然为之，曾不以为耻，而人亦莫有非之者。盖士风之衰薄，至于此而亦极矣！而省吾所存，独与时俗相反若是，古所谓托孤寄命，临大节而不可夺者，省吾有焉。”③ 正是目睹“世之士风颓靡，上之事君亲，下之处夫妇，以及朋友长幼之间，皆不由诚心以失其道”的各种社会乱象，他才展开了各种“提撕人心”的思想言说，“欲人反本体察，切实用功而已”④。可见他对士林已败坏之风气极为深恶痛绝，完全是一个敢于直面现实的大智大勇者。而人的主体精神的挺立或豪杰式的气魄担当，乃是以自由意志和独立精神的存在为根本前提的，从他的人格力量和批判精神看，似乎也透露出了一种现代人渴求的精神文化信息。

现在不禁要问，王阳明在龙场“悟道”到底“悟”到了什么？他又是怎么悟的？首先，应该辨明“悟道”的方法。从语言、逻辑或理性的角度看，语言文字固然能够帮助我们更好地认知世界或把握世界，如海德格尔所说语言是“存在的家”，贮存了大量的历史文化信息，但未必就能直接将其等同于真理，尤其是中国文化所讲的形上超越的道。

---

① 黄绾：《明是非定赏罚疏》，《黄绾集》卷三十二，第627页。
② 《王阳明年谱》“正德四年己巳”条，《王阳明全集》，第1236页。
③ 王阳明：《送别省吾林都宪序》，《王阳明全集》，第926页。
④ 黄绾：《明是非定赏罚疏》，《黄绾集》卷三十二，第627页。

形上超越的道既非“有”亦非“无”，是超越一切言诠的，根本就属于不可说的范畴，必须以“无分别”即心灵无限开放的方式直接与其觌面相逢。而悟道本身即对语言局限的一种突破，必须跨越语言文字的障碍，直奔生命的形上本体。如果说言语是一种生命活动，那么可说者只是方法，决非道体，因而最重要的是如何步入实践的场域，而非仅仅抽象为干瘪的概念。特别是“用功到精处，愈着不得言语，说理愈难。若着意在精微上，全体功夫反蔽泥了”①，这是一种“无分别”的直观体认的方法，它要解决的不是与对象思维有关的知识论的问题，而是在无思无虑的存在境域中，消解一切生命的障蔽，以超逻辑、超理性的方法，直接透过意识层面契入心性本体，是东方特有的一种生命体验的工夫，亦即“悟”的直观体认的方法。② 因此，“道之全体，圣人亦难以语人，须是学者自修自悟”③。自修自悟必须以一定的实践工夫为根本前提，任何话语的言说都不能取代真实的生命实践工夫。尽管完整的儒学决不会排斥知识，但最重要的仍是要以“无分别智”来驾驭“分别智”，以生命本有的价值来统摄生命必需的知识，是顶天立地的人格与人生必具的知识的浑然一体，也是成圣成贤有主有次的生命的学问，而非一般求知学人平面化的纯粹知识的学问。

那么，王阳明究竟“悟”了什么？为什么“悟”了以后生命焕然一新，从此有了崭新的人生和超然的境界呢？自明代以来，学者多将“龙场悟道”解释为大彻大悟，即突发飞跃式的顿悟，如黄宗羲便说：

---

① 王阳明：《传习录下》，《王阳明全集》，第 126 页。

② 王门后学王时槐也强调，“一切文字语言俱属描画，不必执泥”，悟道的前提是“精神心思打并归一”，甚至“经书言语，一字勿留于胸中”，才能获得无执无着的超越性突破。见王时槐：《友庆堂合稿》卷二《答岭北道龚修默公》，《王时槐集》，第 440 页。

③ 王阳明：《传习录上》，《王阳明全集》，第 26 页。

“（阳明）先生命世人豪，龙场一悟，得之天启。”① 这当然是可靠和合理的，但不能忽视的是在此之前阳明也有一个长久的渐修过程，诚如他自己所说：“区区格、致、诚、正之说，是就学者本心日用事为间，体究践履，实地用功，是多少次第、多少积累在，正与空虚顿悟之说相反。”② 可见他是一步一步艰难跋涉，经历了次第分明的境界升华，获得了大量的体验性工夫积累，才最终从生命内部确立了心性至善的本体论信念，有了直入形上道体的飞跃性大彻大悟的。忽视了他长久艰难跋涉的心路历程，脱离了真实的人生实际，缺少了必要的修行证道工夫，空讲“心性”“良知”“体悟”等，都无异于缘木求鱼，有如聚沙煮饭，不仅难以进入他的生命存在境域，而且也会造成自欺欺人的思想障碍。

回过头来看龙场大彻大悟之前，他的问题意识究竟是什么？而悟道以后，他又面临什么现实问题？显然，王阳明的问题意识是如何成德及成圣，亦即如何实现生命的全部潜质并展现出应有的人格风姿。也就是说，他十一岁时就在追问读书的目的究竟是考科举还是成圣成贤。这当然是历史性的千古一问，因为“圣贤教人读书，只要知所以为学之道。俗学读书，便只是读书，更不理会为学之道是如何”③。特别是科举制度自隋唐以来已有几百年的发展历史，其早已成为学子追逐功名的巨大人生诱惑，俗学盛行下多数人的读书都是为了功利性的科考。但王阳明的回答是：读书的目的是“学圣贤”，成圣成贤才是人生“第一等事”！④ “士君子有志圣贤之学，而专求之于举业，何啻千里！”⑤ “第一等事”即意味着在价值选择上必须无条件地优先，是先

---

① 黄宗羲：《明儒学案·师说》，第 7 页。

② 王阳明：《答顾东桥书》，《王阳明全集》，第 45 页。

③ 黎靖德编：《朱子语类》卷二十《论语二》，第 447 页。

④ 《王阳明年谱》“成化十八年壬寅”条，《王阳明全集》，第 1226 页。

⑤ 王阳明：《重刊文章轨范序》，《王阳明全集》，第 916 页。

于其他一切短期目标的不可让渡的终极性目的，是与孔孟所开创的成德的文化实践发展方向合辙一致的终极人生理想，是一种先立己再立人的成己成人的生命之学，必然以人格的挺立与生命的完善为根本价值诉求。“龙场悟道”后，阳明在《教条示龙场诸生》中特别强调：“诸生”应以“四事相规”，即“立志”“勤学”“改过”“责善”。以此四条衡量他的早期人生，也可说他都做到了。其中“立志”即意味着人生有了明确的发展方向，而生命亦因为有了高远宏阔的人生目标，遂显得愈加充盈丰富并充满了价值意义。

立志对于人生而言之所以重要，乃是“志不立，天下无可成之事”①，而“志于道德者，功名不足以累其心；志于功名者，富贵不足以累其心。但近世所谓道德，功名而已；所谓功名，富贵而已”②。所以，“志苟不甘于庸流，奋然欲全吾自性，以成位于天地之中，是之谓有志”③。足证真正的立志就是要将自己置于价值世界的至高点上，不仅抵制各种世俗世间“功利”和“富贵”的诱惑，而且容不得任何一点自我欺瞒或自我蒙蔽，始终朝着自己认定的人生发展目标努力向前，因而必然能转化出源源不断的内在上进动力。“志立而学半”，凡“求圣人之学而弗成者，殆以志之弗立欤！”④ 只有志气高远，而又脚跟着地，工夫切近，即所谓“见其大者，则其功不得不近而切，然非实加切近之功，则所谓大者，亦虚见而已耳”⑤。可见离开了切近笃实的实践工夫，任何高远宏大的理想最后都会落空，而“勤学”“改过”“责善”作为人生不可缺的切近工夫，都是朝向终极目标必须时时注意的重要实践性方法。正是凭借“勤学”“改过”“责善”等一整套工夫系

---

① 王阳明：《教条示龙场诸生》，《王阳明全集》，第 1021 页。

② 王阳明：《与黄诚甫》，《王阳明全集》，第 174 页。

③ 王时槐：《友庆堂合稿》卷五《仁文会约后跋》，《王时槐集》，第 565 页。

④ 王阳明：《赠林以吉归省序》，《王阳明全集》，第 242~243 页。

⑤ 王阳明：《答方叔贤》，《王阳明全集》，第 189 页。

统，阳明才踏上了朝向成圣成贤终极发展方向的生命之旅，开始步入了以自觉精神为引导的求道、证道和行道的漫长人生之路。

二、从方法证入本体的实践性探寻

前面说到，王阳明十一岁就开始以“读书学圣贤”为人生发展的终极目标，但是人的生命存在境界是有多种层次的，人的心智结构也是有多重需求的，针对不同的层次或需要则有不同的实现方法。从更宽泛的意义看，成圣成贤本质上就是“成道”，而“成道”则不能不有教化工作的开展，当然也关涉如何“成教”的问题。因为“苟非毛羽爪角之伦，有所行，必有道焉。有所效，必有教焉。无教者，谓之禽兽。无道者，谓之野人。道、教何从？从圣人”①。可见成圣成贤作为一种终极性的人生追求目标，必然也会关涉如何“成道”及“成教”的问题。从人生心路跋涉的整体历程看，即使阳明后来最终有了“龙场悟道”惊心动魄的经历，晚年又展开了多方面的良知教化工作②，用“十字打开”的方法帮助他人全面实现自己生命的价值。如果追问其前后因果逻辑关系，显然都不能不重视早年坚心迈入“圣域”的立志。

因此，从本体论与形上学的视域如实观察，阳明既然有了读书学做圣贤的豪迈志向，作为一个“卓绝的精神求道者”③，不能不引发出内在的上进动力，当然就有必要追问成圣成贤的方法论问题。成圣成贤的方法论本质上即“成道”及“成教”的方法论，成圣成贤与“成道”“成教”在阳明的工夫系统中不可能是两件事。

---

① 康有为：《春秋董氏学自序》，《康有为全集》第 2 集，第 307 页。

② 参阅张新民：《德性生命的实践与价值世界的建构——论王阳明良知思想的四重结构》，《天府新论》2017 年第 5 期。

③ 参阅徐梵澄：《孔学古微》，华东师范大学出版社，2015 年，第 62 页。

如果说方法必须服务于本体，本体也可开出实践性的方法，本体与方法可以相互彰显，则成圣成贤的本体论依据是什么？或者说“成道”“成教”的本体论依据是什么？应该怎样透过方法直入本体，或者凭借本体直接开出方法？前人所谓“道之浩浩，何处下手”①，诸如此类的人生大问题，都不能不引起阳明严肃认真的思考。

当然，这里所说的本体，必然是人的生命不可消解的本原性存在依据，它既内在地规定着人的存在本质，又外在地支配着人的行为方式。如果这个依据在外部世界，当然要到外部世界去寻找，追问向善发展的可能性是不是存在于外部事物之中；但如果这个依据就在人的内部世界，是不是就应该逆向性地体认内在生命，并从心智最深层的结构中生发出向善发展的可能性呢？尽管严格说本体是不可分内外的，任何的切割划分都有可能丢失作为整体而大全的本体，但毕竟必须先证入内在心性广袤无垠的形上超越之体，然后才能依此形上超越之体去涵摄一切存有。问题的存在即已预示了探究和解决的可能，关键在于是否有直面困难的求真勇气和实践能力。实际上，“龙场悟道”之前，王阳明对各种可能解决问题的方法都尝试过，他实践性地不断探索生命的奥秘，通过一整套工夫来寻找圣贤学问的本体论根据。

追求圣贤学问始于王阳明的早年立志，其他值得注意者如他十七岁到江西娶亲，十八岁返回浙江时曾与大儒娄谅“论朱子格物大指”②。娄谅是吴与弼的学生，学问“以收放心为居敬之门，以何思何虑、勿助勿忘为居敬要指”③。而“收放心”在朱子学的系统中，正是“识得此性之善”的入手方法④。娄谅明确告诉他，圣人境界是可学而可至的。这就强化了他早年读书学圣贤的信心，并在方法论上受到朱

① 程颢、程颐：《河南程氏遗书》卷一《二先生语一》，《二程集》，第2页。
② 张廷玉等：《明史》卷一九五《王守仁传》，第5169页。
③ 黄宗羲：《明儒学案》卷二《教谕娄一斋先生谅》，第44页。
④ 黎靖德编：《朱子语类》卷十二《学六》，第203页。

子及其后学思想的影响。于是他便开始遍读朱熹的著作，以后又按照朱熹“一草一木，皆涵至理”①，即外部世界的任何存在都有其“理”的说法，尝试用“格竹”的方法来寻找成圣成贤的本体论依据，但结果“格”了七天却毫无所获。他实际错用了“求知”的方法来“求道”，因为“求知”即向外求理的方法，固然能成就知识的世界，建构起知识的主体，但未必就能成就道德的世界，建构起道德的主体；即使要将知识的世界与道德的世界彻底打通，做到“众物之表里精粗无不到”与“吾心之全体大用无不明”的完整统一，也会产生天下万事万物的无限性与人的生命及其认知能力的有限性的紧张和冲突。是不是可以逆向性地返归心体，然后凭借以约驭博的方法，从而更好地以心来统摄万物，在成就人的道德的主体实践世界的同时，也不放弃知识的主体认知世界呢?

因此，正是由于“格竹”事件的失败，王阳明才决定性地放弃了朱子向外求理以成德及成圣的路径，转而寻找另一条向内求理以步入“圣域”的方法，即他所说的“为晦翁格物穷理之学，几致可殒，时苦其烦且难，自叹以为若于圣学无缘。乃始究心于老佛之学，缘洞天精庐，日夕勤修炼习伏藏”②。可见他之所以“筑室阳明洞中。泛滥二氏学”③，乃是在朱子的路走不通的前提下，才重新返回生命内部，寻找修行实践可能达致的心与理相通相契的新境界。他早年生命的暂时性“歧出”其实也为儒学的丰富做了条件性准备，而对朱子学的修正和批评显然也离不开早期具体的体证实践经验。

不过，王阳明用心学方法来实现读书学圣贤的终极目标，早在尝试走朱子学路径之前便已开始了。例如，结婚大喜之日的当晚，他居

① 《王阳明年谱》“弘治五年壬子”条，《王阳明全集》，第1228页。

② 王畿：《滁阳会语》，《王畿集》卷二，第33页。

③ 张廷玉等：《明史》卷一九五《王守仁传》，第5168页。

然在铁柱宫与“道士趺坐一榻”，相互讨论养生之法，“遂相与对坐忘归”①。无论根据孟子“收放心”的工夫论要求②，或者借用庄子“坐忘”的境界论说法，都可见他能专注于当下心灵妙境，不为外部事物左右，已具备了一定的心学修养工夫。他婚后在岳父家中揣摩书法，自谓“举笔不轻落纸，凝思静虑，拟形于心，久之始通其法”③，实际乃是将心中之字构图成形后，再外化为笔上之字和纸上之字，而笔上之字和纸上之字本质上即心中之字。推而广之，凡事均需先在心上下足工夫，一旦临事才能精明不乱，自有判断定力和理论主张，而又能从容转化为生命实践行为，外显为人格精神气象。这与他龙场大悟后强调格物便是正心中之物，即所谓“格者，正也。正其不正，以归于正”之说④，显然是一脉相通的。可见龙场大悟之前，他早已有了一定的渐修工夫和无数的“小悟”。正是通过渐修渐悟实践工夫的不断积累，才有了后来龙场惊天动地的大跨度飞跃式顿悟。

王阳明曾有过两次会试不第的失败经历，与世人均以落第为耻不同，他则以落第动心为耻，也可见他虽未放弃世间功业，但也有了超然物外的情怀。他晚年引用《中庸》“知耻近乎勇”之说，认为真正的耻“只是耻其不能致得自己良知”，而“今人多以言语不能屈服得人，意气不能陵轧得人，愤怒嗜欲不能直意任情为耻；殊不知此数病者，皆是蔽塞自己良知之事，正君子之所宜深耻者”⑤。显然其精神境

---

① 《王阳明年谱》“弘治元年戊申”条，《王阳明全集》，第1227页。

② 康有为称“孟子开口讲求放心，荀子开口讲劝学”，即可见“收放心”工夫在孟子思想系统中的重要，尤以与荀子相较最显得突出。宋明儒发挥孟子兹说者颇多，阳明显然为最具代表性的典范。康说见氏著：《万木草堂讲义》，《康有为全集》第2集，第289页。

③ 《王阳明年谱》“弘治元年戊申”条，《王阳明全集》，第1227页。

④ 王阳明：《传习录上》，《王阳明全集》，第27页。

⑤ 《王阳明年谱》“嘉靖六年丁亥”条，《王阳明全集》，第1314~1315页。

界已有了大跨度的升华，而“致良知”正是他思想发展的晚年定论，但未必就与早年的思想没有关联，前后仍有清晰的脉络发展可供寻绎。缺少了早年步步踏实的工夫践履，便很难设想其晚年精神境界的彩霞满天。

当然，最值得注意的仍是他在绍兴阳明洞中专修静定的工夫，尽管主要采用释老两家的方法，但实际也与孟子“收放心”的工夫相通契合。更直接地说，他是用静坐的方法，将放逐或迷失在外部世界的心收回来，在消解一切可能妨碍主体性价值实现的前提下，证入康德哲学意义上的“物自体”，然后又将“物自体”与“现象界”打通，亦即彻上彻下浃然一体，从而最大化地开启了人的深邃广袤的精神世界，实现了生命有体有用的全部潜能与价值。

然而怎样“收放心”呢？从心学的工夫系统看，实际就是收念头，将纷纭杂乱有碍心体宁静敞亮的念头收回来，真正实现最能代表人的主体性的心的全体大用。从根本上讲，“人惟一心，心惟一念。念者心之用也”①，念头有可能是心体的当下起用，借用西方理论术语，这是心理活动或意识活动，念头既不离人的心体，但也有可能异化，完全受制于人的物欲，反而遮蔽或背离了人的心体。因此，阳明有时也提到“无念”，本质上即“无欲”的工夫，有他“悟道”前“无欲见真体，忘助皆非功”之诗，以及“悟道”后“破山中贼易，破心中贼难”之言可证②，即所谓“善能实实的好，是无念不善矣；恶能实实的恶，是无念及恶矣：如何不是圣人”③，否则“以无念为宗，此释氏法门也，孰与以无欲为宗，又孰与以勿忘勿助为宗”④。从正统儒家的

---

① 王畿：《念堂说》，《王畿集》卷十七，第501页。

② 王阳明：《与杨仕德薛尚谦》，《王阳明全集》，第181页。

③ 王阳明：《传习录下》，《王阳明全集》，第107页。

④ 蒋信：《道林先生文粹》卷八《简王卓峰》，岳麓书社，2010年，第192页。

视域看，也可说“择善固执即《大学》之知止”①。而“念”既可以发自本心，也有可能为私欲左右，必然就有正念、邪念的区别：“今心为念，是为见在心，所谓正念也；二心为念，是为将迎心，所谓邪念也。”② 如同思想不是一个实体一样，心体也不是一个实体，但心体既然能展开起用为意识活动，就说明意识活动背后还有一个广袤深邃的精神世界。只有把握好这个广袤深邃的精神世界，即寂即用，即用即寂，念念来自本心真性，才能确保念头与心体打成一片，而不致为物欲牵引，即念念均为正念而非邪念，才能成为念头的主人，不致沦为念头的奴隶。

收念头作为一种心学修养工夫，乃是证入形上本体必用的方法，即所谓“千古入圣之机，存乎一念”③。而“收”的方法实际就是《易·艮卦》所讲的“艮，止也，时止则止，时行则行，动静不失其时，其道光明”。《礼记》所谓“知止而后有定，定而后能静，静而后能安，安而后能虑，虑而后能得”，这正是儒家极为重视的一套证道工夫系统。王阳明也强调“至善者性也，性元无一毫之恶，故曰‘至善’。止之，是复其本然而已”④。王门后学学者或将其总结为“洗心”。所谓“洗”云云，当然也是一种心学的工夫，“必一念不起，万念不留，而后谓之洗”；反之，如果“一丝未断，终隔千里，非洗也”⑤。如果“真识心体，则时时常寂……念之应感，自然中节，而心体之寂自若也”⑥。可见，最重要的仍是深入心源深处做实证的工夫，最终必“能知‘至善’

① 朱一新：《无邪堂答问》卷四，第151页。

② 王畿：《念堂说》，《王畿集》卷十七，第501~502页。

③ 王畿：《念堂说》，《王畿集》卷十七，第501页。

④ 王阳明：《传习录上》，《王阳明全集》，第28页。

⑤ 郭子章：《郭氏易解》卷十二《洗心论》，第186页。

⑥ 王时槐：《友庆堂合稿》卷二《答丰城太尹陆仰峰》，《王时槐集》，第448页。

之所止，则意可得而诚”[①]，而“知止，所以知性也”[②]，“人能知性善而完复于道，则圣可几矣”[③]。只要一念回转，即通达天地，直贯无穷，万物敞亮，目的无非通过工夫来实践性地证入本体，从而最大化地彰显人人均有的至善人性。

从方法上看，人的“患思虑纷杂，不能强禁绝”，应该怎么办？王阳明后来的回答是：“纷杂思虑，亦强禁绝不得，只就思虑萌动处省察克治，到天理精明后，有个物各付物的意思，自然静专，无纷杂之念。《大学》所谓‘知止而后有定’也。”[④] 可证他对收念头工夫的重视，不仅来自他自己深邃的生命体验，而且也有经典文本的权威依据，是儒家前后一贯的重要修心密法。因此，“止者，心之本体……君子之学贵知止”[⑤]，“学以止为究竟法，必以知止为入门法。知止而定、静、安、虑相因生焉，所以得止也。得其所止之谓德，定、静、安、虑者，止善之消息”[⑥]，“非止则如人之未有家，非止则如种之未得地”[⑦]，而“愚夫愚妇未动于意欲之时，与圣人同，才起于意、萌于欲，不能致其良知，始与圣人异耳。若谓愚夫愚妇不足以语圣，几于自诬且自弃矣”[⑧]。可见“致良知”也包含了“止”的工夫，时时可做，人人可为，亦人人可成圣。只是针对有人贪静厌动、务内遗外的弊病，阳明才强调工夫不分内外，“人须在事上磨炼做功夫乃有益，若只好静，遇事便乱，终无长进。那静时功夫亦差，似收敛而实放溺也”[⑨]。但无论

---

① 朱一新：《无邪堂答问》卷四，第 147 页。
② 刘宗周：《大学古记约义》，《刘宗周全集》第 1 册，第 645 页。
③ 王畿：《南游会纪》，《王畿集》卷七，第 155 页。
④ 王阳明：《与滁阳诸生书并问答语》，《王阳明全集》，第 1030 页。
⑤ 王畿：《留都会纪》，《王畿集》卷四，第 92~93 页。
⑥ 刘宗周：《大学古记约义》，《刘宗周全集》第 1 册，第 644 页。
⑦ 李材：《大学约言》，《明儒学案》卷三十一，第 682 页。
⑧ 王畿：《致知议略》，《王畿集》卷六，第 132 页。
⑨ 王阳明：《传习录下》，《王阳明全集》，第 101 页。

遭遇何种情况，“圣人之知，要从止出，故必定、静、安，而后贵其能虑”①，而一念之“正与邪，本体之明，未尝不知，所谓良知也……其所经纶建白本诸一念之微，以直而动，不以一毫毁誉利害惕乎其中”②。可见儒家的学问是要“用世”的，因而勘验工夫究竟如何，仍要通过艰难困苦的磨试才能如实证知；“龙场悟道”乃是在苦难中磨砺出来的，不能不说是内外工夫一齐熟透的必然结果。他后来强调“心体上着不得一念留滞，就如眼着不得些子尘沙。些子能得几多？满眼便昏天黑地了”；又说：“这一念不但是私念，便好的念头，亦着不得些子。如眼中放些金玉屑，眼亦开不得了。”③当然也是工夫长久积累之后的经验之谈，可视为修道过来人的晚年经验总结。

正是通过阳明洞静坐专修的工夫，王阳明才获得了难得的初入道门的生命体悟。王龙溪曾说：“内照形躯如水晶宫，忘己忘物，忘天忘地，与空虚同体，光耀神奇，恍惚变幻，似欲言而忘其所以言，乃真境象也。”④忘己忘物、忘天忘地，说明已进入了无我的精神境界，除了如如不动的心体本身固有的纯粹灵性观照功能外，一切与对象发生关系的思维念虑活动均已完全“空无”⑤。心灵既已回到了寂然不动的自性本真世界，当然便会产生感而遂通的神奇妙用，透过无分无别的

① 李材：《论学书》，《明儒学案》卷三十一，第678页。

② 王畿：《念堂说》，《王畿集》卷十七，第502页。

③ 王阳明：《传习录下》，《王阳明全集》，第135页。

④ 王畿：《滁阳会语》，《王畿集》卷二，第33页。

⑤ 王时槐《答王事心》称：“‘心了则神气精皆住。’此诚不易之论，但欲了心，必贵静养，一切世缘俱置度外，丝毫勿挂于中，令此心空无一物，视眼前浮境与吾性命总无干涉。何则？诸境皆是假缘，此心乃为真理。人生在世，全靠此心此理为不朽，外境俱不足靠也。”其说虽不免有执空弃有、务内遗外之弊，但仍可借此了解阳明初悟“空性”的状况，当一并参阅。见王时槐：《友庆堂合稿》卷二，《王时槐集》，第444页。

澄明精神境界，必然就有万物一体实存睿识的当下现量。而人与世界浑然合为一体，则不仅主客的对立不复存在，而且心与物也浃然融为一体。这正是悟道必需的“无分别智”的初步获得，超越的直观智慧的如实开显。而在回归本真自性世界的过程中，仍时刻需要以收念头的方法来养心。养心的同时也可养力或养气，三者同时并进，才能做到“养力而使之足，养气而使之充，养心而使之庄”①。养力即涵养自己一心求道的坚定力，也可说是一种道德大勇；养气则为涵养自己的浩然正气，必然表现为磊落伟岸的人格精神。二者都离不开养心的根本工夫。养力姑且不论，养气其实就是养心，因为心净必然气净。静心与静气不过是一体之两面，如同一切生命都在宇宙气机中发动一样，无论人的心体或气体，亦都因为排除了杂念的干扰，从而进入了粹然纯一的生命存在状态，必然涌现出生机勃发的生命气象。所以，净气也可称为“劲气”，中国文化多说成是“元炁”，是生命本来即有的至大至刚的创造活力。②

“劲气”或“元气”在孟子那里也称为“浩然正气”，即所谓“我善养吾浩然之气”。浩然之气源自人的德性生命，由“性”而“心”而“气”，必然“至大至刚”，能够“塞于天地之间”，最能体现人的本真存在状态，因而也可称之为“真气”。“真气原无欠缺，无欠缺便是刚大，刚大便是道义”，而“道义是精神于天地之间的”③，所以必然就能塞天地之间。或可进一步追问，从工夫论的角度看浩然之气应该如何养？孟子说得好：“志一则动气，气一则动志。”即在方法上做

---

① 陈永革编校整理：《欧阳德集》卷三《寄徐少湖》，凤凰出版社，2007年，第90页。

② 参阅张新民：《寻找下学上达的心性体认施教方法——论静坐方法在王阳明工夫系统中的价值与意义》，《浙江社会科学》2017年第2期。

③ 赵维新：《感述续录》卷二《养气》，《北方王门集》，上海古籍出版社，2017年，第755页。

到“主一无适，敬以直内，便有浩然之气”①，也可志一则气一，气一则志一，依然必须无限扩充心量，即所谓“圣人尽性，不以见闻梏其心”②，不能不在心体上归止一境，整个身心都投入或浸润在人生终极目标所开显出来的意义与价值的世界之中，是一种由“性”而“心”而“气”弥漫天地的“直养”方法。在真正的儒家学者看来，尤为必要的是做“集义”的实践工夫，即以人性本来内具之道义直养本心，因为“人必有仁义之心，然后仁义之气睟然达于外”③。所谓“不动心”即“集义到自然不动”④。浩然之气也是“集义所生”必有的生命存在现象，是“行义以显仁”必有的行为结果，而在实存境域上必然也会有“浩浩然与天地参”的人格气象的显现。否则，“无道义以为之配，夫是以馁不塞”⑤，良知本体一旦受到私欲的遮蔽，也意味着丧失了以道义为根本内容的“气用”的发动力，显然便谈不上真正的人格气象，更遑论道德实践行为！

当然，从身体现象学的角度看，在身心彻底归静入寂的状况下，生命的“劲气”或“元气”必然周遍全身，无论气脉或经络必然都是打通的，甚至道家所说的“元气”“元神”“元精”等，也“只是一件：流行为气，凝聚为精，妙用为神”⑥，即在气脉或经络打通的情况下，会以精、气、神的种种生命实存现象表现出来，从而身心一体化归为虚寂，获得一种生机勃发畅通的本体性大快乐。王阳明讲“形躯如水晶宫”，即对身体完全气化后的现象学描述；“内照”则不需凭借

---

① 程颢、程颐：《河南程氏遗书》卷十五《伊川先生语一》，《二程集》，第143页。

② 张载：《正蒙》，《张载集》，第24页。

③ 程颢、程颐：《河南程氏粹言》卷二《心性篇》，《二程集》，第1259页。

④ 王阳明：《传习录上》，《王阳明全集》，第26页。

⑤ 赵维新：《感述续录》卷二《养气》，《北方王门集》，第755页。

⑥ 王阳明：《传习录上》，《王阳明全集》，第21页。

任何语言或逻辑工具，心体如镜子般直观地朗现一切生命存在现象。严格地说，“身”与“心”是一元的：心的变化必然引起身体的变化；反之，身体的变化也会引起心的变化。当心归入虚静敞亮的本然状况时，由“性”而“心”而“气”，即生命的“劲气”或“元气”必然充满了能量，人会神采奕奕、精神焕发——心定而神动，神动而心明。在气化的状态下，人不仅能进入忘我的精神境界，更重要的是神明睿智浚发，超然的智慧亦油然升起。

尤需注意的是，“有形总是气，无形只是道”①，“空空者，道之体”②，养气的最终目的仍是证入形上超越的道体。因而王阳明尚明确提到“与空虚同体”，当然也是生命入定归元后的现象学描述，只是“似欲言而忘其所以言”，是一种难以用语言来表述的实存生命体验，却是生命存在境域的真实现量。这说明他已初步证到了“空性”，而证到“空性”即契入了形上本体，说明生命可以从身体的有限状态中突围出来，在更加广袤的超越界领悟存在的意义；只是本体界不离现象界，如何以本体来统摄现象，或者说以统一的本体的“空”来涵摄林林总总的分殊的“有”，依然是有待解决的一大问题。但是，证“空性”无论如何仍是悟道必须经历的第一步，佛教讲得最多，主要用“空”来显现本体，同时又用“空”来扫荡执着，甚至连“空”本身也要空掉，超越本身也要超越，只有“妄想攀援”和计较执着消解尽净了，世界本来固有的真实就当下现前了。“空”固然佛家讲得最多，但儒家未必就完全不讲。例如，孔子就说过：“吾有知乎哉？无知也。有鄙夫问于我，空空如也。”“空空如也”的境界，就是道境的当下现量。“子绝四：毋意，毋必，毋固，毋我”（《论语·子罕》）的方法，也是扫荡或消解人的执着的方法。方法不能脱离本体，本体必开出方

---

① 黄宗羲：《宋元学案》卷十三《明道学案上》，第564页。

② 王畿：《致知议略》，《王畿集》卷六，第132页。

法，所以儒门也强调下学上达的工夫，强调“空”作为体证工夫的重要。诚如阳明弟子王龙溪所说：“口惟空，故能辨甘苦；目惟空，故能辨黑白；耳惟空，故能辨清浊；心惟空，故能辨是非。世儒不能自信其心，谓空空不足以尽道，必假于多学而识，以助发之，是疑口之不足以辨味而先漓以甜酸，目之不足以别色而先泥以铅粉，耳之不足以审音而先淆以宫羽，其不致于爽失而眩聩者，几希矣!”① 而阳明晚年尝以“太虚”来隐喻良知之“虚”或“无”，认为“良知之虚，便是天之太虚；良知之无，便是太虚之无形”；又以“虚”能涵摄一切“有”来象征良知的“发用流行”，亦即良知必须通过自身的“发用流行”落实于与人密切相关的实践界，强调“圣人只是顺其良知之发用，天地万物，俱在我良知的发用流行中，何尝又有一物超于良知之外，能作得障碍?”② 可说是阳明对早年证悟“空性”的再深化和再发展，却更加突出了儒家价值立场的言说取向。

因此，也可说“能炼虚空，亦曾死心入定，回是小得手处，然于致良知功夫，终隔一层。吾儒致知以神为主，养生家以气为主。戒慎恐惧是存神功夫，神住则气住，当下还虚，便是无为作用。以气为主，是从气机发动处理会，气结神凝，神气含育，终是有作之法”，而“知是贯彻天地万物之灵气”，“时时致良知，朝乾夕惕，不为欲念所扰、昏气所乘，贞明不息，方是通乎昼夜之道而知。通乎昼夜，自能通乎天地万物，自能范围曲成。存此谓之存神，见此谓之见《易》，故神无方而易无体。是谓弥纶天地之道，是谓穷理尽性以至于命”③。这显然是步步踏实必然出现的结果，其中有千辛万苦的摸索，最终不仅要从工夫直达良知本体，更重要的是从良知本体开显出工夫，显示出本体

---

① 王畿：《致知议略》，《王畿集》卷六，第 132 页。标点略有改动。

② 王阳明：《传习录下》，《王阳明全集》，第 117 页。

③ 王畿：《三山丽泽录》，《王畿集》卷一，第 12 页。

实践学本体与工夫互洽互动的重要。良知说既不执空，也不滞有，即空即有，空有不二，显然也揭示了良知本体既超越又济世，虽济世又超越，既要点化自然或参与自然秩序的创化，更要落实为社会道德实践并参与历史文化的创造的特征，不能不看成是儒家思想发展的再丰富和再完善，不仅反映了阳明思想的愈臻成熟，而且也说明了本体实践学的重要。

通过以上分析，似已不难知道，王阳明在龙场大彻大悟之前，已初步证入了他所向往的道境。钱德洪说他在阳明洞中，“静摄既久，恍若有悟，蝉脱尘坌，有飘飘遐举之意焉”①。王龙溪也说他“洞悉机要，其于彼家（老、释）所谓见性抱一之旨，非惟通其义，盖已得其髓矣”②，均见他已深入释、老两家的神髓，只是究竟出世还是入世，早年“读书学圣贤”的终极目标该不该放弃，仍有待历史性地做出决定。但无论如何仍可清楚地看到，凭借一步一步沉潜渐修的工夫，他已初步契入了超越性的道境，所谓“恍若有悟”云云，尽管只是向上翻转直入云霄的一种状态，但仍为龙场大彻大悟做了工夫实践方面的准备。证以他回顾自己早年人生经历之说：“守仁蚤岁业举，溺志辞章之习，既乃稍知从事正学，而苦于众说之纷挠疲薾，茫无可入，因求诸老、释，欣然有会于心，以为圣人之学在此矣。然于孔子之教间相出入，而措之日用，往往阙漏无归。依违往返，且信且疑。”③ 我们便可从中了解到他不仅在工夫论上受益释、老颇多，而且思想之转变亦与之密切相关。他的精神世界是发展性的而非静态性的，即使异质的思想学说也有丰富自身精神世界的正面作用。正是多方面地吸取各种思想文化资源，又通过自己的亲身实践，在“信”与

① 钱德洪：《阳明先生年谱序》，《徐爱　钱德洪　董沄集》，第190页。
② 王畿：《滁阳会语》，《王畿集》卷二，第33页。
③ 王阳明：《朱子晚年定论序》，《王阳明全集》，第255~256页。

“疑”之间往返徘徊，“为学患无疑，疑则有进”①，不断地由疑而悟，又因悟而疑，直到龙场大悟后才彻底扫荡心中的一切疑惑，阳明才最终决定性地踏上了儒家圣学之路。他的学生钱德洪总结其一生思想发展线索，认为“学静入于阳明洞，得悟于龙场，大彻于征宁藩”②，显然便看到了其早期在阳明洞修静入定的重要，以为与后来的龙场大悟有着直接的因果关系。“龙场悟道”作为阳明人生转折的时间坐标，则不仅可溯源至阳明洞之入定，更为晚年“征宁藩”揭出“致良知”之旨准备了思想条件。它们共同构成了阳明心灵升华的重大事件，反映了其生命中的三次思想巨变，形成了前后一致的动态性思想发展脉络。

三、“百死千难”的悟道实践经历

王阳明用释道两家的方法修行，在道境上已有所悟入，但最终为什么又彻底放弃，选择了一条早年即已尝试过的儒家道路呢？《王阳明年谱》说他在阳明洞修习：“已而静久，思离世远去，惟祖母岑与龙山公在念，因循未决。久之，又忽悟曰：‘此念生于孩提。此念可去，是断灭种性矣。’”第二年，发生了一件很有趣的公案：“（阳明）往来南屏、虎跑诸刹，有禅僧坐关三年，不语不视，（阳明）先生喝之曰：‘这和尚终日口巴巴说甚么！终日眼睁睁看甚么！’僧惊起，即开视对语。先生问其家。对曰：‘有母在。’曰：‘起念否？’对曰：‘不能不起。’先生即指爱亲本性谕之，僧涕泣谢。明日问之，僧已去矣。”③ 后人据此称道他“真正法眼”，并以为“不为异道所惑，非大

① 陆九渊：《陆九渊集》卷三十五《语录》，第 472 页。

② 钱德洪：《〈上国游〉序》，《徐爱　钱德洪　董沄集》，第 204 页。

③ 《王阳明年谱》“弘治十五年壬戌”条，《王阳明全集》，第 1231 页。

智不能"①，似非过誉之言。可见他之所以不愿放弃儒家的道路，实际即为不忍丢弃人间社会最重要的伦理亲情。丢弃亲情在他看来就是只知守寂耽静不能活泼起用的"断灭空"，就是切断了最能代表人的生命创造活力的"种性"。所谓"种性"即人性落实于"心"再外化为"行"的生命成长，当然也是实现生命潜能或人生价值必不可少的本源性创造生机。"爱亲"既是人类社会生活最基本的生存经验和情感经验，也是儒家建构伦理世界最本源的生命创造基石。王阳明后来强调"只说'明明德'而不说'亲民'，便似老、佛"；又认为"大抵二氏之学，其妙与圣人只有毫厘之间"②。而亲民之说实本于孟子"亲亲而仁民，仁民而爱物"，依然代表了儒家由"体"而"用"的一条社会化实践路线，与释老的区别显然不在"体"而更在"用"上，适足以说明儒家既要深入心性深处来守护人的"种性"，又要积极处世以展开各种"亲民"的社会化实践活动。内在的隐秘的心灵秩序与外在的显象的人间秩序，在真正的儒家学者看来是一体不二的，因而"修己治人，本无二道"③，"明明德"与"亲民"必须打成一片。只有真正步入内外一体的"至善"境域，才能确保每一个体都能最大化地实现生命的意义与价值。

但是，王阳明毕竟在工夫论上得益于释老之学者颇多，即使"种性"之说也本自佛教。他后来用致良知说来统摄形上与形下，既重视本体也突出工夫，便特别强调："只是一念良知，彻头彻尾，无始无终，即是前念不灭，后念不生。今却欲前念易灭，而后念不生，是佛

---

① 《阳明先生集要·年谱》"施邦曜评语"，第6页。又上引钱德洪《王阳明年谱》末三句，施邦曜《王阳明年谱》作"僧涕泣拜谢，挈钵而归"，文字略有异同，当一并参阅。

② 王阳明：《传习录上》，《王阳明全集》，第28、40页。

③ 王阳明：《答徐成之》，《王阳明全集》，第157页。

氏所谓断灭种性，入于槁木死灰之谓矣。”① 这当然仍是前面提到的收放心的工夫，但显然是以良知作“主脑”有体有用，即依体起用、摄用归体的儒家进路工夫。更重要的是他还特别强调良知之道即生生之道，“良知即是天植灵根，自生生不息；但着了私累，把此根戕贼蔽塞，不得发生耳”②。良知是“天植灵根”，不仅根源于“性”，是“性”之灵，而且与“性”一体不二，体现了“天”之德，当然就是与天道相通相契的形上本体。天道自然法则的本质就是创生化育，人的存在当然不可能是天道自然法则的例外，同样也要生生不息谋求创造发展，所谓发展就是实现生命的全部价值，必然不能脱离社会化的人生实践场域，否则便意味着“种性”或“天植灵根”的枯萎窒息。可见无论本体论或工夫论，在真正的儒家学者看来，都必须以天道的活泼起用及社会化的躬行实践来作为衡量标准，都以维护人的生存、生活及创造发展为根本目的，不容许任何破坏人的生命成长和戕害人的人格尊严的行为存在。

由此可见，王阳明要成就的乃是儒家圣贤形态的生命学问，而非佛教佛菩萨形态的生命学问。但是，成圣成贤的本体论依据究竟是什么是一个悬而未决的问题。阳明早年通过多方面的生命实践活动，已在一步一步深入心性形上本体的过程中有了初步的答案，但这个问题最终获得彻底解决仍要到龙场大彻大悟之后。恰好不久他即因得罪朝廷宦官受贬贵州，面对龙场极其恶劣的环境，阳明像一个行走在真理道路上的朝圣者一样，从反面逼出了自己更大的奋发勇气和正面力量，寻找只有步入生命的本然真实境域才能沛然涌出的切身性思想答案。

有关“龙场悟道”九死一生的经过，钱德洪《王阳明年谱》记载说：“龙场在贵州西北万山丛棘中，蛇虺魍魉，蛊毒瘴疠，与居夷人鴃

① 王阳明：《答陆原静书》，《王阳明全集》，第 73 页。
② 王阳明：《传习录下》，《王阳明全集》，第 111 页。

舌难语，可通语者，皆中土亡命……时瑾憾未已，自计得失荣辱皆能超脱，惟生死一念尚觉未化，乃为石墩自誓曰：‘吾惟俟命而已！’日夜端居澄默，以求静一；久之，胸中洒洒……因念：‘圣人处此，更有何道？’忽中夜大悟格物致知之旨，寤寐中若有人语之者，不觉呼跃，从者皆惊。始知圣人之道，吾性自足，向之求理于事物者误也。”① 正如孟子所说的“万物皆备于我矣，反身而诚，乐莫大焉”一样，王阳明最后也得到他长期探寻的问题的答案——成圣成贤的根据即内在人性之中，人性之中具足了一切成圣成贤的潜质和可能，因而向外部世界寻找成圣成贤之理，显然是错认了人生发展的路径和人格完善的方向。这经历“百死千难”才换来的生命真理，固然得力于当下的工夫证悟现量，但仍可说是疑团长期积凝之后的涣然冰释。

因此，如果说真知就是对终极真实的体认，那么通过漫长的心路跋涉历程，阳明终于找到了内在于生命中的真知。他的“呼跃”犹如破空而来的一声春雷，恰好体现了获得真知的生命喜悦能够冲散一切黑暗阴霾，长久地回荡在天地之间，总是能唤起不同时代的人的心灵共鸣，引发后人重新思考人生的终极价值及意义。

“圣人之道，吾性自足”一语，清楚地告诉世人，成圣成贤的本体论依据“当自求诸心，不当求诸事物”②，而“性即是理，性元不动，理元不动”③。这里的“性”是遍及一切人的，因而也是无分殊、人人具足的。“理”与“性”互涵互摄，必然也是周遍而非分遍的，同样是人人具足、内在于无人不有的心性之中的。诚如黄绾所说：“所谓极则工夫，但知本心元具至善，与道吻合，不假外求，只要笃志于道，反求诸己而已。”④ 人具足了成圣成贤的“性”，也具足了成圣成贤的

---

① 《王阳明年谱》“正德三年戊辰”条，《王阳明全集》，第 1234 页。

② 张廷玉等：《明史》卷一九五《王守仁传》，第 5168 页。

③ 王阳明：《传习录上》，《王阳明全集》，第 26 页。

④ 黄绾：《寄阳明先生书》，《黄绾集》卷十八，第 339 页。

“理”。如同“体”与“用”不可分一样，“性”与“理”也不可分，而无论“性”或“理”，都必然与“心”有着密契一体的关联。

但是，“性”及其所内含的“理”，显然并非动态地作用于昭明灵觉之“心”，而是静态地成为昭明灵觉之“心”的本体论依据。“心”既有昭明灵觉之功能，则如如不动之“性”及其所内含的“理”，必然能够开显于“心”中，既为“心”之规范，又能为“心”自觉，因而也可说“心即理也，‘无私心’即是‘当理’，未‘当理’便是私心”①。当然也可说：“心之体，性也，性即理也。天下宁有心外之性？宁有性外之理乎？宁有理外之心乎？”而心可以流行发用，外显为人的生命实践行为，形成与对象世界有关的各种行为现象。行为现象尽管形形色色，都仍须与“心”及更深层的“性”之“理”相契相合，才称得上是本然的真实的符合人心人性的道德实践行为。因而心之理一旦与对象世界发生关联，则可说“发之于亲则为孝，发之于君则为忠，发之于朋友则为信。千变万化，至不可穷竭，而莫非发于吾之一心”②。如同“性即理”或“心即理”一样，与人的行为相应的“事”当然也无一不有“理”，而周遍的统一的充分的“理”也就有了分殊的差异的具体的经验内容。形式虽然只能存在于分殊的个体之中，但普遍性的“理”却可以为一切分殊的事物共有。这就意味着人性的实践无论在“心”或“事”的层次上，都可以获得积极的丰富的具体的经验内容。所以，“圣人之道，吾性自足”尽管为每一个体提供了成圣成贤的本体论依据，但仍需要通过“心”的工夫及“事”的实践，即在做人做事上无时无处不与“心”之理相应，这样不仅“心”本身充盈着价值与意义，而且“心”也为世界赋予了生机和秩序。“心”之“理”与万事万物之“理”浃然融贯，人始终朝着本真人性的“至善”

---

① 王阳明：《传习录上》，《王阳明全集》，第29页。

② 王阳明：《书诸阳伯卷》，《王阳明全集》，第294页。

方向实践性地发展，始终不放弃儒者应有的“成己成物”的天下情怀，才能说是踏上了成德及成圣的人生“不归之路”。

成圣成贤的本体论依据究竟何在的答案，显然是阳明通过长久修行实践工夫才豁然了悟的。诚如耿定向所说：“（龙场）困衡动忍，不惟得失荣辱胥已解脱，即死生一念亦为拚置。端居澄默以思，倏若神启，大解从前伎俩见趣无一可倚，惟此灵昭不昧者相为始终。不离伦物感应，而是是非非天则自见。”① 可见阳明正是通过生死磨难的工夫，经过动心忍性的锻炼，跨过了生命转换的宗教性“过关”仪式，才彻底消解了以前的一切世俗知见，证入了无人不具的既内在又超越的形上本体，获得了由“分别”而“无分别”的超越性生命智慧。至于《王阳明年谱》所谓“日夜端居澄默，以求静一”，“一”按照汉儒许慎的说法，“惟初大始，道立于一，造分天地，化成万物”②，实即形上超越的道体。而“静一”作为一种实践性的入手工夫，显然即以静定的方法来证入形上本体。易言之，即“廓清心体，使纤翳不留，真性始见”③，必须一层层地将纠缠生命或遮蔽本真人性的得失荣辱之念剥落尽净，以至于“寻求到四面迫塞无路可行，方渐渐有真实路头出”④。即使死亡引发的生命焦虑也不能有意回避，反而应凭借极大的勇气积极正视并谋求超越，最终则直入“命根”并一刀将其斩断，从此才生活在无执无着的自在境域之中，从而透过死亡获得了精神性的新生，步入了纯粹不杂的理想化生命境域。外在各种现象堆砌起来的虚假的非本然的自我轰然消解了，本体的真实的寂然不动的自我就豁然朗现了。这依然是用工夫来证本体，在方法论上必须息念止虑，消解一切可能遮蔽本体的私欲，回归人人均有的本真至善人性。而只有浸淫

① 耿定向：《耿定向集》卷十三《新建侯文成王先生世家》，第523页。
② 许慎撰，段玉裁注：《说文解字注》，第1页。
③ 《王阳明年谱》“正德五年庚午”条，《王阳明全集》，第1237页。
④ 陈嘉谟：《蒙山论学书》，《明儒学案》卷二十一，第496页。

在本然人性所生发或彰显出来的内在真实世界之中，生命才能彻底消解外部世界诸如荣辱、毁誉、得失等虚幻，并化掉生死一念引发出来的存在焦虑和自我束缚，跃入与万物同体的超越性澄明理想境域。这样不仅人心与天心相通，人道与天理合一，从容面对命运的安排，超越了生死的对立，而且跃入了无限的境域，获得了无执无着的存在自由。阳明后来要学人反躬自问："轻利害，弃爵禄，快然终身，无入而不自得已乎？"并说："凡有道之士，其于慕富贵，忧贫贱，欣戚得丧而取舍爱憎也，若洗目中之尘而拔耳中之楔。其于富贵、贫贱、得丧、爱憎之相值，若飘风浮霭之往来变化于太虚，而太虚之体，固常廓然其无碍也。"① 这与其说是对学人的黾勉，不如说是他的夫子自道。他经历艰难困苦所展现出来的人格风姿，本身就是难得的可亲可感的身教典范。

四、本体与方法的实践性互动

前面提到"求道"与"求知"的区别，与知识世界的建构或扩大必须依靠加法，多采用表诠，可称为"正"的方法，即缺少了积累便谈不上知识系统的形成不同，证入道境的工夫则必须采用减法，多采用遮诠，当名为"负"的方法②，即所谓"吾辈用功只求日减，不求

① 王阳明：《答南元善》，《王阳明全集》，第 224~225 页。

② 所谓"加法"与"减法"云云，实即老子之"为学日益，为道日损"，但未必就没有儒家思想的早期源头可溯。考宋人苏辙《老子解》卷二《德经》解老子前句云："不知道而务学，闻见日多，而无以一之，未免为累也。孔子曰：'多闻，择其善者而从之，多见而识之，知之次也。'"又解后句云："苟一日知道，顾视万物，无一非妄，去妄以求复性，是谓之损。孔子谓子贡曰：'女以予为多学而识之者与？'曰：'然，非与？'曰：'非也。予一以贯之。'"最后则解"损之又损，以至于无为，无为而无不为"句云："去妄以求复性，可谓损矣，而去妄之心犹存，及其兼忘此心，纯性而无余，然后无所不为，而不失于无为矣。"苏辙的解读颇有会通老、孔的取向，然亦可见与道家一样，先秦原始儒家亦注意到了"为学"与"为道"的区别，从而开辟了后世儒家学者本体实践学的方法论路径。苏说见舒大刚等校注：《三苏经解集校》，四川大学出版社，2017 年，第 904 页。标点略有改动。

日增。减得一分人欲，便是复得一分天理”①。消解与天理相对的人欲的方法显然是向内的，必须返归身心内部做逆向体认或反思的工夫，当称为生命的实践的学问。然而建构与对象世界有关的知识系统则不能不是向外的，当然应该以客观事物为对象展开各种分析，可视为知识的分析的学问。阳明早年格竹失败就是误将减法当成了加法，只知道将意识投向经验对象以形成有关对象的外部知识，不知道将意识返归心性本体以形成对本体的内在了解，遂造成生命的学问与知识的学问的错置。所谓“往儒博物理于外，（阳明）先生约物理于内，夫博约不同趋，内外不相谋已久，约而返求诸身者，端本之学也”②，便很好地概括了他“龙场悟道”后专注于生命的学问的特点。由向外求理逆转为向内求理，阳明用自己生命体验总结出来的“致知以格物”的价值实践路径当远胜于朱子的“格物而穷理”的理性认知路径，更重要的是，人还要由内向外以心来统摄万事万物，明显有别于专骛向外求理的知识性学问，开辟出了圣贤生命之学的崭新天地。他批评“人之心神只在有睹有闻上驰骛，不在不睹不闻上着实用功。盖不睹不闻是良知本体。戒慎恐惧是致良知的功夫。学者时时刻刻常睹其所不睹，常闻其所不闻，工夫方有个实落处。久久成熟后，则不须着力，不待防检，而真性自不息矣。岂以在外者之闻见为累哉”③，显然也是有了深邃的心性体证实践工夫，透悟了本体界“不睹不闻”与现象界“有睹有闻”的差别，看到了生命的学问与知识的学问的不同，希望人们能够从现象界证入本体界，又透过本体界来驾驭现象界，才得出与生命哲学有关的经验性结论。

---

① 王阳明：《传习录上》，《王阳明全集》，第 31 页；另可参阅王时槐：《友庆堂合稿》卷二《答许甸南》，《王时槐集》，第 412 页。

② 邹元标：《愿学集》卷五下《重修阳明先生祠记》，文渊阁《四库全书》本。

③ 王阳明：《传习录下》，《王阳明全集》，第 134 页。

当然，由现象界证入本体界，或者说从“有睹有闻”契入“不睹不闻”，仍必须依靠致良知的工夫，“戒慎恐惧”即为其中一个重要法门。生命的学问不能不关注“无睹无闻”的超越性本体世界，知识的学问则更重视“有睹有闻”的现象变化世界。一如生命的学问未必就不能与知识的学问整合一样，本体界与现象界本质上也是体用不二的完整世界。一旦工夫久久熟透，非特真性自然流行不息，即使外在闻见亦不能滞累心体。至于《易·复卦》“反复其道，七日来复”“复，其见天地之心乎”一类说法，显然也提示了“静一”修道实践方法论的本质。因为“人者，天地之心，天地万物，本吾一体者也”①，而正是通过实践的工夫证入形上本体，才能说：“人之心，即天地之心，一心之外，无天地也。这个天地之心，便是学问大头脑，便是万物一体大本原。只因不复，故不能见，故曰‘复见天地之心’。又曰：‘复而后有无妄，学问未见头脑时，举心动用，无非妄也。’”② 人不仅能通过心性修炼的工夫自觉到与天地万物一体，而且根本就在人性的深处具有与天地万物同源的创造力。倘若我们真能证入具足一切善端的人性，心中纯乎天理而无一毫人欲之染，一切人或物与我的界线都消归于无形，则必然能最大化地彰显人的主体精神而“见天地之心”。而能“见天地之心”者亦必与天地万物有着一种本体存在的呼应，能够从心性之中沛然涌出“成己”以至于“成人”“成物”的深切天下情怀。

正是以“龙场悟道”为思想发展的象征性坐标，王阳明开始形成了他的心学体系。所谓“心外无理”“心外无物”“知行合一”等一系列学说，都既有针对官学化的朱子学的意向，明显有救弊补偏的济世情怀，也有旁助他人悟道的目的，可说是悟后起修的存在论显现。静坐作为一种悟道的实践工夫，也时常运用于阳明的施教活动之中，原

---

① 王阳明：《答聂文蔚》，《王阳明全集》，第86页。

② 陈嘉谟：《蒙山论学书》，《明儒学案》卷二十一，第497页。

因是“世人精神泼撒，向外驰求，欲反其性情而无从入，只得假静中一段行持，窥见本来面目，以为安身立命根基，所谓权法也”①。例如，他的学生钱德洪便曾“觅光相僧房，闭门凝神净虑。倏见此心真体，如出蔀屋而睹天日，始知平时一切作用，皆非天则自然。习心浮思，炯炯自照，毫发不容住著”②。显然他在证量工夫上亦大有收获，只是担心学者喜静厌动出现枯槁病象，才以“致良知”工夫作为究竟教法，认为“良知二字，自龙场以后，便已不出此意，只是点此二字不出。于学者言，费却多少辞说。今幸见出此意，一语之下，洞见全体。真是痛快。不觉手舞足蹈。学者闻之，亦省却多少寻讨功夫。学问头脑，至此已是说得十分下落。但恐学者不肯直下承当耳”③。而从他“始学，求之宋儒不得入，因学养生，而沉酣于二氏，恍若得所入焉。至龙场，再经忧患，而始豁然大悟‘良知’之旨。自是出与学者言，皆发‘诚意’‘格物’之教。病学者未易得所入也，每谈二氏，犹若津津有味。盖将假前日之所入，以为学者入门路径”④，也可见在工夫论上，他受益于佛老颇多，由佛老折转并归正儒学，乃是龙场大彻大悟的根本前提。学者一旦“真见得良知本体昭明洞彻”，必然能“使人人各得其中。由是以昧入者以明出，以塞入者以通出，以忧愤入者以自得出”⑤。从龙场大悟到晚年揭出“致良知”说，仍可看出其前后相续的思想发展脉络。

根据王阳明本人的看法，“良知”二字实已隐含在他“龙场悟道”以后的思想言说之中了。这就提示我们，“圣人之道，吾性自足”，也可以良知来加以诠释。而“知行合一”之“知”与“行”，显然也可

---

① 王畿：《留别霓川漫语》，《王畿集》卷十六，第 466 页。

② 钱德洪：《刻文录叙说》，《徐爱 钱德洪 董沄集》，第 185 页。

③ 《传习录拾遗》，《王阳明传习录详注集评》，第 396 页。

④ 钱德洪：《答论年谱书》，《王阳明全集》，第 1394 页。

⑤ 钱德洪：《阳明先生年谱序》，《徐爱 钱德洪 董沄集》，第 191 页。

说成是良知之“知”与良知之“行”。“知”即“良知”，“行”则为“致良知”，依然是一种生命的本体实践之学，不能不同时统摄了“知”与“行”。也就是说，成圣成贤的本体论依据就是良知，既可将其看成是德性之知，也可将其看成是心的虚灵明觉，当然也可说成是一种本体的自然之知、本体的自然明觉。无论“知”或“行”都不过是良知本体的一体两面，既意味着良知的当下圆融开显，又象征着本体实践活动的必然，所以，必须通过各种道德的创造活动来实现其本然性的合一，防范一切可能导致人性伤害或异化危机的非本然的分裂。

如果说“龙场悟道”之前，阳明的种种“求道”活动，乃是他在生命行为中寻找本体论依据，那么“龙场悟道”后他的种种“行道”活动，则是在为本体的发用流行寻找落实处。显然，“致良知”在阳明那里，乃是“示人以求端用力之要”，既揭示了体用一源的深层生命奥秘，也将儒家一贯固有的本体实践学提升到一个新的高度。“良知为知，见知不囿于闻见；致良知为行，见行不滞于方隅。即知即行，即心即物，即动即静，即体即用，即工夫即本体，即下即上”①，不学而知，不虑而能，无人不具，无人不有，“虽匹夫匹妇之愚，固与圣人无异”②，显然意味着在德性与良知面前人人平等，人人都有人格与道德的尊严，人人都可以实践的方式来实现自己的生命价值和潜能，人人都可以成圣成贤。诚如阳明自己所说：“自己良知原与圣人一般，若体认得自己良知明白，即圣人气象不在圣人而在我矣。”③ 如果说他在贬谪龙场之前便已初证空性，那么他晚年讲“四句教”时便强调“良知本体原来无有，本体只是太虚。太虚之中，日月星辰、风雨露雷、阴霾饐气，何物不有？而又何一物得为太虚之障？人心本体亦复如是。

① 黄宗羲：《明儒学案》，第 7 页。

② 罗洪先：《龙场阳明祠记》，《罗洪先集》卷四，第 137 页。

③ 王阳明：《启问道通书》，《王阳明全集》，第 64 页。

太虚无形，一过而化，亦何费纤毫气力”[①]，同时又告诫学人：“惟有道之士，真有以见其良知之昭明灵觉，圆融洞澈，廓然与太虚而同体。太虚之中，何物不有？而无一物能为太虚之障碍。盖吾良知之体，本自聪明睿知，本自宽裕温柔，本自发强刚毅，本自齐庄中正、文理密察，本自溥博渊泉而时出之，本无富贵之可慕，本无贫贱之可忧，本无得丧之可欣戚、爱憎之可取舍。”[②] 虚灵之中既包含万有，又不容任何一物“作得障碍”。可见他已是以“空”来摄“有”，“空”是流行发用、能生物造物的“空”，“有”是依体起用、不碍空性的林林总总的“有”。生命的本体境界“常常是寂然不动的，常常是感而遂通的”[③]，一方面不执着“空”，一方面不执着“有”，非“空”非“有”，非“有”非“空”，既与一切存在相应，又无任何存在“作得障碍”，在一切存在中超越一切存在，超越一切存在又不离一切存在，既是天地万物存在的本体论基础，又必能落实或开显为道德实践生活。这显然就是儒家所一贯强调的“致广大而尽精微，极高明而道中庸”（《礼记·中庸》）境界的如实开显，显示了一种盎然充沛的创造性本体实践力量。然而这种境界诚如他自己所说：“一棒一条痕，一掴一掌血。”[④] 甚至譬为“刀锯鼎镬底学问”亦不为过[⑤]，乃是一步一步踏实工夫臻至实存生命境域。正是以阳明一生的心路跋涉历程为观照视域，才可说“能受死尽世情心，洞见万物一体本原”，而“修”不离“悟”，“悟”不离“修”，“修”“悟”不二，“悟”“修”一体，“用功愈密，心量愈无穷际，无终始，见得一体愈亲切有味，此心与此理，

① 《王阳明年谱》“嘉靖六年丁亥”条，《王阳明全集》，第1317页。
② 王阳明：《答南元善》，《王阳明全集》，第224~225页。
③ 王阳明：《传习录下》，《王阳明全集》，第134页。
④ 王阳明：《传习录下》，《王阳明全集》，第135页。
⑤ 陆九渊：《陆九渊集》卷三十五《语录》，第453页。

渐渐有凑泊时”①。如果离开了身体力行的本体实践工夫，便难有活生生的在身性的真实“证境”的豁然开显。

由此可见，工夫系统在阳明的思想学说中是何等的重要！特别是困居龙场三年，九死一生，动心忍性之余，他才发现生命的信靠力量及价值与意义的来源，实即能够生生不息、创进不已的良知。他后来曾回忆在龙场的经历说：“谪官龙场，居夷处困，动心忍性之余，恍若有悟。体验探求，再更寒暑，证诸《六经》四子，沛然若决江河而放之海也。然后叹圣人之道坦如大路，而世之儒者妄开窦径，蹈荆棘，堕坑堑，究其为说，反出二氏之下。宜乎世之高明之士厌此而趋彼也！”② 足证他在龙场面对生存绝境大彻大悟之后，依然有一个悟后起修，即不断“体验探求”，并证之儒家经典及宋代诸大儒之说的过程。可见“苦修后悟，方是真悟，了悟后修，方是真修”③。三年龙场生活，他无时无处不在圣学的实践工夫中尽心用力，后人称“龙场悟道，穷则思通，实践事功已属彪炳，朝野片言指点，名曰良知，第为下学推原自始，返其性天，迥非空山养寂，遗弃伦物，杜门谢世，敝屣勋名，因以震炫庸俗者”④。显然缺少了本体实践的工夫，即谈不上龙场的大彻大悟，而后来的讲学无非要旁助人返归本有的“性天”，使人“才学，便须知着力处；既学，便须知得力处”⑤，同样也以痛下本体实践的工夫为根本前提。

“龙场悟道”大死而后大活的经历，阳明的门下弟子亦多有所述

---

① 陈嘉谟：《蒙山论学书》，《明儒学案》卷二十一，第 496 页。

② 王阳明：《朱子晚年定论序》，《王阳明全集》，第 256 页。

③ 陈嘉谟：《蒙山论学书》，《明儒学案》卷二十一，第 496 页。

④ 陈锦：《勤余文牍续编》卷一《王文成公弟子拟祀记》，清光绪四年（1878）刻本。

⑤ 程颢、程颐：《河南程氏遗书》卷十二《明道先生语二》，《二程集》，第 137 页。

及。例如，罗洪先便曾详细描述他在龙场的经历："摈斥流离于万里绝域，荒烟深箐，狸鼯豺虎之区，形影孑立，朝夕惴惴，既无一可骋者，而且疾病之与居，瘴疠之与亲。情迫于中，忘之有不能；势限于外，去之有不可。辗转烦瞀，以成动忍之益。盖吾之一身已非吾有，而又何有于吾身之外？至于是而后如大梦之醒，强者柔，浮者实，凡平日所挟以自快者，不惟不可以常恃，而实足以增吾之机械，盗吾之聪明，其块然而生，块然而死，与吾独存而未始加损者，则固有之良知也。然则先生之学，出之而愈长，晦之而愈光，鼓舞天下之人，至于今日不怠者，非雷霆之震前日之龙场，其风霰也哉！嗟乎！今之言良知者，莫不曰'固有固有'，问其致知之功，亦莫不曰'任其固有'焉耳。亦尝于枯槁寂寞而求之矣乎？所谓盗聪明、增机械者，亦尝有辨于中否乎？……生于忧患，死于安乐，岂亦有待其人乎？"① 可见良知说乃是从忧患中"逼出"的生命实践哲学，尽管言说之中极富个人体验色彩，却有遍及一切的存在论普遍意义，能为人的道德实践提供既超越又具体的普世性价值，既是一种体用一源的德性实践形上学，又是一种必须付诸实践的生命行动哲学。②

因此，尽管"良知"二字，人人可以脱口即出，且出于禀受之自然，"不由学虑"便即能即知，但要真正成为一种生命的价值自觉，转化为内外一体无间无隔的道德行为，仍必须痛下生命的本体实践工夫，即所谓"非经枯槁寂寞之后，一切退听，而天理炯然，未易及此"。这正是阳明"龙场悟道"所昭示出来的真谛，揭示了本体实践学与道德实践学的一体不二。"学者舍龙场之惩创，而第谈晚年之熟化，譬之趋万里者，不能蹈险出幽，而欲从容于九达之逵，岂止病躐等而已哉！

① 罗洪先：《龙场阳明祠记》，《罗洪先集》卷四，第137~138页。

② 参阅张新民：《生命行动的哲学——论王阳明的知行合一说》，《贵州师范大学学报》1997年第2期。

然闻之者，惟恐失其师传之语，而不究竟其师之入手何在，往往辨诘易生，徒增慨惜”①，不仅丢掉了阳明良知说的实践精义，更难免造成好空蹈虚的弊病。“良知”及“致良知”之说，凝聚了阳明一生心血和经验才得以揭出，因而人无论渐修或顿悟，都清晰地反映出本体的实践性品格，固然不可凿之过深而畏难，更不能因其简易而懈怠。或许正是因为如此，王阳明才一再告诫他人：“圣人之道若大路，虽有跛躄，行而不已，未有不至。而世之君子顾以为圣人之异于人，若彼其甚远也，其为功亦必若彼其甚难也，而浅易若此，岂其可及乎！则从而求之艰深恍惚，溺于支离，骛于虚高，率以为圣人之道必不可至，而甘于其质之所便，日以沦于污下。有从而求之者，竞相嗤讪，曰狂诞不自量者也。呜呼！其弊也亦岂一朝一夕之故哉！孟子云：‘徐行后长者谓之弟，疾行先长者谓之不弟。’夫徐行者，岂人所不能哉？所不为也。世之人不知咎其不为，而归咎其不能，其亦不思而已矣。”② 既然人人都有良知，而良知又为学做圣贤的本体论依据，则只要不断痛下致良知的实践工夫，必然人人都可成圣成贤。“‘致’者何也？欲人必于此用力以去其气习之私、全其天理之真而已矣。所谓‘必慎其独’，所谓‘扩而充之’是也”③，如同孟子所谓“四端”之心的扩充必须落实为生命的具体行为一样，“致良知”也离不开体用一源的本体实践方法。这就如同行路一样，路途尽管遥远，只要不错认了人生发展的方向，并始终不渝地长期坚持，永远行走在修行实践的道路上，再缓亦必能达致价值理想的目的地。遗憾的是，世人不骛于虚高，即甘于污下，积弊既已深重，相沿亦成风气。王阳明语重心长的告诫，至今仍值得世人反思和警醒。

---

① 罗洪先：《寄谢高泉》，《罗洪先集》卷七，第 274 页。

② 王阳明：《别梁日孚序》，《王阳明全集》，第 257 页

③ 黄绾：《明是非定赏罚疏》，《黄绾集》卷三十二，第 626 页。

五、余　论

以知人论世的方法，对王阳明一生行履及其思想发展历程展开多方面的分析和讨论，显然已可清楚地看到，他一生所要解决的核心问题，就是自己及他人如何成圣成贤。成圣成贤本质上就是成就人的人格，完善人的德性生命，实现人生应有的价值，维护人的存在尊严。人的存在决不是与世界绝缘的孤荒的存在，生命的价值也决不是与天地万物毫无关联的封闭的价值，因而人又必须通过社会化的实践过程来成就自己的人格，应该以与天地万物打交道的方式来实现生命的价值。所以，一方面“为学须有本原，须从本原上用力，渐渐‘盈科而进’”①，即在生命的本源深处扎根安寨，以德性或良知为本建立起自己广袤而丰富的精神世界，激活自己源源滚滚不断涌现的创造活力；另一方面也要“推其天地万物一体之仁以教天下，使之皆有以克其私，去其蔽，以复其心体之同然”②，将自己内在的德性生命力量向外推廓出去，在成就自己的同时也成就他人，实现自身价值的同时也实现万物的价值，最终达致万物一体的价值理想。这显然正是王阳明心学思想最突出的特点。王阳明心学思想与《中庸》“成己，仁也，成物，知也，性之德也，合外内之道也”的儒家思想理路一脉相承，也可说内而“明明德者，立其天地万物一体之体”，外而“亲民者，达其天地万物一体之用”，“体”与“用”无间无隔，当然就无一物“作得障碍”，“故明明德必在于亲民，而亲民乃所以明其明德也”③。本体实践、道德实践、政治实践三者，必须相依相存并打成一片；个人身、心、意

---

① 王阳明：《传习录上》，《王阳明全集》，第 15 页。

② 王阳明：《答顾东桥书》，《王阳明全集》，第 59 页。

③ 王阳明：《大学问》，《王阳明全集》，第 1015~1016 页。

的行为修养与家、国、天下的治平事业，也要通过本体、道德、政治的实践化方式连为一体。“彼（释老）二氏遗物而沦空，固不能达知之用；俗学昧本而逐末，又不能全知之体。惟致吾良知而实践于事物，是之谓圣学。”① 十分明显，只有内外合为一体，不仅存在与天道、生命与价值、良知与实践等要层层打通，而且存在与社会、个人与群体、人文与自然也要扫荡其隔阂，才可说是达致了心学的究竟圆融境界，实现了“致吾良知而实践于事物”即体即用的价值目的诉求。②

因此，我们今天走进王阳明的思想世界和精神世界，实际就是要走进自己的思想世界和精神世界，回归心性的本源，证悟良知本体，并实践性地将其转化为社会生活行为，遍及一切与人的存在相关的事物。从根本上讲，“良知者，通天地万物为一体也。忍其毒而弗之觉，犹弗知也”③，而一旦真证入良知本体，必然充满天下情怀。因为本体即至善，同时也是大全，则人要充分完满地实现自己的潜质，就必须以至善为最高终极目标，在成就自己的同时，也成就他人或他物。可见，人不仅应该按照善的目的去生活，而且应该按照善的目的来建构社会，并在善的生活中培养合理的品德，展开移风易俗的社会变革工作，达致万物一体的文化理想，实现诗意栖居的目的。这当然即“致良知”的工夫，必然以人本身的完善为根本目的，但仍有突出的实践性向度，不容许任何一物遗留在外。钱德洪曾编纂师门文录，自言“伏读三四，中多简书默迹，皆寻常应酬、琐屑细务之言，然而道理昭察，仁爱恻怛，有物各付物之意。此师无行不与，四时行而百物生，

---

① 王时槐：《友庆堂合稿》卷五《初刻大学古本后跋》，《王时槐集》，第563页。

② 参阅张新民：《德性生命的实践与价值世界的建构——论王阳明良知思想的四重结构》，《天府新论》2017年第5期。

③ 聂豹：《重刻传习录序》，《聂豹集》，第45~46页。

言虽近而旨实远也”①，足证凭借长期有体有用的“致良知”实践工夫，不仅要回归真实的人性，激发起生命的创造活力，显发为卓荦超越的人格风姿，更重要的是还要将其转为积极入世的精神，主动参与人间秩序的建构活动，贞定现实世界的价值与意义。“致良知”作为一种本体实践之学，必然也是彻内彻外浃然一体的，不能容许其间有任何区隔，都为人的本然性存在方式必需，可以随时在寻常细务中见真精神，未必都要付诸宏大话语或显赫事功。《明史》说阳明：“始以直节著。比任疆事，提弱卒，从诸书生扫积年逋寇，平定孽藩。终明之世，文臣用兵制胜，未有如守仁者也。当危疑之际，神明愈定，智虑无遗，虽由天资高，其亦有得于中者欤。”② 所谓“中”乃是“过”与“不及”两端的平衡和调整，离不开良知本体及其起用时的明察和决断。诚如阳明所说：“这些子看得透彻，随他千言万语，是非诚伪，到前便明。合得的便是，合不得的便非。如佛家说心印相似，真是个试金石、指南针。”③ 则其一生之所以能建立赫赫事功，并凭借勇气和智慧应对各种政治危机，亦不能说与内在人格力量的支撑毫无关系，这是长久修行实践涵养出来的胸襟和气度，显示了心性工夫所生发出来的惊人智慧与道德力量。“神明”的妙用源自久久工夫所产生的定力，必有助于智慧的明察，也有裨于道德的判断，不能不是成功的重要前提条件。本体论的良知的“决断”必然是本然性和规约性的，因而就本然性来说其必然是普遍性的，就规约性来说其又必然能指明方向，当然就具有了“试金石”和“指南针”的双重实践意义。同时工夫论的“致良知”固然包含了实际才能的具体运用，当然也需要调动各种知识来加以配合，但无论行为动机力量的来源或人生发展方向的选择，

① 钱德洪：《〈文录续编〉序》，《徐爱　钱德洪　董沄集》，第 198 页。

② 张廷玉等：《明史》卷一九五《王守仁传·赞曰》，第 5170 页。

③ 王阳明：《传习录下》，《王阳明全集》，第 102 页。

都仍须听命于内在良知世界的本然性召唤，不以外部世界的荣辱得失为转移。因此，尚有必要将“知行合一”作为基本政治行为原则，即使国家或政府的行为也决不例外。国家与政府提供的外在之“善”固然重要，但仍必须与以良知为表征的内在之“善”相一致，才是正当的、合理的、应然的，否则便只能是对“善”的僭越和人性的亵渎。

儒学内部之程朱理学或陆王心学，严格说都是有功于“圣学之入门与其实践以底于究极”的学问①。今天我们重提王阳明的心学思想，不能仅满足于放言空论，更重要的是必须付诸实践，缺少了工夫系统的良知言说只能是虚假语言包裹起来的空洞话头，丧失了实践品性的良知理论亦只能是漂亮文字掩盖起来的虚假说教，既看不到良知的流行发用，也无助于人的生命成长，本身就窒息了良知生生不息的真机，违背了学必以“见体”为究竟的实践精义。“心之本体，即天理也。天理之昭明灵觉，所谓良知也”②，因此，良知之发用流行必然即天理之发用流行，“致良知”显然即自觉心体本然之天理。人只要随顺本体界的天则而自然发用流行，又不离却实践界的事事物物，则人生必然饱含了价值意义，生活亦充满了天理精神。所谓“日用间何莫非天理流行，但此心常存而不放，则义理自熟”③，即显示了生活世界本体实践学的重要。充满了天理精神的生活方式，必然排除了物欲的牵蔽，扫荡了“客尘”的困扰，不仅饱含着生命的创进劲气，显得一派生机活泼，而且与天地精神相契相应，犹如鸢飞鱼跃般自由自在，当然就“无往而非道，无往而非工夫”④，能够最大化地彰显与天地一体的生息不已的实践性创造活力。所以，反复强调“致良知”工夫系统重要性的目的，当然仍是要重新挖掘传统中国德性生命与人格实践的智慧，

---

① 王时槐：《友庆堂合稿》卷五《仁文会约后跋》，《王时槐集》，第564页。
② 王阳明：《答舒国用》，《王阳明全集》，第203页
③ 王阳明：《答徐成之》，《王阳明全集》，第157页
④ 王阳明：《传习录下》，《王阳明全集》，第135页。

激活民族集体共同的活泼创造生机，彰显人人都能做到的既源自本体又立足于实践的主体精神，维护每一个体的人格尊严和权利自由，建构天、地、人、神共在的文化生态秩序，实现一切分殊的差异性存有“物各付物”的和谐化诗意栖居。这显然是一种本体的承诺、一种良知的责任、一种道德的升进，乃是人类幸福达致的必要前提。

十分明显，本体的大门向一切人敞开，良知亦为一切人内具，这必然提供了既内在又超越的存在可能，因而也就意味着人人都可参与其中，人人都是其中的主人，完全可以通过本体与工夫或工夫与本体的互动不断提升生命的境域，如此才能构成人类永远创进不已的共同精神实践生活，而世界亦将成为日新不已的人文化成的世界。

第九章：儒家生死实践智慧的超越性证取与突破

——王阳明龙场悟道新论①

“龙场悟道”乃是王阳明一生思想发展最重要的飞跃性转折时期，也是中国哲学史上最具震撼性的生命顿悟事件。“龙场悟道”对个人生命影响之巨大，阳明自己亦曾提及：“吾亦自幼笃志二氏，自谓既有所得，谓儒者为不足学。其后居夷三载，见得圣人之学若是其简易广大，始自叹悔错用了三十年气力。”② 可见他真正步入儒家圣学正途，乃是在龙场“居夷三载”期间。这一点也是当时及后世学者的共识。如王门弟子王龙溪便说：“阳明先师崛起绝学之后，生而颖异神灵，自幼即有志于圣人之学。盖尝泛滥于辞章，驰骋于才能，渐渍于老释，已乃折衷于群儒之言，参互演绎，求之有年，而未得其要。及居夷三载，动忍增益，始超然有悟于良知之旨。无内外，无精粗，一体浑然，是即所谓未发之中也。”③ 与王龙溪同门的钱德洪也持类似看法：“少之时，驰骋于辞章；已而出入二氏；继乃居夷处困，豁然有得于圣贤之旨：是三变而至道也。”④ 与龙溪、德洪同时的陆澄亦有简明概述：“守仁学本诚明，才兼文武，抗言时事，致忤逆瑾，杖之几死。谪居龙场，居夷处困，动心忍性，独悟道真。”⑤ 徐爱同时兼有妹夫与学生双

---

① 原载《贵州师范大学学报》2015 年第 1 期。收入本书时略有补充。

② 王阳明：《传习录上》，《王阳明全集》，上海古籍出版社，1992 年，第 36 页。

③ 王畿：《阳明先生年谱序》，《王畿集》卷十三，第 340 页。

④ 钱德洪：《刻文录叙说》，《王阳明全集》，第 1574 页；又见《钱德洪语录诗文辑佚》，《徐爱　钱德洪　董沄集》，第 184~189 页。

⑤ 陆澄：《辨忠谗以定国是疏》，《王阳明全集》，第 1457 页。

重身份，是阳明最早入门的弟子，熟悉阳明早期思想，他的话显然也值得注意："居夷三载，处困养静，精一之功固已超入圣域，粹然大中至正之归矣。"① 晚近的严复虽未必就完全赞同"心即理"之说，但也强调"阳明居夷之后，亦专以先立乎其大者教人也"②。康有为也认为"白沙后阳明出焉"，而"经患难多，则成就人才盛，学者当知自立"③。他们的看法都足以证明，龙场大彻大悟乃是阳明一生思想发展的关键性大事。阳明"才高气盛，不受汉、唐、宋以来诸儒笼络，故能县旌立帜，奔走天下"④，即使有明一代学术肇自陈白沙，但汇河为海蔚为大观者仍首推阳明，则"终明之世，至于昭代，常为学者宗师"⑤，其他所谓大小派，不过附庸而已。具见"龙场悟道"亦为传统学术由理学折入心学的标志，预示了一个时代思想文化的重大转向。因此，认真分析"龙场悟道"前后阳明思想的变化轨迹，了解其悟道过程中的先后次第，不仅能够更好地把握其思想发展的整体全貌，同时也有助于全面判识有明一代学术思想调整变动的大端脉络。⑥

---

① 徐爱：《〈传习录〉题辞》，《徐爱　钱德洪　董沄集》，第 89 页；又见《王阳明全集》，第 1 页。

② 严复：《〈阳明先生集要三种〉序》，《严复集》，中华书局，1986 年，第 237～238 页。

③ 康有为：《万木草堂讲义》，《康有为全集》第 2 集，第 289 页。

④ 恽敬：《大云山房文稿二集》卷一《姚江学案书后一》，《四部丛刊》本。

⑤ 严复：《〈阳明先生集要三种〉序》，《严复集》，第 237 页。

⑥ 有关龙场悟道之论文，可参阅李德芳：《论"龙场谪居"对王守仁思想发展的作用》，《贵州社会科学》1981 年第 4 期；康家伟：《论龙场悟道》，《贵州民族学院学报》1997 年第 4 期；钱耕森：《王阳明"龙场悟道"新论》，《嘉应大学学报》1997 年第 2 期；霍韬晦：《东西方文化与悟道方法论的反思：从王阳明悟道说起》，《世纪之思——中国文化的开新》，香港法住出版社，1998 年，第 31～59 页；朱晓鹏：《论王阳明龙场"吏隐"》，《阳明学刊》第 4 辑，巴蜀书社，2009 年；王路平：《王阳明"龙场悟道"之三时论》，《河北大学学报》2010 年第 5 期；张新民：《论王阳明龙场悟道的深远历史影响——以黔中王门为中心视域的考察》，《教育文化论坛》2010 年第 1 期。

一、人性光明的贞定

龙场悟道从整体上看，固然是阳明精神境界飞跃提升的突发性思想事件，但由于包括佛教等各种思想资源的旁助，他在受害谪居黔地之前，实际上已有了与朱子有别的向心学方向发展的明显痕迹。[①] 如果再追溯他少年时代的各种行为细节，则可说十一岁时，他以读书学圣贤为人生“第一等事”[②]，虽以后时有起伏曲折，多得各种思想资源的旁助，包括出入于释、老，但已有了清晰的人生发展方向，踏上了“成德”或“成圣”的修行之路。而一旦踏上“成德”或“成圣”的修行之路[③]，则不但“持志如心痛。一心在痛上，岂有工夫说闲话、管闲事”[④]，更重要的是象征着有了人生发展的定盘针，开始迈向了宗教性的终极目标，当然也就意味着“人生不闻道，犹不生也；闻道而未见其止，犹不闻也”[⑤]。弘治十八年（1505）阳明三十四岁时，痛感“学者溺于词章记诵，不复知有身心之学”，遂开始向来学者“倡言之，

---

① 参阅张新民：《阳明精粹·哲思探微》，第13~16页。

② 《王阳明年谱》“成化十八年壬寅”条载：“（阳明）尝问塾师曰：‘何为第一等事？’塾师曰：‘惟读书登第耳。’先生疑曰：‘登第恐未为第一等事，或读书学圣贤耳。’龙山公闻之笑曰：‘汝欲做圣贤耶！’”见《王阳明全集》，第1221页。

③ 瑞士学者耿宁《中国哲学向胡塞尔现象学之三问》一文，将“成圣”问题解释为“如何能成为神圣的人（holy man）或圣徒（saint）”；又以为王阳明及其弟子尽管发展了哲学，但“这些思想家是儒学家”，他们的“问题也可以类比于佛教徒的问题：人如何能够成为‘佛’或‘觉悟者’（an enlightened one）。此乃每一佛教徒的最高目标”。其说虽未注意到《大学》“至善”一词之重要，然亦不失为一家之言。见氏著：《心的现象——耿宁心性现象学研究文集》，商务印书馆，2012年。

④ 王阳明：《传习录上》，《王阳明全集》，第13页。

⑤ 钱德洪：《讣告同门》，《徐爱　钱德洪　董沄集》，第217页。

使人先立必为圣人之志。闻者渐觉兴起”①，显然是少年志向的继续延伸和发展，当然也为龙场悟道之后“优入圣域”准备了条件。至于他修习释、老工夫，不过是对迈向终极目标的方法论的早期尝试，但未必就毫无身心上的受益，显然也引起了知见上的变化。王龙溪（畿）尝有记载说：

> （阳明）为晦翁格物穷理之学，几至于殒，时苦其烦且难，自叹以为若于圣学无缘。乃始究心于老佛之学，缘洞天精庐，日夕勤修炼习伏藏，洞悉机要，其于彼家所谓见性抱一之旨，非惟通其义，盖已得其髓矣，自谓尝于静中，内照形躯如水晶宫，忘己忘物，忘天忘地，与空虚同体，光耀神奇，恍惚变幻，似欲言而忘其所以言，乃真境象也。②

具见阳明依朱子的治学路径“格物穷理”，甚至以七天的时间“格竹”而引发大病，感觉与理学无缘，才开始潜心修习佛、老之学。③《王阳明年谱》载弘治十五年（1502），阳明时值三十一岁，曾由京师“告病归越，筑室阳明洞中，行导引术。久之，遂先知”④，即有了一定的“神通”。足证王龙溪所记必为是年之事。文中既云“自谓”，则当直接闻诸阳明，即阳明亲口所言，显然也足可信据。阳明在静定至极之境中，自谓“内照形躯如水晶宫”，实即心体灵知之性在排除纷纭杂念干扰之后，所自动显现出来的“常寂光”，也可说是人性本体固有之光，而与一般自然之光不同。适足以说明他已初步接近心性本体。

① 《王阳明年谱》“弘治十八年乙丑”条，《王阳明全集》，第1226页。
② 王畿：《滁阳会语》，《王畿集》卷二，第33页。
③ 参阅张新民：《阳明精粹·哲思探微》，第13~16页。
④ 《王阳明年谱》“弘治十五年壬戌”条，《王阳明全集》，第1225页。

“忘己忘物，忘天忘地，与空虚同体”，更明示他已初步证到“空性”，而有了“心境双忘，廓然无际”的初步体证，否则“内执心，外执境，两俱碍矣”①，便很难产生如此的身心变化。至于王龙溪谈到的“见性”，显然即阳明洞见了本然绝对真实的自己，“抱一”则与“无分别智”的锻炼有关，乃是指与绝待超越的存在合一。阳明后来解释《古文尚书·大禹谟》“人心惟危，道心惟微，惟精惟一，允执厥中”，以为“惟精惟一”即当理解为：“惟一者，一于道心也。惟精者，虑道心之不一，而或二之以人心也。道无不中，一于道心而不息，是谓‘允执厥中’矣。一于道心，则存之无不中，而发之无不和。”② 显然即对“抱一之旨”的进一步深化和发挥，但彻底将其扭转为儒家的思想言说进路，既离不开早期的生命体验经历，也符合儒家经典的旨趣要义。

当然，从整体上看，阳明既然提到“光耀神奇，恍惚变幻，似欲言而忘其所以言，乃真境象也”，则说明其仍在“光景”之中，即使证空也并未“究竟”，距离真正的悟道，尚有长程的路途要走。一般说来，心力倘若未能超越动静二相，便不能不往来波动，以致微细念头时有起落，幻境亦随之变现来去，当然便不可妄加执着。③ 阳明不以神通为然，又认为幻相“‘簸弄精神，非道也’。又屏去”④，诚可谓慧眼如炬，反映了他之所以出入于释、老，目的仍为追求人生真谛，与人生“第一等事”有关，必以“悟道”或“得道”为最高标准，决非卖

---

① 王时槐：《友庆堂合稿》卷四，《王时槐集》，第 526 页。

② 王阳明：《重修山阴县学记（乙酉）》，《王阳明全集》，第 256 页。按，《大禹谟》虽出自《伪古文尚书》，然历代儒家学者诵习既久，尤以十六字箴言影响最大，故下文仍称其为经典。

③ 阳明后来始终强调境界的“通明透脱”，认为学必贵自得，反对着相，如认为“后人多有泥文着相，专在字眼上穿求，却是心从法华转也”（王阳明：《与黄勉之》，《王阳明全集》，第 195 页），或即肇端于此，亦多受佛教影响。

④ 《王阳明年谱》“弘治十五年壬戌”条，《王阳明全集》，第 1226 页。

弄世俗时髦小术，亦无任何神秘色彩可言。①

不过，阳明之所以放弃“炼习伏藏”，尚有另一原因：“已而静久，思离世远去，惟祖母岑与龙山公在念，因循未决。久之，又忽悟曰：‘此念生于孩提。此念可去，是断灭种性矣。’”② 如果耽空滞寂，一味执着或贪恋清静，即通常所谓堕入顽空，固然可能“断灭种性”，但如果真能契入无相静境，久久功力熟透，然后依体起用，如前所说做到“无所住而生其心”，也会焕发无限创造生机，非但不会“断灭种性”，反而能够“长护种性”。阳明入定工夫甚久且深，乃至于有“离世远去”之思，说明他已有了清静、自在、超越的宗教式心灵体验，已开始步入了“结圣胎”的生命存在境域。③ 阳明因人生最天然纯真的亲情之念而放弃修习，固然不无道理，但不知道依体起用只能激活而非“断灭种性”，工夫未臻究竟圆融即主动放弃，也意味着以后必有退转。当然，可以肯定的是，他已初步证到了空性，有了“与空虚同体”的实存生命体验，而在有类似生命体验的王门后学看来，“空虚即是无妄，更有何妄可去？空虚即是本正，更有何正可归？空虚则能随事顺应，然亦实无一事，不必更琐琐逐事而外求，是反于空虚中自添扰扰

---

① 陈来《心学传统中的神秘主义问题》一文，将心学体验工夫所证入的境界均视为神秘主义，认为“神秘体验是指人通过一定的心理控制手段所达到的一种特殊的心灵感受状态”，完全不了解其作为证道方法的重要，其完全可以解决康德“物自体”无法认知的难题，即可视为兹说之典型代表。陈说见氏著：《有无之境：王阳明哲学的精神》，人民出版社，1991 年，第 392 页。

② 《王阳明年谱》“弘治十五年壬戌”条，《王阳明全集》，第 1226 页。

③ 《王阳明年谱》“成化十八年壬寅”条：“一日，（阳明）与同学生走长安街，遇一相士。异之曰：‘吾为尔相，后须忆吾言：须拂领，其时入圣境；须至上丹台，其时结圣胎；须至下丹田，其时圣果圆。’先生感其言，自后每对书辄静坐凝思。”《传习录上》亦载阳明之言云：“只念念要存天理，即是立志。能不忘乎此，久则自然心中凝聚，犹道家所谓结圣胎也。”见《王阳明全集》，第 1221 页；《王阳明全集》，第 11 页。

也。即此谓之躬行，盖真能空虚，便是真躬行”①，显然已是本体境界的初步显露，实为以后的龙场大悟准备了必要的前期条件，即所谓“学静入于阳明洞，得悟于龙场”②。至于他在龙场采用“澄默静一”的方法悟道，悟道后特别是“居滁”期间又曾以“静坐”方法施教，强调一旦有所证悟则必须存养扩充，都不能不与这次生命的真实体验经历有关。

《传习录》曾载他与学生的一段问答说：

> 问：“近来用功，亦颇觉妄念不生。但腔子里黑窣窣的，不知如何打得光明。”先生曰：“初下手用功，如何腔子里便得光明？譬如奔流浊水，才贮在缸里，初然虽定，也只是昏浊的。须俟澄定既久，自然渣滓尽去，复得清来。汝只要在良知上用功。良知存久，黑窣窣自能光明矣。今便要责效，却是助长，不成工夫。”③

可证龙场大悟之后，即使在阳明揭出良知说的晚年，他也并未否定“习定”工夫的重要，只是良知学说彻上彻下，直指本体，不易发生偏颇，乃是有体有用的圆融之说，所以他更突出了“在良知上用功”的方法路径。阳明静定工夫熟透之后，身心寂然，性光现前，必然气脉流通，精神炯发，腔子里自然便会“打得光明”一片，则是龙场悟道之前，其便已具有了的心得经验，当主要受益于释、老两家方法论的启迪，得力于对多种思想资源吸收内化的“增上助缘”，也是无可怀疑的事实。良知即为天理，天理则可内化为人的价值感，即儒家最为

---

① 王时槐：《友庆堂合稿》卷二《答周雪江》，《王时槐集》，第447～448页。

② 钱德洪：《上国游序》，《王阳明全集》，第1038页；又见《钱德洪语录诗文辑佚》，《徐爱　钱德洪　董沄集》，第204页。

③ 王阳明：《传习录下》，《王阳明全集》，第99页。

强调的义理："义理本人心所同具，然非有悟证，不能显现。悟证不是一时可能，根器有利钝，用力有深浅，但知向内体究，不可一向专恃闻见，久久必可得之。"① 阳明认为只要肯下工夫，"良知存久，黑窣窣自能光明"，也表现出他对人性光明的坚信，对生命能够与道合一的自觉，对"人能弘道，非道弘人"的贞定。

二、得失荣辱的超越

然而在求道的路途上，阳明尽管已尝试了各种方法，积累了丰富的经验，但真正要在道境上有所证入，仍要到谪居龙场前后，经历了各种人生苦难，遍尝了非生即死的艰辛折磨，有了孟子所说的"动心忍性"的生命体验工夫，才能说一切因缘条件已经完全成熟。检读《王阳明年谱》即不难知道，正德二年（1507）他为营救戴铣等人，触怒阉宦刘瑾，遭谪贵州龙场驿丞，一路凶险不断，乃佯置衣履于江岸，因假托投江而死，终得以免除罹患，遂不能不追问存在的意义，油然升起强烈的超越性向往。万里投荒，化险为夷，前途依然难测，他曾有诗记其事云：

> 险夷原不滞胸中，何异浮云过太空！
> 夜静海涛三万里，月明飞锡下天风。②

诗中之"太空"当为心体之隐喻，"浮云"则暗示往来于心中的荣辱得失杂念。"尧舜事业，如一点浮云过太虚"，后人以为其已"实

---

① 马一浮：《泰和宜山会语 · 理气　形上之意义 · 义理名相一》，《马一浮集》第 1 册，第 37 页。

② 王阳明：《泛海》，《王阳明全集》，第 684 页。

悟心体，故能为此言”①。“夜静海涛三万里”则指借助于对寂静本体的内观察照，愈加清晰地了解到意识瀑流如海涛般汹涌。“月明飞锡下天风”更表示一切均复归于本体之静谧光明，无限超越的胸襟情怀则随之自然显现。或许迫害之路便是觉醒之路，说明至迟在到达龙场之前，阳明虽只是初步的解悟而非彻悟，但的确已证到了“空性”，具备了在苦难中升华境界的心智能力。足证苦难乃是极为重要的“逆增上缘”，动心忍性亦为成就生命价值的必要环节。阳明一生每一次精神境界的提升，均可说是在苦难中磨砺才有所收获。以后他屡用“太虚”比拟良知本体，用“日月、风雷、山川、民物”等象征一切“器世间”的存在，以为无论“器世间”的何种存在，均作不得良知流行发用的障碍；又以能够蔽日之云象征七情，强调“天不要生云。七情顺其自然之流行，皆是良知之用”；最典型者则为“圣人之知，如青天之日；贤人如浮云天日；愚人如阴霾天日；虽有昏明不同，其能辨黑白则一。虽昏黑夜里，亦影影见得黑白，就是日之余光未尽处；困学功夫，亦只从这点明处精察去耳”②。凡此种种善譬妙喻，要皆不过旁助他人恢复心体良知光明，一如阳光穿透重重云雾阴霾，最终必能步入万里无云万里天的洁净空阔妙境。如果分析阳明前后思想渊源流变发展过程，则到达龙场之前已可略见其悟道端倪。至于到达龙场后的艰难境况，则更非常人所能想象，当然也就更能“曾益其所不能”：“瘴疠蛊毒之与处，魑魅魍魉之与游，日有三死焉；然而居之泰然，未尝以动其中者，诚知生死之有命，不以一朝之患而忘其终身之忧也。”③

《王阳明年谱》则载正德三年（1508）阳明在龙场悟道的经过情

① 王时槐：《友庆堂合稿》卷四，《王时槐集》，第485页。

② 王阳明：《传习录下》，《王阳明全集》，第111页。

③ 王阳明：《答毛宪副（戊辰）》，《王阳明全集》，第802页。按，《孟子·离娄下》“君子有终身之忧，无一朝之患”，乃阳明“不以一朝之患而忘其终身之忧”用典所本。

形云：

> 时瑾憾未已，自计得失荣辱皆能超脱，惟生死一念尚觉未化，乃为石墎自誓曰："吾惟俟命而已！"日夜端居澄默，以求静一；久之，胸中洒洒。而从者皆病，自析薪取水作糜饲之；又恐其怀抑郁，则与歌诗；又不悦，复调越曲，杂以诙笑，始能忘其为疾病夷狄患难也。因念："圣人处此，更有何道？"忽中夜大悟格物致知之旨，寤寐中若有人语之者，不觉呼跃，从者皆惊。始知圣人之道，吾性自足，向之求理于事物者误也。乃以默记《五经》之言证之，莫不吻合。①

"时瑾憾未已"云云，说明政治高压对他而言，始终是必须时刻面对的一个严峻事实。而"瘴疠蛊毒之与处，魑魅魍魉之与游"，不仅象征自然环境的恶劣，而且也暗示政治高压的凶险，具见他的悟道，乃是同时面对政治与自然双重非人化的恶劣生存环境，力求从虽生犹死（"日有三死"）的极度困厄处境中卓然超拔挺立，从而将一切痛苦与不幸的负面遭遇，都转化为自我完善的正面力量资源，诚可谓"贫贱忧戚，庸玉汝于成"，这样，无处不为人生领悟生命真谛的实践道场，无时不为体证生命固有美德的最佳机缘。

有关龙场悟道的经过情形，阳明后学罗洪先亦曾论及：

> （阳明）先生以豪杰之才，迈往之志，振迅雄伟，脱屣于故常，于是一变而为文章，再变而为气节。当其倡言于逆瑾蛊政之时，挞之朝而不悔，其忧思恳款，意气激烈，议论铿訇，真足以凌驾一时而托名后世，岂不快哉！及其摈斥流离于万里绝域，荒

① 《王阳明年谱》"正德三年戊辰"条，《王阳明全集》，第1228页。

> 烟深箐，狸鼯豺虎之区，形影孑立，朝夕惴惴，既无一可骋者，而且疾病之与居，瘴疠之与亲。情迫于中，忘之有不能；势限于外，去之有不可。辗转烦瞀，以成动忍之益。盖吾之一身已非吾有，而又何有于吾身之外？至于是而后如大梦之醒，强者柔，浮者实，凡平日所挟以自快者，不惟不可以常恃，而实足以增吾之机械，盗吾之聪明，其块然而生，块然而死，与吾独存而未始加损者，则固有之良知也①。

罗氏认为，生死利害根本无一毫能加损于贯通形上与形下两重世界的良知，亦即阳明所说“圣人之道，吾性自足”②，《中庸》所谓“天命之谓性”，均指形上超越的心性本体，一旦证入其中，便知人人具足，本无生死之念，更遑论得失荣辱。这显然是一种反求诸己而从其源的方法，所谓“源”固然即内在于人人均有的本心本性之中，但也是一切存在和价值的根源，一旦证取便意味着对人生与宇宙的真实有了彻底的了解，构成生命迈向成圣成贤终极性的“至善”境域源源

---

① 罗洪先：《龙场阳明祠记》，《罗洪先集》卷四，第 137 页。

② 阳明曾说：“吾‘良知’二字，自龙场已后，便已不出此意，只是点此二字不出，于学者言，费却多少辞说。今幸见出此意，一语之下，洞见全体，真是痛快，不觉手舞足蹈。”可见良知之说，如溯其产生之前后渊源，仍发端于龙场之大彻大悟，而可与“圣人之道，吾性自足”互诠互释。故罗洪先一方面强调“其块然而生，块然而死，与吾独存而未始加损者，则固有之良知也”；另一方面也特别指出“良知云者，本之孩童固有而不假于学虑，虽匹夫匹妇之愚，固与圣人无异也。乃（阳明）先生自叙，则谓困于龙场三年而后得之，固有甚不易者”。可见无论依照阳明本人的看法，抑或参考后来学者的意见，“良知”二字虽较诸“圣人之道，吾性自足”之说，更能诱人直入本体，显得颇为明白痛快，但前者仍是后者的再升华和再总结，彼此之间仍有其学理逻辑上的一致性与连贯性。阳明之说见钱德洪：《刻文录叙说》，《王阳明全集》，第 1575 页；又见《钱德洪语录诗文辑佚》，《徐爱　钱德洪　董沄集》，第 185~186 页。罗氏之言则见罗洪先：《龙场阳明祠记》，《罗洪先集》卷四，第 137 页。

滚滚不断的上进动力。

当然，具体到阳明龙场悟道的前后过程，如前所述，则先破得失荣辱关，然后再更上层楼，不断进入生命新境，彻底跨越生与死（存在与不存在）的大关大隘。尽管“利、害、毁、誉、称、讥、苦、乐，能动摇人，释氏谓之八风”①，欲从其中超拔而出，已属不易，但如果与生死大关大隘相较，则显然后者更具有本根性或本源性，也就更加难以真正做到彻底超越。盖揆诸古今，旷观东西，均可说是“人生生死亦不易，谁能视死如轻尘”②，阳明自己也说：“死也者，人之所不免。名也者，人之所不可期。虽修短枯荣，变态万状，而终必归于一尽。君子亦曰：‘朝闻道，夕死可矣。’”③ 死亡的不可避免性与终极目标追求的紧迫性，二者之间的冲突不能不造成生命内部的焦虑或紧张。

三、生死实践智慧的证取

以上分析已清楚显示，阳明龙场悟道最后的问题是如何化去生死之念，即直面标志着生命终结的死亡，从而力求寻找跨越死亡的终极托付可能。死亡所逼出来的无意义的绝望，是否可能导致继续存在的有意义的希望，最终超越生与死的两极对立，证悟生命存在的本源性真谛呢？诚如阳明所说：

> 学问功夫，于一切声利嗜好俱能脱落殆尽，尚有一种生死念头毫发挂带，便于全体有未融释处。人于生死念头，本从生身命

---

① 陆九渊：《陆九渊集》卷三十五《语录》，第 435 页。

② 王阳明：《纪梦》，《王阳明全集》，第 778 页。

③ 王阳明：《祭刘仁征主事》，《王阳明全集》，第 1036 页。

根上带来，故不易去。若于此处见得破，透得过，此心全体方是流行无碍，方是尽性至命之学。①

所谓“命根”云云，即指生死念头根本就与生命的产生同体同源，故世人无不“恶死悦生”②。情形之普遍，简直可以说“人情莫不贪生恶死，念亲戚，顾妻子，至激于义理者不然，乃有不得已也”③，因而只能说“好生而恶死者，天下之真情也”④。但是，一旦“被大辱而弗能死，是无耻也；而复重罪，请俱死，无辱宗庙，无羞社稷。如此，虽陷其身，尚有廉名。当此之时，死贤于生。故君子生以辱，不如死以荣”（《春秋繁露·竹林》）。无论生与死，都可以是人的自由的抉择，前提是不能自取耻辱，伤害天道下贯下的人间正义，也就是生必须维护人格尊严，死也必须维护人格尊严。

所以，能否做到生亦坦然，死亦从容，生有价值，死也有意义，即所谓“死生之际，惟义所在”⑤，即使死亡骤然袭来，也一样泰然安详应对，唯依道义原则行事，当然就成为人类能否超越自身的最大考量。如果稍加比较，则可说“生死苦乐各在当人，业报所感。系缚愈多者，临死苦亦愈甚。至于有道之士，其视生死来去，略无二致，故临危而不乱也”⑥。阳明虽不讲佛教的“无明”“缘业”“果报”，但深知儒家一贯强调的“义命”，知道生死利害根本不由私意安排，同时也对生命存在的复杂有着极为透彻的了解。

《传习录》载：

---

① 王阳明：《传习录下》，《王阳明全集》，第108页。

② 陆深：《海日先生行状》，《王阳明全集》，第1399页。

③ 班固：《汉书》卷六十二《司马迁传》，第2733页。

④ 林之奇：《尚书全解》卷二十八，文渊阁《四库全书》本。

⑤ 程颢、程颐：《河南程氏外书》卷十二，《二程集》，第420页。

⑥ 马一浮：《语录类编·儒佛篇》，《马一浮集》第3册，第1057~1058页。

> 一友自叹："私意萌时，分明自心知得，只是不能使他即去。"先生曰："你萌时这一知处，便是你的命根。当下即去消磨，便是立命工夫。"①

与私意杂念相较，亦即比观人的心理意识活动，可识"命根"实乃更为深层的生命存在现象，代表了一种与生俱来的顽固执着力量。而念起能知，知即明觉，正是痛下工夫处，亦为"尽性至命之学"。可见引文中的"知"实即心性本有的昭明灵觉的功能，即佛教"如来藏识""纯觉"的起用，也即阳明一再强调的"良知"之"能知"。"能知"之对象即"所知"，既是内部不断起落流转的念头，也是外部具体的直观存在事象，不仅可以依体起用，转化为外部伦理生活的具体行为，同时也能摄用归体，收敛为内部生命结构的意义体验。生死念头既从"命根"上带来，当然也就与心理意识活动略有区别，不能不是佛教唯识学所说的"意根"，属于八识之中的第七识"末那识"，亦可径称为"习气种子"，往往与第八识"阿赖耶识"长久和合，以至于羼杂其中而同为一体。然生死念头虽"从生身命根上带来"，毕竟要在意识活动中显现，涌动为笼罩在心性广阔世界中的黑影，成为虚明灵觉之良知（能知）必可察知的现象（所知），最终则凭借致良知的工夫，在心性本源处将其化去，而使良知本体昭昭明明，真正做到无障无碍地发用流行。

因此，如果要用良知之"知"对治生死之"念"，仍必须在心体根源深处下工夫。龙场悟道时，阳明所采用的方法则为"日夜端居澄默，以求静一"，即用"静一"的方法返归心性本体，然后再依体起用，而"至静之动，动而不穷"，"动而不穷，则往且来"②，不仅穷神

---

① 王阳明：《传习录下》，《王阳明全集》，第 123 页。

② 张载：《正蒙》，《正蒙合校集释》，第 9932 页。

知性，运行不息，而且常寂常感，妙用不穷。

王龙溪乃阳明的亲炙弟子，或许在工夫论上亦多得师门之传，不妨试看他的说法：

> （龙溪）先生谓遵岩子曰："正心，先天之学也；诚意，后天之学也。"遵岩子曰："必以先天后天，分心与意者，何也？"先生曰："吾人一切世情嗜欲，皆从意生。心本至善，动于意，始有不善。若能在先天心体上立根，则意所动自无不善，一切世情嗜欲自无所容，致知功夫自然易简省力，所谓后天而奉天时也。若在后天动意上立根，未免有世情嗜欲之杂，才落牵缠，便费斩截，致知工夫转觉繁难，欲复先天心体，便有许多费力处。颜子有不善未尝不知，知之未尝复行，便是先天易简之学。原宪克伐怨欲不行，便是后天繁难之学。不可不辨也。"①

王龙溪的话虽未必就完全是师门的真传，但的确是以深邃的生命体验为其言说的经验基础的。足证"诚意"的方法固然不可或缺，"正心"的工夫亦颇为吃紧。与"诚意"乃在起用上用力，已属"后天"范畴相较，"正心"则为直接在心体上下手，显然应属"先天"范畴。《大易》所谓"大人者，与天地合其德，与日月合其明，与四时合其序，与鬼神合其吉凶，先天而天弗违，后天而奉天时"，阳明解释说："'先天而天弗违'，天即良知也；'后天而奉天时'，良知即天也。"②"后天"与"先天"固然需要积极配合，形上和形下本来就该打成一片，但"先天"作为一切存在与价值的根源，乃是有待于人去积极证取的即本体即整体的形上大道，毕竟显得更为根本；"后天"作为人类

① 王畿：《三山丽泽录》，《王畿集》卷一，第10页。
② 王阳明：《传习录下》，《王阳明全集》，第111页。

社会的道德实践活动，不仅意味着“先天”本体的到场和开显，而且根本就是其成为可能或必然的前提，依然是本体涵盖下的应然或当然的行为。因此，一切“后天”的行为都不能有违“先天”的固有本然，儒家的道德哲学既是形上的又是实践的。

从根本上说，区分“先天”“后天”的目的，乃是强调必须以“后天”的道德实践活动证取根源性的“先天”本体，又由涵摄一切存在与价值根源的“先天”本体，下贯流行显现为人类的道德实践活动。阳明自己就说：“天之所以命于我者，心也，性也，吾但存之而不敢失，养之而不敢害，如父母全而生之、子全而归之者也。”① 他的诗句“欲识浑沦无斧凿，须从规矩出方圆。不离日用常行内，直造先天未画前”②，显然也是对道体无所不在、以“先天未画”为根本的一种精炼概括。所谓“无声无臭独知时，此是乾坤万有基”③，即强调“先天”形上本体乃是万化的创造性总根源，但可以发端于人的活泼心灵，为人的昭明灵觉觉知，当然也就能为世俗世间的人证取，成为人类道德实践源源滚滚不断的活泉。故一切“后天”世界的应然工夫，最终都必须归到“先天”世界的本然状态。而无为法较诸有为法，也就显得更为根本和重要。同样重要的是，无限的道德本心作为“先天”与“后天”的中介，则使人类社会联系着“天理”“天德”的道德实践活动成为可能。

《传习录》载：

> 黄以方问：“先生格致之说，随时格物以致其知，则知是一节之知，非全体之知也。何以到得溥博如天，渊泉如渊地位？”先生

① 王阳明：《答顾东桥书》，《王阳明全集》，第43~44页。

② 王阳明：《别诸生》，《王阳明全集》，第791页。

③ 王阳明：《咏良知四首示诸生》，《王阳明全集》，第790页。

曰："人心是天渊。心之本体无所不该，原是一个天。只为私欲障碍，则天之本体失了。心之理无穷尽，原是一个渊。只为私欲窒塞，则渊之本体失了。如今念念致良知，将此障碍窒塞一齐去尽，则本体已复，便是天渊了。"①

由此可见，阳明的悟道乃以与"道问学"不同的"尊德性"方法②，将私欲障碍层层剥落殆尽，即使生死一念也消归于无形，最后则豁然顿悟心性本体，彻然朗现其无所不该的固有"天渊"。这也可说是"大死"之后的"大活"，死掉的是在躯壳上起念的有执有染的"小我"，激活的是依道起用的无执无染的"大我"，即"人心"彻底转化为"道心"③，人格风姿从此超然劲挺。而一旦证取与心性相通相连的形上道体后，必然又会转化为"活"的道德生命实践行为。

四、儒家成圣方向的坚守

王阳明的龙场大悟，如果我们换一个角度观察，也可说是有明显次第的。

首先，他是以"先立乎其大"的方法，立下终极性的志向，证入本体（无体之体）真实④，遂能百死千难，在所不辞，敢于以存在的

---

① 王阳明：《传习录下》，《王阳明全集》，第95~96页。

② "道问学"乃知识的进路，必须不断积累，实诸所无；"尊德性"则为道德的进路，理当层层消解，空其所有。

③ 《传习录上》："心一也，未杂于人谓之道心，杂以人伪谓之人心。人心之得其正者即道心；道心之失其正者即人心：初非有二心也。"见《王阳明全集》，第7页。

④ 《周易·系辞上》："神无方而易无体。"故不能将形上实体化，而只能称为无体之体。

勇气面对种种灾祸的考验。而揆诸儒家的价值理想，则任何一个真正的气节之士，“凡处患难之时，吃苦捱饿，俱是本等，此吾侪分内合有底事，须是能堪忍，方有刚大气息。……虽涉畏途，吾心自有坦道；虽履危地，吾心自有乐邦。与之交参互入，不坏不杂，如是则涅不缁，磨不磷，在险而能出矣”①。阳明显然以他的切身性忧患苦难经历，为世人树立了一个感人的重要历史典范。

其次，他在万里投荒、颠沛流离的过程中，最终到达流放目的地龙场，置身于他乡的艰难困苦环境，仍以常人难以接受的动心忍性的工夫，降伏一切欲念私心，远离各种荣辱得失杂念，将各种声利嗜好“脱落殆尽”，从而步步回归完全本真的自我，跃跃焉将入于心性本体敞开的大门。

最后，他直面生与死的大关大隘，跨越后天人为意识层面的干扰，直入先天心体，化除生死病根，证入形上本然真实世界，展现无念、无住、无相绝对主体性精神自由，然后又一任心体沛然发用流行，而无一物能在其中“作得障碍”，从此遂能尽心知性以知天，以不可思议的愿力成就了早年成圣的人生“第一等事”。而险恶、绝望、无意义的存在环境，也因为其一念回转，道心豁然朗现，遂化现为平和、诗化、有意义的生存境域。②

阳明悟道过程中所体会到的“声利嗜好俱能脱落殆尽”，我们倘能与其同处于一境界，便不难直观地发现，所谓“脱落殆尽”四字，乃是对分别意识不起、生命执染豁然化去、千斤重负顿然消失、心志浑然凝成一片、人己物我俱忘的主体实存状况的最好描述。这当然是静定至极必然出现的结果，也是阳明所谓“日夜端居澄默，以求静一”

① 马一浮：《书札·张立民（1938年）》，《马一浮集》第2册，第823页。

② 王阳明居黔期间，曾留下大量的诗歌创作，反映其悟道前后心境的变化。见《居夷诗》，《王阳明全集》，第692~718页。

必有的现象。“胸中洒洒”之说，亦颇能道出心理意识明明了了、澄澄湛湛的一派光明的存在论发生学状态。但即使如此，仍大有事在，必须继续向上翻转，直入“意根”窠臼，破除生死关隘，证取生命朝向“至善”（成圣）的本体论依据，故阳明先“为石墩自誓曰：‘吾惟俟命而已’”，即如王夫之所说：“仁人只是尽生理，却不计较到死上去。即当杀身之时，一刻未死，即此一刻固生也，生须便有生理在。于此有求生之心，便害此刻之生理。故圣人原只言生，不言死；但不惜死以枉身，非以处置夫死也。”① 可见阳明是主动先行至“死亡”状态中，从而更好地聆听内在于心性之中的“天命”的沉默召唤，从而更好地体悟生的意义，表现出“不悟道毋宁死”的存在论“求道”勇气；稍后又参悟“圣人处此，更有何道”话头，反映他的心灵之光已穿透现实政治的层层黑暗迷雾，而与历代儒家圣贤携手前行，踏上了向上迈入“道境”的孤峰险径。最后工夫久久纯熟后，则是“中夜大悟格物致知之旨，寤寐中若有人语之者，不觉呼跃，从者皆惊”，诚可谓“不异旧时人，只异旧时行履处”②，从此生命疑团迷雾尽皆化去，精神气象焕然一新。尽管龙场顿悟前，阳明出入释、老之学，已初步证到空性③，但仍只有到了龙场，居夷处困，经历百死千难，一切计较利害之私脱落殆尽，动心忍性之余，才能“逢缘遇境，随处皆能自主，皆有受用。然后方可以济艰危，处患难，当大任，应大变，方可名为能立”④，即所谓“恍然神悟，不离伦物感应，而是是非非天则自见，

---

① 王夫之：《读四书大全说》卷六《论语》，《船山全书》第 6 册，第 830 页。

② 赜藏主编集：《古尊宿语录》卷一，第 15 页。

③ 证入空性乃悟道的初步条件，如禅宗所言：“截断一切有无声色流过，心如虚空相似。”（《古尊宿语录》卷一，第 16 页）而所谓“空性”，显然决无儒、释、道三家区别；唯依体起用时，则不能不有所区别分判。

④ 马一浮：《泰和宜山会语 · 说忠信笃敬》，《马一浮集》第 1 册，第 56 页。

征诸四子六经，殊言而同旨，始叹圣人之学坦如大路……自此之后，尽去枝叶，一意本原，以默坐澄心为学的，亦复以此立教。于《传习录》中所谓‘如鸡覆卵，如龙养珠，如女子怀胎，精神意思，凝聚融结，不复知有其他’；‘颜子不迁怒贰过，有未发之中，始能有发而中节之和’；‘道德言动，大率以收敛为主，发散是不得已’。种种论说，皆其统体耳”①。

阳明龙场悟道时的“不觉呼跃”，不啻为中国思想史上的一声惊雷②，既象征着个人生命脱胎换骨般的转变，长久的心路跋涉历程从此步入新境，也标志着儒家学术思想发展正在酝酿重大转向，由理学折入心学的时代已呼之欲出。其在儒学内部引发的调整变动意义，或许与六祖慧能推动禅宗中国化的革命性意义一样重大。按，慧能闻五祖弘忍讲《金刚经》至“应无所住而生其心”处，言下大悟“一切万法不离自性”，并云：“何期自性本自清净，何期自性本不生灭，何期自性本自具足，何期自性本无动摇，何期自性能生万法。”如果将阳明的悟境言说与慧能的悟道偈语相较，则不难发现二者虽有高低深浅的差异，但毕竟相似之处甚多。③ 譬如“胸中洒洒”与“自性本自清净”，“圣人之道，吾性自足”与“自性本自具足”，“此心全体方是流行无碍”与“自性能生万法”，均为同一道体的不同现量言说。阳明后来强调“昭明灵觉之本体，无所亏蔽，无所牵扰，无所恐惧忧患，无所好乐忿懥，无所意必固我，无所歉馁愧怍”④，也与“自性本不生灭”

---

① 王畿：《滁阳会语》，《王畿集》卷二，第 33 页。

② 参阅张新民：《思想史上的惊雷——王阳明龙场悟道简论》，《王学之旅》，贵州民族出版社，2009 年；张新民：《论王阳明龙场悟道的深远历史影响——以黔中王门为中心视域的考察》，《阳明学派研究——阳明学派国际学术研讨会论文集》，杭州出版社，2011 年。

③ 参阅张尚德：《论王阳明的悟道》，《阳明学刊》第 1 辑，贵州人民出版社，2004 年。

④ 王阳明：《答舒国用（癸未）》，《王阳明全集》，第 190 页。

“自性本无动摇”颇为接近，只是阳明走的乃是儒家成圣之路，要在一切存在中维护一切存在；慧能走的则是禅宗成佛之路，要在一切存在中超越一切存在。①

因此，龙场悟道后不久，阳明即撰有《五经臆说》四十六卷，目的在于以儒家经典印证自己的顿悟所获，文中明确提到：

> 日之体本无不明也，故谓之大明。有时而不明者，入于地，则不明矣。心之德本无不明也，故谓之明德。有时而不明者，蔽于私也。去其私，无不明矣。日之出地，日自出也，天无与焉。君子之明明德，自明之也，人无所与焉。自昭也者，自去其私欲之蔽而已。②

毫无疑问，《五经臆说》之言是可以移来作为“圣人之道，吾性自足”的注脚的。“明明德”作为本源性的“自明”之德，本来就内在性地为心性本体具足，当然也就足以说明“圣人之道”根本就不可能从心性中剥离出来，不仅与阳明后来的良知说契合无间，而且“格物致知”的工夫亦不可须臾或缺。至于“明”与“不明”，实即人的本真存在状态与非本真存在状态的区别性标志，只有“自去其私欲之蔽”，即恢复人性本身固有的尊严和光明，才能更真实地转化为“内圣”“外王”合为一体的生命实践活动，反映阳明走的乃是一条与释、道迥然不同的儒家成圣之路。

严格地说，儒家成圣之学必同时兼具“内圣”与“外王”两个方面。倘若以“圣人之道，吾性自足”为观察视域，则不能不“益有以

---

①　参阅张尚德：《论王阳明的悟道》，《阳明学刊》第 1 辑，贵州人民出版社，2004 年。

②　王阳明：《五经臆说十三条》，《王阳明全集》，第 980 页。按，《五经臆说》原本四十六卷，从未刊行，今存仅十三条，乃钱德洪整理。

信人性之善，天下无不可化之人”①，不仅个人成圣有着内在心性的本体依据，而且整个人类的教化事业也有了人性光明一面的可靠扎根基础。只是同样是儒家成圣之路，阳明又与朱子大有区别，即他所证悟到的“格物致知”之旨，已不再是朱子所说的求理于事事物物，特别是痛感“后之儒者妄开径窦、纡曲外驰，反出二氏之下，宜乎高明之士厌此而趋彼”②，于是乃反求诸己，寻找简易直接工夫，将“格”重新解读为“正”，“物”则训释为“事”。所谓“致知”即致心体固有之知（良知）于事事物物，“格物”则是使事事物物由不正以归于正。故“格物致知”从主观方面看，即为正心，正心即为诚意，即为使吾心之良知无所亏缺障蔽，而得以充量至其极致；从客观方面讲，则为正物，正物即为正事，即使天下一切事物均各归其正，而得以重建人间正当秩序。③ 故其学“举知而归诸良，举致知而归诸正物……不汩于俗，亦不入于空如此”④。而就其所证入之形上本体，以及此本体之起用、体用一源而言，则当以《大易》之“无思也，无为也，寂然不动，感而遂通天下之故”（《周易·系辞上》）为究竟，最终必会归于《大学》“至善”之圣学境域，以成就其充实而光辉之大美为终极托付和终极目的。

五、事上磨炼工夫的重要

龙场大彻大悟之后，阳明始终未放弃“葆任”的工夫。诚如康有为所说：“姚江少年一才子耳，后乃讲气节，参刘瑾谪龙场、经患难乃

---

① 王阳明：《象祠记（戊辰）》，《王阳明全集》，第 894 页。

② 王畿：《滁阳会语》，《王畿集》卷二，第 33 页。

③ 阳明将格物致知之学解释为正心与正物，其中也暗寓有政治关怀，即重建正当、合法的政治秩序，而将制度纳入符合天道人心的正轨。惜此处暂无从详论。

④ 徐阶：《阳明先生文录续编序》，《王阳明全集》，第 1572 页。

成大学派。天下悟甚易，保守难。”① 所谓“保守”，即葆任持守，也可说是悟后起修的工夫，必然关涉“事上磨炼”的问题。严格说悟既不易，葆任持守当更难。龙场大彻大悟之后的阳明，显然也以“事上磨炼”的各种社会实践活动见证了一个悟道、行道者应有的卓荦人格风姿，说明悟道并非一了百了之事，悟后依然存在如何依体起用的问题，必然有大量的本体实践活动需要开展。即使他后来的经世立功事业震襮乎一时，本质上都是心学工夫运用于实践的结果。特别是晚年在江右揭出“致良知”宗旨以后，阳明生命境界愈臻圆融完善，接引学人入道的方法也愈加简易灵活。王龙溪曾区分阳明江右及稍后居越的两个阶段，并有总结之语说：

> 自江右以后，（阳明）则专提“致良知”三字，默不假坐，心不待澄，不习不虑，盎然出之，自有天则，乃是孔门易简直截根源。盖良知即是未发之中，此知之前，更无未发；良知即是中节之和，此知之后，更无已发。此知自能收敛，不须更主于收敛；此知自能发散，不须更期于发散。收敛者，感之体，静而动也；发散者，寂之用，动而静也。知之真切笃实处即是行，真切是本体，笃实是工夫，知之外更无行；行之明觉精察处即是知，明觉是本体，精察是工夫，行之外更无知。故曰：“致知存乎心悟，致知焉尽矣。”
>
> 逮居越以后，所操益熟，所得益化，信而从者益众。时时知是知非，时时无是无非，开口即得本心，更无假借凑泊，如赤日丽空而万象自照，如元气运于四时而万化自行，亦莫知其所以然也。盖后儒之学泥于外，二氏之学泥于内，既悟之后则内外一矣，万感万应，皆从一生，兢业保任，不离于一。晚年造履益就融释，

---

① 康有为：《万木草堂讲义》，《康有为全集》第 2 集，第 289 页。

即一为万，即万为一，无一无万，而一亦忘矣。①

可证愈到晚年，经历的人生磨炼愈多，阳明的思想境界就愈臻圆融，甚至临阵用兵，千钧一发之际，其之所以能够克敌制胜，也不在智术的孰高孰低，而在心的动与非动，如能“学问纯笃，养得此心不动”②，便是用兵之术，即为制胜之道。特别是平定震惊朝野的朱宸濠之乱，一场巨大的国家颠覆灭亡危机顷刻之间即消归于无形之后，他不但未能因功受赏，反而受谤蒙冤，非特个人随时可能遭受杀身之祸，而且戮家灭族的厄运也迫在眉睫。然而他“‘进不求名，退不避罪’，单留一片报国丹心，将苟利国家，生死以之”③，帮助他渡过常人难以忍受的难关，又始终不丧失儒家济世情怀的，正是他在生死关头所体验和不断建立发展起来的良知学说。不妨检读“兵革浩穰”之际，阳明自己不无感叹的说法：

致知在于格物，正是对境应感实用力处。平时执持怠缓，无甚查考，及其军旅酬酢，呼吸存亡，宗社安危所系，全体精神只从一念入微处自照自察，一些著不得防检，一毫容不得放纵。勿助勿忘，触机神应，是乃良知妙用，以顺万物之自然，而我无与焉。夫人心本神，本自变动周流，本能开物成务，所以蔽累之者，只是利害毁誉两端。世人利害不过一家得丧尔已，毁誉不过一身荣辱尔已。今之利害毁誉两端，乃是灭三族、助逆谋发，系天下安危也。只知人疑我与宁王同谋，机少不密，若有一毫激作之心，

① 王畿：《滁阳会语》，《王畿集》卷二，第33~34页。

② 钱德洪：《征宸濠反间遗事》，《王阳明全集》，第1473页；又见《钱德洪语录诗文辑佚》，《徐爱 钱德洪 董沄集》，第228~229页。

③ 王阳明：《武经七书评》，《王阳明全集》，第1187页。

此身已成虀粉，何待今日？动少不慎，若有一毫假借之心，万事已成瓦裂，何有今日？此等苦心，只好自知。譬之真金之遇烈焰，愈锻炼愈发光辉。此处致得，方是真知；此处格得，方是真物。非见解意识所能及也。自经此大利害、大毁誉过来，一切得丧荣辱，真如飘风之过耳，奚足以动吾一念？今日虽成此事功，亦不过一时良知之应迹，过眼便为浮云，已忘之矣！夫死天下事易，成天下事难；成天下事易，能不有其功难；不有其功易，能忘其功难。此千古圣学真血脉路。①

“一切得丧荣辱，真如飘风之过”，正是阳明龙场悟道之后，“一切声利嗜好俱能脱落殆尽”话语的再言说与再展开，但内含了更为丰富深广的阅历经验和体悟内容，并非抽象干瘪的理论教条式的外在自我表曝，而是充满活泼生机的内在心性的沛然流露。更明白地说，他是在“灭三族、助逆谋发，系天下安危”的生死危难关头，再次证明无论由工夫证入本体或由本体示现工夫，特别是“触机神应”、妙用周流，即本体即工夫、即工夫即本体境界的豁然朗现，作为一种生命学问的经验，都不能不是生命超越的真实现量，当然也都是可信和可靠的人格风范示显。这是真知与真行契合统一而又“对境应感”必有的结果，非“譬之真金之遇烈焰，愈锻炼愈发光辉”，则不足以说明“事上磨炼”对人生守道和行道精神品性考验的重要。② 毁誉在外不在内，

---

① 王畿：《读先师再报海日翁吉安起兵书序》引阳明语，《王畿集》卷十三，第 343 页。

② 《传习录上》：“问：‘静时亦觉意思好，才遇事便不同，如何？’先生曰：‘是徒知静养而不用克己工夫也。如此临事，便要倾倒。人须在事上磨，方立得住；方能静亦定、动亦定。’”可见传统心学思想固然可以作为一种精神哲学加以现代性的解读，但关键要害仍为身心性命完全投入其中的经验实践形态的形成与获得，而非仅在“见解意识”上玩弄光影，变成纯粹的概念游戏或文字戏论。见《王阳明全集》，第 12 页。参阅张新民：《多元化精神教育应成为第一义教育——就传统心学的现代意义答客问》，《阅江学刊》2010 年第 6 期。

并非能由自己主观决定；良知则在内不在外，完全可以自己主宰。足见阳明的心学思想固然不能说毫无理论诉求，但更重要的是最大化地凸显了实践性的品格。实践性的品格不仅在生命证量工夫上能将人导入“至善”的境界，甚至根本就是人间“实学”精神劲气的根本来源。诚如王龙溪所说，阳明在“大利害、大毁誉”中的所作所为，特别是他立德、立言、立功三者打成一片的超越方式，是与历史文化而非彼岸世界同一长久的安身立命存在之道，“是岂惟足以祛纷纷之议，千古经纶之实学，亦可以窥其微矣！”①

六、心性自得之学的开显

阳明面对身死族灭危机，不为利害毁誉所动，其所显现出来的人格风姿，特别是无执无着的实存主体生命“至境”，实际也是对生死患难的一种超越，“圣人之道，吾性自足”；内在良知良能的外在显现，诚如他自己所说：“平生所自信者良知，凡应机对敌，只此一点灵明神感神应，一毫不为生死利害所动，所以发机慎密，敌不知其所从来。在我原是本分行持，世人误以为神耳。”② 良知之所以能“神感神应”，吃紧之处正在“一毫不为生死利害所动”。不少从阳明游者也认为：“以良知之教涵泳之，觉其彻动彻静，彻昼彻夜，彻古彻今，彻生彻死，无非此物。不假纤毫思索，不得纤毫助长，亭亭当当，灵灵明明，触而应，感而通，无所不照，无所不觉，无所不达，千圣同途，万贤合辙。”③ 反映了良知说或良知教在传播过程中，也获得了“同此心同

---

① 王畿：《读先师再报海日翁吉安起兵书序》，《王畿集》卷十三，第343页。

② 王畿：《与俞虚江》，《王畿集》卷十一，第302页。

③ 王阳明：《与黄勉之（甲申）》引黄勉之语，《王阳明全集》，第193页。

此理”的普遍性认同①，说明良知学说的产生，实有生死本体实践智慧的哲理奠基，而与孟子的“夭寿不贰，修身以俟之，所以立命。……莫非命也，顺受其正”（《孟子·尽心上》）、张载的“存，吾顺事；没，吾宁也”等说②，前后一气贯通，血脉相连，均体现了儒家“不以一朝之患而忘其终身之忧”，坦然从容应对生死及其他一切利害得失，而又决不放弃家国天下责任，一切皆依据代表天命的大化流行来决定人生行事，从而最终实现刚健不已的人间关怀热情与终极超越目标的人生至诚态度。

阳明依据良知任凭生死利害狂飙袭来，丝毫不为其所动，不仅显示了灵性生命的无尽妙用，甚至在“应机对敌”上，也毫无任何的人为造作。表面上世人无不以为其用兵如神，实则在当事人看来，自己不过只是依“本分行持”，根本便为生命存在本该如此之事。阳明强调“良知还是你的明师”，“鄙夫自知的是非，便是他本来天则，虽圣人聪明，如何可与增减得一毫”③，可知在他的话语脉络中，良知即人生最重要的“天则明师”④。良知本来就浑然于命中，灿然于性中，豁然于心中，了然于意中，跃然于行中；因而能够在毁誉利害中超越毁誉利害的，在生死流转中超越生死流转的，正是不可能不为人人同具的，能够最大化地彰显人的主体精神与人格尊严的具有“天则明师”特征的“良知”。但无论良知或“天则明师”，从根本上说，都是他早年龙场大彻大悟“圣人之道，吾性自足”之后，不断通过“事上磨炼”的工夫，凭借心性自觉自证日趋深入的体悟，也是当下契理契机的再言说或再发挥。故其说虽“主致良知。而以知行合一、必有事焉，为其

① 陆九渊：《陆九渊集》卷二十二《杂说》，第273页。

② 张载：《正蒙》，《正蒙合校集释》，第905页。

③ 王阳明：《传习录下》，《王阳明全集》，第105、112页。

④ 参阅张新民：《良知：人生与社会的天则明师——传统心学思想的现代性新开展》，《阳明学刊》第6辑，巴蜀书社，2012年。

功夫之节目”①，均离不开他一生的生命实践体验。至于人性之中具足圣人之道，当然可以表述为其后来提出的彻上彻下的良知学说，这样不仅显得更加圆融究竟，而且也能清楚传达儒家体用一源的根本精神。此虽是其晚年的定论，然追溯其前后源流，则可说与其早年百死千难的深邃生命体验有关，离不开龙场悟道“不觉呼跃”那惊天动地的一幕，是“名根”消尽、生死超越必有的结果，是心性自得之学必然的逻辑延伸②，是内在光明人性能够外在开显的积极自我肯定，再次证明了诬谤污垢相交，困顿危疑四逼，反足以玉成贤人君子。在这一意义脉络下，所谓“圣人之道，吾性自足”，似也可看成是他早期的良知说，适可见“居夷三载，处困养静，精一之功固已超入圣域，粹然大中至正之归矣”，遂愈信“见性知命，乃能续得圣贤命脉。……见性知命之道，则在用艮。艮也者，成始而成终者也”③，故其说“即之若易而仰之愈高，见之若粗而探之愈精，就之若近而造之愈益无穷”，不能不说是“若水之寒，若火之热，断断乎百世以俟圣人而不惑”④。

龙场大彻大悟的人生经历，同时也说明“读儒书，须是从义学翻过身来，庶不至笼统颟顸”⑤。与同时代的多数学者一样，阳明早年亦尝遍读朱子之书，熟悉儒家经典，但他之所以高出他们一筹，成为时人难以企及的思想高峰，即在于龙场悟道的深邃生命体验已足以使他“从义学翻过身来”，直入本体而自成一系统，然后再依体起用，灵活

---

① 严复：《〈阳明先生集要三种〉序》，《严复集》，第237页。

② 罗洪先《龙场阳明祠记》云：“（阳明）先生之学，出之而愈长，晦之而愈光，鼓舞天下之人，至于今日不怠者，非雷霆之震前日之龙场，其风霰也哉！”即肯定龙场的苦难经历不仅是阳明生命转折的一大关键，同时也是心学思想产生的发端源头。罗说见罗洪先：《罗洪先集》卷四，第137页。

③ 马一浮：《语录类编·儒佛篇》，《马一浮集》第3册，第1057页。

④ 徐爱：《〈传习录〉题辞》，《徐爱　钱德洪　董沄集》，第89页。

⑤ 马一浮：《语录类编·儒佛篇》，《马一浮集》第3册，第1055页。

万千，生机无限，不仅深入“义理端的”，能够时时处处通过实践不断受用，而且确确乎独立不拔，始终不失规矩准绳，乃是物来而能应、事至而不惑、功成而不居的一代大儒。足证“学问之道，以各人自用得着者为真。凡倚门傍户，依样葫芦者，非流俗之士，则经生之业也”①。“事上磨炼”作为“优入圣域”的必要环节，不仅将境界与工夫、本体论与实践论打成一片，而且也能活化为具体的人格风姿，转化为身心受用的精神滋养资源。故总结阳明艰苦奋斗、百死千难中所悟之道的真谛，了解他一生学问与道体合一的生命成长经历和悟道次第，必然大大有裨于我们重新寻找求道、修道、证道、行道方法的入门措手工夫，从而在现代或后现代的语境中再次开出人类应有的精神发展方向。

---

① 黄宗羲：《明儒学案》，第 15 页。

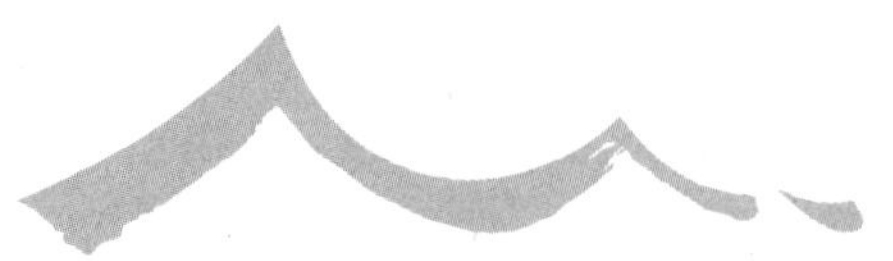

第十章：经典世界的心学化解读

——以王阳明龙场悟道与《五经臆说》的撰写为中心①

《五经臆说》一书，乃是王阳明龙场悟道之后，为印证自己的心性证悟所得，即前人所谓“居龙场三年，动忍增益，中夜得致知格物之旨，默证《五经》无不合”②，所撰成的一部早期重要经学著作。③ 从十八岁与娄谅讨论程朱之学，开始向慕圣人生命境域，至三十七岁在龙场大悟格物致知真义，以为圣人之道即内在于人之根本自性，阳明花了近二十年的时间，才踏上了一条重建儒家心性形上学的“不归之路”。也就是说，只有到了龙场悟道之后，阳明才决定性地用自己的生命契入以孔孟为代表的儒家精神传统，开始以“心”为本体依据创造性地建构自己的哲学体系，并以良知为中心题域，不断展开思想性言说④，最终则

---

① 原载《南京师范大学学报》2016 年第 3 期；又收入《经典、经学与儒家思想的现代诠释》，人民出版社，2016 年，第 744~763 页。

② 邵廷采：《思复堂文集》卷一《明儒王子阳明先生传》，《绍兴先正遗书》本。

③ 有关阳明经学思想的研究，学界历来成果不多，较可参阅者主要有蔡仁厚：《王阳明“经学即心学”的基本义旨》，《中华文化复兴月刊》1975 年第 9 期；蔡方鹿、付春：《王阳明经学思想新探》，《江汉论坛》2009 年第 6 期；蔡方鹿、高健：《王阳明经典诠释思想与伽达默尔诠释学之比较》，《现代哲学》2012 年第 2 期；［韩］李愚辰：《关于王阳明〈五经臆说〉的研究》，《贵阳学院学报》2015 年第 1 期。

④ “致良知教”的正式确立，当在阳明五十岁以后，然龙场悟道之后，实已初具端倪，有阳明自己“吾‘良知’二字，自龙场已后，便已不出此意，只是点此二字不出”之言可证。故阳明后期思想的发展，也可说是通往良知之路的发展，以良知为中心题域不断寻找施教方法的发展，所谓“言说”也可视为广义的生命境界的外显性展开及与人的实存状况相关的契理契机的话语表达。阳明之说见钱德洪：《刻文录叙说》，《王阳明全集》，第 1575 页。参阅张新民：《儒家圣人思想境域的正法眼藏——王阳明的良知与致良知学说及其现代意义》，《阳明学刊》第 3 辑，巴蜀书社，2008 年。

在朱子学牢笼绝大多数读书士子的世界之外，别张一军，再树典范，成为历史上罕见的重新开创儒家心学学派崭新天地的学坛领袖人物。因此，尽管本文的撰作目的只是结合《五经臆说》考察阳明龙场悟道后的境界现量，并非全面检讨其完整的经学思想体系，但也希望能够深入前贤广袤的精神世界，梳理出时代风气转移变化的根本原因。而在方法论上则一方面坚持以心学解释心学的立场，力求重新探寻以心史与文献默察互证的解释学新路径，另一方面也重视具体的历史脉络可能营造出来的思想言说语境，尽可能地揭示经典世界解读与心性世界建构双向互动的复杂关系，从而更好地把握心学思想扎根的生命本体来源和具体文化土壤，吸取我们今天重建精神（心灵）哲学必需的本土文化经验与学术思想资源。

一、默记《五经》以印证心性

正德三年（1508）三月，王阳明蒙冤投荒万里到达龙场，经历百死千难而大彻大悟后，为了比照考量自己证入形上道体所得是否客观可靠，遂在书籍匮乏的条件下默记《五经》，以求与自己的证量彼此发明印证，结果是无有一处不相吻合。这显然是一种个人体悟与经典文献相互发明、主观与客观互照互察、当下实存境界与“圣言量”互印互证、心性世界与经典世界比勘验证的思想判断方法。① 如果判断所得出的结论是积极正面而非消极负面的，自然会强化阳明对自己证悟所获结果的主观自信与客观评判，帮助他在生命的澄明之境中进一步如实合理地把握和调整自己的存在状态。质

① 参阅张新民：《视野交融下的哲学、宗教与科学——答香港城市大学邝振权教授问》，《阳明学刊》第 4 辑，巴蜀书社，2009 年。

言之，阳明之“默记《五经》之言证之，莫不吻合”①，从积极方面看，可说他的证悟所得，不仅契应心性本源，而且也符合经典真义，必然能够转化为生命的具体活动或实践行为，从而更自觉地维护和弘扬儒家道统；从消极方面看，则一旦脱离心性本源的现量判断，有违经典的本真原义，未来的生命行为便难免偏离真正的儒者之道，因而有必要随时做出各种调整或修正的行动。值得注意的是，先秦孔孟之说皆属“心性论”形态而非“天道观”形态②，而经典虽然只是纸上之法，毕竟不能脱离人心之理，则阳明以“心”为“体”的证悟，不但契合儒家早期基本经典，同时也代表了儒学一贯固有的正统，所谓“莫不吻合”云云，显然并非偶然一时之虚语。

有必要强调的是，通过阳明为学“三变”的生命发展历程来进行整体分析③，即不难知道，从出入于二氏到返归儒家正学，最终大彻大悟而生命气象焕然一新，又证之儒家经典无不吻合，这也是历代开创

---

① 《王阳明年谱》“正德三年戊辰”条，《王阳明全集》，第 1228 页。

② 劳思光认为：“学者不用‘儒学’一词则已，倘用‘儒学’一词而非别立新义，则所谓‘儒学’者自只能以先秦孔孟之说为最后依据。孔孟之说，皆属‘心性论’形态，非‘天道观’形态。……周张二程诸人，莫不力尊《易传》《中庸》，于是始有以‘天道观’为中心之儒学；朱熹更编成‘四书’，杂收道教图书以解《易》，塑造一全不合历史真相之‘道统’。于是孔孟之‘心性论’立场反而为此种成说所掩。……以‘天道观’为儒学正统，是宋儒承汉以下伪说传统之工作结果。学者入此牢笼，即不知孔孟言心性，本以‘主体性’为最高观念。”此采其说。见氏著：《新编中国哲学史》第三卷上，第 307 页。

③ 阳明早期为学的“三变”，钱德洪曾有概括之语说：“少之时，驰骋于辞章；已而出入二氏；继乃居夷处困，豁然有得于圣贤之旨：是三变而至道也。”见钱德洪：《刻文录叙说》，《王阳明全集》，第 1574 页。参阅钱穆：《王学的三变》，《阳明精粹·名家今论》，第 22~26 页。

时代风气的大儒常用的方法。① 儒家思想传统所提供的巨大动力资源固然重要，但大乘佛教及禅宗在证悟入道方法论上的辅助作用也不可轻忽。虽然阳明最终的生命抉择乃是弃释归儒，但二者亦非彻头彻尾全然对立，终其一生对佛教的批判，均主要集中在家国天下形下世界的责任伦理方面，一旦涉及广大空寂、无声无臭的形上道体，则从来甚少异辞。或可借用马一浮的表述，以便更好地说明问题：

> 夫不明乎道，何名为儒。苟曰知性，何恶于禅。儒与禅皆从人名之，性道其实证也。六艺皆所以明性道，舍性道而言六艺，则其为六艺者，非孔子之道也。性者人所同具，何借于二氏。二氏之言而有合者，不可得而异也；其不合者，不可得而同也。汉之黄老、魏晋之玄言，并与后世依托道家者异。义学善名理，禅则贵直指而轻谈义，不肯以学自名。二家者俱盛于唐，及其末流，各私其宗以腾口说，恶得无辨。然其有发于心性之微者，不可诬也。故宋初诸儒皆出入二氏，归而求之六经。固知二氏之说，其精者皆六艺之所摄也，其有失之者，由其倍乎六艺也。然后为六艺之道者，定其言性道至易简而易知易从，极其广大则无乎不备。②

---

① 明儒黄绾曾强调：“宋儒之学，其入门皆由于禅：濂溪、明道、横渠、象山则由于上乘；伊川、晦庵则由于下乘。”晚近陈寅恪先生亦指出：“中国自秦以后，迄于今日，其思想之演变历程，至繁至久。要之，只为一大事因缘，即（两宋）新儒学之产生，及其传衍而已。”“自得佛教之裨助，而中国之学问，立时增长元气，别开生面。”均可见对佛教精深义理的传播与吸收，乃是宋明儒者重建自身形上世界的一大旁助因缘。黄说见黄绾：《明道编》卷一，第 12 页。陈说见陈寅恪：《冯友兰中国哲学史下册审查报告》，《金明馆丛稿二编》，第 250 页；又见《吴宓与陈寅恪》，第 11 页。

② 马一浮：《〈儒林典要〉序》，《马一浮集》第 2 册，第 30~31 页。

马氏一方面认为儒家六艺（《六经》）可统摄一切学术，另一方面又认为六艺又统摄于一心，则释、老二氏之学似亦不能自外于六艺。其说之学理依据究竟何在，姑暂不置论，但所谓“二氏之言而有合者，不可得而异也；其不合者，不可得而同也”，二氏均有“发于心性之微者”，则为不易之论。比照阳明龙场悟道前后的思想发展历程，可知他对佛教的批判，如同对朱子之学的批判一样，乃是一种扬弃式的批判，是吸取多方面思想资源以求综合性创新的批判，在心性之学的精微至当之处，仍多有不失儒家立场的吸收与创造性的发展；尽管佛教与朱子之学一外一内，一异质一同质，在他看来仍有截然不同的区分，不能不厘清主次而有所区别。[①] 至于凭借《五经》以明道[②]，根本要旨仍在发明心性，同时也综合主观和客观以决定取舍，依据经典世界来阐发自己的证悟所得，更多是“六经注我”而非“我注六经”[③]。揆诸古今，即马一浮所谓“宋初诸儒皆出入二氏，归而求之六经”，历代大儒持类似做法者，显然不乏先例，阳明在方法论上并没什么“孤明先发”之处，但立足于心学立场立说，遂使儒学发展由理学折转而入于心学，代表一个时代学术思想文化的转向，仍以阳明龙场悟道之后的做法最为典型。故《五经臆说》虽散佚甚多，即阳明本人亦不太重视，但其在中国学术思想发展史上的重要性，仍决不可轻易忽视。

二、通过文字直返本心

大彻大悟后的阳明，既然具备了心性本源与经典解读高度吻合的

---

① 参阅张新民：《阳明精粹·哲思探微》，第 200~214 页。

② 马一浮所说的六艺，即阳明《五经臆说》之“《五经》”，盖《乐》早佚，遂省“六”为“五”，而六艺者即《六经》之别名也。

③ 《陆九渊集》卷三十四《语录》：“或问先生何不著书？对曰：‘六经注我，我注六经。’”

昭明灵觉的察照视域，当然也就意味着无限创造活力的重新获得。以这一特有的心灵视域和创造活力审视先儒的经典注疏训释，他以为未能尽是或不符合己意之处颇多，于是乃就记忆所得重新为其疏解，遂在龙场书籍查阅及道友切磋都极为匮乏的条件下，撰成《五经臆说》一书。遗憾的是，原书凡四十六卷，今见存者十三条，乃阳明逝世后，钱德洪从废稿中检出，略加编次者。足证阳明自己根本就不甚重视是书，乃至于越到晚年就越“自觉学益精，工夫益简易，故不复出以示人”。书虽藏之箱箧，仍多有散佚。不出示他人的具体原因，钱德洪曾向他请教过。他的回答是：“只致良知，虽千经万典，异端曲学，如执权衡，天下轻重莫逃焉，更不必支分句析，以知解接人也。”十分明显，站在心学立场看，阳明认为最重要的仍是自己的自证自得，即使是圣贤经典，也必须以心印心，不徒在文字上打转，以知解接引学人。这是他总结早年向外格物穷理的烦琐，以后则返本心性而以约驭繁，获得心统万物盎然义趣的必然结果。“简易直截”的证道入道工夫，植根于心性本体的森罗万象，不仅体大，而且用亦大，相亦大，足可将体、用、相一气“融彻”贯通。故德洪事后曾不无感慨地说：“吾师之学，于一处融彻，终日言之不离是矣。即此以例全经，可知也。”①

《五经臆说》虽从未授诸生，但毕竟是阳明用心学方法研究《五经》之心得，仍可从中一窥悟道后证量工夫的深浅，同时也能看出他后来形成“致良知”思想的变化发展线索。其自撰之《五经臆说序》，今尚见存于文集。不妨具录如下：

> 得鱼而忘筌，醪尽而糟粕弃之。鱼醪之未得，而曰是筌与糟粕也，鱼与醪终不可得矣。《五经》，圣人之学具焉。然自其已闻

① 钱德洪：《五经臆说十三条序》，《王阳明全集》，第976页；又见《钱德洪语录诗文辑佚》，《徐爱　钱德洪　董沄集》，第200页。

者而言之，其于道也，亦筌与糟粕耳。窃尝怪夫世之儒者求鱼于筌，而谓糟粕之为醪也。夫谓糟粕之为醪，犹近也，糟粕之中而醪存。求鱼于筌，则筌与鱼远矣。

龙场居南夷万山中，书卷不可携，日坐石穴，默记旧所读书而录之。意有所得，辄为之训释。期有七月而《五经》之旨略遍，名之曰《臆说》。盖不必尽合于先贤，聊写其胸臆之见，而因以娱情养性焉耳。则吾之为是，固又忘鱼而钓，寄兴于曲糵，而非诚旨于味者矣。呜呼！观吾之说而不得其心，以为是亦筌与糟粕也，从而求鱼与醪焉，则失之矣。①

观文中语气，此序似为其离开龙场之后，始回顾往事而写定，然亦足证悟道之后，他曾一度花费精力，做过《五经》训释的工作。但训释经典的目的，仍在发明本心本性内具的义理，而非徒滞于外部的名相文字。文中所谓“已闻者”，显然主要指他曾遍读过的朱子之书，而“世之儒者”云云，则暗喻一味拘泥于朱注而不知返本心性真实的近世学者。再证以他的诗句：“曾向图书识面真，半生长自愧儒巾。斯文久已无先觉，圣世今应有逸民。一自支离乖学术，竟将雕刻费精神。瞻依多少高山意，水漫莲池长绿蘋。”② 则可见他所说的“不必尽合于先贤，聊写其胸臆之见”，实际亦暗指龙场悟道之后，他已深刻地反省到“向之求理于事物者误也”③，从此告别朱子颇“费精神”而又过于“支离”的生命境界提升路径，走上了一条剥落文字语言而直指本心、觉悟生命真义的简易圣学大道。他后来不甚重视已经成书的《五经臆说》稿本，乃至竟“付秦火久矣”，则是因为“只致良知，虽千经万

① 王阳明：《五经臆说序》，《王阳明全集》，第 876 页。

② 王阳明：《再过濂溪祠用前韵》，《王阳明全集》，第 718 页。

③ 《王阳明年谱》“正德三年戊辰”条，《王阳明全集》，第 1228 页。

典，异端曲学，如执权衡，天下轻重莫逃焉，更不必支分句析，以知解接人也”①。易言之，即语言文字虽能指涉本体，但毕竟不能代替本体，诚如马一浮先生所说：“见性非目，执指非月，一切言语，无非诠表。博文有待于人，约礼须是自证，知识只是比量，证悟乃是现量。见烟知火，发白知衰，均是比量；至于饮水知冷暖，则是现量，不容讲说；说道谈义则是圣言量。”② 如要真正证入人人皆有的形上本体，则不能不凭借逆向体认的心性证悟工夫。一旦如实透入内在彻上彻下的良知本体，同时又直下落实“致良知”的“事上磨炼”的实践工夫，则显然不必再在表面的语言世界中“支分句析”，而应“摄俗归真”，即返归心性固有的殊胜形上圣境，契入超越之本体世界，然后再回真入俗，即依据本体自然流行发用，始终不丧失应有的现实关怀热情，不仅为人类世俗社会提供基本的价值，而且也为改造现实世界奠定心性本体依据。故经典与良知尽管均可作为世俗世间是非轻重权衡标准的存在依据，但严格说前者仍不过是后者的外在化客观显现而已。如果要同样证入“圣言量”，仍必须超越语言文字，返归自心固有之形上本体。与《六经》均可统摄于圣人的本心本性一样，良知说也是阳明契入形上世界后的现量言说，二者固然可以互勘互验，却不能代替人的自觉自证。

由此可知，从成圣成贤的方法论看，朱子的法门显然是渐修法，不能不让人感到“博”而“杂”，阳明的路径则为顿悟法，的确更能使人感到“约”而“简”。阳明晚年撰《大学问》，凡一生学问宗旨大体已在其中。钱德洪则径称：

---

① 钱德洪：《五经臆说十三条序》引阳明语，《王阳明全集》，第 976 页；又见《钱德洪语录诗文辑佚》，《徐爱　钱德洪　董沄集》，第 200 页。

② 马一浮：《语录类编·儒佛篇》，《马一浮集》第 3 册，第 1058~1059 页。

> 《大学问》者，师门之教典也。学者初及门，必先以此意授，使人闻言之下，即得此心之知，无出于民彝物则之中，致知之功，不外乎修齐治平之内。学者果能实地用功，一番听受，一番亲切。师常曰："吾此意思有能直下承当，只此修为，直造圣域。参之经典，无不吻合，不必求之多闻多识之中也。"门人有请录成书者。曰："此须诸君口口相传，若笔之于书，使人作一文字看过，无益矣。"①

可见阳明并非不重视经典，但更强调透过经典直入心性，将经典的世界与心性的世界合为一事，真正在身心性命上切实用功，做到优入圣域，又"内圣""外王"打成一片，不徒在语言文字上打转，乃至于以小知自私之心向外驰求，迷失在外部的观念世界之中，沦溺于自己的知见偏执之内。而无论"内圣""外王"，都必须实地用功，当然就不能脱离儒家的济世淑人事业，实际即对致良知内外伦理责任浃然一体的主动承担。

如果说"理"是所诠，"名"是能诠，则得"理"即可忘"名"，一如得"鱼"即可忘"筌"，"醪"尽而"糟粕"自当弃之。倘若滞"名"忘"理"、执"筌"失"鱼"、徇"人"丧"己"、好"丹"非"素"、出"主"入"奴"，乃至于以狂见为胜解，以恶觉为智证，自甘封蔀，无有出期，不但不能激活心性光明，反而滋长迷惘，即使多读经典，不过乱抓表面文字，显然与阳明立说的宗旨不符，当然就是他所要反对的了。

在经典文本语言文字之外，尚有圣门慎言不传之心法，其不能鹦鹉学舌、假借他人，只能实入其境界田地方得，如阳明所说："用功到

---

① 钱德洪：《大学问》跋语，《王阳明全集》，第973页；又见《钱德洪语录诗文辑佚》，《徐爱　钱德洪　董沄集》，第199页。

精处，愈着不得言语，说理愈难。若着意在精微上，全体功夫反蔽泥了。”“学问也要点化，但不如自家解化者，自一了百当。不然，亦点化许多不得。”① 他一再叮嘱强调的，显然便是儒家最为重视的自得之学。至于“古人所谓不传之学者何？盖即自得之学也。惟须自得，故不可传，故曰‘向上一路，千圣不传’”②，不仅儒家如此，禅宗亦更是如此。

三、《五经臆说》的政治学微义

因此，龙场大彻大悟之后，阳明尽管撰有《五经臆说》一书，但根本目的并非解经，而在印证发明心性，所谓“记问辩说”云云，不过余事而已。故阳明尝慨叹：“学问功夫，我已曾一句道尽，如何今日转说转远，都不着根？”“既知致良知，又何可讲明？良知本是明白，实落用功便是。不肯用功，只在语言上转说转糊涂。”③ 诚可谓“不假名言，则真理不能显现；执着名言，则醍醐反成毒药。克实而言，儒佛周孔等是闲名，不有证悟，总为糟粕”④。具见龙场悟道乃是阳明证入觉源性海的一大关键，解经的目的当然即直透圣贤用心，一方面希望能启发学人打开自己彻天彻地的自性光明，将悟境真实活泼地示现他人，另一方面强调心性实践的工夫根本就不离“民彝物则”，必须积极从事修、齐、治、平的人间秩序再造事业。所谓“优入圣域”云云，亦当熟玩圣人境界气象，真正在工夫上有所透入，决非一味爬疏文字所能达致，亦非仅在语言上讲明即可了事。

《五经臆说》今存十三条，限于篇幅，兹仅举其首条如下，阳明之

---

① 王阳明：《传习录下》，《王阳明全集》，第 115、114 页。

② 马一浮：《语录类编 · 儒佛篇》，《马一浮集》第 3 册，第 1057 页。

③ 王阳明：《传习录下》，《王阳明全集》，第 109 页。

④ 马一浮：《语录类编 · 儒佛篇》，《马一浮集》第 3 册，第 1054 页。

解经方法，或可从中略窥一斑：

> 元年春王正月〇人君即位之一年，必书元年。元者，始也，无始则无以为终。故书元年者，正始也。大哉乾元，天之始也。至哉坤元，地之始也。成位乎其中，则有人元焉。故天下之元在于王；一国之元在于君；君之元在于心。元也者，在天为生物之仁，而在人则为心。心生而有者也，曷为为君而始乎？曰："心生而有者也。未为君，而其用止于一身；既为君，而其用关于一国。故元年者，人君为国之始也。当是时也，群臣百姓，悉意明目以观维新之始。则人君者，尤当洗心涤虑以为维新之始。故元年者，人君正心之始也。"曰："前此可无正乎？"曰："正也，有未尽焉，此又其一始也。改元年者，人君改过迁善，修身立德之始也，端本澄源，三纲五常之始也；立政治民，休戚安危之始也。呜呼！其可以不慎乎？"①

孔子修《春秋》，每书"元年春王正月"。《左传》："周正月，不书即位，摄也。"《公羊》："元年者何？君之始年也。春者何？岁之始也。王者孰谓？谓文王也。曷为先言王而后言正月？……大一统也。"阳明承接前人解经路数，自然不能不有所发挥，如果稍加归纳或总结，则至少有以下两点值得注意：

（一）从客观方面看，孔子将人君即位之一年一月，改为"元年正月"，实寄寓了甚深的政治文化理想。所谓"元"实即"始"，既代表形上之天道，又必在形下世界展开和落实，即孔子"天何言哉？四时行焉，百物生焉"（《论语·阳货》）；《大易》"大哉乾元，万物资始，乃统天"，"至哉坤元，万物资生，乃顺承天"。无论"资始"或"资

① 王阳明：《五经臆说十三条》，《王阳明全集》，第976~977页。

生”，都显示了天地的“生物之仁”。但无始则必然无终，以“始”为“正”，即内蕴形上天道落实于现实世界，必须开出美好的人间社会秩序，人类永无止境的自我完善乃是天命下贯的宗教性庄严责任的微意。其中最重要者，即人君一旦在天地之中成位，作为与乾元、坤元相应的“人元”，当然便不能不德配天地，必须依据天地精神推行至大至公之政治。因为王既关乎天下之元，君也为一国之元所系，则无论形上之乾元或形下之坤元，均为政治权力合法性与正当性的判断依据，也是为政不可不“正”的正义性和合理性的衡量标准。

（二）从主观方面看，“元犹原也，其义以随天地终始也。故人唯有终始也，而生不必应四时之变。故元者为万物之本，而人之元在焉”。则“元”作为本源性的形上本体，不能不与“天”和“人”同本。而《春秋》之所以大书“春王正月”，并“置王于春正之间，非曰上奉天施而下正人，然后可以为王”（《春秋繁露·竹林》），显然也是因为“承天地之所为也，继天之所为而终之也，其道相与共功持业，安容言乃天地之元。天地之元奚为于此，恶施于人，大其贯承意之理矣”（《春秋繁露·重政》）。因此，从天人相通的深广视域看，天下之“元”或一国之“元”既系于君王之一身，而身之主宰理所当然即人人均有的昭明灵觉之心，所谓君之“元”者，亦不能不归诸其必然具有的人性本心。因此，无论“万物资始”或“万物资生”之“元”，其在天即为能够生物成物之仁，其在人则为可以发用流行之心，所以诚意正心的工夫遂不能不大讲特讲，以“仁爱”为根本原则的王道政治亦不可不倡。天道的圆满和现实人生的不完善，决定了人君必须永无止境地做好进学修德的工夫，即使《春秋》“元年”一词之训释，亦同时兼有三层含义：第一，“人君改过迁善，修身立德之始”；第二，“端本澄源，三纲五常之始”；第三，“立政治民，休戚安危之始”。而阳明“其可以不慎乎”的慨叹，不仅表明了他深刻的政治关怀，同时也显示了他的政治批判立场，即为政必“正”，施政必“仁”，上必符合形而上的天道，下则不能不修身立德，故必须同时以形上形下两条标准，展开王学阵营中黄绾所说的“正王法”的工作。阳明之言显然充满了深刻的忧患意识，代表了一代学者对权力核心行为时刻警惕和愿意匡正的基本价值诉求。

《春秋》“文成数万，其指数千”①，乃“夫子经世之志，处变之书也”，而暗含在其中的根本目的则是正君臣、父子之大伦。盖孔子“不堪世变之感，思欲正之，无可奈何，故托鲁史为《春秋》”。即使“元年春王正月”寥寥六字，历来对其解释者亦数量颇多。远者如董仲舒，就明白指出：“《春秋》何贵乎元而言之？元者，始也，言本正也。道，王道也。王者，人之始也。王正则元气和顺，风雨时，景星见，黄龙下。王不正则上变天，贼气并见。五帝三王之治天下，不敢有君民之心。”（《春秋繁露·王道》）近者如康有为，则强调《春秋》“推本于元以统乎天，为万物本。终始天地，本所从来，穷极混茫，如一核而含枝叶之体、一卵而具元黄之象；而核卵之始，又有本焉，无臭无声，至大至奥。孔子发此大理，托之《春秋》第一字，故改‘一’为‘元’焉。此第一义。……孔子以天下皆宜定于一，故属万物于天元，亦属亿兆于人元。王者，往也，天下所归往谓之王。此圣人教主为天下所归往者，乃能当此王者，乃可改元立号以统天下。此第二义也”②。他们都认为天人大义，昭昭明白，凡为君王者，均应继天奉元，育养万物，否则不但不符合形上之天道本体，即使权力的合法性亦将荡然无存。故为王者不可不“正”，其统既“正”，万物皆应，则无不得其“正”。故“正”之含义，亦当兼具两端：一是“王正”，即权源的出发点乃天下所系，当然也就不能不“正”，反之，代

---

① 司马迁：《史记》卷一三〇《太史公自序》，第3297页。

② 康有为：《春秋笔削大义微言考》卷一，《康有为全集》第6集，第10~11页。

表秩序核心的权源倘若不正，便不能不意味着天下国家的失序紊乱，因此，必从心源开始便杜绝或防范一切政治危机出现的可能，无论任何时候都不能将道德性的规约从政治制度中剥离出来；二是"正王"，即权源核心之上尚有一更高的形上本体，一般称之为"天道""天德"或"天命"，乃是世俗政治权力合法性的本初根源，必须时时以此为衡量标准规约君王，使其由生命"歧出"的不正返归本源固有的"正"，避免形下世界偏离形上世界可能导致的灾难，强调政治文化应然之理必须符合天道创生不已的本然之理，以确保国家天下权力结构的秩序化正常合理运作。

四、《六经》皆心之纪籍

从董（仲舒）、王（阳明）、康（有为）三家对《春秋》"正始"说的解释看，尽管他们三家受现实挑激及与之相关的家法进路各有不同，各自发挥的程度也有差异，但前后结论仍可说大体一致。略去中间大量的历史环节，阳明可谓颇能承上启下者。[①] 更直接地说，他们三家均以形上之天道作为人间社会理想秩序的正当性依据，强调儒家一贯重视的道德政治本来即具有的普遍性与绝对性，警惕丧失了合法性的无道德的政治可能带来的现实危害或灾难，展示了中国文化命脉始终一贯的即超越即存在的精神大义。前人每谓阳明心学空谈心性，严重者甚至束书不观，不识阳明本人亦极为稔熟经典，怀有强烈的现实政治关怀意识。"虚文胜而实行衰"在他看来乃是乱世的一大重要根源[②]，因

---

① 《春秋》一书自宋代以来，出于"尊王攘夷"之现实需要，即不断有人发挥其微言大义，形成大量相关撰述。惜限于主题及篇幅，暂无从详举。当另撰专文以明源流焉。

② 《传习录上》："天下之大乱，由虚文胜而实行衰也。使道明于天下，则《六经》不必述。删述《六经》，孔子不得已也。"

而终其一生均在努力将经义引向人生社会实践的发展方向，可见前人误读误解之深，当不能不重新予以发覆澄清。

不过，比较上述三家，阳明既持心学体证立场，则经典心学化的解释学特征显然亦极为突出。在他看来，外在的形上天道必然内具于人的本心本性，可以凭借最切身、最本源的价值发生学意义上的生命运作机制来加以体证或领会，即使龙场悟道之后他以证量工夫说出“圣人之道，吾性自足”①，当然也可视为“心外无理”“心外无物”的另一形式的表述。② 考察其前后源流，则可说：“学以尽性也。性者存发而无内外，故博文约礼，集义养气之训，孔、孟之所以教万世学之者。而或少异焉，是外性也，斯异端矣。”③ 阳明自己后来也说：“圣人之学无人己，无内外，一天地万物以为心。”④ “理无内外，性无内外，故学无内外；讲习讨论，未尝非内也；反观内省，未尝遗外也。夫谓学必资于外求，是以己性为有外也，是义外也，用智者也；谓反观内省为求之于内，是以己性为有内也，是有我也，自私者也：是皆不知性之无内外也。故曰：精义入神，以致用也；利用安身，以崇德也；性之德也，合内外之道也。此可以知格物之学矣。”⑤ 足证他以心学立场为立论的出发点，以解释《春秋》“正始”之说，一方面强调“君之元在于心”，故不可不绳以“正心”的工夫，而“正心”即正其待物处事之心，遂不能不以“洗心涤虑以为维新”，即在心性本源深处力行善本，从而始终保持“新新顿起”的生机活力；另一方面又突出了内外合一的大道宗旨，即形上天道与心性本体无间无隔，彻上彻下，

---

① 《王阳明年谱》“正德三年戊辰”条，《王阳明全集》，第 1228 页。

② 参阅张新民：《意义世界的建构——论王阳明的“心外无理、心外无物”说》，《孔学堂》2014 年第 1 期。

③ 孙应奎：《刻阳明先生传习录序》，《王阳明全集》，第 1586 页。

④ 王阳明：《重修山阴县学记（乙酉）》，《王阳明全集》，第 257 页。

⑤ 王阳明：《传习录中》，《王阳明全集》，第 76 页。

无内无外，本自圆满，无少欠缺，均对人间秩序权源核心的君王构成了神圣永恒的规范力量，成为评判和考量其政治行为合法或正当与否的天道人心标准。质言之，《春秋》大书特书“元年春王正月”，不仅提供了权力行为必须符合形上天道的本体依据，构成了不可一刻违背的天道天德生物成物的仁义法则，同时也暗示了天赋人性至善乃是为政不可不“正”的最基本的价值根源，强化了人君在位不可一日放废的正心诚意的修身工夫，最终的目的则是由一己之善拓展为天下人类共同之善，从个人之“正”推广为人间社会秩序应有之“正”。无论形上之天道或本体之心性，皆以生生不息创化万物为心，以“元、亨、利、贞”的展开和实现为生命过程，以生民安危为本，以国家兴衰治乱为忧，不可不“一之以道德，淳之以仁义”，汲汲于人间合理秩序的重建工作，将天、王、君、人四者纳入“正”的大道坦途，否则便违背了天道，远离了天德，丢失了人性，乖戾了本心，不能不是生命的病象、存在的异化，非特权力无合法性，即行为亦无正当性。可见龙场悟道之后，即使在政治权力高压状况极为恶劣、莫须有的罪名迫害随时可能发生的环境中①，阳明也依然未放弃人生应有的世间关怀，始终坚守儒家的“修齐治平”精神发展方向。阳明十一岁即以成圣成贤为人生第一等事，但毕竟中间多有曲折，只有到了龙场大彻大悟之后，他才本着安于“性分义命”的坦荡人生态度，始终坚定不移地行走在圣贤救世的“不归之路”上。

通过以上分析，我们已不难看到，阳明并非不重视经典的义理解读，只是强调在经典义理解读之外，尚必须注意文字背后所蕴含的圣贤的生命精神与人格气象。他对《六经》的具体看法，王龙溪尝有记

① 钱德洪叙述阳明龙场悟道经过便特别强调“时瑾憾未已”，足证政治气候之严峻与残酷，即使万里流放，也并非就意味着政治迫害的结束，不能不成为笼罩在士人心中的一团阴影。见《王阳明年谱》“正德三年戊辰”条，《王阳明全集》，第1228页。

载说：

> 予闻之师（阳明）曰："经者，径也，所由以入道之径路也。圣人既已得道于心，虑后人之或至于遗忘也，笔之于书，以诏后世。故《六经》者，吾人之纪藉也。汉之儒者，泥于训诂，徒诵其言，而不得其意，甚至屑屑于名物度数之求，其失也流而为支。及佛氏入中国，以有言为谤，不立文字，惟直指人心以见性，至视言为葛藤，欲从而扫除之，其失也流而为虚。支与虚，其去道也远矣。"①

龙溪乃阳明的亲炙弟子，自谓"（阳明）夫子还越，惟予与君（钱德洪）二人最先及门"②。其与阳明过从既多且密，所记又得自阳明亲口所言，自然完全可据信。按照阳明的说法，经既为入道之路径，岂能不熟诵精玩？然既已由路跃入道境，又曷能死于句下？故无论汉儒的支离琐碎，抑或禅门的执虚滞空，在他看来均不免持之太过，势必造成偏差，不是遗忘了本心本性的证量工夫，便是丢失了"圣言量"印证的必要环节。所以阳明走的乃是一条"中道"路线，即《六经》既为圣人得道于心的客观化文本记录，目的在于传诸后世以免后人遗忘，后人当然也就应该据此发明印证本心本性，将他人之经典转化为自己内心的"纪籍"，做到本心本性与经典载籍的合二为一，避免"支"与"虚"两种弊病，才能踏上步入道境而最终成圣的正途。

---

① 王畿：《明儒经翼题辞》，《王畿集》卷十五，第 421 页。

② 王畿：《刑部陕西司员外郎特诏进阶朝列大夫致仕绪山钱君行状》，《王畿集》卷二十，第 585 页。

五、《六经》乃心之常道

依据“经”即“径”的诠释学训读，《六经》本为载道之工具，由经入道才是熟玩经典的一大关键，最终仍以“自得”之学为目的论归宿。“束书不观”固然是人生的大患，“两脚书橱”亦未尝不是俗世的病态之人。阳明的经学观显然植根于他的心学立场，经典与心性的相互发明才是读经解经的正途。诚如他的《稽山书院尊经阁记》一文所说：

> 经，常道也。其在于天谓之命，其赋于人谓之性，其主于身谓之心。心也，性也，命也，一也。通人物，达四海，塞天地，亘古今，无有乎弗具，无有乎弗同，无有乎或变者也。是常道也，其应乎感也，则为恻隐，为羞恶，为辞让，为是非；其见于事也，则为父子之亲，为君臣之义，为夫妇之别，为长幼之序，为朋友之信。是恻隐也，羞恶也，辞让也，是非也；是亲也，义也，序也，别也，信也；一也。皆所谓心也，性也，命也。通人物，达四海，塞天地，亘古今，无有乎弗具，无有乎弗同，无有乎或变者也，是常道也。是常道也，以言其阴阳消息之行焉，则谓之《易》；以言其纪纲政事之施焉，则谓之《书》；以言其歌咏性情之发焉，则谓之《诗》；以言其条理节文之著焉，则谓之《礼》；以言其欣喜和平之生焉，则谓之《乐》；以言其诚伪邪正之辩焉，则谓之《春秋》。是阴阳消息之行也，以至于诚伪邪正之辩也，一也。皆所谓心也，性也，命也。通人物，达四海，塞天地，亘古今，无有乎弗具，无有乎弗同，无有乎或变者也，夫是之谓《六经》。《六经》者非他，吾心之常道也。故《易》也者，志吾心之阴阳消息者也；《书》也者，志吾心之纪纲政事者也；《诗》也

者，志吾心之歌咏性情者也；《礼》也者，志吾心之条理节文者也；《乐》也者，志吾心之欣喜和平者也；《春秋》也者，志吾心之诚伪邪正者也。君子之于《六经》也，求之吾心之阴阳消息而时行焉，所以尊《易》也；求之吾心之纪纲政事而时施焉，所以尊《书》也；求之吾心之歌咏性情而时发焉，所以尊《诗》也；求之吾心之条理节文而时著焉，所以尊《礼》也；求之吾心之欣喜和平而时生焉，所以尊《乐》也；求之吾心之诚伪邪正而时辩焉，所以尊《春秋》也。盖昔者圣人之扶人极，忧后世，而述《六经》也，犹之富家者之父祖虑其产业库藏之积，其子孙者或至于遗忘散失，卒困穷而无以自全也，而记籍其家之所有以贻之，使之世守其产业库藏之积而享用焉，以免于困穷之患。故《六经》者，吾心之记籍也，而《六经》之实则具于吾心；犹之产业库藏之实积，种种色色，具存于其家。其记籍者，特名状数目而已。而世之学者，不知求《六经》之实于吾心，而徒考索于影响之间，牵制于文义之末，硁硁然以为是《六经》矣。是犹富家之子孙不务守视享用其产业库藏之实积，日遗忘散失，至于窭人丐夫，而犹嚣嚣然指其记籍曰："斯吾产业库藏之积也。"何以异于是！呜呼！《六经》之学，其不明于世，非一朝一夕之故矣。尚功利，崇邪说，是谓乱经；习训诂，传记诵，没溺于浅闻小见以涂天下之耳目，是谓侮经；侈淫辞，竞诡辩，饰奸心，盗行逐世，垄断而自以为通经，是谓贼经。若是者，是并其所谓记籍者而割裂弃毁之矣，宁复知所以为尊经也乎！①

经所欲表达者，当为天地间的常道，本来就与人存在的命、性、心相互贯通，或者说命、性、心三位一体，均为"道"的存在不可或

① 王阳明：《稽山书院尊经阁记》，《王阳明全集》，第254~255页。

缺的场域，三者不仅可以在存在论上相互感通，而且在本体论上根本就是一体，均蕴含着万物一体的本源性真相，显示出同一流行发用的活泼妙趣。心之缘事显德，亦如经之载道寓理，既是常道无处不在之化现，人生当然也就可以即存在即超越。这也是《中庸》所谓的“君子之道费而隐，夫妇之愚，可以与知焉，及其至也，虽圣人亦有所不知焉”，将其与阳明之说相较，立即显示出前后一贯的义理脉络。道与心通，心与道合，道通天下万事万物而为一，心亦统摄天下万事万物而为一。世俗世间一切道德实践活动，内容虽多，名目亦繁，然分之均可总括为心、性、命三者，合之则统摄于人之一心，亦无一不与不变之常道相通，乃不变之常道之显现。心与经能够相互印证发明，根本的原因仍为道可贯通一切存在而为一。后来的王龙溪也主张“性命合一”之说，认为“性与命，本来是一”，强调“一则推夫天理之自然，一则本诸自然之生理，使人从重处用力，以归于合一之宗，此是孟子立法最善形容处。非性待命补、命待性救，故欲分而二之也”①，显然受到了师门的感染或熏陶。至于文中提到的恻隐、羞恶、辞让、是非四端之心，则为孟子以来历代大儒设教不能不引之说，大义亦为要求人涵养察识自心本性，始终“不失其赤子之心。阳明之致良知，皆是这个意思”②，可见阳明经学观之立根处，仍不能外乎人人均有的本心与本性。

从根本上说，经乃常道，本质上即为心之常道；经为纪籍，本质上亦为心之纪籍。前者代表了心性“圣言量”的固有真实，本来就长存于每一个人的心性之中；后者不过是心性“圣言量”真实的外在化文字表述，最终当然仍以透过文字直返心性真实为根本究竟。③ 二者一

① 王畿：《性命合一说》，《王畿集》卷八，第187~188页。

② 乌以风辑录：《问学私记》引马一浮语，《马一浮集》第3册，第1138页。

③ 参阅张新民：《视野交融下的哲学、宗教与科学——答香港城市大学邝振权教授问》，《阳明学刊》第4辑，巴蜀书社，2009年。

而二，二而一，不可析为两事，不能判为两物。“凡圣贤立言，皆为救世而发”①，阳明所说归根结底，根本的要义仍在激活每一个体的心性真实，不仅维护人存在的自信与尊严，而且挖掘价值创造源源滚滚不断涌出的活泉，从而以人文化成的方式重建合理健康的人间社会秩序。

六、尊经即尊道

依据阳明心学立场的经学观进行分析，我们已不难知道，《六经》合而言之，不可不谓为常道；若略做区分，则各有功能。例如《易》言阴阳消息之行，《书》言纪纲政事之施，《诗》言歌咏性情之发，《礼》言条理节文之著，《乐》言欣喜和平之生，《春秋》言诚伪邪正之辩，亦不离心、性、命三者，三者均可贯通为一，为人之一心统摄，本来即“吾心之常道”。可见从心物一元的角度观察，无论载道之经或具众理之心，阳明决然不会容许将其析为两橛。尊重《六经》所载之道，即究明吾人心中之理；究明吾人心中之理，即尊重《六经》所载之道，故《六经》所载的行、施、发、著、生、辩六个条目，即吾人心中所要做的行、施、发、著、生、辩六件大事。可见《六经》者，不过吾心之纪籍而已，与各种乱经、侮经、贼经的做法比较，阳明认为以心学方法读经解经，才代表了儒家精神命脉的正统，不仅重新树立了严格意义上的尊经行为范式，而且也足以改变《六经》之学久不明于世的歧出社会文化现象。具见如果以“得鱼忘筌，得兔忘蹄可也，矜鱼兔之获，而反追咎筌蹄以为多事，其可乎哉”之说责阳明②，则

① 王畿：《性命合一说》，《王畿集》卷八，第187页。

② 罗钦顺：《与王阳明书》，《困知记》附录，第145页。参阅顾炎武：《日知录》卷十八《朱子晚年定论》，《日知录集释》，中华书局，2020年，第952页。

非但不足以服阳明，即揆诸事实亦不妥当。

值得注意的是，阳明固然依据心学立场解读经典，强调“《六经》者，吾心之记籍也”，但也指出“圣人之扶人极，忧后世，而述《六经》”，希望将经典的资源转化为人间合理秩序建构的实践性动力，即所谓“经正，则庶民兴；庶民兴，斯无邪慝矣”①。适可见他之所以提倡尊经，一方面是与本心本性相互印证发明，直接贞定和提高人的主体性，另一方面是始终抱持世间关怀热情，暗寓了用世的现实微意，依然是“修己”与“治人”兼顾，“内圣”与“外王”一体，既非局于内而遗其外，更遑论溺于外而遗其内。其中之关键乃在“明道”，“明道”则必然内外合为一体，必须见诸“行事”，不能脱离人的生命行动，不能缺少实践的环节：“子以明道者使其反朴还淳而见诸行事之实乎？抑将美其言辞而徒以饶饶于世也？天下之大乱，由虚文胜而实行衰也。使道明于天下，则《六经》不必述。”② 这是中国文化自孔子以来“志于道”的一贯传统，即使尊经亦不可偏离其应有的发展方向，最重要的是必须转化为宗教性的“明道救世”的具体社会实践活动，才能最大化地彰显圣贤述经垂后的良苦用心和微言大义。

由此可见，阳明龙场大彻大悟之后，乃返而求诸《六经》，遂多有发明印证，大有自得之乐。足证真积力久，果能契入道境，衡以代表“圣言量”的经典，则必能相互贯通豁然。唯“《六经》者非他，吾心之常道也”及“《六经》者，吾心之记籍”等豪迈语句，虽影响后世甚深且巨，但也引起了不少人的质疑，难免有解释上的歧义。实则这不仅是他个人大彻大悟之后必有的经学见解，同时也是当时多数人因应时代变化而达致的共识。譬如与阳明大致同时的何乔新

---

① 王阳明：《稽山书院尊经阁记》，《王阳明全集》，第 255 页。

② 王阳明：《传习录上》，《王阳明全集》，第 7 页。

便说：

> 《六经》未作，而圣人之道蕴于一心，《六经》既作，而圣人之道昭乎万世。盖经以载道，道本于心，苟非圣人作经以明斯道，又何以为天地立心，为生民立命，为万世开太平也哉？……《六经》，心学也。是故说天莫辨乎《易》，由吾心即太极也。说事莫辨乎《书》，由吾心政之府也。说志莫辨乎《诗》，由吾心统性情也。说理莫辨乎《春秋》，由吾心分善恶也。说体莫辨乎《礼》，由吾心有天序也。导民莫过乎《乐》，由吾心备太和也。是惟圣人一心，皆理也；众人理虽本具，而欲则害之。故圣人即本其心之所有，而以《六经》教之。其人之温柔敦厚，则有得于《诗》之教焉。疏通知远，则有得于《书》之教焉。广博易良，则有得于《乐》之教焉。洁静精微，则有得于《易》之教焉。恭俭庄敬，则有得于《礼》之教焉。属辞比事，则有得于《春秋》之教焉。秦汉以来心学不传，不知《六经》实本于吾之一心，所以高者涉于空虚而不返，卑者安于浅陋而不辞，京房溺于名数，世岂复有《易》，孔、郑专于训诂，世岂复有《书》《诗》，董仲舒流于灾异，世岂复有《春秋》，《乐》固亡矣。至于大、小戴氏之所记，亦多未纯世，岂复有全《礼》哉？经既不明则不正，经既不正则国家安得而善治，乡间安得有善俗乎？文中子曰：九师兴而《易》道微，三传作而《春秋》散，齐、韩、毛、郑，《诗》之末也，大戴、小戴，《礼》之衰也，《书》残于古、今，《乐》失于齐、鲁。夫岂无征而言之哉？此六经之大略也。①

何氏主要活动于成化（1465—1487）、弘治（1488—1505）年间。

---

① 何乔新：《椒邱文集》卷一《策府十科摘要》，文渊阁《四库全书》本。

他虽引宋儒张载的“为天地立心，为生民立命，为万世开太平”为说①，但总体意思则已朝着心学化的言说方向进行了淋漓尽致的阐释与发挥。而无论阳明或何乔新，都一方面认为“经为义理之总汇，薰习既久，即知见、习气不知不觉间可逐渐消除”；一方面又认为“必须将经义一一切己体会，返躬实践，方有益处。否则专求文字训诂，转增知见，无益也”②。至于何氏所谓《六经》皆心学之说，则显然与阳明之言相得益彰，大有先河后海、彼此发明之妙趣，说明至迟弘治年间，士人学风已开始发生变化，心学运动的气候条件已在酝酿形成，阳明不过推波助澜，以更加吸引人的思想典范、更加简易直接的方法，凝聚了大批士人群体，辗转深入社会民间，将其推至发展的巅峰而已。这一点其实前人早已有所觉察，例如顾炎武便径称：“自弘治、正德之际，天下之士厌常喜新，风气之变已有所自来，而文成以绝世之资，倡其新说，鼓动海内。嘉靖以后，从王氏而诋朱子者，始接踵于人间。而王尚书发策谓：‘今之学者偶有所窥，则欲尽发先儒之说而出其上；不学，则借一贯之言以文其陋；无行，则逃之性命之乡以使人不可诘。’此三言者，尽当日之情事矣。”③ 稍后的四库馆臣也认为自汉京以后垂二千年，“学凡六变”，其中“自明正德、嘉靖以后，其学各抒心得，及其弊也肆。空谈臆断，考证必疏，于是博雅之儒，引古义以抵其隙，国初诸家，其学征实不诬，及其弊也琐”④。他们对王门后学

① 按，何氏所引与《张载集》原文不同，“为生民立道”之下，原文尚有“为去圣继绝学”一句。见张载：《近思录拾遗》，《张载集》，第 376 页。

② 乌以风辑录：《问学私记》引马一浮语，《马一浮集》第 3 册，第 1138 页。

③ 顾炎武：《日知录》卷十八《朱子晚年定论》，《日知录集释》，第 954 页。

④ 永瑢等：《四库全书总目》卷一，第 1 页。参阅张新民：《论〈四库全书总目〉的学术批评方法》，《中华典籍与学术文化》，第 261~278 页。

弊端的批评正确与否，由于牵涉的问题太多，暂无从详细分析讨论。①但有明一代学风自弘治、正德年间开始出现明显变化，尤以嘉靖年间特别是阳明龙场悟道开始传播其思想学说之后，心学思潮开始风行大江南北显得最为突出，则是无可争辩的事实。②

七、思想世界的心学化转型

通过前人的分析，我们已不难知道，从十六世纪开始，亦即王阳明龙场悟道之后，中国思想界明显产生了巨大的变化，不仅陆王一系渐次壮大足可与程朱分庭抗礼，而且治经方法也形成了“各抒心得”的心学运动局面。以为阳明凭借一人之力即可改变百年学术思想风气，其说或难免有夸大，但强调阳明乃是嘉靖以后学术文化风气变动的重要触媒因素，则显然与事实出入不大。例如晚明时期的高攀龙就明确指出：“国朝自弘（治）、正（德）以前，天下之学出于一，自嘉靖以来，天下之学出于二。出于一，宗朱子也；出于二，王文成公之学行也。朱子之说《大学》，多本于二程；文成学所得力，盖深契于子静，所由以二矣。”③ 晚于高攀龙的陆世仪也有颇为不满之词：“学脉之瞀乱，于斯为极，不惟诎紫阳，几祧孔孟。”④ 清人撰修《明史》，更以

---

① 参阅张新民：《阳明精粹·哲思探微》，第1~39页。

② 蒙文通先生也曾提到：“中国学术，建安、正始而还，天宝、大历而还，正德、嘉靖而还，并晚周为四大变局，皆力摧旧说，别启新途。”可证阳明龙场悟道传播心学思想之后，中国思想文化的确出现了大变局。蒙氏之说，颇具慧见，比观文中所引诸家之说，则有相互发明之妙趣。见氏著：《中国史学史》，上海人民出版社，2006年，第116页。

③ 高攀龙：《高子遗书》卷九《王文成公年谱序》，贵州师范大学图书馆藏光绪二年（1876）刻本。

④ 陆世仪：《桴亭先生文集》卷一《高顾两公语录大旨》，《续修四库全书》本。

程朱之学为持论的出发点，不无感慨地说："姚江之学，别立宗旨，显与朱子背驰，门徒遍天下，流传逾百年，其教大行，其弊滋甚，嘉(靖)、隆（庆）之后，笃信程朱，不迁异说者，无复几人矣。"① 陆王与程朱俨然成为儒学内部两大学派，构成以后长期的学术纷争，形成人人瞩目的文化现象，塑造一代又一代学人的认知范式，显然主要在嘉靖以后，即王龙溪所谓："浸幽浸昌，浸微浸著，风动雷行，使天下靡然而从之，非其有得于人心之同然，安能舍彼取此、确然自信而不惑也哉？"② 但如果向前追溯其源头，即反过来逆观"浸幽浸昌，浸微浸著"，由"昌"窥"幽"，据"著"断"微"，则龙场悟道及其早期解经活动又实为阳明心学思想体系得以建立之滥觞，代表了一个时代颇有典范意义的标志性思想事件，让人不能不联想到同样可列入心学谱系的其他重要历史人物，如后来的康有为所说："白沙、阳明未出，皆朱子之学。陈、王二人出，始讲陆学。自正德年间中分也。"③ 与康有为同时的梁启超也认为："明代中叶，新学派起，气象异常光大。有两个大师，可以代表，一个是陈献章（白沙），一个是王守仁（阳明)。"④ 与阳明的学问取向类似，白沙一生学术思想的发展，也有先宗朱（熹）后宗陆（九渊）的深刻生命体验变化。其学最贵自然，强调"人与天地同体，四时以行，百物以生……常令此心在无物处，便运用得转耳。学者以自然为宗，不可不着意理会"⑤，遂归本于自得，"自得故资深逢源，与鸢鱼同一活泼，而还以握造化之枢机，可谓独开

① 张廷玉等：《明史》卷二八二《儒林传序》，第 7222 页。

② 王畿：《阳明先生年谱序》，《王畿集》卷十三，第 340 页；又见王阳明：《王文成公全书》，第 1555～1556 页。

③ 张伯桢整理：《南海师承记》卷二《讲明儒学派》，《康有为全集》第 2 集，第 255 页。

④ 梁启超：《儒家哲学》，第 78 页。

⑤ 陈献章：《陈献章集》卷二《书》，第 192 页。

门户，超然不凡”①。他的入道方法主要为“静中养出端倪”，吃紧处全在涵养，尝自谓其证悟经历云：“舍彼之繁，求吾之约，惟在静坐，久之，然后见吾此心之体隐然呈露，常若有物。日用间种种应酬，随吾所欲，如马之御衔勒也。”② 因此，他的方法“与程朱不同，与象山亦不同。程朱努力收敛身心，象山努力发扬志气，俱要努力；白沙心境与自然契合，一点不费劲。……其自处永远是一种鸢飞鱼跃、光风霁月的景象，人格是高尚极了，感化力伟大极了，可惜不易效法，不易捉摸。所以一时虽很光明，后来终不如阳明学派的发达”③。或许正是有鉴于此，黄宗羲更明白指出，白沙与阳明之学，实“最为相近”，而着眼于学术整体发展趋势，他也认为“有明之学，至白沙始入精微……至阳明而后大”④。具见明代学风的转型巨变，虽可溯至白沙，然如若要掀翻天地乾坤，则仍有待晚出的阳明。易言之，白沙摆脱朱学而自成一派，开转移风气之先河，当有发端之劳；阳明于理学之外另辟心学新天地，四方学者翕然应之，更有收成之功。概括言之，康氏所谓“正德年间中分”之说，即以龙场悟道为一大历史性坐标，从此形成理学、心学二水分流的学术思想格局，当仍为与历史真际吻合的不易笃论。⑤

当然，不可否认的是，阳明龙场悟道之后，随着其思想的发展成

---

① 黄宗羲：《明儒学案 · 师说》，第 4 页。

② 陈献章：《陈献章集》卷二《书》，第 145 页。

③ 梁启超：《儒家哲学》，第 78 页。

④ 黄宗羲：《明儒学案》卷五《白沙学案上》，第 79 页。

⑤ 受阳明的影响，以心学立场解经，即在阳明学说传播的早期，便已开始见诸学人的著述。如与阳明交往颇多并服膺其学的黄绾便明白指出：“《易》者，天地之道、圣人之心法也，其用至广，无所不该，故圣人用之以卜筮，非颛为卜筮设也。”可证解经范式的转移，乃是与心学运动的发展同步的。黄宗羲称：“盈天地间皆心也……此处一差，则万殊不能归一。”则可见愈到王学传播的后期，心学的解释对象便愈泛化，非特涉及儒家经典，而且涵盖天地万物。黄绾说见黄绾：《黄绾集》卷十《读易》，第 163 页；黄宗羲说见黄宗羲：《明儒学案序》，第 7 页。

熟，心学运动尽管一时席卷天下，但王门后学后来的发展仍时有升降起伏，“狂禅”的学风倾向多遭世人诟病。如果认真分析阳明龙场悟道后有关儒家经义的各种言说，当然也包括他后来倡导“事上磨炼”的整体义理旨趣①，则仍可说他并不否认阅读经典的重要，同时也更重视经典阅读之后生命行为的具体实践。而实践的要求本身即对人的主体性的一种高度赞扬，对生命即存在即超越可能性的一种积极贞定。质言之，“六艺之道不是空言，须求实践。实践如何做起？要学者知道自己求端致力之方，只能将圣人吃紧为人处尽力拈提出来，使合下便可用力”②。经典的阅读可以“膨胀”为自己的口头空言，但也能够活化自己的生命实践，关键是“合下用力”，由工夫证入本体，再依本体起用，具现为人类社会生活的现世行为。③。

龙场经历百死千难的大彻大悟后，阳明早已将一生之宠辱生死置之度外。他用一己之生命行动的实践方式，不仅见证了人能尽性入道的存在可能，进一步拓宽了儒家修身践言的广阔发展空间，同时也尽可能地吸取传统经典的思想资源，自觉地维护和接续儒家道统及圣贤命脉，并将其证悟所得“举而措之天下之民”，开始积极从事“觉民行道”的济世事业。④ 他的悟道方法“是否与禅宗参禅有点相类，我们也不必强为辩护，但是他的方法，确能应时代的需要。其时《性理

---

① 《传习录下》：“人须在事上磨炼做功夫，乃有益。”见《王阳明全集》，第 92 页。

② 马一浮：《泰和宜山会语·说忠信笃敬》，《马一浮集》第 1 册，第 57 页。

③ 阳明强调“未有学而不行者也”，所谓“行”显然可指实践，但也不妨解释为行为或行动，均可见他对生命实践行为的重视。见王阳明《传习录中》，《王阳明全集》，第 45 页。

④ 阳明后来发挥孟子“亲亲仁民”大义，主张恢复《大学》古本之教，认为“亲民”即为“‘明明德于天下’。又如孔子言‘修己以安百姓’，‘修己’便是‘明明德’，‘安百姓’便是‘亲民’”，均可见他自龙场悟道之后，便已开始积极从事“觉民行道”的儒家济世事业。见王阳明：《传习录上》，《王阳明全集》，第 1~2 页。

大全》一派，变为迂腐凋敝，把人心弄得暮气沉沉的，大多数士大夫尽管读宋代五子的著作，然不过以为猎取声名利禄的工具，其实心口是不一致的。阳明起来，大刀阔斧的矫正他们，所以能起衰救敝，风靡全国”，而其中最为重要的，仍是儒家自孔孟以来的心学思想，即所谓“心体问题”，“到王阳明真到发挥透彻，成一家言，可谓集大成的学者。以前的议论，没有他精辟，以后的议论，没有他中肯”①。阳明是开创整整一个时代学术文化风气的重要思想家，提供了大量人类探讨体认自我精神价值哲学的东方经验信息。

由此可见，龙场悟道乃是中国思想上最具典范意义的大事，实际已意味着心学思潮风行天下的开始，即使后来风靡一时的“致良知”学说，追本溯源亦当发端于阳明身处龙场绝境大悟“圣人之道，吾性自足”之时②。王门后学尽管后来分门别派甚多，亦多将龙场悟道视为心学形成的标志性符号，不但从中获得了悟道行道的启发性灵感，同时更层累地积淀了大量直观智慧的经验，既丰富了心学运动的具体思想内容，也构成了一个时代的学术文化传统。因此，如果说龙场悟道乃是传统中国固有学术思想进入新阶段的重要标志性事件③，那么阳明以心学方法绎经亦折射出了时代变动发展的新趋势。④ 特别是“《六

---

① 梁启超：《儒家哲学》，第79、127页。

② 《王阳明年谱》“正德三年戊辰”条，《王阳明全集》，第1228页。

③ 参阅张新民：《思想史上的惊雷——王阳明龙场悟道简论》，《王学之旅》，贵州民族出版社，2009年；张新民：《论王阳明龙场悟道的深远历史影响——以黔中王门为中心视域的考察》，《阳明学派研究——阳明学派国际学术研讨会论文集》，杭州出版社，2011年。

④ 康有为曾指出：“朱子之学，为士人说法。陆子之学，人人皆可。学王学亦然。”王学能风行大江南北，其中一大原因即较朱学更简易直接。而阳明之所以能从朱子的琐碎繁复中脱颖而出，仍当以龙场悟道为一大关键。康氏“人人皆可”的观察，诚可谓敏锐至极。其说见张伯桢整理：《南海师承记》卷二《讲宋学》，《康有为全集》第2集，第253页。

经》皆心之纪籍”“《六经》乃心之常道”“尊经即尊道”等一系列命题的提出，更体现了一个时代学术思想的脉律跳动，反映了经典心学化解读的典范置换转型。① 他的经学观入清以后虽未必得到考据学者的认可，但直到晚近仍不断发出前后相接的声光回响。譬如大儒马一浮就特别强调：“天下万事万物，不能外于六艺，六艺之道，不能外于自心。……天地一日不毁，此心一日不亡，六艺之道亦一日不绝。人类如欲拔出黑暗而趋光明之途，舍此无由也。”② 尽管时代相去甚远，他的话与阳明之说仍构成了一个前后相续的知识谱系，反映了盛极一时而又始终难以为继的心学思想晚近以来依然不断发展，并拥有了新的时代气息与学术特点。或许蛰伏既久必有复苏，否极之后泰则自来，心性思想文化资源的培育与滋养，无论任何时候都为人类社会必需。

---

① 《传习录上》载：“问：‘看书不能明如何?’先生曰：‘此只是在文义上穿求，故不明如此。又不如为旧时学问，他到看得多解得去。只是他为学虽极解得明晓，亦终身无得。须于心体上用功，凡明不得，行不去，须反在自心上体当即可通。盖《四书》《五经》不过说这心体，这心体即所谓道。心体明即是道明，更无二：此是为学头脑处。’”可见以心学方法解经，不仅是阳明个人的思想理论主张，体现了一个时代学术思想的脉律跳动，而且是他施教的具体方法，显示了经典心学化解读的典范置换转型，不能不成为心学学派人物的共识，亦成为时代的思想潮流。见《王阳明全集》，第 14~15 页。

② 马一浮：《泰和宜山会语·说忠信笃敬》，《马一浮集》第 1 册，第 55 页。

第十一章：寻找下学上达的心性体认施教方法

——论静坐方法在王阳明工夫系统中的价值与意义[①]

王阳明在贵州龙场经历百死千难，以“端居澄默，以求静一”的方法证悟心性本体，大彻大悟生命的真谛，重新解释了《大学》“格物致知之旨”后[②]，便开始依据自己深邃的生命体验，开展了长期不间断的讲学施教活动，不仅帮助大量的来学者直入本心本性了解真实的自我，形成了一套完整的工夫论系统，而且传播了颇有新的理论特征的心学思想，催生了可与程朱理学并埒的心学学派，显示了一个时代学术变动发展的整体趋势。其中静坐尽管不如后来的“致良知”教那样“开口即得本心”[③]，本体与工夫无间无隔，二者浃然融为一体，但仍不失为从本体开出的重要方法，当然也可说是依据工夫证入本体的有效法门，乃是自古迄今，“圣哲为一大事因缘出世，兢兢于明体立极之学”[④]，“去自然，下学上达”[⑤]，是圣贤经常采用的一种手段，同时也是阳明教之“三变”中极为重要的一变。惜历来学者讨论分析甚少，乃至于出于理性的骄狂，以为静坐作为一种方法，既然难在理论逻辑系统中呈现意义，因而也不可能成为阳明施教的一个阶段，根本就不了解静坐恰好正是“反求诸己”并证入形上道体的有效入门手段，即

---

① 原载《浙江社会科学》2017 年第 2 期。

② 《王阳明年谱》“正德三年戊辰”条，《王阳明全集》，第 1228 页。

③ 王畿：《滁阳会语》，《王畿集》卷二，第 34 页。

④ 熊十力：《论量智、性智及玄学方法》，《现代新儒学的根基：熊十力儒学论著辑要》，第 291 页。

⑤ 朱一新：《无邪堂答问》卷一，第 14 页。

在儒门工夫系统中也有特殊的意义。正是有鉴于此，我们才有必要以静坐为中心，考察其在阳明施教过程中的利弊得失，并重新评估其价值与意义，从而更好地了解儒家工夫系统与形上本体实践学密契一体的本来固有关系。

一、静坐施教方法的揭出

欲考察阳明的施教方法，了解静坐的特殊方法论意义，则必须凭借知人论世之法，客观把握阳明离开龙场后的思想发展历程。武宗正德五年（1510）十一月，阳明已年近四十，受朝廷政令之召，乃入京城朝觐，再次与湛甘泉在京师相聚，故友重逢，心情格外振奋。阳明谪赴龙场时，甘泉曾歌《九章》以赠，其中之第七首云："皇天常无私，日月常盈亏。圣人常无为，万物常往来。何名为无为？自然无安排。勿忘与勿助，此中有天机。"① 所谓"自然无安排，勿忘与勿助"，显然即他对阳明的一种工夫论提示，目的则是讨论如何更好地证入形上道体。因为在甘泉看来，"心无一物，天理见前，何为天理，本体自然。廓乎浑兮，四时行焉，勿忘勿助，圣则同天"②。按，"勿忘勿助"典出《孟子·公孙丑上》，宋明理学家多以此方法来接引学者，即使阳明亦无例外。与甘泉一样，阳明也认为"学者一念为善之志，如树之种，但勿助勿忘，只管培植将去，自然日夜滋长，生气日完，枝叶日茂"③，只是晚年提出良知说后，才对甘泉"随处体认天理"之说略有批评，以为"随处体认天理，勿忘勿助之说，大约未尝不是。只要根究下落，即未免捕风捉影。纵令鞭辟向里，亦与圣门致良知之功尚隔

① 湛若水：《湛甘泉先生文集》卷二十六《九章赠别并序》，第1560页。
② 湛若水：《湛甘泉先生文集》卷二十六《示诸学者》，第1556页。
③ 王阳明：《传习录上》，《王阳明全集》，第32页。

一尘。若复失之毫厘，便有千里之谬矣”①。甘泉论学，务求自得②，虽一贯主张“随处体认天理”③，但未必就不赞同良知之说，试看其言“吾与阳明，斯文共起，有如兄弟，异姓同气。天理良知，良能天理，相用则同，二之则异”④，便可证之。足见阳明与他虽时有争辩，在工夫论上亦有同有异，然如果着眼于儒者真正的终极目标或终极托付，仍可说大端“节目”与基本立场颇为一致。⑤

阳明再次入京，恰值后军都督府都事黄绾亦在京师，经人介绍，知阳明“趋向正，造诣深，不专文字之学”，而自己少年时便“有志圣学，求之紫阳、濂、洛、象山之书，日事静坐”⑥，有过尝试“求道”的经历，遂往谒王、湛二氏，三人相互砥砺，遂订下终生共学之盟，均以圣学期许。⑦

---

① 《王阳明年谱》“嘉靖七年戊子”条引《与邹守益书》，《王阳明全集》，第1322页。

② 洪垣《湛甘泉先生墓志铭》：“先生以自得之学，发明中正求仁之旨，芜蔓支离净荡如洗，人无异学。”所谓“务求自得”云云本此。见湛若水：《湛甘泉先生文集》卷三十二，第1875页。

③ 黄宗羲称：“先生（甘泉）与阳明分主教事，阳明宗旨致良知，先生宗旨随处体认天理。学者遂以良知之学，各立门户。其间为之调人者，谓‘天理即良知也，体认即致也，何异？何同？’”可证甘泉主要以“随处体认天理”立说，阳明则以“致良知”立论，相互之间孰优孰劣，乃是学界长期争论的问题。见黄宗羲：《明儒学案》卷三十七《文简湛甘泉先生若水》，第876页。

④ 湛若水：《奠欧南野文》，《湛甘泉先生文集》卷三十，第1797页。

⑤ 阳明论及甘泉，屡见其文集。甘泉与阳明往返论学书信，见存者数量亦不少。相互比观参照，即可见二人情义弥天盖地。阳明之言暂不赘举，甘氏书信见《湛甘泉先生文集》卷七。

⑥ 黄绾：《阳明先生行状》，《王阳明全集》，第1409页。参阅张宏敏：《黄绾生平学术编年》，浙江大学出版社，2013年，第49~50页。

⑦ 黄绾以后亦倡导良知之学，以为“所谓学者无他，致吾良知，慎其独而已。苟知于此而笃志焉，则凡气习沉锢之私皆可决去，毫发无以自容。天地间只有此学、此理、此道而已。明此则为明善，至此则至善”。可见其评价阳明良知之说不可谓不高，然亦非毫无修正，其中最突出者即为“艮止执中”说，惜此处暂无从详论。又《黄绾集》今尚有与阳明书四通、寄甘泉书三通，则可识三人交谊之深笃。

黄绾与甘泉，以后之学术交往亦多，而最服膺阳明，遂于嘉靖元年（1522）执贽称阳明为师。试检其《明是非定赏罚疏》："臣曩与守仁为友，几二十年。一日自愤寡过之不能，守仁乃语以所自得，时若有省，遂如沉疴之去体，故复拜之为师。"① 便可见二人相互黾勉责善，实为难得的道义之交。王、湛、黄三人，均为同一时代颇有理论建树的历史人物，他们的相互交往不仅有助于自身思想的修正发展和成熟圆融，同时也形成并强化了心学运动的核心中坚，而士大夫之有志者，无不相率从游，即在当时的京城，心学人物亦开始有了一定规模。惜不久阳明即调南京刑部主事，又调吏部验封清吏司主事，但问学受业者较诸往昔更多，乃随时点化，务期发明圣学，未尝一日放废接引来学的工夫。明代学术之所以能开出新的气象，固然与阳明的广泛影响有关，但湛、黄一类大儒的同时涌现，尤其相互之间的交流切磋，以及多种学术谱系的"互嵌互动"②，当也是不可忽视的重要因素。明代心学始终是在包含着差异与多元的整体运动过程中，通过理想与现实的巨大落差，遭遇各种复杂诡谲的历史现象，才得以不断赓续发展的。③

正德七年（1512），阳明升南京太仆寺少卿，与弟子徐爱同舟归越

---

① 黄绾：《黄绾集》卷三十二，第628页。

② 黄宗羲曾指出："王、湛两家，各立宗旨，湛氏门人，虽不及王氏之盛，然当时学于湛者，或卒业于王，学于王者，或卒业于湛，亦犹朱、陆之门下，递相出入也。"所谓"互嵌互动"云云，即本之此。见黄宗羲：《明儒学案》卷三十七《甘泉学案一》，第875页。

③ 钱德洪《上甘泉》云："良知天理原非二义，以心之灵虚昭察而言谓之知，以心之文理条析而言谓之理。虚灵昭察，无事学虑，自然而然，故谓之良；文理条析，无事学虑，自然而然，故谓之天。"可证阳明门下弟子也多主动调和心学内部，特别是王、湛之间的思想差异，从而张大了心学发展的声势，在程朱官学笼罩天下的沉闷空气中，别开出学术思想的新天地。见《钱德洪语录诗文辑佚》，《徐爱　钱德洪　董沄集》，第150页；

省亲，途中痛论《大学》宗旨，徐爱骤闻之下，“如狂如醒者数日，胸中混沌复开”①，遂录为《传习录》卷首十四条。徐爱尝撰有文字称：

> 先生于《大学》“格物”诸说，悉以旧本为正，盖先儒所谓误本者也。爱始闻而骇，既而疑，已而殚精竭思，参互错综以质于先生，然后知先生之说若水之寒，若火之热，断断乎百世以俟圣人而不惑者也。先生明睿天授，然和乐坦易，不事边幅。人见其少时豪迈不羁，又尝泛滥于词章，出入二氏之学，骤闻是说，皆目以为立异好奇，漫不省究。不知先生居夷三载，处困养静，精一之功固已超入圣域，粹然大中至正之归矣。②

可见服膺阳明之学者既多，但訾议者亦不少。在朱子学笼罩天下的情况下，阳明能别立一系统，再辟一天地，必然有人目为“立异好奇”。但如同徐爱始疑终信一样，从朱子之学翻转过来而追随阳明的人显然日渐增多，与程朱之学分庭抗礼之势俨然已成，时代进入新阶段的特征遂愈加突出。

正德八年（1513），阳明至安徽滁州督马政，从游弟子愈加增多。《王阳明年谱》“正德八年癸酉”条载：

> 滁山水佳胜，先生督马政，地僻官闲，日与门人遨游琅琊、瀼泉间。月夕则环龙潭而坐者数百人，歌声振山谷。诸生随地请正，踊跃歌舞。旧学之士皆日来臻。

① 《王阳明年谱》“正德七年壬申”条，《王阳明全集》，第1235页。

② 徐爱：《〈传习录〉题辞》，《徐爱 钱德洪 董沄集》，第89页；又见《王阳明全集》，第1页。

从游讲学的盛况，诚可谓殊胜难得。与正德五年（1510）在庐陵以静坐方法接引学人“悟见心体”的情形相似①，阳明同样以静坐入手方法授受学人，接引四方来学之士。他事后曾回忆说：

> 吾昔居滁时，见诸生多务知解，口耳异同，无益于得，姑教之静坐。一时窥见光景，颇收近效。久之，渐有喜静厌动，流入枯槁之病。或务为玄解妙觉，动人听闻。故迩来只说致良知。良知明白，随你去静处体悟也好，随你去事上磨炼也好，良知本体原是无动无静的。此便是学问头脑。我这个话头自滁州到今，亦较过几番，只是致良知三字无病。医经折肱，方能察人病理。②

足证自庐陵至滁州，阳明为了对治学人“多务知解，口耳异同，无益于得”的偏执习气，始终均以静坐方法教人，且的确颇见“近效”。

静坐作为心性体证的一种入手工夫，在方法论上主要是“静其神意，息其气息，如止水，如明月，一波不兴，一尘不染，而无所怯惑，无所思疑，神意湛然，气息悠然……澄然晶然，光明自生，智慧自足，神气盎然，气息随化。静中真机以见，生意以出，而纯乎至善之境，即在眼前矣”③。这是儒家内部自先秦以来即有的“成德”心法，虽因个人“根器”或修行工夫存在着体悟上的差异，但最终目的都是要人证入形上之道体，从而步入《大学》所展示的“止于至善”的境域。阳明所说的“一时窥见光景”，即通过静坐工夫，排除杂念，收敛思虑，初见本体光景，略在心性有所收获。尽管从整体上看，继续向上

---

① 《王阳明年谱》“嘉靖二十三年甲辰”条，《王阳明全集》，第1336页。

② 王阳明：《传习录下》，《王阳明全集》，第104~105页。

③ （题）列圣齐注：《大学证释》，第40页。

翻转，尚有长程路途要走，但毕竟入手工夫已得，本体的亲证亲历已非无可能。故静坐作为一种接引他人证道、入道的教法，仍在方法论上具有不可忽略的重要意义。

但是，利在弊亦随生，尤其是证本体的生命之学，更不能不是满途荆棘陷坑，稍不注意留神，即有可能误入歧途。而如何契理契机施教，亦成为必须考量的一大难题，诚如伊川所说："与学者语，正如扶醉人，东边扶起却倒向西边，西边扶起却倒向东边，终不能得佗卓立中途。"① 静坐的方法尽管能很快助人入道，但也容易产生"喜静厌动，流入枯槁之病"，更甚者则"务为玄解妙觉，动人听闻"，均不能不是必须严加防范的大病。所以自滁州讲学发现习静弊端后，为了帮助学人更好地证入"大中至正"的道境，阳明又有各种补弊纠偏细微方法的调整，最后经"（张）忠、（许）泰之变"后②，才开始以"致良知"取代静坐，形成颇为独特的晚年教人定法。所谓"医经折肱，方能察人病理"云云，即说明"致良知"乃是对多种方法均有尝试，不断总结各种正反两面经验之后，才最终得出的一种大圆融施教方法。

由此可见，自龙场悟道开始以心学立场施教以来，阳明先揭出"知行合一"义旨，再改为"静坐"方法，最后则以"致良知"收结。考察前后源流演变，阳明为教方法至少发生了三次重大变化。诚如其门下弟子钱德洪所说：

> 居贵阳时，首与学者为"知行合一"之说；自滁阳后，多教学者静坐；江右以来，始单提"致良知"三字，直指本体，令学

① 程颢、程颐：《河南程氏遗书》卷十八《伊川先生语四》，《二程集》，第187页。

② 《王阳明年谱》"正德十五年庚辰"条，《王阳明全集》，第1275页。

> 者言下有悟：是教亦三变也。①

如果说龙场悟道之前的“学之三变”，主要是如何寻找方法证入本体，那么龙场悟道以后的“教之三变”，则为如何依据本体开出方法。也就是说，阳明龙场大彻大悟之后，其在“成德”或“成圣”教法上，曾有三次重大的调整或转换。而静坐恰好即为其中不可忽视的一种工夫，联结了“知行合一”与“致良知”一前一后两个施教时期，或可视为必要的中间过渡方法论运用阶段。②

王龙溪也特别拈出师门的“默坐澄心”为说，强调其在旁助他人悟道方面的价值与意义。王氏的《滁阳会语》曾明白指出：

> (先生龙场) 居夷处困，动忍之余，恍然神悟，不离伦物感应，而是是非非天则自见，征诸四子六经，殊言而同旨，始叹圣人之学坦如大路，而后之儒者妄开径窦、纡曲外驰，反出二氏之下，宜乎高明之士厌此而趋彼也。自此之后，尽去枝叶，一意本原，以默坐澄心为学的，亦复以此立教。于《传习录》中所谓“如鸡覆卵，如龙养珠，如女子怀胎，精神意思，凝至融结，不复知有其他”；“颜子不迁怒贰过，有未发之中，始能有发而中节之和”；“道德言动，大率以收敛为主，发散是不得已”。种种论说，皆其统体耳。一时学者闻之翕然，多有所兴起。然卑者或苦于未悟，高明者乐其顿便而忘积累，渐有喜静厌动、玩弄疏脱之弊。

---

① 钱德洪：《刻文录叙说》，《王阳明全集》，第1574页；又见《钱德洪语录诗文辑佚》，《徐爱 钱德洪 董沄集》，第184~189页。

② 黄宗羲也认为阳明龙场大悟之后，教亦有“三变”，但突出了“默坐澄心”和“致良知”，淡化了“知行合一”，与钱说略有异，然亦足证“三变”之说，乃阳明生前身后不少学者的共识。可一并参阅。黄说见黄宗羲：《明儒学案》卷十《文成王阳明先生守仁》，第181~182页。

> 先师亦稍觉其教之有偏，故自滁、留以后，乃为动静合一、工夫本体之说以救之。而入者为主，未免加减回护，亦时使然也。自江右以后，则专提“致良知”三字，默不假坐，心不待澄，不习不虑，盎然出之，自有天则，乃是孔门易简直截根源。盖良知即是未发之中，此知之前，更无未发；良知即是中节之和，此知之后，更无已发。此知自能收敛，不须更主于收敛；此知自能发散，不须更期于发散。收敛者，感之体，静而动也；发散者，寂之用，动而静也。知之真切笃实处即是行，真切是本体，笃实是工夫，知之外更无行；行之明觉精察处即是知，明觉是本体，精察是工夫，行之外更无知。故曰：“致知存乎心悟，致知焉尽矣。”①

依据上文，可识“知行合一”说在龙溪的视域中，似未构成一个独立的思想发展阶段。按阳明所谓：“知之真切笃实处即是行，行之明觉精察处即是知，知行工夫本不可离。”② 在龙溪看来，无论以“真切”说本体，以“笃实”说工夫，抑或以“明觉”说本体，以“精察”说工夫，都足以说明“知之外更无行”“行之外更无知”，都可以为体用一源、显微无间的“致良知”说统摄，都可以用发自心源又植根实践的“致知”一语来加以概括，当然就可忽视时间前后之因素，而与“致良知”打成一处论说。龙溪对“知行合一”说的理解及位置安排正确与否可暂不置论，却更加突出了“默坐澄心”方法手段的重要。

尤宜注意的是，静坐的工夫当然必须以“止念头”为重要的方法论前提，而“止念头”的工夫又以“澄心”为目的论诉求，最终则以

---

① 王畿：《滁阳会语》，《王畿集》卷二，第33~34页。

② 王阳明：《答顾东桥书》，《王阳明全集》，第42页。标点略有改动。

彻悟本心本性为根本归宿。因而静坐与“默坐澄心”或“静一澄默”等说法，在不同的语境中常常可以互置换用。要之，在龙溪看来，必须将静坐作为一个独立的施教阶段，才能客观揭示其在阳明工夫系统中的价值与意义，否则便不符合阳明施教过程的实际，也难以与“统体”之说吻合一致。

龙溪将“默坐澄心”与“致良知”并置，虽不免有过分拔高前者之嫌，但仍可见静坐乃是阳明龙场悟道后经常采用的一种施教方法。《滁阳会语》反复征引《传习录》有关静坐的文字，目的都是要说明“以默坐澄心为学的，亦复以此立教”，明显与程朱理学学者“妄开径窦、纡曲外驰”的烦琐路径不同，乃是一种“尽去枝叶，一意本原”的简易法门。“默坐澄心”在方法论上的特点，即以“收敛”为“下学上达”的入门手段①，不仅要“摄用归体”，向内收拾精神，使其“凝聚融结”，体验心体寂然不动的本体存在状态，同时更要内观本来即有的“未发之中”，然后感而遂通，依体起用，做到在人文实践活动中恰到好处地“发而中节”。在王氏看来，阳明的所作所为均得力于他在龙场恍然有如“神悟”的深邃生命体悟，因而才自觉地以“默坐澄心”为引接他人自证心体的重要施教手段。静坐的工夫尽管后来也出现了诸如忽视工夫积累、“喜静厌动”、“玩弄疏脱”一类的弊病，阳明也有针对性地及时做出了方法论上补弊纠偏的调整，但在更加圆融究竟的“致良知”说提出之前，特别是在居滁传播心学思想期间，仍不失为一种重要的施教接引方法，不能不说是教之“三变”中极为重要的一变。

---

① 《论语・宪问》：“不怨天，不尤人，下学而上达，知我者其天乎！”又云：“君子上达，小人下达。”均指必须通过形下世界的人事实践锻炼，领悟了解形上世界的大道本体，否则便难免陷溺于世俗积久生弊的偏见之中，缺乏与天道合为一体的即体即用的终极托付和关怀。

二、补弊纠偏方法的寻找

滁州是阳明以静坐方法施教济人的重要区域，前来听其讲学者人数颇多，但也发生了偏差，其遂有微细方法的应机调整。这一调整虽仍可纳入静坐整体范畴，不能视为独立的阶段，但亦可一窥阳明施教的良苦用心，了解生命体证向上翻转的艰难。

阳明在滁州的讲学情况及影响，钱德洪依据自己的观察，亦有所介绍和总结。钱氏说：

> 滁阳为师讲学首地，四方弟子，从游日众。嘉靖癸丑秋，太仆少卿吕子怀复聚徒于师祠。洪往游焉，见同门高年有能道师遗事者。当时师惩末俗卑污，引接学者多就高明一路，以救时弊。既后渐有流入空虚，为脱落新奇之论。在金陵时，已心切忧焉。故居赣则教学者存天理，去人欲，致省察克治实功。而征宁藩之后，专发致良知宗旨，则益明切简易矣。兹见滁中子弟尚多能道静坐中光景。洪与吕子相论致良知之学无间于动静，则相庆以为新得。①

钱氏所说，实本于阳明之说："吾年来欲惩末俗之卑污，引接学者多就高明一路，以救时弊。今见学者渐有流入空虚，为脱落新奇之论，吾已悔之矣。故南畿论学，只教学者存天理，去人欲，为省察克治实功。"② 然亦足证其说源自师门，决非一时偶发之语。文中所述"癸

---

① 钱德洪：《与滁阳诸生书并问答语》跋语，《王阳明全集》，第982～983页；又见《钱德洪语录诗文辑佚》，《徐爱　钱德洪　董沄集》，第200页。

② 《王阳明年谱》"正德九年甲戌"条，《王阳明全集》，第1237页。

丑”，即嘉靖三十二年（1553），时上距正德八年（1513）阳明在滁州讲学已四十年，滁中弟子尚记得当年“静坐中光景”，可见阳明确实曾以此法接引过不少学人。

然而或许是戎马倥偬，或许是弟子遍及天下，无论主观的无精力时间顾及，抑或客观的交通往返不便，阳明后来虽已在江右将其教法改为“致良知”，却长期不为远在滁州的学人知晓。所以即使事隔四十年，心学思想已成为一时之思潮，但师门“无间于动静”的“致良知”简易宗旨，一旦由钱、吕二人和盘道出，滁中子弟骤闻之下，竟都“相庆以为新得”。足证静坐作为一种关涉身心性命的修持方法，当地至少有一部分学人长期将其奉为师说，甚至延至嘉靖三十二年仍始终恪守不移，未尝轻率更改变易。

有必要指出的是，在静坐与“致良知”两种工夫法门之间，阳明尚一度采用过“存天理，去人欲”的方法，目的则为凭借“省察克治”的实功，对治静坐可能引发的“流入空虚，为脱落新奇之论”的偏失。这一点阳明在《与滁阳诸生书并问答语》中也有提及，读之感觉有如良医对症开出的药方。兹具录如下：

> 或患思虑纷杂，不能强禁绝。阳明子曰：“纷杂思虑，亦强禁绝不得，只就思虑萌动处省察克治，到天理精明后，有个物各付物的意思，自然静专，无纷杂之念。《大学》所谓‘知止而后有定’也。”①

细绎阳明所言，虽强调勤修“省察克治”之功，强调心体纯乎天理而无人欲之私的重要，却并未完全否定静坐法门在方法论上的必要性，或许可以说是对《大戴礼记·易本命》“王者动必以道，静必以

① 王阳明：《与滁阳诸生书并问答语》，《王阳明全集》，第982页。

理”的进一步发挥。只是针对静坐已经或可能出现的偏差，如强行禁绝思虑杂念，一味贪静而堕入顽空，他才主张补以明察天理的工夫，示明可以用“物各付物”的方法来加以对治。阳明曾有过格竹失败的经验，知道无论向外或向内过度人为用力，均难以接近反而更远离了道体，只有以无为法（无一毫人力安排）做到“自然静专”，以“勿忘勿助”的方法切身实地体验，如《中庸》所谓“视之而弗见，听之而弗闻，体物而不可遗”，才能杂念不强其去而自去，道境不期其至而自至。

值得稍加提及的是，上引阳明所述文字，钱德洪特别说明：“时闻滁士有身背斯学者，故书中多愤激之辞。后附问答语，岂亦因静坐顽空而不修省察克治之功者发耶?”① 唯今日读之，未必就能令人有“愤激”之感，或许门下学人已有所删削，然亦可识病痛既深，必非一时偶然现象，俨然已成社会风气，必然引起有识者的不满。例如较阳明后出的晚明高僧蕅益大师撰《论语点睛》，至《雍也》“女为君子儒，无为小人儒”一句，便突然有以下发挥：

> 从性天生文章便是君子儒，从文章著脚便是小人儒。即下学而上达便是君子儒，滞于下学便是小人儒。若离下学而空谈上达，不是君子儒，亦不是小人儒，便是今时狂学者。②

末句“便是今时狂学者”，的确是画龙点睛之笔。可见他不仅解释古典，同时也在发挥今义。足证当时学者不仅“滞于下学”者颇多，“离下学而空谈上达”者更夥。与佛教僧侣蕅益相较，儒门人物黄绾的

---

① 钱德洪：《与滁阳诸生书并问答语》跋语，《王阳明全集》，第983页；又见《钱德洪语录诗文辑佚》，《徐爱 钱德洪 董沄集》，第200页。

② 蕅益大师：《灵峰宗论》，第707页。

批判似更严厉："或有以戏子喻士大夫者，此言最切中今日之弊，云：'戏子登场，或为忠，或为孝，或为喜，或为怒，或为廉洁，或为贞淑，或为抗直，或为执法，或为义行，或为事业，皆非其真；只欲看者喜，欲觅些赏钱而已。及下场，依旧一戏子。'此言，吾党极当知而深省，庶几于道有得。"① 黄氏乃是与阳明同时代之人，亦以心学思想名家，而于良知之学最有心得②；阳明心学之弘传，其出力甚多，贡献亦大。文中所谓"吾党"，显然必指心学阵营中的人，"当知而深省"云云，亦当为针砭时弊之言。足证阳明门下学人之病痛，不仅阳明本人发现、批评甚早，而且黄绾一类的有心人亦已有所觉察或讥弹。

藕益提到的"离下学而空谈上达"的"狂学者"，如追溯其前后流源，则黄绾实已先于其而早有所针砭：

> 今之君子，有谓仙、释与圣学同者，传于人则多放肆无拘检。或问其故。予曰：无他，只为见其本来无物顿悟上乘之旨，有以放其心而不知收。不思仙、释为学之初，全在持戒，苟持戒不严，则有不可胜言之弊矣，况圣学乎？③

所谓"放肆无拘检"云云，显然即为"狂学者"最易犯的毛病。病根的原因当然与高谈"上达"而不知"下学"，即一上手便以为能够悬空"顿悟上乘之旨"有关，乃是初学"静坐顽空"者最易产生的问题，恰好可以移作"渐有流入空虚，为脱落新奇之论"一语的注脚，不能不是阳明急于"惩末俗卑污，引接学者多就高明一路，以救时弊"引发出来的负面现象。他在龙场经历百死千难，"日夜端居澄默，以求

---

① 黄绾：《久庵日录》卷三，《黄绾集》卷三十六，第686页。

② 参阅黄绾：《祭阳明先生文》《祭阳明先生墓文》，《黄绾集》卷二十九，第563~564页。

③ 黄绾：《久庵日录》卷一，《黄绾集》卷三十四，第663页。

静一；久之，胸中洒洒”①，最终凭借自己的“悟道”经验总结出来的施教方法，却在后来接引他人的过程中，变成了不少来学者的光影玩弄，酿成了“狂禅”的弊端。正是有鉴于此，或许是一时救人心切，当然就不能不“心切忧焉”；也有可能是为了补弊纠偏，遂警之以“愤激之辞”。而“存天理，去人欲”作为一种工夫论，本质上就是黄氏所说的“持戒”。显然，通过形上形下双重观察的慧眼，阳明不可能不对弊害的滋生早有察觉，入手路径的及时调整及方法论的重新选择，遂成为头等大事，必然纳入其中心视域。具见“省察克治”实功的提出，就是针对已经滋生的流弊及时开出的治病良药，沿着其思想发展路径向前延伸，最终必然会有更加圆融究竟的“良知”或“致良知”说的揭出。但“静坐”工夫的方法论过渡意义，似也不应轻易忽视。

黄绾与蕅益，一依据儒家圣学立场，一凭借佛教修持经验，前前后后，或内或外，均对明代儒学存在的流弊做出了现象学的描述或批判，足以帮助我们加深对阳明教之“三变”产生原因的了解。但时代的弊病决不可能仅限于儒门一家，僧界内部同样的现象亦极为普遍和严重。因而蕅益又特别批评说：

> 布施即般若，非离布施别谈般若也。……宣圣云：“有德者必有言。”予亦云：“修般若者必修布施。”今人不然，高谈般若，无不点胸；语以修舍，则心惊怖，反骂言“不必着相”。讵知不着布施相，早着悭贪相矣！设悭贪无悭贪相，何不布施无布施相之为妙也？经云：“法尚应舍，何况非法。”着布施是着法，着悭贪岂不着非法耶!？此所谓“无德无言者”也。②

① 《王阳明年谱》“正德三年戊辰”条，《王阳明全集》，第1228页。

② 蕅益大师：《灵峰宗论》，第375页。

具见当时学风，放言高论者多，切实用功者少，无论儒学或佛教，均难免沾染虚狂学风，已蔚成一时风气。而“好胜矜傲”之风，越发展到后期就越炽烈，以致“士友略谈学问，即自高以空人，遂有俯视天下之心，略无谦下求益之意；如古人所谓‘以能问于不能，以多问于寡，有若无，实若虚’者，或有不足；及至有失，辄以智术笼络，大言欺人，皆自以为良知妙用如此。或至私与之人，甚至污滥苟且，人不齿录，亦称同志，曲为回获，使人疾为邪党，皆自以为‘一体之仁’如此。或在同类，偶有一言非及良知，其人本虽君子，亦共排斥，必欲抑之，使无所容，皆自以为卫道之力如此，而不知此实好胜矜傲之病，不可以入道”①。学风的败坏不仅影响到儒学的正常发展，甚至也导致了社会整体舆论空间的危机，当然就不能不引起有识之士的强烈不满，必然展开多方面的讽喻或批判。例如前面提到的“离下学而空谈上达”，显然即“虚狂”，当然也是阳明痛加针砭的“流入空虚”或堕入“顽空”，在佛教看来固然是顽病②，在儒门看来更是痼疾。阳明虽未必就能预见其逝世后的各种恶劣现象，但在流弊发生的滥觞之初，便已“孤明先发”，洞见了弊端初发时的要害，及时调整了施教接人方法，开出了“省察克治”药方。这虽未必能杜绝整个病源，但也推迟了蔓延的时间，无怪乎钱德洪说他“多愤激之辞”，显然忧深者其言必定剀切详明，均可见静坐的方法固然重要，但防范其可能产生的偏失亦同样不能轻忽。

---

① 黄绾：《久庵日录》卷一，《黄绾集》卷三十四，第 663 页。

② 蕅益大师《重刻〈破空论〉序》：“经云：‘宁起有见如须弥山，勿起恶取空见如芥子许。’盖空见拨无因果，能断五乘善根故也。”按，《破空论》全名《金刚般若波罗蜜经破空论》，乃蕅益依据姚秦三藏法师鸠摩罗什所译之《金刚经》重新造论，适可见“空见”较诸“有见”，更为佛教“破斥”。见蕅益大师：《灵峰宗论》，第 374 页。

三、心性本体世界的证入

由此可见，阳明乃是由于静坐方法所产生的流弊的挑激，才主动改变施教方法，先开出“存天理，去人欲”的对治药方，同时也强调“省察克治”实功的重要，最后才以“致良知”为晚年定论，以为后者乃是“明切简易”法门，能够直指本体，同时接引上中下“根器”的学人。① 可见无论任何方法的调整，目的都是更好地“内外交修”“知行并进”，即以内外一体的方式随时随地展开各有体有用的生命实践活动，才可说是“为学之功，盖未有密于此者矣”②。

但是，无论如何，静坐作为一种补弊纠偏的施教方法，的确是阳明教之“三变”中的重要“一变”，至迟离开龙场不久便开始采用③，而在滁地时更用来“引接学者多就高明一路，以救时弊”。今人不察，以为前引钱氏之说，乃是“将贵阳之后、平藩之前统归之于静坐收敛，是不适当的”；强调“教人静坐实际上从来不具有教之一变的意义”，“静坐教法根本不构成一个阶段”，“滁阳的所谓教人静坐，都是为省察克治阶段所作的准备。静坐的直接目的是定心息念，省察克治即存天理去人欲，这是两个不同阶段的功夫……没有理由认为阳明在征藩以前在整体上以静坐为教法，更不能表明阳明

---

① 关于良知教能够同时接引上中下“根器”的学人的分析，可参阅张新民：《王阳明“四句教”探释》，《贵州文史丛刊》1997 年第 4 期。

② 朱一新：《无邪堂答问》卷四，第 155 页。

③ 《王阳明年谱》载：“嘉靖二十三年甲辰，门人徐珊建虎溪精舍于辰州，祀先生。精舍在府城隆兴寺之北。师昔还自龙场，与门人冀元亨、蒋信、唐愈贤等讲学于龙兴寺，使静坐密室，悟见心体。”可证正德五年（1510）阳明离开贵阳后，在赴江西就任庐陵知县的途中，便已在湖南辰州以静坐方法接引学人。其中之“悟见心体”四字，亦点出了阳明以静坐施教的目的。见《王阳明全集》，第 1336 页。

自己的思想在这一时期以收敛为主”①。以上均不过出于主观的臆断，是缺乏史实根据的。

其实，姑不论钱德洪、王龙溪二人都为阳明门下高足，都极为了解阳明学说整个发展历程②，虽一重工夫，一重本体，但都熟悉静坐方法，都有深邃的生命体验，都对师门之说拳拳服膺，决不可能对阳明施教方法的变化轻易妄下个人主观臆想的判断。尤其重要的是，即使阳明个人的龙场大悟，据黄绾所撰《阳明先生行状》，也是“日夜端居默坐，澄心精虑，以求诸静一之中”③，然后才“中夜大悟格物致知之旨”④。而“端居默坐”即静坐方法，即“澄心精虑”或“静一”，也就是阳明后来依据自己的顿悟体验，以过来人的实践经验及证量工夫，在辰州要人“静坐密室，悟见心体”、在滁阳“教之静坐。一时窥见光景”的方法。衡以前后源流，比观变化发展过程，诚可谓理路线索极为清晰一贯，都显示了静坐乃是引人入道的重要施教方法。

静坐可以“收敛”，当然也可以起观⑤；能够“定心息虑”，未尝就不能“省察克治”。“省察克治”的工夫可以在事中做，为何就不能在静

---

① 陈来：《有无之境：王阳明哲学的精神》，第326、327、328页。

② 参阅钱明：《儒学正脉——王守仁传》，浙江人民出版社，2006年，第138～139页。

③ 黄绾：《阳明先生行状》，《黄绾集》卷二十四，第459页。按，所谓“静一之中”的“中”，即“致中和”之“中”，可证静坐可达致“静一之中”，亦可偏离“静一之中”，阳明乃是有悟道证量工夫的过来人，他所要对治的正是后一种情况。

④ 《王阳明年谱》“正德三年戊辰”条，《王阳明全集》，第1228页。

⑤ 儒家起观的方法很多，如观圣人气象、观孔颜乐处、观天地精神、观未发已发、观正大光明等，但依孔孟心法，最重要的仍是证悟心性本体，发现生命固有的“仁”及其创造活力，当然也可说是《大学》的“明明德”、宋明儒所说的“德性之知”、阳明的“致良知”。其中阳明的心性之学的贡献，即为更强调在本源深处的“根”上做工夫，不仅“摄用归体”，直契心性本体，回归本体界的“寂然不动”“未发之中”，而且依体起用，“感而遂通”“发而中节”，将本体界与现象界打通。故静坐内观的方法，必须置于心性证悟工夫系统，才能客观如实地凸显其意义。

坐中做？即使“存天理，去人欲”或“致良知”作为心性工夫固然不能离开“事上磨炼”的实践环节，但未尝就不可以在静坐澄心的修持过程中反观内省。正如“知行合一”之说虽发端于贵阳，但以后“与曰仁（徐爱）南舟论学，特发知行合一之旨，晚与顾东桥书更发挥知行合一思想，很难把知行合一只看作贵阳时期的思想”一样①，静坐虽是阳明龙场顿悟的重要方法论助缘，以后又一度成为教之“三变”的重要一变，但决不意味着“三变”之后阳明就完全放弃了静坐法门，“变”与“变”之间只是方法的当机调整，根本就不存在相互否定的关系。

因此，阳明后来之所以提倡“省察克治”，主张“存天理，去人欲”，都不是反对或批判静坐本身，而是对治或防范静坐可能出现的弊端——流入空虚或堕入顽空，甚至“致良知”作为一种有体有用的实践工夫，就证入良知本体而言，静坐既然能够帮助学人较快进入“静一”的生命实存状态，当然就能提高人的内在明察觉知能力，升华人的直观妙察智慧，依然不失为一种极为重要的增上法门。只是证体之后尚必须活泼起用，从动静一体的角度看，“静一”的工夫固然可以在静坐中做，未尝不能在行动中做。但无论如何，静坐与“省察克治”“存天理，去人欲”“致良知”，决非对立的关系，以为讲静坐便不能讲“省察克治”“存天理，去人欲”，讲“省察克治”“存天理，去人欲”便不能讲静坐，二者之间只能非此即彼，均不仅在工夫论上有隔阂，甚至在学理上也有滞障。无怪乎阳明撰《朱子晚年定论》，说朱子“冥目静坐”，“收敛身心，颇觉得力”，乃至于引“颇恨盲废之不早”之言②，来证自己与朱子之学无相谬戾，甚至朱子之学已先获其心之同然。钱德洪亦称“朱子病目静久，忽悟圣学之渊薮，乃大悔中年注述误己误

① 陈来：《有无之境：王阳明哲学的精神》，第326页。

② 王阳明：《朱子晚年定论》引朱熹《答潘叔昌》《答潘叔度》，《王阳明全集》，第130页。

人，遍告同志”[①]。以后黄宗羲更认为阳明悟道工夫既透，学则已成，前后也有“三变”，除“致良知”之外，其所极力突出者便是“默坐澄心”，即大悟之后“尽去枝叶，一意本原，以默坐澄心为学的。有未发之中，始能有发而中节之和，视听言动，大率以收敛为主，发散是不得已[②]”。黄氏显然也是阳明施教方法难得的解人，所言虽主要本于钱、王二氏，然亦非毫无辨析，诚可谓一语而中的。

进一步分析，尚不难看到，阳明以“知止而后有定”为说，不能不涉及儒家经典《大学》，乃是当时人人共识共认的施教修德的重要文本依据。程颐便认为《大学》乃“孔氏之遗书，而初学入德之门”[③]。朱子也强调为学修德应先从读《大学》入手，即所谓“先读《大学》，以定其规模；次读《论语》，以立其根本；次读《孟子》，以观其发越；次读《中庸》，以求古人之微妙处”[④]。从“定规模”而“立根本”，再“观发越”而“求微妙”，显然是生命理境渐次提升、道德进路逐步宏阔、存在体悟日趋深刻、思想言说愈加圆融的过程。由于《大学》具有奠定人生志向和行为规范的作用，儒家学者开展教化工作，遂多首选其为初阶读本。[⑤] 而就《大学》所展示的工夫次第而言，则为“知止而后有定，定而后能静，静而后能安，安而后能虑，虑而

① 钱德洪：《朱子晚年定论》引言，《王阳明全集》，第127页；又见《钱德洪语录诗文辑佚》，《徐爱　钱德洪　董沄集》，第197页。

② 黄宗羲：《明儒学案》卷十《文成王阳明先生守仁》，第181页。

③ 按，伊川原文为：“棣初见先生，问‘初学如何？’曰：‘入德之门，无如《大学》。今之学者，赖有此一篇书存，其他莫如《论》《孟》。’”当一并参看。见程颢、程颐：《河南程氏遗书》卷二十二上《伊川杂录》，《二程集》，第277页。

④ 黎靖德编：《朱子语类》卷十四《大学一》，第222页。

⑤ 朱子尚反复提到“《大学》一篇有等级次第，总作一处，易晓，宜先看”，“人之为学，先读《大学》……《大学》是个大坯模。《大学》譬如买田契，《论语》如田亩阔狭去处，逐段子耕将去”。见黎靖德编：《朱子语类》卷十四《大学一》，第222页。

后能得”，即分别有知、止、定、静、安、虑、得七个工夫步骤；从阳明的心学立场看，均为虚灵明觉之心统摄。由于其中涉及的问题颇多，暂只能分析阳明所谈到的“知止而后有定”，以及与“静”有关的形上道体问题。

《传习录》载：

> 爱问：“‘知止而后有定’，朱子以为‘事事物物皆有定理’，似与先生之说相戾。”先生曰：“于事事物物上求至善，却是义外也。至善是心之本体，只是‘明明德’到‘至精至一’处便是。然亦未尝离却事物，本注所谓‘尽夫天理之极，而无一毫人欲之私’者得之。”①

文中提到的“本注”，即朱子为“大学之道，在明明德，在新（亲）民，在止于至善”的《大学》三纲领所出的注。可见他与朱子之学看法有异有同，并非一切均决然对立。其中“知止而后有定”乃是证入至善形上心性本体的重要方法，其所显现出来的理论脉络，仍是儒家“明明德”的内证修养工夫，也可说是“成德”的精神发展方向，但必达致至中至正、至精至一之境，即经过知、止、定、静、安、虑、得的七个工夫步骤，才有可能契入天理“充量至极”而无一毫人欲之私的境域。生命从此获得了极为深刻的内在意义的体验，只是天理一派现成流行，必然会改变人的现实存在状态，产生身心气质的重大变化。从证悟形上道体的终极关怀或终极托付出发，“明明德”的工夫必然会激发人心性内部固有的“仁”及创造性活力，当然就不能不积极参与家国天下的各种人生事业，必须开展各种人文或人道主义取

① 王阳明：《传习录上》，《王阳明全集》，第2页。

向的“亲民”实践活动[①]，最终则将本体之至善外化为人间社会具体的善，即阳明所说的“视天下犹一家，中国犹一人”[②]，实现内圣与外王的完整合一——（形）上、（形）下、（心）内、（心）外完全无间无隔，这才可说是证入了至善形上的道体，确保圆融究竟境界的不迁不移。阳明龙场大悟“圣人之道，吾性自足”的实存主体经验[③]，决定了他不可能以向外部世界事事物物追逐求理的方式来展开施教工作。[④] 以阳明与朱子互较，虽终极目标一致，然一主内一主外，一直截一迂曲，一简易一支离，一凌迈一平实，方法路径仍有明显差异，形成二水分流的局面。静坐之所以能成为阳明的一种施教方法，即希望借此方法能够助人不在林林总总的事物上打转，不在浮泛表面的言语上周旋，从而更快地直入心性本体，踏上《大学》的工夫进路次第[⑤]，然后以浩浩然挺立的人格精神，开展“内圣”与“外王”合为一体的

---

① 与阳明同时之黄绾曾向朝廷上《明是非定赏罚疏》，总结“守仁之学，其要有三”：一即“致良知”，再即“亲民”，再即“知行合一”。可证“亲民”说在阳明思想系统中，实占有极为重要的地位。见黄绾：《黄绾集》卷三十二，第626~627页。又“亲民”涉及“养”与“教”的多方面问题，详细分析可参阅张新民：《阳明精粹·哲思探微》，第195~203页。

② 王阳明：《大学问》，《王阳明全集》，第968页。

③ 《王阳明年谱》“正德三年戊辰”条，《王阳明全集》，第1228页。

④ 朱熹《大学章句》释“格物”二字云：“格，至也。物，犹事也。穷至事物之理，欲其极处无不到也。”阳明径斥其为“义”外之说，而另加解释云“格者，正也。正其不正，以归于正也”，“格物者，格其心之物也，格其意之物也，格其知之物也”。可证他不可能赞成朱子事事物上求理之说。朱子之说见朱熹：《四书章句集注》，第2页；阳明之说见王阳明：《传习录上》《传习录中》，《王阳明全集》，第25、76页。

⑤ 阳明《答罗整庵少宰书》云：“《大学》之实下手处，彻首彻尾，自始学至圣人，只此工夫而已。非但入门之际有此一段也。”见《王阳明全集》，第76页。

人间秩序建构事业。①

从阳明的心学立场看，《大学》“知止而后有定”之“知”，乃是与“所知”有别的“能知”，当然也是心体虚灵明觉之知，也就是他后来所说的良知——不离客观价值知识系统（所知）的能够知善知恶的“能知”。“能知”与“所知”乃是不一不二的关系——离开了“能知”便难以产生“所知”，缺少了“所知”也无从体现“能知”。“能知”是“一”，“所知”是“多”。以“一”驭“多”，多而不杂，不能不是简易明达方法；以“多”求“一”，多而易歧，必然是烦琐晦塞路径。二者尽管相互统一，但仍有轻重主次之分。

从根本上讲，心外无一物（事）可“浪得”，也无一物能“对待”。《大学》“明德”的世界即本体的世界，本体的世界即无欲的世界，当然也可说是即天理即仁爱即良知的世界，合之则明德无分天理、仁爱、良知，本来即为心体“净洁空阔”、无限广袤的存在世界，分之则明德即光明莹洁，天理即流行无碍，仁爱即万物一体，良知即昭明灵觉，可以称为“至中至正”，当然也是“至精至一”，均不过是本体及其起用的同一状况的不同描述。其中“知止而后有定，定而后能静，静而后能安，安而后能虑，虑而后能得”七步骤的“静”，则并非通常所谓与动相应的静，而是指形上道体固有的“静”，既同时包含了动与静，又了然无动静之相，是根源性的可随时起用的“静”、具有巨大创造活力的“静”、充满无限动的势能的“静”、生生不息的“静”、与宇宙一体能够成就万物的“静”、亘古亘今周遍一切的“静”。

---

① 阳明《答甘泉（辛巳）》云：“修齐治平，总是格物。”可证他的“格物”说一端连着“诚意正心”，可称为“内圣”，一端系着“修齐治平”，当视为“外王”。而“内圣”与“外王”一体，即有体有用，体用一源，二者显然不能分割，依据《大学》的语义脉络，都可纳入“格物”说的整体范围之内。见《王阳明全集》，第181页。

静隐动显，静显动隐，显微既然无间，动静必然一体。[①] 虚静之体即体即用，即用即体，常寂常照，常照常寂，则必有本体的直觉智慧的豁然开显，必有一派活泼生机的自然现前，当然人心就能上达天心，人心天心一体不二。[②] 而"明明德"便是以实践化的人生修养方式恢复心性本有的空阔与光明，凭借良知本体的工夫展现生命存在固有的性德与智慧，诚如后来的刘蕺山所说："智者，良知静深之体。良知贯乎四德，而独于智见其体。盖深根宁极之后，正一点灵明葆任得地处。故曰：复其见天地之心乎！"[③]

由《大学》所谓"知"的妙悟，经过"心有定向"的"止"的深修，再获得"定""静""安""虑"层层修养工夫的提升，最后必有

① 阳明《答陆原静书》云："周子'静极而动'之说，苟不善观，亦未免有病。盖其意从'太极动而生阳，静而生阴'说来。太极生生之理，妙用无息，而常体不易。太极之生生，即阴阳之生生。就其生生之中，指其妙用无息者而谓之动，谓之阳之生，非谓动而后生阳也。就其生生之中，指其常体不易者而谓之静，谓之阴之生，非谓静而后生阴也。若果静而后生阴，动而后生阳，则是阴阳动静截然各自为一物矣。阴阳一气也，一气屈伸而为阴阳；动静一理也，一理隐显而为动静。春夏可以为阳为动，而未尝无阴与静也；秋冬可以为阴为静，而未尝无阳与动也。春夏此不息，秋冬此不息，皆可谓之阳、谓之动也；春夏此常体，秋冬此常体，皆可谓之阴、谓之静也。自元会运世岁月日时，以至刻杪忽微，莫不皆然，所谓动静无端，阴阳无始，在知道者默而识之，非可以言语穷也。若只牵文泥句，比拟仿像，则所谓心从法华转，非是转法华矣。"文中之说本此，而略有发挥。见《王阳明全集》，第64~65页。

② 《传习录下》载阳明之言云："天地无人的良知，亦不可为天地矣。盖天地万物与人原是一体，其发窍之最精处，是人心一点灵明。风、雨、露、雷、日、月、星、辰、禽、兽、草、木、山、川、土、石，与人原只一体。故五谷禽兽之类，皆可以养人；药石之类，皆可以疗疾：只为同此一气，故能相通耳。"又黄绾《久庵日录》卷一："《艮》言天地人之心一也，不可有二，二则非心矣，合内外而言之。"可证不仅人心可通天心，而且万物亦能一体。而以人心天心为一，乃当时多数学者的共识。阳明之说见《王阳明全集》，第107页；黄氏之说见黄绾：《黄绾集》卷三十四，第651页。

③ 刘宗周：《学言中》，《刘宗周全集》第2册，第431页。

“得”的本体境界的慧证，即能知、能止、能定、能静、能安、能虑之后必是能得，当然也是形上道境的证入、圣人气象的达致，不能不是“明明德”，同时也是“止于至善”，均离不开一心之妙用，显示了生命存在之本真面目。可见“静”作为一种工夫论，不仅在阳明思想系统中，而且从中国哲学的整体发展脉络看，均具有极为重要的意义。

不妨试看阳明在《大学问》中的说法：

> 曰：“‘知止而后有定，定而后能静，静而后能安，安而后能虑，虑而后能得’，其说何也？”曰：“人惟不知至善之在吾心，而求之于其外，以为事事物物皆有定理也，而求至善于事事物物之中，是以支离决裂，错杂纷纭，而莫知有一定之向。今焉既知至善之在吾心，而不假于外求，则志有定向，而无支离决裂、错杂纷纭之患矣。无支离决裂、错杂纷纭之患，则心不妄动而能静矣。心不妄动而能静，则其日用之间，从容闲暇而能安矣。能安，则凡一念之发，一事之感，其为至善乎？其非至善乎？吾心之良知自有以详审精察之，而能虑矣。能虑则择之无不精，处之无不当，而至善于是乎可得矣。”①

从阳明早年的格竹失败，引发对朱子格物说的怀疑，到中岁龙场大悟格物致知之旨，将格物的解读由向外求理革命性地逆转为向内证心②，

---

① 王阳明：《大学问》，《王阳明全集》，第970页。

② 《王阳明年谱》“正德四年己巳”条载：“是年（阳明）先生始论知行合一。始席元山书提督学政，问朱陆同异之辨。先生不语朱陆之学，而告之以其所悟。书怀疑而去。明日复来，举知行本体证之《五经》诸子，渐有省。往复数四，豁然大悟，谓‘圣人之学复睹于今日；朱陆异同，各有得失，无事辩诘，求之吾性本自明也。’遂与毛宪副修葺书院，身率贵阳诸生，以所事师礼事之。”所谓“求之吾性本自明”云云，即可移来作为阳明由外向内革命性逆转，以为格物即证心中之物（事），而更加凸显《大学》文本固有的心性论特征的旁证。见《王阳明全集》，第1229页。

再到晚年授门人以《大学问》，提出人与天地万物为一体之说，《大学》思想资源的影响与阳明的生命体验实践活动，可说是自始至终相伴。钱德洪说“吾师接初见之士，必借《学》《庸》首章以指示圣学之全功，使知从入之路”①，当是切合阳明一生实际的可靠之言。

因此，从不同的观照视域检讨阳明的静坐施教方法，将熔铸了其一生体验经验、可视为其哲学宣言的《大学问》也纳入分析判断的整体范畴，无论衡以学理脉络或人生经验实际，尤其是“下学上达”的心性觉悟方法，都决无任何扞格和冲突。而依据《大学问》的提示，则可见“定而后能静，静而后能安”之“静”，即形上之道的“静体”，虽静而能随时起用，乃是“活体”，决非“死体”，未必就一定要通过静坐的方法才能证入，但静坐仍不失为初学者证入道体的重要方法。

阳明自己便明确说：

> 教人为学，不可执一偏：初学时心猿意马，拴缚不定，其所思虑多是人欲一边，故且教之静坐息思虑。久之，俟其心意稍定，只悬空静守如槁木死灰，亦无用，须教他省察克治。省察克治之功，则无时而可间，如去盗贼，须有个扫除廓清之意。无事时将好色好货好名等私逐一追究，搜寻出来，定要拔去病根，永不复起，方始为快。常如猫之捕鼠，一眼看着，一耳听着，才有一念萌动，即与克去，斩钉截铁，不可姑容与他方便，不可窝藏，不可放他出路，方是真实用功，方能扫除廓清。到得无私可克，自有端拱时在。虽曰何思何虑，非初学时事。初学必须思省察克治，即是思诚，只思一个天理。到得天理纯全，便是何思何虑矣。②

---

① 钱德洪：《大学问序》，《王阳明全集》，第967页；又见《钱德洪语录诗文辑佚》，《徐爱　钱德洪　董沄集》，第198页。

② 王阳明：《传习录上》，《王阳明全集》，第16页。标点略有改动。

阳明以“静坐”的方法教人“息思虑”，显然是要排除人欲引发的念头干扰，改变思虑纷纭错杂的生命存在状况，实即《大学》“知止而后有定”方法的初步展开和落实。但是，“息思虑”的根本目的仍是收拾精神，澡雪心志，激活生命的活泼创造生机，决非执滞虚静，枯守空寂，造成生命的畸形病象。如果出现后一种情况，则必须辅以“省察克治”之法，落实不可一刻间断的“思诚”工夫。无论“静坐息虑”或“省察克治”，都不过是对治私欲病症开出的药方，二者固然可以分阶段展开，亦不妨相辅相成同时进行，关键仍是必须深入生命内部体验，彻底在心源深处用功。一旦病源连根拔除，习气消尽，既不堕于无，也不滞于有，言无私欲已无私欲可克，论无杂念亦无杂念当治，即为纯然天理境界朗现、何思何虑气象开显，生命如同天地无言一般，只是生息创造永无止境。

四、本体与工夫的统一

在阳明看来，无论“静坐息思虑”或“省察克治”，实际都是针对初学者开出的诊治药方，都是施教过程中可以交叉互用的救治手段，都具有人性去蔽化改造的治疗学方法论意义。初学者病痛时愈时发，症状必然各不相同，对治的手段方法亦应随时调整，并无任何单一固定的模式可以套用。唯一有必要指出的是，逆向体验人人均有的本真心性，向内收敛而非向外奔驰，从而更好地领悟生命存在的内在价值与意义，最终则层层向上翻转实现自我的超越，最大化发挥生命的创造潜能和才情，不仅个人要“明明德”，而且更要“明明德”于天下，则始终都是宋明理学大儒共同接受的基本预设。

为了更好地说明实存主体证悟自我心性本体，静坐教法究竟有何方法论上的意义，与阳明有着亦师亦友情谊的黄绾的心性体验经验，或许值得稍加援引以供比对。

黄绾在《久庵日录》中明确说：

学者常要收拾精神、归缩在腔子内，不可一时放之散乱。稍起妄念，即思究破；若放散乱，便成流失，渐堕肆戾，气质无由变化，乃谓气质素禀得如此。然不知只当初不知收拾精神、归缩在腔子内，日用随物流转，益纵而益乱，益乱而益远故也。常知收拾精神、归缩在腔子内，即《大学》所谓“知止而后有定，定而后能静，静而后能安”，文王所谓“艮其背，不获其身；行其庭，不视其人，无咎”是也。此言其性之体如此。孔子所谓“艮其止，止其所也”，所谓“无思无为，寂然不动”是也。若言其用，《大学》所谓“安而后能虑，虑而后能得”，孔子所谓“感而遂通天下之故”是也。若求其要，常知收拾精神、归缩在腔子内，此孔子所谓“成性存存，道义之门”是也。此予所谓“艮知其止，以存其心”是也。即此存存，谓之有乎？谓之无乎？以视“无极”“无欲”“无心”“无情”之云何如？如儒、释之所以分也。①

黄氏反反复复，实际都在围绕他的立言宗旨“艮止执中”说，不断展开源自心性体验的讨论。按，“艮止”一词，典出《大易》“艮，止也，时止则止，时行则行，动静不失其时，其道光明”；“执中”一语，则本自《古文尚书》“人心惟危，道心惟微，惟精惟一，允执厥中”。黄绾自谓：“伏羲、尧舜以艮止、执中之学相传。伏羲之学具于《易》，尧舜之学具于《书》。《易》之微言，莫要于艮止；《书》之要旨，莫大于执中。”② 考泰州学派大儒王艮，原名银，“艮”乃阳明所易，并

① 黄绾：《久庵日录》卷三，《黄绾集》卷三十六，第686页。
② 黄绾：《久庵日录》卷一，《黄绾集》卷三十四，第648页。

为其取字“汝止”①，实即本于《大易》“艮止”之说，诚可谓用心良苦。“执中”之意，阳明亦多有论及，多为自己的心学创见，然亦可追本至先秦原始经典，其甚至认为《古文尚书》十六字之说，即“心学之源也”。所谓“中也者，道心之谓也；道心精一之谓仁，所谓中也”②，不仅心性论的取向更加突出，而且直下贞定“道无不中，一于道心而不息，是谓‘允执厥中’矣”③。以后又以良知来说“中和”，以为知得“过”与“不及”，当然就是“中和”。④ 钱德洪亦发挥师说云：“‘中’也者，人心之灵，同体万物之仁也。”⑤ 则黄氏虽为“知止”说另觅出一个《大易》的权威经典源头，足以与《大学》之说相互发明而见其异曲同工之妙，但未必就不可以“明明德”为总纲，以作“理一分殊”式的统摄，最重要的仍是如何凭借工夫证入究竟三昧。

细绎黄氏之文，他当然也强调工夫论的重要。无论积极的“收拾精神，归缩在腔子内”，抑或消极的“不可一时放之散乱，稍起妄念，即思究破”，以及属于葆任工夫的“成性存存，道义之门”，无非希望学者能找到“下学上达”的用力处，均只有置入工夫论才能如实理解。而一旦涉及最好的入手工夫，当然仍首推静坐，即阳明所谓：“日间工夫，觉纷扰则静坐，觉懒看书则且看书，是亦因病而药。”⑥ 黄绾有过长期习静的心性体悟经验，曾引程子“性静者可以为学”之语⑦，强

---

① 《王阳明年谱》“嘉靖十五年庚辰”条，《王阳明全集》，第1278页。

② 王阳明：《象山文集序（庚辰）》，《王阳明全集》，第245页。

③ 王阳明：《重修山阴县学记（乙酉）》，《王阳明全集》，第256页。

④ 《传习录下》：“问：‘良知原是中和的，如何却有过不及？’先生曰：‘知得过不及处，就是中和。’”见《王阳明全集》，第114页。

⑤ 钱德洪：《阳明先生年谱序》，《王阳明全集》，第1356页；又见《钱德洪语录诗文辑佚》，《徐爱　钱德洪　董沄集》，第190页。

⑥ 王阳明：《传习录上》，《王阳明全集》，第11页。

⑦ 程颢、程颐：《河南程氏外书》卷一《朱公掞录拾遗》，《二程集》，第351页。

调静是寡欲，寡欲才能扫荡妄念，扫荡妄念才能排除纷扰。即使有向外求理倾向的朱子，也知“收敛此心，不容一物，乃是用功也”①。“静坐息思虑”的方法，恰好便是诊治散乱的最好药方。② 就《大学》“安”字所显示的方法论意义而言，则“人心之动，惟‘安’为难，得其‘安’，则得心之体矣，故曰‘安而后能虑，虑而后能得’”③。而“安”之前，诸如“止”“定”“静”等，也都为工夫系统中不可或缺的步骤。可见“静坐息思虑”作为一种心性证悟的入手工夫，主要的特点即在于直入心源，如实观照省察自己的内部存在状态，不断提升生命存在的境界，避免学人常见的纠缠枝叶而遗弃本根的人生弊病。尽管每一个体的具体情况不同，与之相应的方法也应随时调整，但静坐作为对治妄念杂虑的有效药方，仍受到心学学者的广泛认同。

回到静坐与“省察克治”相互关系的讨论主题，在阳明的工夫系统中，“省察克治”乃是对“悬空静守如槁木死灰”弊病的一种防范或纠偏，也可说是对静坐方法的一种补充或完善，决不意味着就直接否定了静坐方法。“省察克治”固然可以在“事上磨炼”的实践活动中坚持，但仍以静坐的方法——“收拾精神，归缩在腔子内”，最易见效果。所谓“收拾精神，归缩在腔子内”，则当“如猫捕鼠，如鸡覆卵，精神心思凝聚融结，而不复知有其他，然后此志常立，神气精明，义理昭著。一有私欲，即便知觉，自然容住不得矣”④。只要做到时时处处工夫无有间断，彻底在“意根”的深处将各种病兆铲除，便是“到得天理纯全，便是何思何虑”，当然也是《大学》所谓“明明德”

---

① 黎靖德编：《朱子语类》卷五十九《孟子九》，第 1259 页。

② 参阅张新民：《探寻真实的存在与存在的真实——王阳明心学视域下的静定、立诚与格心》，《贵州大学学报》2003 年第 5 期；又收入《明清浙东学术文化研究》，中国社会科学出版社，2004 年。

③ 黄绾：《久庵日录》卷三，《黄绾集》卷三十六，第 687 页。

④ 王阳明：《示弟立志说》，《王阳明全集》，第 260 页。

的工夫，必归到“止于至善”方为究竟。即使“知止而后有定”的妙悟妙修，也必有一主静息念的过程。只是从“体用一源，显微无间”的角度看，本体不离工夫，工夫即本体，我们既需要从本体开出方法，也需要从方法证入本体，一旦方法偏离了本体，则必须依据本体调整方法。“同者，本体也；异者，病症也。”① 本体只能是“一”，方法则必然为“多”。无论依据何种方法，目的都是见证本体。所以静坐的方法固然重要，但一味执着于静坐，不知道契理契机灵活调整，当然就难免造成病象。钱德洪所谓“师门未尝禁学者静坐，亦未尝立静坐法以入人”②，显然即破执之语，已深得阳明教法三昧。而“致良知”学说彻上彻下，即静即动，超静超动，合内合外，超内超外，乃是究竟法门，代表阳明心路历程不断跋涉发展的又一个高峰，既有静坐之长，又无静坐之弊，当然就成为教之“三变”的最后一变，具有晚年定论的重要意义。足证阳明一再调整和发展的，实际都是如何在工夫论上契理契机地引接他人。所谓“变”实际是为了对治证悟本体过程中出现的偏差——“天下病虚，救之以实；天下病实，救之以虚③”；不变者则为龙场顿悟之后始终坚信不渝的终极道体及生命托付。诚如后来的聂双江（豹）所说：“教无定法，学有定体……随时因俗，量其资之所近而潜易其习之所染，惟善教者能之。”④

当然，与阳明早年学之“三变”，特别是由佛、老二氏返归儒家正学不同，他的教之“三变”乃是儒学内部“成德”工夫的一种自我调整，目的则是针对时人病疾，要求来学者痛下切实工夫，返求诸身而见性，因而不能不寻找适宜的对治方法，遂有教人方法的差异、

---

① 邹守益：《阳明先生书院记》，《邹守益集》卷七，凤凰出版社，2007 年，第 380 页。

② 《王阳明年谱》“嘉靖二十九年庚戌”条，《王阳明全集》，第 1340 页。

③ 黄道周：《阳明先生集要》序引施邦曜语，《阳明先生集要》，第 7 页。

④ 聂豹：《答戴伯常》，《聂豹集》卷十，第 353 页。

临机处置的改变，这都是应时应机以区别当下的实际问题，从修身成德的实践活动中提炼出来的施教方法。三种施教方法显然也可视为三个发展变化的阶段，大体以“补小学收放心一段工夫”为初阶①，以致良知为最圆融究竟，中间略去了大量具体而微的契理契机的手段差异，原因是每一个人都是活生生的存在着个性差异的值得尊重的个体，接引其证道见性的手段必然也是多样灵活的。其中致良知教彻上彻下，体用兼赅，既统摄了“知行合一”与“静坐”的道理，也能直指人的存在状态而有所启发，乃是阳明晚年教法的定论。三种施教方法都因应学人“根机”而安立，都以尽心见道为根本归宿，都是言教方法的展开和落实，相互之间并非否定的关系，可以各自分别，亦可彼此统合。譬如“静坐”，特别是“知行合一”，它们分别作为成圣的重要立教方法，即使在阳明晚年思想中仍有重要位置，只是良知学说将本体与工夫、动与静、本与末、内与外、主与客、有与无融为一体，合成一事，所以依阳明之教，“致良知”才是圣门“正法眼藏”，是人人均有的“天则明师”②，代表了他的思想学说的高峰，展示了其一生立教方法的归宿，突出了孔孟心法“简易直截”的本体论根源，提供了证悟本真生命乃至于形上道体的工夫路径，体现了成圣成贤人生发展方向的大道坦途，是阳明长期精神探寻摸索的最终结果。

① 王阳明：《与辰中诸生（己巳）》，《王阳明全集》，第144页。

② 《诗经·大雅·烝民》：“天生烝民，有物有则。民之秉彝，好是懿德。”王阳明则云：“吾儒养心，未尝离却事物，只顺其天则自然，就是功夫。”又云：“道即是良知。良知原是完完全全，是的还他是，非的还他非，是非只依着他，更无有不是处。这良知还是你的明师。”文中之“天则明师”本此。见王阳明：《传习录下》，《王阳明全集》，第106、105页。

后 记

本书撰作的最初缘起，当始于2014年岁杪，时中央文史研究馆与贵州省文史研究馆合作，拟组织开展“弘扬中华优秀传统文化与文化强国建设”重点课题的研究工作。受贵州省文史研究馆顾久馆长、靖晓莉副馆长的委托，我接受了其中的“儒家思想与生态问题”的撰稿任务，开始发表了一系列的探讨论文，题域则从关注“人”与自然的“天”的和谐相处，逐步拓展到重视“人”与形上意义的“天”的深层关系分析。以后我又参与了国家社会科学基金特别委托项目“阳明文化与现代国家治理研究”的撰稿工作，受主事者委托，多与课题组成员反复讨论，达成不少学理共识，并陆续发表了部分研究成果。本书名题作《从天人合一到致良知》，即与此两次课题的完成有关，亦体现了我的一段学术心路历程，值得留下文字记忆。

“人”与“天”的关系问题，春秋战国时期各家各派托天言事，无不相争相鸣各抒己见，出现了各种热烈讨论的历史场景。司马迁《报任安书》所谓“究天人之际，通古今之变，成一家之言”，即反映了其探究分析的眼光不仅广涉人与天地万物乃至于整个世界的关系，更重要的是对人及其所创造的历史嬗变过程做了完整的史学叙事工作，既是一代史家出于历史职责或史学抱负而总结既往经验做出的时代性积极回应，也是传统史学高悬价值以昭示后人的历史性永恒典范。后来晚出的史学家刘知幾，立足于人本主义的史家立场，分析批判唐以前的各种史学现象，讨论“天命”与“人事”的关系问题，则明确强调“论成败者，固当以人事为主，必推命而言，则其理悖矣”（刘知幾《史通·杂说上》）。他认为人类社会的一切祸福兴衰，都应该透过人类自身的行为来寻绎深层原因，不能动辄就诿过于外在高远的“天命”，从而遗忘了人类自身本该引为教训和主动承担的历史责任。《史通》全书“虽以史为主，而余波所及，上穷王道，下掞人伦，总括万殊，包吞千有”（《史通·自叙》），凡人类社会一切可以纳入史学叙事范围的人类行为现象，都无一不被网罗列入讨论范围。从司马迁到刘知幾，上承孔子《春秋》微言大义笔法，或许也代表了中国历史文化一个固有的重要传统，是历史意识与历史智慧的具体体现。我在这个传统中浸淫一生，阅读了大量的史部典籍，徘徊回顾总结，只能说受益无穷。

然而，中国历史文化尚另有一久远传统，主要表现为重视人的生命存在意识与生命存在智慧。譬如《中庸》云：“天命之谓性，率性之谓道，修道之谓教。”后来的孟子也有言云：“尽其心者知其性也，知其性则知天矣。”（《孟子·尽心上》）《中庸》强调“性”既然为“天”之所命，则“纯然浑然”，一派天理。循其性之正理以成学成教，则必能使人化去偏私而复归正理。《孟子》创造性发展前者之说，也极为重视扩充先天本然之心体，认为先天本然之心体既复，“心”与“性”纯然浑然为一，必通乎“天”之正理而能应万事，“天人合一”之境当下即可现前。晚出之朱子更认为“人之所以为人，道之所以为道，圣人之所以为教，原其所自，无一不本于天而备于我”（朱熹《中庸章句》）。至于象山之“发明本心”与阳明之“致良知”，前者所要“发明”者，实亦先天本然之心体，而非后天知觉之心，不仅与《大学》“正心”的工夫密契无间，更与孟子尽心知性知天的方法全然一致；后者之所谓“致”则是在自己心地良知良能上不断体认扩充，扩充至极必能尽性知天，良知既纯乎天理而无任何私欲遮蔽，又随时随地表现为无条件的道德律令。而人人都有良知，即人人都是价值主体。从思孟学派经朱子、象山、阳明，上承孔子仁本哲学思想，也形成了中国历史文化又一个重要悠久传统，集中体现了中华民族的生命智慧与道德形上学意识。我在这个传统中探寻既久，所获滋养既多且深，一生之安身立命，多受惠于前贤而不可动摇。

生命智慧与历史智慧浃然合为一体，实即《中庸》所谓“尊德性而道问学”。盖言心性者，必须具备“事上磨炼”的工夫，不能脱离社会化之实践，既不忽视百姓日用常行，亦能洞见历史变迁奥秘。历史从来都是人类社会生活实践的场域，通过历史亦能触摸到人类跳动的心灵。离开了人类心灵活动的真实到场，便谈不上严格意义的道德实践。善治史者，必兼备才、学、识三长，尤不能不讲史德，即所谓“正直者，人之所贵，而君子之德也”（《史通·直书》）。而“能具史识者，必知史德。德者何？谓著书者之心术也”（章学诚《文史通义·史德》）。具见“道问学”固然不可忽视，“尊德性”则尤为重要。“尊德性”必禀“天”之正理究明史实前后一贯之真相，“道问学”则整合一切分散有用的历史经验和复杂知识。纷纭复杂的历史事相背后总有活生生的人的存在，活生生的人的存在又无不有其感通“应物”成事的心灵，深挖潜藏在历史深处的人类整体心灵，当也是由博返约证知人类生存发展大道的一种方法。章学诚说“闻见之广狭，功力之疏密，心术之诚伪，灼然可见于开卷之顷”（《文史通义·史注》），并非一时偶发之虚语。

传统中国的“天人合一”之说，见仁见智，只要言之成理，当然可以容许多种多样的诠释。宋儒邵康节称：“能循天理动者，造化在我也。学不际天人，不足谓之学。”（《邵雍集·观物外篇》）即可见人所承担者不能不有义理，其理亦与天地万物创化不已之理相通，否则便难以成为儒家学者最高理念之“理”，因而“学际天人”作为一种学术理想诉求，亦为学问吃紧工夫、入道证道第一要务。阳明的“良知”与“致良知”说，如果将“天”视为形上之道体，诚如徐坤《阳明先生集要序》所说：“道之大源出于天，学不本于天，总为无源之水，无根之木，而望道之明且行也，安可得乎？阳明先生承绝学于词章训诂之后，一反求诸心，而得其所性之觉曰良知。良知是天命之性，未发之中，天下之大本也。经纶参赞皆从此出，而致之必在于学。《中庸》所谓‘尊德性而道问学’，致良知焉尽之矣。”据此可说传统中国的道德形上学，亦可纳入天人之学的范畴来加以深入分析和探讨。

严格地讲，人与世界究竟应该是什么关系，人对世界究竟应抱持什么态度，人与天地万物究竟应该如何和谐相处，乃是哲学思考必须面对的根本问题。广义的“天人”之学，任何学科都必有涉及。如果说中国文化自有其独立的生命形态，那么相对于西方的“天人相分”或“主客对立”思想，乃至于人在天地宇宙中总是感到疏离孤独，则不能不首推“天人合一”说本身内具的独特性意蕴和世界性意义。然而西方的“天人相分”或“主客对立”思想，未必就没有来自其内部的深刻反思和历史转向。例如，海德格尔就极为重视超越主客关系的自由的优先性，强调作为原初整体的存在的不可分割性，认为一切在场或不在场的东西都可以通过想象来加以连接，从而倡导“人与世界合一”的完整性诗意存在方式，明显表现出与传统中国“万物一体”之说接近的致思取向。

世界是由万千差别的事物构成一体的，万物在世界中无不互有联系和影响，决不可能抽离出来绝缘式地单独存在，即使拥有灵性生命的人也不例外。传统中国的“天人合一”说不仅强调万物的一体相通，而且更极大地凸显了人的超越的风姿。超越以证入形而上的本体为根本前提，是不可能设定任何边界的，完全可用较诸“分别智”更高一层的“无分别智”来加以概括。人摆脱偏私缠绕表现出来的本体直观智慧，本质上就是“无分别智”，其中尚有大量精细微妙的诠释工作，等待未来的年轻学者逐步探讨和完成。

是书之得以顺利出版，得力于王钧林、彭彦华两位学长的关心，若无两位同仁古道热肠的勉励与敦促，则难有是书的及时刊行。许允龙、王江源两位年轻学者，不避酷暑，悉心编辑，凡有问题，必商之于我，一丝一毫不敢马虎，其敬业精神，殊令人感佩。我久罹目患，辨字困难。清样印出后，执役雠校者则有许君刚、扈君继增、林君东杰、张君婷婷、徐君钰、刘君青衢，分别执教于武汉、南京、厦门、上海、合肥、贵阳各高校，又牺牲暑期休假，细心逐字校读，助我甚多，无任感荷。校稿之最后复核，全由内子一人任之。天道有情，并致谢忱！

二〇二四年立秋止叟谨识于筑垣花溪依庸山南麓，时年七十又五